老子探究

生きつづける思想

老子探究

生きつづける思想

蜂屋邦夫
Kunio Hachiya

岩波書店

はじめに

本書は老子の人物と書物、および注釈について書いたものであるが、とくに専門書として書いたわけではない。筆者としては、本書は、その道の専門家だけではなく、ひろく一般の方々にこそ読んで欲しいと願っている。誰にでも読めるようにするための工夫も凝らし、行論を理解するうえで必要なことがらは、そのつど補ったつもりである。

本書は全体を三部分に分け、Ⅰでは老子の人物について、生き方や思想、さまざまな伝説などを、Ⅱでは書物について、成立の歴史や変遷、さまざまな解釈などを、Ⅲでは注釈について、『老子』解釈の一般性や特殊性などを、それぞれ中心的テーマとしている。本書は、それらのことがらについて、できるだけ広汎に、同時に、できるだけ平易に記述したものである。ただし、三つの区分は便宜的なものであって、相互乗り入れをしたところも少なくない。

広汎という点から言えば、本書は、老子を核心としながら、中国の政治や社会、思想の流れの全体像を摑《つか》もうとしたものだと言うこともできる。中国人の考え方の本質を、むかしにさかのぼって考察したものだと言うこともできる。近年、いや増しに増す中国の存在感を否応なしに受けとめざるをえない状況で、いったい中国とは何なのか、中国人とは何なのか、大きな問題を突きつけられている感じがするが、本書で考えたことは、そうした問題にも深く関わっている。むろん本書は、はるかむかしのことを主題にしたものであるが、執筆中、筆者の意識の根底には、ずっと、近年の中国があった。

平易という点から言えば、筆者の、なるべくわかりやすくという意図にもかかわらず、老子というテーマの性質上、部分的には、どうしてもかなり専門的になった。しかし、本書の構築にあたって筆者の脳裏にあったことは、専門という閉じた領域に逃げこむことではなく、合理的で普遍性のある解釈を提出して、なんとか老子の世界を一般向けに開放することであった。

老子について考えることは、なぜ、むずかしいのであろうか。『老子』本文には「わたしが言うことは、たいへんわかりやすく、たいへん行ないやすい」(第七十章)とあるものの、古来、老子の思想は、きわめて難解なものと受けとられてきた。実際、『老子』本文の続きにも「だが、世の中にはそれがわかる人はおらず、それを行なえる人はいない」とあるくらいである。たいへんわかりやすく、行ないやすいものならば、どうして、わかる人がおらず、行なえる人がいないのであろうか。老子の、わかりやすい「つもり」、行ないやすい「つもり」と、世の人々の受けとめ方には、そもそもの当初から、おおきな溝があったと言わざるをえない。

いま「世の人々」と述べたが、老子が自分の思想をいちばん受けとめて欲しかったのは、一般の人々というより、しかるべき立場の為政者であった。老子が政治について大きな関心を持っていたことは、本書の中でくりかえし述べたことであり、本書を紐《ひも》といていただければ、その事情もわかってもらえるものと思っている。

なぜ『老子』は難解なのかと言えば、その理由はいろいろあるが、最大の理由は、その表現法にある。『老子』の文言は、おしなべて短いのであるが、そこに盛られた思想には深いものがあるから、どうしても解釈に小さいとは言えない幅ができ、的確には把握できないということになるのである。その幅は歴史の流れとともに増大したが、その一方、これまでに、そうした幅を狭めるために、多くの研究やら解釈やら、さまざまな検討、工夫もなされてきた。

その工夫の一つは、立ちあらわれてくる問題を歴史の中に置いて、いろいろな観点から眺めてみることであろう。筆者が本書でこころみたことも、そういうことである。しかし、出てくる問題は多岐にわたり、広く、深く、けわしく、一つ一つの難所を乗り越えるのは容易ではない。

本書中、いったん老子を離れて時代の流れを追ったところもある。また、時代を下《くだ》りながら、いわば老子学を概略的に述べたところでは、例証をほんの少ししか出さなかった部分が多い。だが、出した例は大事なもの、典型的なものばかりであり、それゆえ筆者の主観では、そのような箇所では山脈の尾根をたどったつもりである。もう少し例証を出すべきではなかったかという思いもあるけれども、誰もが満足するような多くの例を出していれば、本書の嵩《かさ》は何倍にもふくれあがってしまったことであろう。

筆者は、一九八〇年代以降、中国各地で開かれる国際学会に参加してきた。二〇一二年十一月には、北京大学で、世界中から三百人もの研究者を集めて行なわれた「北京論壇」という学会に参加し、「道《みち》(どう、タオと読んでもよい)の思想による和諧と幸福の実現」という題目で発表した。拙論の主要部分は老子の思想を大局的に見たものなので、本書のプロローグとして、この発表について記すことにしよう。筆者の発表は中国人にとってすこし厭味《いやみ》なところがあったが、彼らがどんな感想を持ったかは分からない。

拙論は「道」の意味と儒家の思想から説きはじめ、老子の思想を中心としたものである。まず老子の言う「道」は天地万物が生成される本源・原理であり、道徳の本質でもあること、つまり外的なものでもあり、内的なものでもあることを述べた。ついで、老子は天地自然という大いなるものを長年月にわたって観察することによって、そうした着想を得たのであろうということ、その観察から、天地自然が玄妙なバランスの上に成立していること、物事を突きつめずに「一」のままに残しておくこと、対立を調和し、極端を排除する思想を構築したことなどを論じた。

人の立場に引きつけてもうすこし詳しく言えば、天地万物は道から生まれ、その道に即した生き方が、人為を避け、無欲恬淡《てんたん》とした清浄にして柔弱な生き方である。老子の考えでは、道は人の外側にも内側にもあるものであるが、内外を峻別するのが近代の合理思想というものであろう。しかし、そうした合理思想が現実の国際情勢に存在する対立の前でほとんど無力であることを考えれば、老子の道の思想は、なおいっそう再検討・再評価されるべきものではあるまいか、と論じた。

さらに、老子の思想に認められる独特の統治論として、大国は謙虚なるべし、小国は尊重さるべし、という議論があることを論じた。その小国尊重の思想と関連するが、老子には小国寡民《しょうこくかみん》(国は小さく、民は少ないのがよい)の思想があり(『老子』第八十章)、老子の描く理想世界として有名である。しかし、そうした理想世界が実現されるのは、自給自足の小規模で閉鎖的な農村社会である。そうした理想をはじめとして、老子には反文明的な思想が随所に認められる。その反文明性をいかにして今日の文明と調和させるか、その問題の解決には、なおいっそうの検討が必要である、と話を結んだ。

厭味と言ったのは、大国こそ謙虚であるべきだという思想と、小国寡民の理想に言及した点である。どちらも、現在の中国には、まったく欠けている考え方である。しかし、強国主義の趨勢のもと、老子の旗色は、どうもあまりよくないようだ。むろん、拙論は現在の問題を論じたものではなく、あくまでも老子の思想に即してその意義を考えたもので、それを現在に引きつけるかどうかは、中国側の問題である。

老子は、たとえて言えば、多くの問題を含みこんで悠々と流れる大河のようなものである。本書の記述は、その大河に船を浮かべ、ゆっくりと下《くだ》りながら、沿岸の景色の移りゆくさまを眺めているようなものである。ときには、いったん本流を離れて、変化に富んだ数々の支流に入りこみ、それぞれの違った風景に接したり、ときには、下船して高みにのぼり、はるかに地勢を観察して流れの先行きに思いを馳《は》せたりする。そして、流れとともに下り、ひとところに長くは留まらない。本書のイメージは、だいたいそんなところであろうか。さまざまな困難のある日常生活を離れて、しばらくのあいだ、多くの方がじっくりと老子に付きあい、この老子三昧の船旅を楽しんでいただければと、せつに願っている。

蜂屋邦夫

カバー挿絵＝横山大観画「生々流転」部分（東京国立近代美術館蔵）
Photo: MOMAT / DNPartcom

目次

I 老子という人物

太上老君像

第一章　歴史的存在としての老子

1　『史記』の「老子伝」

老耼の伝

今から二千百年くらい前の人である司馬遷《しばせん》(前一四五―?)の『史記』には「老子伝」が立てられている。しかし、そこには三人の老子が挙げられており、すでにその時点で老子の人物像は、あいまいになっていた。三人のうち、老子の最有力候補は老耼《ろうたん》である。まず、司馬遷の説明を読んでみよう。(1)

老子は、楚《そ》の苦《こ》県、厲郷曲仁里《らいきょうきょくじんり》の人である。姓は李《り》氏、名は耳《じ》、字《あざな》は耼《たん》である。周の宮廷図書館の書記官であった。

孔子(前五五二―前四七九)が周に行ったとき、礼のことを(古人の言説にもとづいて)老子に訊《たず》ねようとした。すると老子は言った。

「あなたの言っていることは、そう言った人もその骨とともにみな朽《く》ちはててしまい、ただその言葉が残っているだけだ。それに君子たるものは時を得ればそれに乗るし、時を得なければ放浪するのみだ。わたしは、こういうことを聞いている、「よい商人は立派な商品を深くしまいこみ、何もないように見せる。君子は立派な徳があっても、顔つきは愚か者のようである」と。あなたの驕慢《きょうまん》な気持ちと多欲とを除きなさい。偉ぶった態度や、みだりな志は、みな、あなたの身には無益だ。わたしがあなたに言えることは、そんなことくらいだ」と。

孔子は辞去してから、弟子に言った。

「わたしは、鳥は飛ぶことができ、魚は泳ぐことができ、獣は走ることができるものだと知っている。走るものは網で捕まえ、泳ぐものは釣り糸で捕まえ、飛ぶものは矰《いぐるみ》(2)で捕まえられる。しかし龍となると、わたしには分からない。それは風雲に乗って天に昇るものなのか。わたしは今日、老子に会ったが、龍のようなものであろうか」と。

右の文中、「楚の苦県、厲郷曲仁里」については唐代の注釈家たちがいろいろ研究し、それを現在の地名に当てると河南省鹿邑《ろくゆう》の太清宮《たいせいきゅう》(地名)であろうとされている。しかし、厲《らい》は癩《らい》に通じ、曲仁は仁を曲げたとも読めるので、むかしの中国の差別意識を考えれば、変な人間が住む所という架空の地名のようでもある。ともあれ現在では鹿邑に老子学会が成立し、老子を記念する建物もあるようだ。

周とは東周の都、洛陽《らくよう》を指す。春秋時代の末から戦国時代にかけて、東周は洛陽近辺を領土とするだけの小さな地方勢力に成りさがっていた。

孔子が辞去してから言った「龍のようなものであろうか」の原文は「其猶龍邪（其れ猶《な》お龍のごとき邪《か》）」で、後世、龍は老子の商標《トレードマーク》のようなものとなり、ずっと後世の北宋《ほくそう》時代には、第四章で述べるように、この言葉に因《ちな》んで『猶龍伝《ゆうりゅうでん》』という神話的な老子の伝記までできた。

孔子が周に行ったということは『史記』「孔子世家《せいか》」にも見える。世家では、孔子は始めから礼のことを老子に問うために周に行ったのだ、とされている。また、孔子が辞去するとき、老子は孔子を見送って、こう言ったという。

わたしは、こう聞いている、「富貴《ふうき》たる者は人に送るに財を以《もっ》てし、仁人たる者は人に送るに言《げん》を以てす」と。わたしは富貴たりえぬゆえ、仁人の名を名乗らせてもらって、あなたに言《ことば》を送ることにしよう。「聡明にして深く察しながら死に近づく者は、好んで人のことを議《あげつら》う者である。博《ひろ》く弁じて広大でありながらその身を危うくする者は、人の悪を発《あば》く者である。人の子《こ》たる者は以《もっ》て己《おのれ》を有するなかれ、人の臣たる者は以て己を有するなかれ」と。

「伝」と「世家」では、老子が言ったことは同じではないが、どちらもギラギラした自己主張を戒めている点では同じである。「己を有するなかれ」も、やはり自己主張を退けた教えであり、そうした考え方は、すこぶる老子的である。

『老子』中に『史記』の言葉がそのまま出ているわけではないが、

みずから見識ありとする者はものごとがよく見えず、みずから正しいとする者は是非《ぜひ》が彰《あき》らかにできない。みずから功を伐《ほこ》る者は功がなくなり、みずから才知を誇る者は長つづきしない。（第二十四章）

力で押し通す者は、まともな死に方ができない。（第四十二章）

本当の言葉は華美ではなく、華美な言葉は本当ではない。本当の弁論家は弁舌が巧みではなく、弁舌が巧みな者は本当の弁論家ではない。本当の知者は博識ではなく、博識な者は本当の知者ではない。（第八十一章）

などは、『史記』に描かれた老子の風貌によく合致している。

老耼の旅と著書

「老子伝」は次のように続いている。

老子は道《みち》と徳について究明し、その学説は、自分を隠し無名でいることに努めるものであった。長らく周にいたが、周が衰えたのを見てとると、周を立ち去って関所にやってきた。すると関所の長官である尹喜《いんき》が「先生はこれから隠遁《いんとん》なされようとしておられます。なにとぞ、わたくしのために書物を書いてください」と頼んだ。そこで老子は、道と徳の意味について述べた五千字あまりの書物、上下二篇を著《あら》わし、関所を立ち去った。その後、どこで亡くなったかは分からない。

以上が老聃についての伝記のすべてである。この記述から、後にさまざまな伝説が生まれた。五千字あまりの上下二篇の書物を著わしたという記述から、その書物が『老子』であり、老聃こそ老子である、という説が有力である。現在、我々が見る『老子』は五千字あまりであるし、上下二篇になっているからである。

尹喜が長官をしていた関所がどこなのかは分からない。現在の河南と陝西《せんせい》の省境近くにある函谷関《かんこくかん》だという説と、それよりだいぶ西の陝西の散関《さんかん》だという説がある。どのみち伝説にすぎないのであるが、どちらかと言えば散関説の方が有力なようである。

西安の西南西約六十キロほどの所に楼観鎮《ろうかんちん》という所があり、その南に楼観台という道観(道教寺院)がある。その地に伝わる伝説では、散関の長官である尹喜は、その近辺の地に高楼を造って天文を観望し、世の趨勢を観察していた。それで、その地を楼観と呼ぶのである。あるとき、東の方から紫雲が来るのを観測した。尹喜は、聖人が来る前兆と判断し、関所に至る道を掃除して待っていたところ、はたせるかな青牛に乗った老聃がやってきた。そこで尹喜は老聃に教えを請うたのだ、と。

老聃は台《うてな》で教えを説いたようで、その場所を説経台と呼び、後にそこが楼観台という道観になった。筆者は、一九八五年と八七年、八八年に訪問したことがあるが、ひなびた静かな道観であった。現在は、だいぶ「発展」したようである。

「関所の長官である尹喜」と読んだ原文は「関令尹喜」であり、これを「関《かん》の令《れい》(長官)尹喜は」ではなく「関の令尹《れいいん》は喜んで」と読む解釈も古くからある。令尹とは楚の長官の呼び名であり、老聃も楚の人であるということと符合する。どちらかに決める決定的な根拠はないが、道教界では尹喜と読むのが常識で、尹喜もまた老子と並んで道を説いた聖人とされた。『荘子』の最後の篇である「天下」篇は中国最古の哲学史と言われるものであり、道家風の「道」を説いた思想家たちが列挙されているが、尹喜(関尹)は老耼と一組にして「古《いにしえ》の博大《はくだい》なる真人《しんじん》」と評価されている。

老子の墓

老耼は関令の尹喜のために上下二篇の書物を著わして立ち去り、どこで亡くなったか分からない、ということであった。だが司馬遷がどの程度資料や調査を踏まえてそう言ったのかは分からない。今日、楼観台道観からほど遠からぬ西方に、なんと老子の墓なるものが建てられているのである。

老子の墓については、すでに北周(六世紀後半)の甄鸞《しんらん》『笑道論』の中に「(老子の)肉体は関中で亡《ほろ》び、お墓は現存する」という記述や、同じころの道安『二教論』の中に「(老子は)扶風《ふふう》で死に、槐里《かいり》に葬られた」という記述があり、古くから造られていたことがわかる。これらの地は、いずれも陝西《せんせい》にあり、関中は現在の西安などを含む渭河《いが》流域の広い地域、その中に扶風があり、扶風の中に槐里がある。槐里の墓と現在の老子墓の位置関係は、詳しく調べてみないと分からないが、おおよその方角としては近くのようだ。残念ながら筆者は、ついに老子の墓詣《はかもう》でをする機会を得なかった。

墓の存在から推《お》せば、司馬遷の記述とは別の伝承があったとも考えられる。あるいは何でも具象化しないと気がすまない中国人気質《かたぎ》の現われであるのかもしれない。江西省の龍虎山上清宮《じょうせいきゅう》址《し》には『水滸伝』の英雄たちの魂が飛び出したという井戸の「遺跡」があるし、南昌(江西省省都)には許遜《きょそん》

（東晋ころの伝説中の道士）が洪水を起こす悪い龍と闘ったという大井戸がある。これらは『南総里見八犬伝』の犬士の「遺跡」が千葉県に「保存」されているようなものであり、こうした「遺跡」は大いにおもしろい。それに比べれば老子の墓は「実在」人物の墓ということになろうから、それほどおもしろい性質のものではない。

老莱子という人物

「老子伝」には老耼の他に二人の人物が挙げられている。老莱子《ろうらいし》と周の太史《たいし》（書記官）儋《たん》である。司馬遷は「或《あ》るひと曰《いわ》く」として、老莱子もまた楚の人で、十五篇の著書があり、道家の働きについて述べ、孔子と同時代の人である、と言っている。

これだけの記述なので、『史記』の注釈書の一つ、唐・張守節《ちょうしゅせつ》の『史記正義』は『列仙伝《れっせんでん》』(3)を引いて補足している。

それによると、老莱子は乱れた世の中を逃《のが》れて蒙山《もうざん》(4)の南麓に行き、そまつな小屋を造って住み、そまつな食事をし、山を開墾して五穀を植えた。楚王が登用しようと自ら迎えに来ると、長江を渡って南方に逃れ、「鳥獣から落ちた毛でも紡《つむ》いで着られる。その食べのこしの穀粒でも食べていける」と言った、という。乱世を嫌って世を避けた点は老耼と共通しているが、『老子』には政治への関心がかなり濃厚に認められるので、老莱子は、さらに隠遁的と言えるであろう。

楚は、現在の湖北省・湖南省あたりから発展した国で、中華文明を担ういわゆる中原《ちゅうげん》諸国とは異文化の地域である。乾燥した平原に展開する中原諸国に対して、河川や湖に富む湿潤な土地柄であり、だからこそ、中華文明の象徴のような儒家思想に対して批判的な道家思想が生まれたのだとも言える。『老子』に見える水の尊重や、柔らかなもの、弱いもの、女性的なものを良しとする思想も、何ほどかは楚の風土と関連があろう。

「老子伝」には続けて、思うに老子は百六十余歳とも二百余歳とも言われ、道を修めることによって寿命を養ったのだ、とある。老耼のことを言ったのか老萊子のことを言ったのか分からないが、司馬遷は伝聞として(あるいは計算によって)このことをつけ加えた。もっとも、終焉《しゅうえん》の地は分からないと言いながら、享年を言うのも変な話である。なぜこのような数字が出たのか、いろいろな研究もあるが、いずれにせよ現代の常識ではあり得ない数字である。だが、彭祖《ほうそ》なる者は七百歳から八百歳生きたという伝説があった古代のことである。百六十余歳や二百余歳も、老子なら、さもありなんと思われたのであろう。

老子の「子《し》」とは孔子や孟子《もうし》、荘子《そうじ》のように人を敬っていう場合の呼称であって、いわば先生と呼ぶようなものである。そこで、老子とは老先生という一般名詞である可能性もある。老耼には李耳という歴《れっき》とした姓名もあったのだから。古代には「老」を姓とする人物もいたようであり、さらに、「李」は「老」から変化した姓であるという見解もあるが、もし老先生という一般名詞だとすれば、老子と呼ばれる人物が、三人どころか何人いても、いっこうにおかしくないことになる。

『史記』「周本紀《ほんぎ》」の烈王の箇所につけられた『史記正義』には、周の幽王《ゆうおう》(前七八二年―前七七一年在位)のときに伯陽甫《はくようほ》という人物がいたが、唐固《とうこ》は「伯陽甫が老子である」という説をとなえた、とある。唐固とは、三国時代(三世紀)の呉の学者のことと思われる。唐固が、なぜ、そんな時代の人物を老子と考えたかということは、第四章1で述べる老子神秘化の問題と関連している。

周の太史儋

もう一人の老子候補、周の太史儋《たいしたん》は、孔子没(前四七九年)後、百二十九年たったとき、秦《しん》の献公《けんこう》(前三八五年―前三六二年在位)に面会し、周と秦との関係の推移について述べたという。『史記』「周本紀」の烈王二(前三七五)年の項や「秦本紀」の献公十一(前三七五)年の項にも、太史儋が秦の献公に見《まみ》えて同じことを述べている記述がある。細かな数字が挙げてある割には孔子没後からの年数と合わないが、ともあれ「老子伝」は、あるいは太史儋が老子だと言い、あるいはそうでないと言う、どちらが正しいか分からないと、まとめている。だが、老子のイメージから言えば、太史儋はもっとも遠いようだ。「周本紀」の該当部分の注も(5)、太史儋説を否定している。

「老子伝」は、それに続けて、老子の子《こ》(宗《そう》という名だという)以降の、前漢の文帝ころまでの系図を掲げているが、老子自体があやふやなのであるから、はたしてどこまで信憑性《しんぴょうせい》のあるものか疑問である。最後に、「世の中の、老子を学ぶ者は儒学を排斥し、儒家の学者もまた老子を排斥する。「道同じからざらば、相《あ》い為《ため》に謀《はか》らず(道が同じでなければ相談しあわない)(6)」とは、このことではなかろうか」と結んでいる。

それにしても、「老子伝」の文言《もんごん》には「或《あ》るいは(ある人は、ある説では、の意)」や「蓋《けだ》し(思うに、の意)」が多い。司馬遷が、あやふやだと思いながら書いていることが、よくわかる。すべてが、あいまいな伝承なのである。

老子と呼ばれる人物について『史記』「老子伝」を読んだが、司馬遷が老聃を候補三人の始めに置いたように、とくに書物『老子』との密接な関連性を考えると、やはり老子すなわち老聃説が妥当であろう。司馬遷も三人を挙げながらも、じつは老子は老聃だと考えているようである。老萊子や太史儋を挙げたのは、当時、彼らを老子とする伝承もあったためで、挙げて記述する中で、おのずと否定されるような方向に持って行きたかったように思われる。

司馬遷による老子評価

司馬遷は「太史公《たいしこう》(書記官である自分のこと)自序」(第七十)の中で老子の思想の根本を「李耳は無為にして自《おの》ずから化《か》し、清浄にして自ずから正し」と述べ、「老子伝」の末尾に、

> 老子が貴んだのは道であるが、道は虚無であるから何にでも対応でき、無為でありながら千変万化する。それゆえ、その著書の言葉は、微妙でなかなか分かりにくいと言われる。荘子は道徳の思想を敷衍《ふえん》し、……申子《しんし》(申不害《ふがい》)は(道徳の思想を)名実問題[7]に適用し、……韓子《かんし》(韓非《かんぴ》)は(道徳の思想によって)是非の区別をしたが、……これらは、みな老子の道徳の思想に基づいている。しかしながら老子(の思想)が(もっとも)深遠であった。

と評語を加えている。これらの評語からうかがえる老子の思想は、『老子』中に見える思想と、ぴたりと一致している。

司馬遷が荘子や申不害、韓非に言及しているのは、彼らの伝も同じ巻に立ててあるからで、「老荘申韓列伝」と呼ばれることもある。正式な名称は「老子韓非列伝」であり、「老子伝」というのは老子の伝記のみを問題にする場合の便宜的な呼び方である。申不害も韓非も韓で活躍し、申不害は君主の術を重視し、韓非は法と術を尊重した。どちらも老子の思想に基づいている点があるので、老子の継承者と見なされている荘子とともに同じ巻の中に収められたのである。

司馬遷の評語にある「無為にして自《おの》ずから化し、清静にして自ずから正し」は『老子』第五十七章の「我《わ》れ無為にして民自《おの》ずから化《か》し、我れ静《せい》を好みて民自ずから正し」を引用したものである。「我れ」とは為政者のことである。為政者が無為だと人民は自然によく治まるというのは、為政者の得手《えて》勝手《かって》によって人民が塗炭《とたん》の苦しみを受け続けてきた長い歴史を背景にした言明であり、為政者が清静であれば人民は正しくなるというのは、為政者の欲望三昧によって人民の生活が乱され続けてきた事実に立脚した思想である。それは『老子』に盛られた思想の要点とも言えるものであって、司馬遷が老子の思想の本質を的確に把握していたことを示している。

司馬談の「六家の要指」

そうした司馬遷の老子理解は、どこから来たかというと、父親の司馬談《たん》(前一九〇—前一一〇)の思想からであろう。通常、司馬遷は儒家であるとされているのであり、道家の代表である老子を高く評価した点には、司馬談の影響が強く感じられるのである。

「太史公自序」には司馬談の「六家《りっか》の要指《ようし》(要旨と同じ意味)」が収められているが、六家とは道家《どうか》・

陰陽家《いんようか》・儒家《じゅか》・墨家《ぼっか》・名家《めいか》・法家《ほうか》のことであり、その中で司馬談は道家をもっとも高く評価している。司馬談の言うところでは、

　道家は人の精神を純一にし、行動は無形の道に合致し、万物(万人)を充実させる。そのやり方は、陰陽家の言う天地の大いなる循環にのっとり、儒家と墨家の善いところをとりいれ、名家と法家の要点を摂取する。時勢とともに移り変わり、万物(万人)に順応して変化し、習俗を形成したり政事を行なうのに、不適切なところは一つもない。要旨は簡単で扱いやすく、することは少ないのに効果は多い。

と、べたぼめである。道家には、むろん荘子なども含まれるが、ここで言われている対象は、おもに老子と考えてよい。

　さらに司馬談は、道家は「為《な》す無くして、又《ま》た為さざる無し、と曰《い》う。其《そ》の実《じつ》は行ない易《やす》くして、其の辞《じ》は知り難《がた》し。其の術は虚無を以て本《もと》(根本)と為し、因循《いんじゅん》を以て用《よう》(働き)と為す」ものだ、と述べている。「老子伝」末尾のまとめ方は、これらの記述とよく呼応していると言うべきであろう。

「為す無くして、又た為さざる無し」とは『老子』第四十八章の「道《みち》を為す者は……為す無くして而《しか》も為さざる無し」と符合し、「其《そ》の実《じつ》は行ない易《やす》くして」は第七十章の「吾《わ》が言《げん》は甚《はなは》だ知り易《やす》く、甚だ行ない易し」を踏まえたもの、「其の辞は知り難《がた》し」は第一章の「道《みち》の道とす可《べ》きは、常《つね》の道に非《あら》ず」や「常に欲無くして以《もっ》て其《そ》の妙《みょう》を観《み》、常に欲有りて以て其の徼《きょう》を観る」その他の、難解な表現

を念頭に置いたものであろう。

「其の術は虚無を以て本《もと》と為し」は第十六章の「虚《きょ》を致《いた》すこと極《きわ》まり、静《せい》を守ること篤《あつ》し」や第四十章の「天下の物は有より生じ、有は無より生ず」などに基づくもの、「因循《いんじゅん》を以て用と為す」の「因循」とは前漢あたりから用いられるようになった言葉のようで、通常は、古い習慣に因《よ》り循《したが》うという意味である。因循固陋《ころう》と言えば、古くさくて頭のかたい頑固オヤジのイメージである。しかし漢代道家の文献では、天地自然の道(宇宙の秩序)に従うなど、いい意味で使われる。ここもその意味で、第二十一章の「孔徳《こうとく》の容《よう》(大いなる徳を持つ人のありさまは)、唯《た》だ道に是《こ》れ従う」とか、第二十五章の「人は地に法《のっと》り、地は天に法り、天は道に法り、道は自然に法る」などを意識したものであろう。

『老子』に見える思想は、じつに多岐にわたるが、司馬談のまとめ方は、その要点を把握し、長所を浮き立たせたものと言うことができる。

2　春秋戦国から秦にかけての時代の流れ

では、なぜ司馬談は道家を六家の最高位に位置づけたのであろうか。それは司馬談の個人的な思い入れなどではなく、その背景には春秋戦国から秦漢《しんかん》にかけての時代の流れがあった。そこで、老子をより深く理解するために、春秋から、まずは秦にかけての時代の流れを追ってみよう。

春秋時代から戦国時代へ

春秋時代(前八世紀—前五世紀)というのは、その末期に孔子が活躍した時代であり、孔子は、自分の理想とした(周初の封建制の)秩序ある社会から当時の社会が逸脱していると考えたから、その状態をふたたび秩序ある社会に戻そうとして奮闘したのである。孔子が考えた秩序ある社会とは、政治的には君臣がそれぞれの分《ぶん》(立場に応じて為すべきこと)を尽くし、家族的には親子兄弟が睦《むつ》みあう社会である。

君主の分とは祖先の神霊やその地方の名山大川《めいざんたいせん》の神を祀《まつ》り、家長が家族をまとめるように国中をまとめることである。臣下の分とは君主のために行政の実務を担当したり、国を防衛することである。家族は、男系を中心軸とする、より大きな血縁団体である宗族《そうぞく》に属し、宗族の秩序も、当然ながら血縁関係を基本として作られていた。

孔子の生国《しょうごく》は今の山東省曲阜《きょくふ》にあった魯《ろ》であるが、天下には同じように城壁で囲まれた国がたくさんあり、それらの国々は周王によって統括されるべきものであった。国々には、周王から爵位を授けられ、その土地に封じられた国君がおり、彼らはひっくるめて諸侯と呼ばれた。

周王が諸侯を統括した根拠は、周王が天から王朝を開く権限を与えられたという点にあった。前の王朝である殷《いん》が天を祀《まつ》ることを蔑《ないがし》ろにしたのに対し、周は誠実に天を祀ったから天命(王朝を開け、という天帝の命令)が降《くだ》ったのだ、と。孔子の考えでは周は天命を受けて王朝を開き、文王《ぶんのう》・武王・周公らの努力によって封建制を定め、政治や人倫の秩序を立てたのであり、孔子は、その周初の秩序を再現しようとしたのである。

封建制は、天を祀るという徳に基づいて天命を受けた周王が、諸侯を各地に封じて国を建てさせた制度であり、天を祀れるのは周王のみ、祖先神や自然神などの神霊を祀れるのも一定の血筋に生まれた者に限定されていた。徳とは本来、そうした祀りを行なうことであり、そこから孔子の言う道徳も発展したのである。つまり封建制は、徳と血筋の上に立つ制度であった。ただ、周王の権威が下落《げらく》した後世になると、春秋初期の秦の穆公《ぼくこう》(前六六〇年―前六二一年在位)のような有力諸侯も天を祀るようになった。

孔子の活動は、しかし失敗に終わった。その理由はいろいろ考えられる。まず、周は実際には武力によって殷を滅ぼしたのであり、天命を受けたというのは王朝の創建とその正当性を美化する目的が大きかった。殷が天の祀りを蔑ろにしたというのも、周が捏造《ねつぞう》したフィクションのようである。

周初は天の威力がまだ相当信じられていたが、時代とともに天の観念よりも人の実力がものをいうようになった。もし為政に当を得なかったり、王朝に反逆的であったりする国があれば、その国を伐《う》つ命令を諸侯に下すのは、天の子《こ》つまり天子《てんし》である周王であるが、次第に諸侯は周王の命令に従わないようになった。それでも春秋時代は、いちおう周王の権威は多少なりとも保たれていたが、前五世紀の中ごろには、強国の一つ、いまの山西省から河南省に勢力を張った晋《しん》が有力家臣の魏《ぎ》氏、趙《ちょう》氏、韓《かん》氏に三分割され、その世紀末には周王朝もそれら三氏を正式に諸侯と認めた。本来ならば主家を滅ぼした三氏は天子の命令によって諸侯連合軍に討伐されるべきであるが、三氏をそのまま諸侯と認めたのは、天に依存した王朝の権威に対する実力主義の勝利である。天命による秩序を尊重する孔子の思想が迫力を欠いたのも、やむを得ないことであった。

春秋時代とは、形式的には魯の年代記である『春秋』に記述されている前五世紀初め(前四七六年)ごろまでの時代であり、それ以後は戦国時代ということになるが、実質的には晋が三氏によって分割された前五世紀なかばごろが春秋と戦国の境目であろう。

孔子の活動が実《み》を結ばなかった他の理由の一つは、彼が感化を重視しすぎた点にある。いかに素朴な社会であっても、為政者が道徳の基本である仁を実践すれば人民は自《おの》ずと感化されて善良になる、というような考え方は、あまりにも楽観的である。道徳だけで政治が動かないのは今もむかしも同じである。ただ、感化の影響力について極めて楽観的であるという点では老子も似たようなものである。実際には諸侯の日常は対外的にも対内的にも権謀術数《けんぼうじゅつすう》に明け暮れしていたと言ってもよい。加えて、権力は国君だけにあるのではなく、代々の君主の家系から分かれた貴族たちや有力家臣たちに分散していた。封建諸侯の下《もと》には貴族や有力家臣が統治する中小の封建国家が網の目のように繋《つな》がっており、たとえ君主が仁を実践しようとしても、それを妨げる要因は国中に充満していた。

とは言え、孔子の思想がまったく無力であったわけではない。なぜなら、孔子がもっとも強調した徳である仁は、もとを正せば孝悌《こうてい》という家族道徳と密接な関係にあり、孝悌はまた宗族をまとめ上げる心情でもあったからである。孔子よりも後の、戦国時代の人である孟子は、仁に加えて義を説き、「仁の実《じつ》(本質)は親に事《つか》える(孝)、是《こ》れなり。義の実は兄に従う(悌)、是れなり」とか、「仁は人の安《あん》宅《たく》なり、義は人の正路《せいろ》なり」(8)と述べている。宗族は中国古代の社会の基本単位であり、宗族の心情を全面的に否定することは、誰にもできないことであった。

戦国時代から秦王朝へ

前五世紀なかばごろから前三世紀の後半まで、ほぼ二百年ほど続いた戦国時代は実力主義の時代であり、封建制から郡県制へと移行した時代であった。郡県制は、国君によって派遣された官僚が地方を治める制度であり、官僚としての行政能力が重要である。封建制の「徳」に替わって、郡県制では「能」が重視されたわけである。

県や郡は、ある国が他の国を滅ぼして置いたもので、郡県制の成立と国どうしの兼併《けんぺい》戦争は密接な関係にある。県(縣)は本国の近くの国を滅ぼして置いたもので、本国にぶら下げた(懸)ものという意味である。郡は、本国から比較的遠い所に、いくつかの国を滅ぼして、それらをひとまとめ(群)にして置いたものという意味である。したがって、郡県制とは言うけれども、成立の順から言えば県の方が先である。

諸国は富国強兵に邁進《まいしん》し、兼併戦争に淘汰《とうた》されて春秋末期の有力諸侯は十数国に減少していたが、戦国時代には、さらに淘汰され、強国としては燕《えん》・趙・魏・斉《せい》・韓・楚・秦の、いわゆる戦国の七雄だけとなった。七つもの国が二百年もの長きにわたって併存したのは中国史上この時代だけである。むろん七国には、それぞれ強い時も弱い時もあったが、同盟して強敵に当たったり、攻められている国を救ったり、二百年間、相互にバランスを維持した。

各国は富国強兵のためにさまざまな政策をとったが、それを助けたのが各国を遊説《ゆうぜい》して回った思想家や兵法家《ひょうほうか》である。他国より強くなるため、諸侯は遊説諸子《しょし》の言説に耳を傾けた。多くの学派・思想家が活動したが、それらを総称して諸子《しょし》百家《ひゃっか》と呼ぶ。

孔子の思想を受けついだ儒家は、仁のみならず、仁よりも包括的な徳や道という徳目と、仁よりも規制力のある義や礼などの徳目を立てて説得した。それらの徳目の力によって人の心を正し、ひいては社会の秩序を再建しようとしたのである。

道から始まって徳―仁―義―礼と展開する徳目は、最終的には罰則をともなう法に至る。法は権力の背景なしには機能しない。しかし法は道徳とは言えず、儒家が説いたのは礼までである。だが礼の方向に行くに従って、人の心という無限定なものに一定の名を与え、形式的に束縛することになるのは当然の成りゆきである。

そこで、その形式主義を批判する人たちが現われたが、その代表が老子であった。『老子』第十八章の「大道廃《たいどうすた》れて仁義《じんぎ》あり、智恵《ちえい》出でて大偽《たいぎ》あり、六親《りくしん》和せずして孝慈《こうじ》あり、国家昏乱《こんらん》して忠臣《ちゅうしん》あり」や、第三十八章の「道を失いて而《しか》る後《のち》に徳あり、徳を失いて而る後に仁あり、仁を失いて而る後に義あり、義を失いて而る後に礼あり」などは、端的にそうした批判をしたものである。

したがって、思想の順序から言えば、儒家の徳目主義が先にあって、老子の批判は後出《こうしゅつ》になる。司馬遷が「老子伝」のなかで孔子と老聃を会わせ、孔子に、老子は龍のようだと言わせているのは、歴史上の事実としては成り立たないことである。

七国のバランスが崩れたのは、秦が台頭してからである。秦は中国西部の辺鄙《へんぴ》な地方から興《おこ》った国で、韓魏趙などの中原《ちゅうげん》諸国に比べて文化的に遅れた国であり、その分、質朴であった。秦は孝公《こうこう》(前三六二年―前三三八年在位)のとき商鞅《しょうおう》(公孫鞅・衛鞅とも。前三九〇?―前三三八)を登用してから強国になった。

商鞅は法律絶対主義によって富国強兵を目指した。富国は、農業を根本とし商業を抑える(農本抑商)政策によって実現しようとし、農民を優遇し、その評判を聞いて他国から農民が移入してくるようにも努めた。強兵は、戦功によってのみ爵位官職を授けることによって実現しようとした。また、法律を絶対とし、密告制度を採って告姦者《こっかんじゃ》に対しては賞を与える一方、姦者には連坐の刑を適応し、厳罰主義で臨んだ。貴族の特権を認めず、階級を無視して法の平等性を尊んだ。公族のどら息子が罪を犯したときも、本人を処罰するわけにはいかないから、その守《も》り役を法に照らして厳罰に処した。学問や知識の価値を認めず、人民を愚のままにしておこうとした。

こうした法治政策によって秦は強国になり、始皇帝(前二四七年―前二一〇年在位)の時、前二三〇(始皇十七)年に韓を滅ぼしてから、魏、楚、趙、燕と順次諸国を滅ぼし、前二二一(始皇二十六)年に斉を滅ぼして天下を統一したのである。

3　五行思想

『尚書』「洪範」の五行

始皇帝は天下を統一すると五行《ごぎょう》思想に則《のっと》って諸制度を定めた。そこで、時代の流れを追うことをちょっと中断し、五行思想について見ておこう。

五行思想は中国思想の柱の一つであり、起源にも展開にも複雑な問題がある。詳しく見れば切りがないから、ここでは必要の範囲内で、ごく簡単に見ることにするが、それでも相当ややこしくなる。

五行とは『尚書《しょうしょ》（書経）』「洪範《こうはん》（大いなる規範）」に見える言葉である。「洪範」は、周が殷を滅ぼしたとき、殷王室の一員であった箕子《きし》が、伝統的な政治の道について、周の武王の質問に答えて講説したものである。だとすれば「洪範」は、ずいぶん古い文献ということになるが、実際には戦国時代に成立したものと考えられている。

箕子が武王に伝授した内容は九項目あり、それを九疇《きゅうちゅう》という。疇とは、うねで区切られた耕地のことであるが、分類という意味に使われる。ちなみに、今では、めったに使われなくなった言葉に範疇《はんちゅう》（カテゴリー）というのがあるが、それは洪範九疇から取った言葉である。その九疇の第一が五行であり、一は水、二は火、三は木、四は金、五は土と説明されている。後世、五行思想が体系的に捉えられるようになると、水火木金土《すいかもくきんど》の順は、天地から五行が生みだされる順序とされ、五行始生《しせい》の順とされた。

「洪範」では、五行の順が示されたあと、水は流れ下《くだ》って潤《うるお》すものであるというように、それぞれの特性が示される。水は潤下《じゅんか》、火は炎上（炎熱にして上升《じょうしょう》する）、木は曲直《きょくちょく》（曲ったり直立したり）、金は従革《じゅうかく》（工作しやすく変形する）、土は稼穡《かしょく》（植えて収穫する）である。

さらに、潤下して鹹《かん》（塩辛味《しおからみ》）となり、炎上して苦（苦味《にがみ》）となり……というように、五行の特性が発展して五味（鹹苦酸辛甘《かんくさんしんかん》）となることが述べられる。これらの理屈の展開には、考案当時にはそれなりに必然性があったのであろうが、現代の我々から見れば、わからないことが多い。ただ、炎上すれば焦げた気が出て、それで苦味になるとか、木には草も含まれるが、草には酸っぱいものがあるとか、稼穡して百穀を得るが、甘味は百穀から生じるなど、なんとなしに経験的に納得できる面もある。いずれにせよ、五行↓五行の特性↓五味という展開は生活に密着したものである。
「洪範」の五行は万物を五種に分類したものであって、人々の生活に不可欠の五材（五つの材質）と言うべきものである。秦の博士《はかせ》・伏生《ふくせい》が著述した『尚書大伝《たいでん》』の「洪範」の項には、「水と火は人民が飲食するためのものである。金と木は人民が生産活動をするときに使うものである。土は、それによって万物が産み出されるものである。これらは人が活用するものである」[9]とある。つまり、五行は人に役立つものとして列挙されているだけで、この段階では、まだ五行間の相互関係は詳しく分析されては、いなかった、と考えられる。

では、五行の「行《ぎょう》」とは何であろうか。筆者は、「行」は「列」のような意味で、列《つら》なり属するものとか、ともがら、というような意味であった、と考えている。つまり、「行」もまた範疇のような意味であったのではないか、ということである。

ところが、五行思想が確立してからは、たとえば、後漢《ごかん》・班固《はんこ》の『白虎通《びゃっこつう》』「五行」に「行と言っているのは、天が気を行《めぐ》らしているということを表現したいからである」[10]と説明されている。これは五行と、四季の気が循環するという特質を結びつけた考え方で、詳しく読んでみると、『白虎通』では五行と陰陽、方位、季節などが関連づけられている。

また、「洪範」に「正義（疏《そ》）」をつけた唐の孔穎達《くようだつ》も「行と呼ぶのは、天にあっては五つの気（春夏秋冬と土の気）として流れ行《めぐ》り、地にあっては世間で行ない用いるものだからである」[11]と述べている。

このように、後世では、五行は天地自然の活動から、人間や社会を包摂する壮大な規模の言葉となった。

しかし「洪範」の段階では「天の流行」といった考え方は成立しておらず、孔穎達の言葉を借りれば、せいぜい地の「行用」部分だけが意識されていたように思われる。「行用」とは、だいたい「使用」の意味と考えればよいであろう。

「洪範」では、五行以下は、五事（統治者の振るまい方）、八政（統治上の八つの重要政務）、五紀（暦法に関する問題）などの説明となり、九疇全体で国法を施行する体系を述べたものとなっている。

五行思想の成立時期

この五行の思想が、どうして歴史の推移を見通す理論となったり、王朝の拠《よ》って立つ理論とされたのであろうか。そこに至る道は、まだ紆余曲折《うよきょくせつ》がある。そこで、まずは五行思想成立の時期について考えてみよう。と言っても、成立時期は、今のところ、よくわからないのであるけれども。

戦国時代の書物とされる『国語』の「鄭語《ていご》」には、西周の滅亡（前七七一年）直前の時期に、鄭《てい》の桓《かん》公《こう》（前八〇六年—前七七一年在位）に史伯《しはく》が天下の形勢について講説した議論が見える。そこに「先王は土《ど》を用《もっ》て金木水火に配合して万物を生成した」という文言があり、これをそのまま信じれば、五行思想は西周末には成立していたことになる。しかし、史伯の論は土を基本として他の五行を配合したもので、このような思想は、五行思想が成立してから、その展開として出てきた考え方である。だから、五行思想の西周末成立説は、まず成りたたない。

五行のことは『孫子《そんし》』にも出てくる。『孫子』は春秋末期に斉の孫武が著わしたもの、ということになっている。だから、『孫子』に見られるのであれば、「洪範」に先だって五行という言葉が使われたことになる。

『孫子』「虚実」篇に、兵法《ひょうほう》と水の流れを比較して論じている箇所があり、「夫《そ》れ、兵の形は水に象《かたど》る(軍隊の戦い方は水の流れ方を手本とする)。水の行くや、高きを避《さ》けて下《ひく》きに趨《おもむ》く。兵の勝つや、実(相手側の堅固な所)を避けて虚(弱点)を撃《う》つ……」と述べた後、「故に五行に常勝なく、四時に常位なく(四季には、ずっと続く季節は無く)、日に短長あり(昼の長さには長短があり)、月に死生あり(月には満ち欠けがある)」と言っている。つまり、あらゆるものごとは変化し、流動的であるから、状況に応じて相手の弱点を見つけて、そこを突くべきであり、どんな場合でも絶対に勝つという固定した戦法は無い、という意味である。

ここに言う「五行に常勝なし」とは、土木金火水《どもくきんかすい》(この順については、後で説明する)のあいだには絶対的な勝者は無い、ということである。たとえば、火に一定量の水をかければ火は消えるが、では五行の中で水がいちばん強いかというと、堅固な土手を築けば水は堰《せ》きとめられてしまう。つまり、水は火には勝つが土には負ける。他のものも同じことで、五行には常に勝ちを占めるものは無いのだ、ということである。

この考え方の根底には、五行には相互に勝ったり負けたりする関係があるという認識があり、「洪範」に見られるような五材の考え方から大きく発展している。この、五行には勝敗があるという見解は五行相勝《そうしょう》といわれる理論で、いわゆる五行思想が完成した時に打ち出された考え方であり、『孫子』「虚実」篇の文の流れを見れば、そこで初めて五行相勝論が打ち出されたとは、到底、考えられない。「虚実」篇は、「四時に常位なく、日に短長あり、月に死生あり」ということが誰でも常識として知っていることであるのと同じ軽さで、「五行に常勝なし」という、できあがった思想を利用したにすぎないと思われる。

では『孫子』以前に、すでに五行相勝論が打ち出されており、それを『孫子』が取りこんだのであろうか、と言えば、それもまた考えにくい。武内義雄は「孫子の研究」[12]で、「「故五行無常勝」以下の四句十九字は、もと注文であったものが誤って本文となったものであろう」(傍点は原文)、「もしこれを本文とすれば蛇足の感がある」と述べている。その理由もかなり詳しく示されており、じつに鋭い卓見と言うべきである。

要するに「鄭語」の問答も「虚実」篇の議論も、いわゆる五行思想が成立した後のものと思われるのであり、結論としては、今のところ、「洪範」の五行がこの言葉の初出のようだ、ということである。

というわけで、五行思想の起源はよくわからないが、それを歴史解釈の方法として確立した人物はわかっている。戦国時代の後期に活躍した斉の鄒衍《すうえん》(騶衍とも。?―前二四〇。以下、すべて鄒衍と表記)である。いままで、いわゆる五行思想とか、五行思想が完成した段階などと述べてきたのは、鄒衍が構築した五行の理論とその時期を指して言ったものである。

鄒衍の五行思想

鄒衍は孟子の活動期に生まれ、戦国末を生きた人である。その伝記は『史記』「孟子荀卿《じゅんきょう》(荀子のこと)列伝」(以下、「孟荀伝」と略記)に見える。伝記が「孟荀伝」に収められている点からもわかるが、鄒衍は、まずは儒家に数えられる。しかし、陰陽思想に基づいて議論を展開していることから、後世、『漢書《かんじょ》』「芸文志《げいもんし》」(第二章5参照)などでは陰陽家に数えられている。では「孟荀伝」中の鄒衍伝を見てみよう。

> 鄒衍は、当時の君主たちがますます奢侈《しゃし》にふけり、自分の身を治めてから庶民[13]に及ぼすというような徳の尚《たっと》び方ができない、ということを見て取ると、陰陽の気の消息変化を深く観察し、「怪迂《かいう》の変」[14]や「終始大聖」[15]の篇、十余万言を著わした。その表現は雄大で信じがたいが、まず小さなものごとを検証し、それを推《お》し広めて、無限にまで至るものであった。
>
> (時間的な考察では)まず現代について述べてから、黄帝の昔にまで至った。その点は学者に共通したことであるが、……(鄒衍は)さらにそれを推し進め、天地が生まれる前の、うす暗くて考察できない時代にまで至った。
>
> (空間的な考察では)まず中国の名山大川や水陸に繁殖する動植物、珍奇な物類を列挙し、それを推し進め、人々には見られない海外の物に及んだ。
>
> 天と地が分かれて以来の五徳の転移[16]と、五徳の政治には然《しか》るべき統治法があること、その符応(吉凶の応報)は、これこれこのようである、と論じた。
>
> ……鄒衍の述べることの要点は、かならず仁義・節倹(仁義や節用倹約)のことで、君臣上下《しょうか》・六親《りくしん》のあいだで実践すべきことにあり[17]、その始めの初歩的なところを述べただけであった[18]。王公大人《たいじん》は初めてその説を聴くと、驚いて心ひかれたが、その後、実行はできなかった。

こうして鄒衍は斉で重んじられた。梁《りょう》に行くと……賓客として待遇された。趙に行くと……敬《けい》虔《けん》にもてなされた。燕《えん》に行くと、昭王は彗《ほうき》を手にして道を掃き清めて先駆けし、弟子の座に列《つら》なって学業を受けたいと請願し、碣石宮《けっせききゅう》を築き(そこに鄒衍を住まわせ)、みずから出向いて師と仰いだ。(そこで、鄒衍は)「主運《しゅうん》」(19)を著作した。

以上が『史記』「孟荀伝」中に挟《はさ》みこまれた鄒衍伝の要点である。この伝記で重要な点は三つある。第一は鄒衍の思考方法である。「まず小さなものごとを検証し、それを推し広めて、無限にまで至るものであった」というのは、古代中国人の発想には珍しい演繹的《えんえきてき》な思考法である。鄒衍は、その方法を時間と空間(および空間に存在する物)に適用したのであり、彼の思考方法は徹底的な演繹法であった(この点については、本書では議論しない)。

第二は「五徳の転移」の主張である。五徳とは、五行にはそれぞれ本性があることを示した言葉で、「洪範」では、たとえば水には「潤下《じゅんか》」の性質があると言われていたようなことである。そうした水の本性を持ったものを水徳と言い、火の本性を持ったものを火徳と言う。また、水徳とか火徳とかは五行の中のいずれかの要素を持つ王朝の性質でもある。したがって「五徳の転移」とは、むろん天地自然大の規模の言葉であるから、あらゆる変化を含むのであるが、端的に言えば、王朝の推移を意味する。この「五徳の転移」の主張こそが鄒衍の独創的な思想であり、五行相勝論にほかならない。伝に見えた「終始大聖」の篇とは、「五徳の転移」理論に基づいて王朝の交代を論じた著作であったと考えられる。

第三は燕の碣石宮で「主運」を著作したということである。

五徳転移の説

では、まず「五徳の転移」について考えてみよう。その説に基づいて書かれたものと思われる著作（もしくは理論）は鄒衍伝では「終始大聖」の篇とされていたが、これは書物によっていろいろな書き方がされている。「終始五徳の運」[20]、「終始五徳の伝」[21]、「大聖終始の運」[22]、「変化始終の論」[23]、「終始五徳」[24]などである。

「転移」や「終始」、「運」などは五徳が循環活動をすることを表わした言葉であり、「洪範」五行の段階では五行のあいだに相互の活動はなかったが、鄒衍にいたって、五行は天地のあいだを循環してダイナミックに活動するものとなり、王朝の推移もそれと密接に関連して解釈されるようになったのである。

この五徳の活動は次のように説明されている。

鄒子《すうし》曰《いわ》く、五徳の次《じ》（順序）は、勝たざる所に従う。故に虞《ぐ》（舜《しゅん》）は土、夏《か》は木、殷は金、周は火、と。[25]

鄒子に『終始五徳』有り。土徳、勝たざる所に従い、木徳之《これ》を継ぎ、金徳之に次ぎ、火徳之に次ぎ、水徳之に次ぐを言う。[26]

鄒子曰く、五徳は勝たざる所に従う。虞は土、夏は木、殷は金、周は火。[27]

これらは引用の仕方は微妙に違うが、おなじことを言っており、土↓木↓金↓火↓水の順序が明示されている。「勝たざる所（所不勝）」とは、勝てない者、つまり敗者の意味である。たとえば「土」は「木」に勝てないが、「木」は、自分が負かした「土」に「従う（次に位置する）」のである。「勝たざる所に従う」とは、ちょっと混乱する表現であるけれども、要するに前の王朝の徳は後の王朝の徳に勝てない（負ける）ということである。

敗者の次に勝者が来て、それが順にどこまでも続くから五行相勝になる。「相勝」とは「互いに勝つ」の意味ではなく、二つのもののあいだに「勝」の関係がある、ということを示すだけであり、この場合は後者が前者に勝つ関係である。

五徳転移説では、「土」以下の五行に対して、舜・夏・殷・周という王朝が当てられている。「徳」とは、先ほど述べたように五行本来の性質のことを言うが、それと同時に、五行の中のいずれかの性質を持つ王朝の性質でもあった。鄒衍は、五徳が相勝という原則に基づいて循環・転移することによって王朝が興亡すると考えたわけである。

「洪範」に見えた水火木金土という五行始生《しせい》の順に対して、鄒衍は五材の第一を稼穡《かしょく》を本質とする「土」とした。そして、「勝たざる所に従う」という原則に従い、土↓木↓金↓火↓水の順とし、こうして終始五徳説（五行相勝説）が成立したのである。

五行相勝は、なぜ土↓木↓金↓火↓水の順になるのであろうか。土地は鋤《すき》や鍬《くわ》によって耕される。つまり鋤鍬は土よりも強いが、むかしの鋤鍬は木製である。その木は金属の斧によって伐採される。

その金属も火によって融《と》かされ、その火も水で消され、その水も土手によって遮《さえぎ》られる。おおよそ、このような考え方から土↓木↓金↓火↓水の順序が認識され、後者が前者に勝ちながら、どこまでも循環する関係が形成されたわけである。

来るべき水徳王朝

戦国時代には、周王朝の命運が尽きたことは誰の目にも明らかであった。事実、前二五六年には、洛陽近辺の小さな地方勢力に成り下がっていた周は秦に滅ぼされた。そこで、どの国が周に代わって王朝を開くかが天下の関心事であり、鄒衍の五行相勝説が各国の君主から強い関心をもって迎えられたのも当然であった。

鄒衍は、五行相勝説によって、前の王朝に勝った王が五行の徳にのっとって仁義の治を行なうべきこと、鄒衍伝の言葉で言えば「仁義節倹、君臣上下六親の施」を行なうことを願ったのだと思われる。周は火徳の王朝だとされているから、それを継ぐのは火徳に勝つ水徳の王朝であり、鄒衍は来《きた》るべき水徳の王に、「洪範」の、水は流れ下《くだ》って潤《うるお》すものであるという潤下の徳を期待したに違いない。寛大で、人民に恩恵を施す仁君の政治である。

『老子』第八章にも「最上の善なるあり方は水のようなものだ。水は、あらゆる物に恵みを与えながら、争うことがなく、誰もがみな厭《いや》だと思う低いところに落ち着く。だから道に近いのだ(上善は水の若《ごと》し。水は善《よ》く万物を利して争わず、衆人の悪《にく》む所に処《お》る、故《ゆえ》に道に幾《ちか》し)」という文言《もんごん》があって、これは為政者のあり方は水を手本とせよという訓戒であるが、水は農業の上に成りたつ中国社会にとって、恩恵をあたえる、きわめて重要なものであった。

孔子よりも少し先輩の、鄭《てい》の宰相・子産《しさん》について、つぎのような話が伝わっている。(28) 子産が死の床に就いたとき、後継者の子大叔《したいしゅく》に、つぎのような意味のことを語った。「火は烈《はげ》しいものだから、人々は遠くから眺めて恐れ、焼け死ぬ者は少ない。水は弱々しいものだから、人々は軽《かろ》んじて玩《もてあそ》び、おぼれ死ぬ者が多い。水のような寛大な政治は難しく、有徳者にのみ可能だ。あなたは次善の厳格な政治を執りなさい」と。子産が亡くなってから大叔が政治を執ったが、厳格な政治を執るに忍びず、寛大にした。すると、盗賊が増え、その根拠地までできてしまった。そこで大叔は子産の教えに従わなかったことを後悔し、兵を動員して根拠地を攻め、盗賊たちを退治したという。

ここに言う寛大な政治が、いわば水徳の政治であるが、鄒衍は、大叔が執ったようなただの寛大な政治ではなく、「潤下の徳」という、もっと積極的に恩恵を施す政治を期待したのであろう。

陰陽主運説

五徳転移説は、それまで誰も思いつかなかった、王朝の交代を説明する画期的な理論であった。しかし、王朝は五行の徳に基づきながら五行相勝の順で推移するというだけでは、来《きた》るべき王朝の支配者を説得するには不十分であったと考えられる。極端に言えば、火徳の周王朝の後は水徳の王朝になる、と言ったにすぎないのであるから。鄒衍としては、もうすこし五徳転移の必然性を強調し、来るべき王者の為政を拘束する何らかの条件を付けたかったのではあるまいか。

そこに意味を持ってくるのが、鄒衍伝の第三の要点として挙げた、燕の碣石宮《けっせききゅう》で「主運」を著作したということである。主運説は五徳転移説よりも後に著《あら》わされたわけである。しかし、残念ながら主運説の詳しい内容は分からない。ただ、他のいろいろな書物に、これと関連する記述があるので、おおよそのところは察知できる。

まず、「戦国の時、ひとり鄒衍なる者があり、五徳の伝《つたえ》を明らかにして、これを陰陽の消長に分けて当て、諸侯のあいだで有名になった」という意味の記述がある。[29] ここに言う「伝」は、やはり転移という意味であろう。

鄒衍伝にも「陰陽の気の消息変化を深く観察」したとあるから、「五徳の伝」を「陰陽の消長に分けて当て」たのが主運説を構築したときの創見であると断定はできないけれども、「分けて当て」たという点に意味がある。「陰陽の消長」とは、陰が消えていって陽が長くなるとか、陰が長くなり陽が消えてゆくなどの総称で、つまり四季のめぐりのことを言ったものである。そこで、「五徳の伝」を「陰陽の消長に分けて当て」たというのは、五行のめぐりを季節に配当した、ということである。

また、「鄒衍は陰陽主運(という説)によって諸侯のあいだで有名になった」という記述もある。[30]「陰陽主運」というのは「陰陽が運《めぐり》を主《つかさど》る」の意味なのか、「陰陽の主《おも》な運《めぐり》」の意味なのか、はっきりとしないが、「主運」とだけ単独で述べられる場合もあるのであるから、おそらく「陰陽の主《おも》な運《めぐり》」であろう。「陰陽が運《めぐり》を主《つかさど》る」ならば、「陰陽」は省略できないと思われるからである。いずれにせよ主運説は、五徳の転移にとどまらず、その転移に季節の循環をからめて把握した考え方であったと思われる。

さらに、「いま、鄒衍の書には『主運』がある。五行が転移して、さまざまな事が定められ、方位に従って服装が決められた(今、其の書に主運有り。五行の相い次《つ》ぎて転ずるに事を用《もっ》てし、方面に随《したが》いて服を為《な》す)」という記述もある。[31]「服を為す」というのは、服の色などが決められたということである。

以上の考察から言えることは、主運説は、どうやら五行と季節、方位、服色などを結合した理論のようである、ということである。この理論を発展させた延長線上にあるものは『礼記《らいき》』の「月令《がつりょう》」篇で、そこでは事こまかに、毎月、天子が行なうべきことが規定されている。

たとえば、孟春《もうしゅん》(春の初め)の月には、天子は青陽《せいよう》という東の堂の、北側の室におり、外出の時は青塗りの車(鸞路《らんろ》)に乗り、たくましい馬(倉龍《そうりゅう》。倉は蒼《あお》の意味)に引かせ、青い旗を立てる(春、東、青は木徳)。青い衣裳《いしょう》をつけ、倉玉《そうぎょく》(青玉)を帯びる。食物としては、春のものとされる麦と羊を食べる、……などであり、このほか、為政の問題から、祭祀や農事、音楽等々、さまざまな事柄について、行動の規範がこまかに決められている。まちがった為政に対する災害もまた記述されている。要するに、月ごとの行動規範が、それを守らない場合の天罰を含めて詳細に記述されているのである。

鄒衍は、五行相勝説に基づく五徳の転移だけでは王侯に説くには不十分であると考え、より具体的で拘束性もある主運説を唱えたのであり、その内容は、後世では「月令」としてまとめられるような、王侯の行動規範であったと思われる。主運説は陰陽に深く関係するから「陰陽主運」と称し、それによって「仁義節倹、君臣上下六親の施」の実現を期待したのであろう。

五行思想の発展

五行思想は、秦漢以後、大いに発展した。五行相互の関係として、水火木金土の五行始生説、土木金火水の五行相勝説の他に、木火土金水《もっかどごんすい》の順で推移する五行相生《そうしょう》説も生まれた。木から火が生まれ、炭となると、それは土になったわけで、土からは金属が産出し、金属は熱すれば溶ける。それは水の徳になったことで、水辺には木が生える、というように考えるのであろう。前の徳が後の徳を生みだす循環・連鎖である。

相生説はいつごろ生まれたのかというと、鄒衍の主運説によって五行と季節や方位が結びつけられた時点で胚胎《はいたい》したものであろう。季節は春夏秋冬と推移するが、五行に結びつけると、春は木、夏は火、秋は金、冬は水で、中心に土(土用＝土の働き)が置かれる。春→夏→土用→秋→冬の順であるが、これは木火土金水の順であり、必然的に五行の順序は、それぞれの徳が次の徳を「生みだす」関係となる。土が中心に置かれ、土の気が盛んなので、土王説とか土旺説とか呼ばれるが、『国語』の「鄭語」に見えた史伯の言説は、この段階になって初めて出てくるものであった。

ただ、五行と季節を結びつけた場合、後世では土用は四季すべてのあいだに渡りの期間として入れられた。一年は、理論として考える場合は三百六十日として計算されるから、土用(十八日)→春(七十二日)→土用(十八日)→夏(七十二日)→土用(十八日)→秋(七十二日)→土用(十八日)→冬(七十二日)→土用(十八日)→春……のように循環するのである。日本では、平賀源内の名宣伝もあって、ウナギを食べる夏の土用だけが有名であるが、土(土用)は五行の基本として木火金水のあいだ、あるいは根底にあるものであった。

また、相勝も相生も日本語としては同じ読み方で、まぎらわしい。相勝は、後の時代には相剋《そうこく》(相克)とも呼ばれるので、ここから以降は五行相剋と呼ぶことにする。

後世では、五行思想は天地自然のあらゆる現象を成り立たせている原理として、考えうるあらゆる物事と言ってもよいほどに、多くの事象に適用された。五行は存在物(元素)であると同時にその機能(原理)であり、たとえば木火土金水《もっかどごんすい》は、人体の臓器としては肝・心・脾《ひ》・肺・腎の五臓、方位としては東・南・中央・西・北、色としては青・赤・黄・白・黒などに配当された。道教の鍛錬法や医学などにも適用され、かりに火徳の心臓に変調があるとすれば、火徳を生みだす木徳の肝臓に問題があるか、あるいは火徳に剋《か》つ水徳の腎臓が過活動しているからだ、というように考えるわけである。五行は、中国古代にあっては、最先端の「科学」であったのだ。

五行思想は、詳しく論じれば、まだまだ山ほどの問題があり、見るべき文献も多いが、このへんで章を改めて秦の始皇帝の事績に戻ることにしよう。

第二章　秦王朝から漢王朝へ

1　秦始皇帝の政治

始皇帝と五行思想

始皇帝は前二二一（始皇二十六）年に斉《せい》を滅ぼして天下を統一すると、秦王《しんおう》ではなく皇帝と名のり、始めての皇帝として始皇帝と称した。

始皇帝は商鞅《しょうおう》の政策を発展させ、前二一三年には民間にある詩書などの書物を焼き（焚書《ふんしょ》）、前二一二年には禁令を犯した儒者四百六十余人を都の咸陽《かんよう》で穴埋めにした（坑儒《こうじゅ》）。焚書坑儒事件は、絶対専制君主にとって人民の学問や知識などは無くもがなであるということを如実に語っており、諸子百家の活動は、ここに終焉《しゅうえん》を迎えたわけである。

『史記』「封禅書《ほうぜん》」によれば、始皇帝が天下を統一したとき、ある人が次のような意見を述べた。

黄帝は土徳を得たので、黄龍（黄は地の色）や地螾《ちいん》（大みみず。地の物である）が現われました。夏《か》は木徳を得たので、青龍が(天に戻らずに)郊に止《とど》まり、草木が繁茂《はんも》しました。殷《いん》は金徳を得たので、銀が山から溢《あふ》れ出ました。周は火徳を得たので、赤い烏《からす》の瑞祥《ずいしょう》がありました。いま、秦は周に変わったので、水徳の時であります。むかし、秦の文公が猟に出たとき、黒龍を獲《と》りましたが、それは水徳の瑞祥であります、と。

これは明らかに五行相剋説に立った意見である。始皇帝は、この意見を採用し、秦は火徳の周を滅ぼして建てた王朝であるから水徳の王朝である、とした。そこで、河水《かすい》(黄河)の名を徳水《とくすい》に変え、当時は冬を十月から数えたから、年始を十月とし、色は黒を貴び、ものの単位は六を基準とし、音は大呂《たいりょ》(1)を貴び、事統(天下の政治)は法を貴んだ、という。

周に赤い烏の瑞祥があったというのは、周の武王《ぶおう》が殷を伐《う》とうとしたとき、黄河の盟津《もうしん》を船で渡ったが、渡り終えると火が天から下《くだ》ってきて王屋《おうおく》にとどまり、それが流れて赤い烏になった、という伝説のことである。(2)王屋とは、おそらく王屋山のことであろう。王屋山は盟津の西北三十キロから五十キロほどの所にあるが、盟津から見えるのであろう。あるいは、王屋山のふもと、盟津により近い王屋の城《まち》のことかもしれない。

「封禅書」の司馬貞《てい》「索隠」には『尚書《しょうしょ》』の緯書《いしょ》(第四章3参照)と『呂氏春秋《りょししゅんじゅう》』が引かれているが、今本《きんぽん》『呂氏春秋』には、この記述は見当たらない。しかし『呂氏春秋』「有始覧」の「応同」篇に、「およそ帝王がまさに興ろうとするときには、天は必ずまず瑞祥を下《くだ》して民に見せる」とあって、周については、文王のとき、天はまず火を見せ、赤い烏が丹書《たんしょ》を銜《くわ》えて周の社《やしろ》に集まった、と記《しる》している。

「火を見せ」とは武王が盟津を渡ったときのできごとのようなことであろうが、「応同」篇の赤烏《せきう》の話と似たような話がさまざまな書物に見えるので、この伝説は、ひろく知られていたようである。丹書とは、丹《に》(赤)で字を書いた書物で、赤は火《か》に配当されるので、周は火徳の王朝とされたわけである。

「ある人」の上奏に見える「秦の文公が猟に出たとき、黒龍を獲《と》」った、という話の典拠は分からない。『史記』「封禅書」には、文公が、黄蛇《こうじゃ》が天から下《くだ》ってきて地に着いた、という夢を見たという話が見える。ある説では、それが典拠で、話の内容を変えたのだ、としているが、どうであろうか。文公は七百人の兵士をつれて東方に猟に出た、という記述もあるので[3]、始皇帝の当時は黒龍にまつわる何らかの伝承があったものと思われる。

「封禅書」には、「ある人」の言説の少し後に、「斉の威王《いおう》(前三五九年—前三二〇年在位)・宣王《せんおう》(前三二〇年—前三〇一年在位)の時から、騶衍《すうえん》の徒《ともがら》は終始五徳の運《めぐり》について論じて書物を著わしたが、秦の時代になると、斉の人がこの説を奏上したので、始皇帝はそれを採用した」と書かれている。とすれば、「ある人」とは騶衍学派に属する斉の人物であったと思われる。

始皇帝の水徳思想

始皇帝は、ある人物の献策によって五行思想を採用し、秦は水徳王朝であるとした。水徳とは、方位は北、季節は冬、性質は陰、色は黒、数は六、などである。水の数は、「洪範」の五行では一であるが、これは原理としての数(生数《せいすう》)で、現実に働く数(成数《せいすう》)としては、生数に五を加えて、六とされるのである。

そこで、衣服や旗などの色は黒、六を基準として法冠の長さは六寸、輿《くるま》は六尺、馬車は六頭立てとした。六尺を一歩（右足か左足を出し、次に左足か右足を出した長さ。今の日本では二歩と数えるであろう）として長さの基本単位とした。一九八八年の初め、陝西省《せんせい》の北方で秦の大道路（これを直道《ちょくどう》という）の一部分が発見されたが、幅が約百六十メートル、きっかり百歩あった。大戦車部隊が即時に派遣できる大道路である。

為政の方法としては法令を尊重した。「水は陰であり、陰は刑殺を主《つかさど》るものだから法を尚《たっと》んだ（4）」のである。法律絶対主義、厳罰主義は、商鞅以来の秦の伝統であるばかりでなく、始皇帝の意識としては、当時の最新の学説に基づくものでもあったわけだ。

もちろん、それは始皇帝流の解釈であって、鄒衍の思惑《おもわく》とは別ものであった。始皇帝は、水の恩恵よりも、水の水平、すなわち公平さに着目し、そこから、自分の統治に都合がいいように、法律万能主義の思想を紡いだのだと思われる。

始皇帝の政策

統一後の政策として画期的なことは、全中国を三十六の郡に分けたことである。これは、むろん五行思想によったことであり、三十六とは、基本数である六の二乗であるから、数自体に神秘的な力が込められている。封建制から郡県制へという春秋戦国時代の変化を極限まで推しすすめたわけであるが、あまりにも急進的で、世の中の方がついていけず、秦が短命王朝に終わってしまったことの原因の一つとなった。

始皇帝は、また、度量衡や文字を統一し、直道を整備し、戦国諸侯が建設した長城を繋《つな》げて万里の長城を完成させた。これらは政治的にも文化的にも極めて大きな意味を持っており、始皇帝は中国史上もっとも構想力の優れた英明な皇帝であったと言ってもよい。

最近の調査では、敵が攻めて来られないような所にも長城を築いており、秦と北方遊牧民との生活領域を明示して、平和共存を図ったふしもあるという。

それが桀紂《けっちゅう》と並ぶほどの悪逆な王とされるのは、短命王朝であったため美化される暇《いとま》がなかったことや、阿房宮《あぼうきゅう》や大陵墓を建設して人々を労役にかりたて、厳罰主義によって多くの人々を罪に落としたことなどが原因であろう。秦に滅ぼされた国々の支配層の怨念《おんねん》にも、また凄《すさ》まじいものがあった。

天の秩序に依存する

最近の発掘で徐々に明らかになってきているが、始皇帝はまた、天の秩序に従って王宮や廟《びょう》、主要建造物の位置を決めたようである。中国には古くから星の並び方に天界の宮殿や大臣の居城などを読み取り、天界には揺るぎない秩序があるとする一種の天文学が発達していたが、始皇帝は天空の永遠の秩序を地上に再現することによって永遠に存続する王朝を夢想したのだ。

この、天の秩序に依存する考え方は、意外にも老子の思想と通じあうところがある。『老子』第二十五章には「人は地に法《のっと》り、地は天に法り、天は道に法り、道は自然に法る」とあるが、始皇帝は、まさに「人は地に法り、地は天に法」るあり方を実践したのだと言える。孔子の天命にも通じそうであるが、封建制の根拠である天命には天神（天帝）の影が濃厚で、始皇帝の天や老子の天がおおむね自然的な天であるのと違っている。

しかし同時にまた、始皇帝の天は老子の天と大きく違う面があり、かならずしも「自然的」という範囲には収まりきらない。これらのことがらの背景には古代中国の歴史や思想の複雑な問題があるので、つぎに天の思想について考えてみよう。

2　天とは何か

命令を下す者としての天

周が殷《いん》を滅ぼして王朝を開き、封建制を実施したのは、天帝から「そうせよ」という命令を受けたからであり、天帝がなぜそのような命令を下したかというと、周の支配者がよく天を祀《まつ》ったからだ、ということになっていた。

殷もまた、夏《か》を滅ぼしてできた王朝であり、王朝を開いた根拠は、やはり天をよく祀ったからだとされている。『尚書《しょうしょ》』の「多士《たし》」篇に、

成湯《せいとう》自《よ》り帝乙《ていいつ》に至るまで、徳を明らかにし祀《まつ》りを恤《うれ》えざる罔《な》し、亦《ま》た惟《こ》れ天丕《おおい》に建《た》て、有殷《ゆういん》を保乂《ほがい》す。

という言葉が見える。成湯とは殷王朝を開いた湯王《とうおう》、帝乙とは殷王朝最後の王である紂《ちゅう》の父、惟《い》は強調の言葉、建は殷王朝を守《も》りたてたこと、有殷の有は美称、保乂は保護し養うという意味である。

そこで、「多士」篇の文言《もんごん》は、「湯王から帝乙の代《だい》までは、徳を明らかにして祀りに心を配らないことはなかった。そこで天も大いに殷を守《も》りたて、すばらしい殷王朝を保護した」という意味である。

この言葉の背景には、歴代の殷王たちは、よく天を祀ったのに、紂に至って天を蔑《ないがし》ろにしたから天命が殷から周に移ったのだ、という主張がある。

だが「多士」篇はオリジナルな『尚書』の篇ではなく、東晋《とうしん》(四世紀)の時に作られたものである。しかし、まったくの無から作りだされたわけではなく、おおむね、古い文献を継《つ》ぎ接《は》ぎして作られている。したがって、そこに盛られた思想には古いものが含まれる。他の、たしかな文献と並べれば、参考資料としての価値は十分にある。たしかな文献とは、ここでは『詩経《しきょう》』である。

「多士」篇に見える、祀りの対象となる「天」とは、天の神さまつまり天帝のことであるが、然《しか》るべき人が亡くなると、やはり神になって天に昇り、祀りの対象となる。『詩経』の大雅《たいが》「文王《ぶんのう》」篇には、つぎのような詩が見える。

文王上《かみ》に在り、於《ああ》天に昭《あら》わる　(文王は天空に昇って、はっきりと天にいる)
周は旧邦と雖《いえど》も、其《そ》の命《めい》維《こ》れ新《あら》たなり　(周は古い邦だが、天命が新たに下《くだ》ったのだ)
有周顕《あき》らかならざらんや、帝命《ていめい》時《じ》ならざらんや　(すばらしい周は輝かしくないことがあろうか、天帝の命令は正しくないことがあろうか)

文王陟降《ちょっこう》し、帝の左右に在り　　（文王は天に昇り降《お》りし、天帝の左右にいるのだ）

『詩経』のもっとも古い注釈である『毛伝《もうでん》』に「時《じ》」は「是《ぜ》（正しい）」の意味であるとあり、いま、それによって読んだ。ちなみに明治維新の維新は、この詩の「其《そ》の命維《めいこ》れ新《あらた》なり（其命維新）」から採った言葉である。

天帝のような天神であれ、文王のような人神（祖先神）であれ、神は祀らなければならない。大事な祀りには牛・豚・羊という犠牲（これを太牢《たいろう》という）を捧げるが、要は食べ物と飲み物を捧げることである。神もまた飲食物が必要なのだ。

徳とは何か

人は空腹だといらいらして怒りっぽくなるが、古代では、神もまたそうだと考えられた。神が怒るとどうなるか、言うまでもなく祟《たた》りを下《くだ》すのである。自然災害や蝗害《こうがい》、飢饉《ききん》、病気や怪我《けが》、火事その他、あらゆる災害は神々の怒りの表われとされたから、飲食物を捧げてよく祀《まつ》らなければならない。「多士」篇には「徳を明らかにし」と「徳」という言葉が見えたが、「徳」とは神を祀る行為にほかならない。端的に言って、飲食物を捧げて天神や人神を養うことを意味したのである。

『詩経』の大雅《たいが》「既酔《きすい》」篇に「既《すで》に酔うに酒を以《もっ》てし、既に飽《あ》くに徳を以てす」という言葉が見えるが、この言葉は徳の意味を端的に示している。「既酔」篇は武王の子である成王《せいおう》が宗廟《そうびょう》で祖先の神霊を祀った時に歌われたもので、祀りには祖先の神霊を象徴する形代《かたしろ》が立てられた。この時は、臣下の最高位である公爵の一人が祖先神に見立てられ、その形代に成王が飲食物を捧げた。形代もまた実際に飲み食いした。

「既酔」篇の文言は、もう十分に酒を頂いて酔いましたし、もう十分に「徳」を頂いて満腹しましたという意味であるが、この「徳」が道徳という抽象的なものでは満腹するわけがない。まさに飲食物なのである。

後世では、形代として、生身《なまみ》の人の代わりに位牌《いはい》が立てられるようになった。神霊の位牌を立てるのは、仏教ではなく儒教に由来する儀礼である。

孔子の天

周初の天は、きちんと祀《まつ》られれば天命という恩恵も与えるが、何かというと祟りを及ぼす恐ろしい存在であった。祖先神も同様の存在で、春秋時代までは、ある国を滅ぼしても、その国の祖先神を祀らせるため、国君一族の一部を残した。そうでなければ、どんな祟りがあるか分からないからである。一族を皆殺しにするようになったのは戦国になってからで、時代とともに文明も発達し、神の力よりも人の力が強くなってきたのである。天に対する畏怖する気持ちを表わした「徳」も、人民に対する徳治《とくち》の思想に変わってきた。徳治とは、王や諸侯が人民に恩恵を施すことであり、神—統治者—人民の関係において、統治者が神の位置に近くなったのである。

春秋末期に生きた孔子も、平生《へいぜい》は神と関係なく人間社会のことがらに没頭した。『論語』「雍也《ようや》」篇によれば、弟子に知とは何かと訊《き》かれ、「民の義を務め、鬼神《きしん》は敬《けい》してこれを遠ざく。知と謂《い》うべし」

と答えている。鬼神とは祖先の神霊と考えてよい。もちろん、敬するのは無視することとは大違いであるが、孔子は神霊そのものよりも神霊を大切にする精神の方が重要だと考えたのであり、さらに、それよりも人民として為《な》すべき仕事を優先させたのである。

しかし、こうした孔子も、「五十になって天命を知った」と回想し、(5) 匡《きょう》(河南)の地で危険な目にあったとき、「文王は既《すで》に亡くなったが、その文(文化)は、ここ(わが身)に在るぞ。天がその文を喪《ほろ》ぼそうとするなら、後世のわが身がどうしてその文に関われよう。天がまだその文を喪ぼそうとしていない以上、匡人《きょうひと》ごときがわたしをどうできようか」(6) と気炎を吐いた。生死の土壇場《どたんば》では天が登場するのである。

文とは質や野《や》に対する言葉で、たとえば人の生まれながらの性質は質であって、教育や鍛錬や経験が加わって、はじめて文なる人と成る。孔子にとって、人は文であってこそ一人前であった。これは質のままを尊重する老子の思想と、真っ向うから対立する考え方である。このように、孔子の心の深いところには天帝や人神(文王の神霊など)を信じる古い情感があり、その意味で天は孔子にとって意志を持った神秘的な存在であったと言えるだろう。

始皇帝の天

始皇帝は王朝存立の根拠と為政の方針を五行思想に求めた。それは、天地自然の秩序に従ったことであって、天は祟りを下《くだ》すおどろおどろしたものではない。しかし、王を称するのではなく、帝の称号を取りこみ、さらに皇(大の意味)を冠し、皇帝と称したのは、始皇帝が文字どおり始めである。大いなる天帝の威力を自分の身に体現させたわけであり、天をたんに自然的と捉えていたわけではない。

また始皇帝は、泰山《たいざん》に土壇《どだん》を築いて天の神を祀《まつ》り、近くの山で地を掃《はら》い清《きよ》めて地の神を祀る封禅《ほうぜん》の儀式を行なった。封禅は、伝説ではずっと古くから王たちが行なってきたとされているが、歴史的事実としては、どうやら始皇帝が始めたことのようである。称号といい、封禅といい、始皇帝は天神に向きあい、自分をそれと同等の力を持つ者として天下に誇示したのであろう。孔子にとって天は意志を持った神秘的な存在であったが、始皇帝にとっても、天は神秘的な力を持ったものでなければならなかったのである。

さらにまた、始皇帝は天空の永遠の秩序を地上に再現することによって永遠に存続する王朝を夢想したが、地上の秩序の根源としての天は、祀らなければ祟る神格ではないけれども、王朝の権威がそれに依存するからには、当然、神秘的な力を持つものでなければならなかったわけである。

老子の天

右のような天についての思想を眺めたあとで、『老子』の第二十五章、

何かが混沌《こんとん》として運動しながら、天地よりも先に誕生した。それは、ひっそりとして形もなく、ひとり立ちしていて何物にも依存せず、あまねくめぐりわたって休むことなく、この世界の母ともいうべきもの。わたしは、その名を知らない。かりの字《あざな》をつけて道《みち》と呼び、むりに名をこしらえて大と言おう。……道《みち》は大なるもの、天は大なるもの、地は大なるもの、王もまた大なるもの

である。この世界には四つの大なるものがあり、王はその一つを占めている。人は地のあり方を手本とし、地は天のあり方を手本とし、天は道のあり方を手本とし、道は自《おの》ずから然《しか》るあり方を手本とする。

訓読　物有り混成《こんせい》し、天地に先だちて生ず。寂《せき》たり寥《りょう》たり、独立して改《あらた》まらず、周行《しゅうこう》して殆《やす》まず。以《もっ》て天下の母と為《な》す可《べ》し。吾《わ》れ、其《そ》の名を知らず、之《これ》に字《あざな》して道と曰《い》い、強《し》いて之が名を為《な》して大《だい》と曰う。……道は大なり、天は大なり、地は大なり、王も亦《ま》た大なり。域中《いきちゅう》に四大《しだい》有り、而《しか》して王は其《そ》の一に居《お》る。人は地に法《のっと》り、地は天に法り、天は道に法り、道は自然に法る。

を読んでみると、なんと斬新《ざんしん》に響くことであろうか。これは、他の思想家のレベルをはるかに超えたきわめて独創的な宇宙観である。天帝どころか、天や地を創造した根元的な存在を考えているのだ。老子は、その根元的な存在を「道《みち》(どう、タオ)」と呼んだが、科学的天文学の欠片《かけら》もなかった当時、どこで、このような天地生成のイメージを形成したのであろうか、ふしぎなことである。

天地創造の神話は古代において珍しいものではなく、中国古代にもおもしろい神話がいろいろとあるけれども、老子の思想は神話というより自然哲学である。

もちろん、古代の人として、老子は神霊をいっさい認めなかったというわけではない。第六十章には「道《みち》によって天下を治めれば、鬼《き》もその働きが霊妙でなくなる。鬼の働きが霊妙でなくなるのではなく、その霊妙な働きが人々を害さないのだ(道《みち》を以《もっ》て天下に莅《のぞ》まば、其《そ》の鬼《き》、神《しん》ならず。其の鬼、神ならざるに非《あら》ず、其の神、人を傷《そこ》なわざるなり)」とある。鬼《き》は孔子の言葉にもあったが、オニではなく、元来は死者の魂《たましい》のことであり、ひろく精霊一般を指す言葉である。

老子は、神《しん》は鬼《き》の霊妙な作用のことであり、道によって天下を治めれば、たとえ鬼《き》が霊妙な働きをしたとしても、人に影響はない、と言った。とすれば、実質上は、ほとんど存在しないと言っているのと変わりはない。老子の世界観は、きわめて自然的なのであり、とくに天を語る場合、その特長がよく示されている。

日本でもよく知られている成語を含む第七十三章には、

天の道《みち》は、争わないのにうまく勝ちを占め、なにも言わないのにうまく応答し、招かないのにおのずと到来し、はてしもなく大きいのにうまく計画されている。天の法網は広々と大きく、目はあらいが、なにごとも見逃すことはない。

訓読　天の道は、争わずして而《しか》も善《よ》く勝ち、言わずして而も善く応じ、召《まね》かずして而も自《おの》ずから来《きた》り、繟然《せんぜん》として而も善く謀《はか》る。天網恢恢《てんもうかいかい》、疎《そ》にして而も失わず。

とある。天の道と言っているのは自然の道理のことである。争わずとか、勝つ、言わず、応ず、召かず、来《きた》る、謀るなど、人の行動を表わす表現が使われているが、自然の道理が人のすべてを包み込む秩序であることを言ったにすぎない。天網も、べつに天に網という物体があるというのではなく、自然の道理を言ったまでであるが、人は天の摂理から逃れられないことを、じつに印象的に表現している。

「天網恢恢、疎にして而《しか》も失わず」の「而も」は読まなくてもよいが、「失わず」は日本では「漏らさず」として知られている。だが、戦国時代以来の『老子』のテキストは「失わず」が主流で、「漏らさず」とするのは唐代以降のようである。

3　秦から漢へ

始皇帝の苛酷な法律

始皇帝が法律・刑罰を厳格にしたのは、水徳の「陰」に適《かな》うからであった。それが、鄒衍の期待とは違った、始皇帝独自の解釈であることは、すでに述べた。『史記』「始皇帝本紀《ほんぎ》」には、

政事は厳格で仮借《かしゃく》なく、すべての事を法によって決定した。冷酷で人間味などは一切なかった。そうしてはじめて水徳の決まりに合致するとした。そこで、容赦なく法を用い、長期にわたる者を赦《ゆる》さなかった。

訓読　剛毅《ごうき》戻深《れいしん》にして事は皆な法に決す。刻削《こくしょう》にして仁恩和義《じんおんわぎ》毋《な》し。然《しか》る後、五徳の数《すう》に合《がっ》す。是《ここ》に於《お》いて法を急にし、久しき者を赦《ゆる》さず。

と記《しる》されている。

右の文中、末尾の「久しき者を赦《ゆる》さず(久者不赦)」は、ごく普通の漢字で書かれているが、難解で

ある。周谷城《しゅうこくじょう》氏は、ここを「久而不赦」と読みかえている。(7) とくに根拠は無さそうであるから、読みにくいので「者」を「而」に換えたのであろう。これだと「久しくなっても赦さなかった」の意味となる。

『史記』を読むときに頼りとすべきものは、まずは劉宋《りゅうそう》・裴駰《はいいん》の『史記集解《しっかい》』、唐・司馬貞の『史記索隠《さくいん》』、唐・張守節の『史記正義』という三家の注釈であるが、この箇所には何のコメントもない。だが、これらと並んで、わが国の先学、滝川亀太郎に『史記会注考証《かいちゅうこうしょう》』という巨大な業績がある。その『会注考証』では、この箇所を「久は犯罪の発覚せずして年久しきを謂《い》うなり」と解釈している。その根拠が示されているわけではないが、実証を命《いのち》とする考証としては、何らかの根拠があったはずである。筆者の見解は、後で述べるように滝川説と異なるのであるが、まずは滝川説に沿って考えてみよう。

法を急にしたから「久者不赦」とされたのであれば、通常の法のもとであれば「久者」は赦される、ということになろう。司馬遷の見解から言えば、通常の法とは漢の法にほかならない。

漢の赦令

そこで『史記』や『漢書《かんじょ》』から、滝川説の根拠とおぼしき記述を拾《ひろ》ってみると、漢の武帝が衛《えい》氏を皇后として立てた際(前一二八年)、それを記念して「久しく官物を貸与されながら逃げ隠れして還《かえ》さない者、および景帝《けいてい》の後元三(前一四一)年以前の訴訟については、みな処罰してはならない」という赦令を下したという記述がある。(8) これは古い罪状は問題にしない、ということである。

武帝はまた、泰山で封禅の儀式をした後、天下に大赦を行なっているが(前一一〇年)、そのなかに、二年以上前の犯罪は、みな処罰してはならない、という項目がある。(9) これもまた、古い罪状は問題にしないということである。

さらに『漢書』「高帝紀・下」には「吏《り》に罪有りて未《いま》だ発覚せざる者は、之《これ》を赦《ゆる》す」という赦令が記されている(高祖八(前一九九)年)。滝川説は、これらの記述から、漢代では犯罪が発覚しないで長年たった場合は赦す、という慣行があったと想定し、それに対比して、「法を急にし」た秦始皇帝は、犯罪が発覚しないで長年たった場合でも赦さなかった、としたのであろう。

しかし筆者には、この解釈には何か違和感が残る。まず、滝川説では、始皇帝の厳しい法律では犯罪に時効は無かった、と言ったことになるが、古代では時効などという考え方は無かったのではないか。漢の高祖や武帝のときのように古い罪が赦されたのは、特別に赦令が出されたからであって、通常の状態なら赦されなかったのではないか。そうでなければ、そもそも赦令を出す意味がない。古い罪でも発覚すれば裁かれるのは、罪の程度にもよるであろうが、べつに「法を急にし」なくても当り前のことではなかったか、と考えられる。

つぎに、「久」という言葉の問題がある。久には無論、長期にわたる持続という意味がある。一方、罪を犯すことは、だいたいは一時的な行為であろう。そこで滝川説では、ある時点で罪を犯したが、それからずっと発覚しないできた、という意味が「久」一字に込められていることになる。しかし「久」一字でそのことを表わすのは無理ではなかろうか。そもそも発覚しなければ赦すも赦さぬもないわけで、いかに法を急にしても罰することはできないではないか。

そこで、別な角度から考えると、林剣鳴《りんけんめい》『秦漢史』(10)には「秦代の刑罰は残酷で、……死刑以外の徒《と》刑《けい》(労役に服する刑)に対して、すべて期限が規定されておらず、つまり、みな無期の徒刑であった」と記されている。これは漢の文帝が発布した減刑令と対比して考察したものであり、『漢書』「刑法志」には、文帝のときに、さまざまな種類の徒刑について一年とか二年、三年、四年といった刑期を定めたことが見える。

筆者の結論は、「久」とは刑に処した期間のことを言ったもので、「久者」を赦すというのは刑期が長くなった者を赦免することではないか、そうした漢代における法の施行の状況に対比して、秦始皇帝は極めて苛酷《かこく》な法を定めて、刑期が長くなった者に対しても赦さなかったというのが「久者不赦」の意味ではないか、ということである。

そこで、先ほどは「久しき者を赦さず」と訓読したが、正しくは「久しき者も赦さず」と訓読すべきである、ということになる。

苛酷な法律の根拠

秦の法律が苛酷であったことは、『史記』中でもさまざまな箇所で述べられている。では、始皇帝は、なぜ人民に苛酷な法律を施したのであろうか。それは、そもそも絶対的な権力者である専制君主の本質がそういうものであったからである。古今東西を問わず、専制君主にとって、本音を言えば人民の幸福などは、どうでもよいのだ。ただ、己《おのれ》の立場が揺らぎそうな場合にのみ人民に多少の恩恵を施すだけなのである。

ところが、専制君主は人民に対して思い入れなどしないということは、意外にも老子の思想と共通する面がある。老子思想の根本は自ずから然《しか》る「道」であり、始皇帝の思想的拠《よ》り所は天地の法則である五行思想であった。どちらも、その拠り所には、基本的に人民の意向など含んでいないのである。「基本的に」と言ったことには理由がある。老子の思想には人民の意向など含んでいない、とだけ言うなら、それは正確な言い方ではない。意向を含まないというのは、無視するという意味ではなく、『老子』第四十九章には「聖人は、いつでも無心であり、万民の心を自分の心としている(聖人は常《つね》に無心《むしん》にして、百姓《ひゃくせい》の心《こころ》を以《もっ》て心と為《な》す)」とあるように、万民の心に対して大きな関心が払われているのだ。にもかかわらず、なぜ「人民の意向を含んでいない」と言ったかというと、ここで言われている聖人の無心も万民の心も、どちらも道に則《のっと》ったものであると考えられるからである。つまり、聖人の心や万民の心以前に道があり、どちらの心も、その道が具現したものにほかならない、と考えられるのである。そのことは、つぎの文言で、よりはっきりする。

第五十七章には「聖人はいう。わたしが何もしないと、人民は、おのずとよく治まる。わたしが清静を好むと、人民は、おのずと正しい。わたしが事を起こさないと、人民は、おのずと豊かになる。わたしが無欲であれば、人民は、おのずと素朴である、と(聖人云《いわ》く、我れ為《な》すこと無くして民自《おの》ずから化《か》し、我れ静《せい》を好みて民自ずから正しく、我れ事無くして民自ずから富み、我れ欲無くして民自ずから樸《はく》なり、と)」という文言がある。聖人が無為、清静、無事、無欲であれば、人民は感化され、正しく、豊かで、素朴であると言っているが、聖人の無為、清静、無事、無欲とは、聖人がいっさいの個人的な欲望を持たないこと、つまり道に則している姿にほかならない。そうすると人民もまた感化され、正しく、豊かで、素朴であると言っているのも、人民もまた欲望を持つことなく、道に則している状態だと言ったのである。

　こうした発言に拠るかぎり、聖人も人民もすべて道の世界に安住した存在である。聖人の心も人民の心も、すべて自ずから然る道の摂理に従っているのであり、聖人にも人民にも、何らかの欲望に基づく意図などは想定されていないのである。聖人の心（つまり道）は、人民の心（つまり道）と同化しているのである。きわめて楽観的で素朴な思想であるが、聖人の立場では、無心、無為、無欲などでありさえすれば良いのであり、それが人民の心を自分の心とするということの意味であった、と考えられるのだ。

　第五章は「聖人の思想には人民の意向など含まれない」という考え方を端的に述べている。「天地には仁愛などはない。万物をわらの犬として扱う。聖人には仁愛などはない。人民をわらの犬として扱う（天地は仁《じん》ならず、万物を以《もっ》て芻狗《すうく》と為《な》す。聖人は仁ならず、百姓《ひゃくせい》を以て芻狗と為す）」という文言がそれである。「芻狗」とはわらで編んだ犬のことで、祭祀《さいし》に用いる。祭祀がすめば淡々と棄てられ、惜しまれることなどまったくないのだ。

　こうして、老子は天地と聖人を同じ非人情なるもの（人情を超えたもの）として対置したが、この聖人を専制君主に置きかえれば、そっくり始皇帝の立場になる。人民に対して非人情であるということは、つまり、老子にせよ始皇帝にせよ、為政の根拠を自ずから然る道や天に求めたからである。

　ただし、決定的な違いもある。老子の聖人は非人情の自然的な存在であり、結果的に人民の上に立つことになるかもしれないが、聖人の意識としては人民を支配しようという意図はない、と想定されている。老子が則《のっと》ったものは宇宙の根元である「道」つまり天地自然の摂理である。老子は、為政者が天地自然の摂理に則るように、くりかえし述べているのだ。

それに対して始皇帝が則ったものは、具体的には、人為的な規定である法律である。苛酷な法律によって人民を支配しようという意図は明白であった。始皇帝は、非人情であるうえに不人情でもあったわけだ。この点で、両者は決定的に違っている。

老子の人民は、聖人と同じように自然的存在であり、為政者の人為を一切なくしてしまえば天地自然の摂理のままに生きるものとして考えられている。これに対して始皇帝の人民は、ただ法律で縛り上げる対象物にすぎなかったのだ。

陳渉・呉広の乱

秦王朝は、始皇帝の存命中は強権によって維持されたが、その死後は、宦官《かんがん》(11)趙高《ちょうこう》の専横などもあって混乱し、わずか十五年の短命王朝に終わった。滅亡の直接のきっかけになったのは苛酷な法律であった。歴史の皮肉と言うべきであろう。

前二〇九年のこと、河南の人である陳渉《ちんしょう》(陳勝。渉は字《あざな》)と呉広《ごこう》が徴発され、九百人部隊の屯長《とんちょう》(分隊長格)として河北の漁陽《ぎょよう》の地に送られることになった。ところが安徽《あんき》の大沢郷《だいたくきょう》まで来たとき、七月の長雨で道が通れなくなった。こうした場合でも、秦の法律では期日どおりに目的地に到着できなければ死刑である。したがって、二人にとって取るべき方途《みち》は反乱を起こすか逃亡するしかない。逃亡しても捕まればそれまでである。そこで、どうせ死ぬしかないのなら、反乱を起こそうということにな

った。二人は策略をめぐらし、引率責任者の三人の県尉《けんい》を殺して反乱を起こした。(12)

そのとき二人が部隊の兵士を集めて行なったアジ演説として、「王侯将相《おうこうしょうしょう》いずくんぞ種《しゅ》あらんや（王も諸侯も将軍も大臣も生まれながらに決まっているわけではないぞ。――誰でも実力でなれる、の意）」という名文句が知られている。いかにも造反の気概を表わしている言葉である。

陳渉・呉広の反乱軍は、またたくまに大軍勢となり、陳渉は国を建てて張楚《ちょうそ》とし、自ら王となった。陳渉に呼応して各地で反乱が起こった。しかし、陳渉軍はもともと烏合《うごう》の衆である。やがて秦軍に破れ、二人とも殺されてしまった。だが、陳渉らの反乱に刺激されて各地で蜂起した反乱軍のうち、勢力を拡大した劉邦《りゅうほう》によって、秦は前二〇六年に滅ぼされた。それ以後、楚の項羽《こうう》と漢の劉邦（前二〇六年―前一九五年在位）の間で激しい戦闘が繰りひろげられ、前二〇二年に、最終的に劉邦が勝って天下を統一した。

両者の戦闘については、筆者も高校の漢文の授業で鴻門《こうもん》の会や垓下《がいか》の戦いを読んだ記憶がある。虞《ぐ》美人《びじん》や四面楚歌などの言葉は、一般的にも耳になじんでいるであろう。江戸時代から戦前までは、『漢楚軍談』などの講談本もよく読まれたようだ。中国史上でも激動の時代の一つである。

4　漢の成立

漢初の状況

劉邦は前二〇六年に秦の都であった咸陽《かんよう》を陥落させると、土地の有力者を集め、法は三章だけにすると約束をした。人を殺した者は死刑、人を傷つけた者は処罰、盗みをはたらいた者は処罰、の三章であり、その他の秦法はすべて廃止する、と。これは法三章として有名な話であり、秦の人々は大いに喜んだという。なにしろ、政治を批判すれば三族(父・母・妻の一族)は皆殺し、集まって話し合えば晒《さら》し首という状況が何年も続いたのであるから、いかに秦法が苛酷《かこく》であったかがわかる。

漢は天下を統一したとは言え、建国の功臣が割拠《かっきょ》する半独立の王国が多数存在していた。漢の中央政府はそれらの均衡の上に乗って、やっと立っていたと言ってもよい。直轄領《ちょっかつりょう》もわずかに十五郡しかなかったし、そこにも多くの諸侯国が存在していた。そこで、漢王朝の成立当初は、何か理由をつけては諸王国を潰《つぶ》していった。統一王朝の名目はあっても、秦の滅亡によって揺りもどされた戦国時代を再統一するようなものであった。王朝としての本音を言えば、秦のように、法制に基づいて官僚が行政を担当する郡県制、つまり中央集権制が理想であったが、それに近い形になったのは、やっと武帝(前一四一年—前八七年在位)の時代になってからである。

劉邦は諸王国を潰して劉氏政権の強化を図りながら、人民に対しては法三章の話に象徴されるように秦の苛法《かほう》を除き、安心して生業に励《はげ》めるようにした。司馬遷は、「高祖本紀」末尾につけたコメントの中で「人をして倦《う》まざら使《し》め、天統《てんとう》を得たり(人々が安心して励めるようにさせ、天子の位に即《つ》くことができた)」と述べている。

無為の治

恵帝《けいてい》から呂后《りょごう》の時代(前一九五年—前一八〇年)は、劉氏の実権が確立していたわけではなく、呂氏一族が実権を握り、あたかも鎌倉時代に源氏将軍家に代わって執権北条氏が権力を掌握していくような趨勢であった。しかし、呂氏政権もまた権力が確立しないうちに肝心の呂后が亡くなり、劉氏勢力の巻き返しが成功した。要するに、高祖から呂后時代は、政権の権威が十分に確立していない時代であった。

そこで、司馬遷は「呂后本紀」末尾のコメントの中で次のように述べている。

恵帝と呂后の時代は、庶民は戦国の苦しみから解放され、君臣ともに「無為」に休息したいと望んだ。そこで恵帝は「垂拱《すいきょう》」し、呂后は女君として政権をとったが、後宮を出ないまま政治をし、天下は安穏《あんのん》であった。刑罰はほとんど用いられず、罪人も希《まれ》であった。民は農事につとめ、衣食は豊富になった。

司馬遷の認識では、劉邦の時代は、まだ戦国と大差なかった。やっと平和になった恵帝・呂后の時代には、誰もが疲れてしまって、みな休みたいと望んだ、というのである。ただ、細かく言えば、「無為」には、ただ何もしないという意味と、「無為の治」という思想を表わす場合がある。『論語』「衛霊公《えいれいこう》」篇に「無為にして治まる者は、其《そ》れ舜《しゅん》なるか。夫《そ》れ何をか為《な》さんや(いったい、何を為《な》さっただろうか)。己《おのれ》を恭《うやうや》しくして正しく南面するのみ」という孔子の言葉があり、これがつまり無為の治である。これは「君子の徳(本分)は風なり、小人《しょうじん》の徳(本分)は草なり。草、之《これ》に風を上《くわ》うれば必ず偃《ふ》す(草に風が吹けば、必ず靡《なび》く)(13)」という感化の思想を理想的段階にまで高めたものであり、

『老子』第三章の「無為を為《な》さば則《すなわ》ち治《おさ》まらざること無し」の句も、表現としては同じようなことを言っている。儒家の思想と老子の思想は、同じ古代中国の思想として、ある意味では通じるところもあるのだ。

南面とは、儀式などの場合、高位の者は下位の者に対して北を背に南に向いて対面するのであり、王者は常に南面することになる。

衣を垂れ手をこまぬく

司馬遷のコメントに見える「垂拱《すいきょう》」とは、衣《ころも》を垂れ手をこまぬくことで、理想の政治を象徴する言葉である。「衣を垂れ」とは、だぶだぶの衣装をゆったりと身につけることで、王者の服装である。そんな服装では、むろん実務的なことはできない。つまり、「衣を垂れ」るとは、何も具体的な仕事はしない、ということを象徴的に形に表わしているのである。

「拱」は胸の前で手を組むことで、やはり何もしないことを意味している。拱手傍観《きょうしゅぼうかん》と言えば、無責任で冷淡な傍観者のイメージである。「拱く」と書いて「こまぬく」と読む。近年、「こまねく」と言う人が多いが、これは誤った言い方であり、「こまねく」では、まねき猫のようにちょっと手でまねくという意味にしかならない。

『尚書《しょうしょ》』「武成《ぶせい》」篇には、周の武王が殷を伐《う》ってからのこととして、「垂拱して天下治まる」という文言《もんごん》がみえる。武王が修めたことは、みな正しく、人を用いたら、みな適材適所であったから、武王は手をこまぬいているだけでよかったのだ、と解釈されている。

こうして、「無為にして治める・治まる」ことは儒家(『論語』や『尚書』)でも老子でも理想として言われているが、じつは儒家の言う「無為」と老子の言う「無為」には大きな違いがある。儒家の無為とは、君主は手をこまぬいているだけで、為《な》されるべき業務は、その担当の臣下が適切に処理することである。臣下は為すべき仕事をきちんとこなさなければならず、忙しいのだ。

ところが『老子』第二十八章には「大制《たいせい》は割《さ》かず(大いなる制度には役割分担がない)」という言葉があり、これは「道」をそのまま制度化すれば、そこには役割分担に基づく組織などない、ということを意味している。だから、制度とは言ったが、この制度には、程よく切って事や物を仕立てあげるような「制」も、基準に従って計って切れ目を入れるような「度」もないわけである。

司馬遷の言う、君臣ともに「無為」に休息したいと望む状況とは、「無為の治」を念頭においた言葉ではあるけれども、儒家が理想とした、臣下だけが働き、君主は衣《ころも》をゆったりと垂れ、手をこまぬいて天下が治まったという周の武王の時のような状況ではなく、君主も臣下も何もせず、人民は自由に農作業ができる状況、つまり老子の言う無為の時代の意味であった。

路遇《ろぐう》・滕沢之《とうたくし》『中国人口通史』(14)によれば、秦の初期には二千万あった人口が、漢初には一千三百万にまで減ったという。中国の統計数字が信用できないことは研究者の常識であるが、おおよその目安として、二千万ほどの人口が三分の二ほどに減ってしまったと考えればよいであろう。あまりにも過剰な人口が大問題になっている現在と違って、むかしの中国では人口を増やすことが富国安寧への第一条件であり、これだけ人口が減っては、漢王朝としては無為の政治によって民力の回復を待つよりほか仕方なかったわけである。

5　黄老思想

漢初の黄老思想

前漢初期は中国史上で唯一、老子の無為の思想が政治・社会思想としてもっとも尊重された時代であったが、正確に言うと、たんなる老子の思想ではなく、黄老《こうろう》の思想である。黄とは黄帝《こうてい》のことで、中国文明を築いた古代の帝王であり、司馬遷は『史記』を黄帝の記述から始めている(15)。たしかな歴史は黄帝から始まり、それ以前は神話の時代であると考えたからであろう。では、なぜ老子に並べて黄帝が登場するのであろうか。

古代中国人には尚古《しょうこ》主義の傾向があった。その性癖の極まるところ、古いほど価値があると考えるにいたる。孔子は「述べて作らず、信じて古《いにしえ》を好む(16)」と言い、周初の文武《ぶんぶ》・周公の道を理想とした。儒家に対抗して起こった墨家《ぼっか》は、それよりも古い時代の夏禹《かう》を尊重した。墨家を批判した孟子《もうし》は、禹の前の堯舜《ぎょうしゅん》を担ぎ出した。そうなると道家としては、さらに古い黄帝でも持ち出すより仕方がない。『老子』には固有名詞は登場しないが、『荘子』には多くの古代の聖人賢者が登場する。黄帝はその代表であり、道家の思想家たちは、自分たちは黄帝と老子の道を継承しているのだと宣伝したのである。

ちなみに、古い方がエライという感覚は、釈迦《しゃか》と老子の出生年《しゅっしょうねん》を比較した論争にも表われている。仏教が中国に入ってきてから、しばらくたつと、釈迦と老子の出生年をめぐって、どちらが早いか大論争になった。なんともバカげた論争であるが、当事者たちは大まじめである。『史記』「老子伝」には老子はどこで死んだか分からないとあったが、仏教軽視論者たちは、それを根拠として、じつは老子は中国では死なず、西に旅してインドに行き、そこで釈迦となって人々に道を説いた、と主張した。その老子の生年が釈迦よりも後では困るのである。

そうした考え方を老子化胡《かこ》説[17]というが、西晋《せいしん》末(三世紀末—四世紀初)の王符《おうふ》(王浮とも書かれる)という道士は『老子化胡経』を作成して老子の優位を主張したと伝えられる[18]。どのような文化・文明もすべて中国が発祥地であるとする中華思想である。老子化胡説は、むろん仏教側に猛反撃されたが、しぶとく生き残り、元代あたりまで続いたようだ。

仏教と道教は、現在では意識すべき相手はお互いというよりも政権であるから、双方とも表面は尊重しあっているが、本音では相当な対抗意識もあると思われる。筆者が道教調査で大陸をまわっていたころ、浙江《せっこう》省の、ある道観(道教寺院)の責任者は、この辺は昔は道教側の敷地や建物が多く、勢いも相当なものであったが、だいぶ仏教に取られてしまった、法事も(したがって収入も)仏教の方がはるかに多い、仏教はずるくて我々は敵《かな》わない、とぼやいていた。

黄帝の書

では、道家のいう黄帝の思想とは、どんなものであっただろうか。『列子《れっし》』「天瑞《てんずい》」篇では『黄帝書』に曰《いわ》くとして「谷神《こくしん》は死せず、是《こ》れを玄牝《げんぴん》と謂《い》う。玄牝の門、是れを天地の根《こん》と謂う。綿綿《めんめん》として存するが若《ごと》く、之《これ》を用いて勤《つ》きず」という文言《もんごん》が引用されている。これは、じつは『老子』第六章の文で、これについては、またⅢの第三章4で言及する。

『列子』という書物は『老子』や『荘子』と並ぶ古い書物というイメージがあるが、じつは西晋から東晋に移る時代(四世紀初め)に、いったん失われ、東晋時代に再編集されたものである。したがって、この『黄帝書』という言い方には、どこまで信じてよいか疑問もある。

前漢の末ごろ、国家の図書を大々的に整理・分類して目録を作った、王室の一族である劉向《りゅうきょう》(前七七—前六)は、「列子新書目録」を作って、永始三(前一四)年に皇帝に奉《たてまつ》った。それによれば、「列子の学問は黄帝・老子を根本とし、道家に属する。景帝《けいてい》(劉啓《けい》。前一五七年—前一四一年在位)の時には黄老の術を尊んだので、この書は頗《すこぶ》る世の中に流行した。寓言《ぐうげん》が多くて荘周に似ている」とある。黄帝と老子は極めて密接な関係にあることがわかり、書物としては、あるいは重複《ちょうふく》する部分があったのかもしれない。

劉向は、もちろん『列子』だけではなく、一々の書物について解説して、『別録《べつろく》』二十巻を作った。その息子劉歆《りゅうきん》(?—二三)がそれを要約して『七略《しちりゃく》』七巻を作った。[19] 後漢になって、『漢書』の著者である班固《はんこ》が、『漢書』の一部分として、『七略』を簡略化した「芸文志《げいもんし》」一巻を作った。『別録』や『七略』は失われてしまったが、『漢書』「芸文志」によって『七略』の内容を知ることができる。

『漢書』「芸文志」は、現存する中国最古の国家図書館総目録とでも呼ぶべきものであり、これによって漢代の書物の状況がわかるが、孔子や老子などのいわゆる諸子《しょし》の書物を集めた箇所(「諸子略」)の道家の部には、

『黄帝四経』四篇
『黄帝銘』六篇
『黄帝君臣』十篇
『雑黄帝』五十八篇

という、黄帝の名がついた四種の書物が挙げられている。このうち『黄帝君臣』には班固の「六国の時(戦国時代)からのもので、老子と似ている」という自注がついていて、黄帝と老子の書が似たものであることが示されている。

これら四種の書物は、『黄帝銘』六篇のうちの「黄帝金人銘《きんじんめい》」と「黄帝巾几銘《きんきめい》」の二篇が他の書物に引用されて残っているほかは、すべて失われてしまった。

「金人銘」は劉向の『説苑《ぜいえん》』「敬慎」篇などに引用されており、多言や多事をいましめ、禍《わざわい》を避けることを眼目とする教えのようである。その文中に「強梁《きょうりょう》なる者は其《そ》の死を得《え》ず」(『老子』第四十二章)とか、「夫《そ》れ江河の百谷《ひゃっこく》に長たる者は其《そ》の卑下《ひげ》を以《もっ》てなり」(同・第六十六章)、「天道は親《しん》無し、常に善人に与《くみ》す」(同・第七十九章)などの『老子』の言葉がちりばめられており、おおよその思想は『老子』に近い。

「巾几銘」は「弱きを翕《あつ》める毋《なか》れ(弱者を我がものとしてはいけない)、徳に偭《そむ》く毋れ、同じきに違《たが》う毋れ(同調すべき時に異を唱えてはいけない)、礼に敖《おご》る毋れ(礼だからといってごり押ししてはいけない)、徳に非《あら》ざるを謀《はか》る毋れ、義に非ざるを犯す毋れ」というもので、儒家思想と道家思想を折衷したような

趣《おもむき》である。(20)

これら二篇の銘を除いたほかは、すべて失われてしまった。ところが、一九七三年末に湖南省長沙《ちょうさ》市の馬王堆《ばおうたい》第三号漢墓から大量の帛書《はくしょ》(絹に書かれた書物)が出土した。墓の年代は前漢文帝時代の前一六八年である。この帛書のうちには二種類の『老子』が含まれていたが、詳しいことはIIの第一章1で述べる。

『黄帝四経』四篇

二種類の帛書『老子』のうち、古い方(甲本《こうほん》と呼ばれる)は劉邦までのもの、新しい方(乙本《おつほん》と呼ばれる)は文帝までのものと推定された。さらに甲本には『老子』の後に古佚書《こいつしょ》四篇、乙本には『老子』の前に古佚書四篇があり、現段階の研究では、この『老子』乙本巻前古佚書四篇こそ『黄帝四経』四篇にほかならないとされているのである。

四篇の巻末には篇名らしきものが書かれており、『経法《けいほう》』『十六経《じゅうろっけい》』『称《しょう》』『道原《どうげん》』と読解されている。もしこれを『黄帝四経』としてよいならば、じつに二千年の絶学を興《おこ》し、わからない面の多かった漢初の黄老思想にも強い光を当てることになる。中国の地下からは、まことに、ときどき途方もないものが出てくる。

出土した『黄帝四経』の読解には相当の困難があり、内容をまとめるのは容易でないが、はなはだ大ざっぱに言えば、天地自然の道(摂理)に則《のっと》る老子の思想を根本とし、その摂理を法として仕立てあげ、それによって統治しようとしたものと考えられる。いま、その冒頭部分を、澤田多喜男訳註『黄

帝四経　馬王堆漢墓帛書老子乙本巻前古佚書』[21]に依《よ》り、要約しながら読んでみよう。

道は法を生ず。……

道を把握した者は、法を立てたらむやみに犯さず、法が立ったらむやみに廃止しない（道を執《と》る者は、法を生じて敢《あ》えて犯さず、法立ちて敢えて廃《はい》さず）。……

道を把握した者が天下を観察する場合、固執《こしゅう》することなく、特定の立場に立つことなく、無為で、私益を図らない（道を執《と》る者の天下を観るや、執ること无《な》く、処《お》ること无く、為《な》すこと无く、私《し》すること无し）。……

私益を図らない者は知恵があり、窮極の知恵ある者は天下の手本となる。秤《はかり》で重さを計り（明確な基準で判定するという意味）、それに天地自然の基準を参考にすれば、天下に問題が起こっても、かならず究明され（法令・制度は）験証を得る（无私《むし》なる者は知、至知《しち》なる者は天下の稽《けい》と為《な》る。称《はか》るに権《けん》衡《こう》を以《もっ》てし、参《まじ》うるに天当《てんとう》を以てせば、天下に事有るも、必ず巧《こう》――巧は考の意――験《けん》有り）。……

天地には恒久の法則があり、万民には恒久の仕事があり、貴賤《きせん》には恒久の位《くらい》があり、臣下を召し抱えるには恒久のやり方があり、民を使うには恒久の基準がある。天地の恒久の法則とは、四季の循環、夜と昼の交替、草木の生長と枯死、柔と剛の変化である。万民の恒久の仕事とは、男は畑仕事、女は機織《はたお》りである。貴賤の恒久の位とは、賢者が高位、愚者が低位について、互いに妨げないことである。臣下を召し抱える恒久のやり方とは、能力によって任用し、その長所を誤らないことである。民を使う恒久の基準とは、私益を図らず公益を図ることである（天地に恒常《こうじょう》有り、万民に恒事《こうじ》有り、貴賤に恒立《こうりつ》〔位〕有り、臣を畜《やしな》うに恒道《こうどう》有り、民を使うに恒度《こうど》有り。天地の恒常《こうじょう》は四時・晦明《かいめい》・生殺《せいさつ》・輮《じゅう》〔柔〕剛《ごう》。万民の恒事は、男は農、女は工。貴賤の恒立は、賢《けん》と不宵《ふしょう》〔不肖〕と相《あ》い妨《さまた》げず。臣を畜《やしな》うの恒道は、能《のう》に任じて其《そ》の長ずる所を過《あやま》つこと毋《な》し。民を使うの恒度《こうど》は、私《し》を去りて公《こう》を立つ)。

……

引用部分は『経法』の、全部で九章あるうちの第一章「道法」のごく一部にすぎないが、書物全体を通して見ても、『老子』中に置かれていても違和感のない表現が目につく。しかも、『老子』に比べれば、はるかに実際的であり、議論の展開の仕方も詳細である。為政者が、これに則《のっと》って実務を執ることも十分に可能であったろうと思わせる。黄帝に託された思想が以上のようなものであったとすれば、それは老子の思想には比較的希薄であった具体的な統治方法を教え、法や術という側面を補ったものだと考えられる。

6　黄老思想の信奉者たち

曹参の黄老思想

黄老思想を実践した人として、まっさきに思い浮かぶのは曹参《そうさん》(?—前一九〇)である。その伝は『史記』「曹相国世家《そうしょうこくせいか》」に見える。曹参は、劉邦が秦に反旗を翻《ひるがえ》すや、劉邦に従って多くの戦場で奮闘した武功抜群の人物である。劉邦は項羽を破って天下を統一し、皇帝になると、長子の肥《ひ》を斉王《せいおう》(22)とし、曹参を斉の相国《しょうこく》(総理大臣)に任じた。恵帝(劉盈《りゅうえい》。前一九五年―前一八八年在位)の代《だい》になると諸侯の国に相国を置く制度は廃止されたが、曹参は、あらためて斉の丞相《じょうしょう》(実質的に相国と同じ)に任じられた。

そこで曹参は、斉の長老や学者たちをすべて召し出し、人々が安心して暮らせる道を問うた。斉の儒者(学者)は数百人いたが、言うことが、みなまちまちで、曹参は、どれがよいのか決められなかった。膠西《こうせい》に蓋公《こうこう》という人がいて、黄老の言説を修めていると聞いたので、手厚く贈り物をして招いた。蓋公を引見すると、蓋公は「政治の道は清静《せいせい》を貴ぶことです。そうすれば民は自《おの》ずと安定します」と言い、そうしたことを具体的に述べた。

蓋公の述べたことは、まさに『老子』第五十七章の「我《わ》れ静《せい》を好みて民自ずから正し」にほかならない。感心した曹参は丞相の執務室を蓋公にあけわたし、参が丞相を務《つと》めた九年のあいだ、斉はよく治まったという。

曹参は、漢王朝初代の相国である蕭何《しょうか》(?―前一九三)の後をついで二代目相国になると、すべて蕭何が定めた決まりに従った。人の些細《ささい》な過失は覆《おお》いかくし、法文の適用に厳酷な官吏や、名声を挙げようと努める者は退けたという。これらもまた黄老思想の実践にほかならない。その点を司馬遷も高く評価している。

曹参は二代目相国になって、何をしていたかというと、政事に努めず、日夜、うまい酒を飲んでいたのである。曹参の屋敷を訪れた官吏や賓客たちは、みな、そのことについて意見しようとしたが、参はいつもすかさず彼らにうまい酒を飲ませた。彼らが何か言おうとすると、そのたびに酒を飲ませ、彼らは結局意見を言えず、酔って帰るだけであった。

また、相国官舎の後庭は一般官吏の官舎に近かった。一般官吏の官舎では、毎日、酒を飲んで歌をうたっていた。相国官舎付きの官吏たちは、そうしたことを嫌っていたが、どうすることもできなかった。そこで曹参を後庭に連れだして、官吏たちが酔って歌うのを聞かせ、曹参が彼らを叱るようにしむけた。ところが曹参は酒を持ってこさせて自分も座席を設けて飲み、一般官吏たちの歌に合わせて歌をうたった、という。

どこやら魏晋時代(三世紀)の竹林《ちくりん》の七賢《しちけん》の行動を彷彿《ほうふつ》とさせる。その一人、阮籍《げんせき》は老荘道家の思想の実践者であるが、縁談を持ちかけるために屋敷にやってきた権力者の司馬昭《しょう》に酒を振るまい、自分も飲んで、話が出そうになる時にはいつも酔っ払っていたという。なんと二カ月間も酔っ払い通しであったというから、命がけの韜晦《とうかい》である。曹参の飲酒は、そこまで切実ではなく、黄老思想の無為を体現しただけであったが、それで無事に相国でいられたのは、やはり漢初という時代の特殊な状況によるものであった。

恵帝と曹参

時の皇帝である恵帝は、曹参が若年である自分を軽《かろ》んじて職務怠慢なのではないかと疑い、自分に仕えている参の息子に、家に帰って父親の胸のうちを問いただしてみよ、と命じた。休暇をもらって家に帰った息子が、あるとき自分の意見のようにして参を諫《いさ》めると、参は怒って息子を二百回も笞《むち》うった。

後に参が朝廷に上がったとき、恵帝が、どうして息子を処罰したのか、あれは自分が命じて諫めさせたのだ、と責めると、参は冠をぬいで謝り、それから恵帝に「陛下は、聖武（政治力や軍事力）という点で高帝《こうてい》（劉邦）とどちらが優れていると思われますか」と訊《き》いた。恵帝が、自分がどうして先帝に及ぼうか、と答えると、参は「陛下は、能力という点で臣と蕭何とどちらが賢明であると思われますか」と訊いた。恵帝が、君の方が及ばないようだ、と答えると、参は「陛下のお言葉は正しい。その高帝と蕭何が天下を平定し、法令はすでに明らかです。いま、陛下は垂拱《すいきょう》され（衣《ころも》をゆったりと垂れ、手をこまぬいて）、参らは職を守っておりますが、法令を遵守《じゅんしゅ》して過失がなければ、それでよろしいのではないでしょうか」と述べた。そこで恵帝は「よろしい。君は休息せよ」と言った、という。いかにも漢初の雰囲気を伝える問答である。

人々は曹参のことを、

蕭何がつくった法律は、一の字みたいに明らかだ。
それに代わった曹参は、しっかり守って過失なし。
行ない真《まこと》に清らかで、おかげで民は安らかだ。

訓読　蕭何　法を為《つく》り、顜《こう》たること一を画《かく》するが若《ごと》し。
曹参　之《これ》に代《か》わり、守りて失うこと勿《な》し。
載《さい》は其《そ》れ清浄、民は以て寧一《ねいいつ》。

と歌ったという。顜とは直とか明の意味、画一とは法律がきちんと整って分かりやすいということ、載とは行ないのこと、清浄とは無為無欲であることであり、一《いっ》・失《しっ》・一《いっ》が韻を踏んでいる。人民にとって、曹参は、まことに良い相国であった。

司馬遷も、曹参について「参は漢の相国となり、無為無欲で、その言辞は道に合っていた。そこで人民は秦の苛酷な政治から解放され、のちに参は人民とともに無為の政治に休息したから、天下はこぞって、そのすばらしさを称《たた》えたのである」と誉《ほ》めている。老子の無為の思想が天下万民に受け入れられた例外的に安寧な時代であった、と言えるであろう。

黄老思想の信奉者たち

むろん、黄老思想は曹参の専有物ではない。高祖劉邦の知恵袋とも言うべき張良《ちょうりょう》（字《あざな》は子房《しぼう》。？―前一八七）は、黄老思想を直接述べているわけではないが、生来多病であったので、道家の養生法である導引《どういん》（一種の体操）や辟穀《へきこく》（穀類を食べないこと）を実践し、晩年には「願わくは人間《じんかん》（世の中）の事を棄て、赤松子《せきしょうし》(23)に従って游《あそ》ばんと欲するのみ(24)」と願った人物である。やはり黄老尊重の気風の中にあると言うべきであろう。

劉邦亡きあと権勢を振るった呂太后《りょたいごう》(25)が亡くなると、右丞相《うじょうしょう》（上席の丞相）の陳平《ちんぺい》（？―前一七八）は太尉《たい》（軍事長官）の周勃《しゅうぼつ》（？―前一六九）と共謀して呂氏一族を誅滅《ちゅうめつ》し、代王の劉恒《りゅうこう》を都に迎えて即位させた。これが文帝《ぶんてい》（前一八〇年―前一五七年在位）である。陳平は劉氏漢王朝を存続させた功臣であるが、司馬遷によれば、陳平は若いときに、もともと黄帝・老子の術を好んだ、という。呂氏時代に、本音《ほんね》を隠して呂氏一族の専横を許していたのは、その「術」を発揮したものであろう。

そして文帝もまた質素倹約を心がけ、無為の政治を行なった。いわば老子風な政治であるが、全面的に黄老思想によった政治というわけではない。斉《せい》や淮南《わいなん》など広い領域を有する王国をいくつかに分け、それぞれに王を立てた。立てられた側からいえば多数の者が王位に即《つ》けてもらえたという恩恵であるが、文帝側からいえば諸王国を分けて弱体化し、中央集権を強めるという意味を持っている。

また、時期は不明であるが、文帝の時に律に加えられたものに酎金律《ちゅうきんりつ》というものがある。八月に皇帝が宗廟で祀《まつ》りをするとき、濃い新酒（酎）を供えるが、その祀りに諸侯王[26]と列侯[27]も参加させ、その資格に応じて黄金を献上させるのである。金額は彼らが封じられた邑《ゆう》（領地）の口数《こうすう》千人につき黄金四両である。これを酎金といい、分量が不足していたり、粗悪な場合には、諸侯王は封邑《ほうゆう》を削られ、列侯は国を取り上げられた。だいぶ後世のことであるが、武帝の元鼎《げんてい》五（前一一二）年にはこの律によって百六人の列侯が罷免《ひめん》されたという[28]。

酎金律の制定は、明らかに諸侯王・列侯に対する抑圧政策であり、文帝の政治イコール温情政治とだけ考えていると、とんだ背負《しょ》い投げを食わされる。黄老思想による無為の政治は、たしかに漢初の特色であるが、帝室の本音を言えば、やはり秦のような中央集権的郡県制を敷くことであった。

そうした本音はともかくとして、文帝の皇后である竇《とう》氏もまた黄老思想の信奉者であったし、文帝の次の皇帝である景帝の時にも黄老の術を尊んだ。黄老の術であるから、純粋に老子の思想だけが用いられたとは言えないが、まがりなりにも老子の思想が王朝政権の中枢思想として尊重されたのは、長い中国の歴史の中で、後にも先にもこの漢初の時代だけである。司馬談《たん》の道家評価、司馬遷の老子評価の背景には、複雑で長い歴史の流れがあったのである。

第三章　神秘的存在としての老子

1　漢代から六朝にかけての老子信仰

信仰の対象となった老子

前漢の時代、景帝を継いだ武帝（劉徹《りゅうてつ》。前一四一年―前八七年在位）の治世になると、儒教思想に則《のっと》って政治が行なわれるようになり、黄老思想は周辺に追いやられていった。官吏の登用も儒教の徳目に拠《よ》って行なわれるようになった。こうした方向転換がなぜ行なわれたかについては複雑な事情があるので、いまは、その事実だけを述べておこう。

なお、漢代の政治と社会の状況については、Ⅱの第二章で、より詳しく述べた。

後漢（二五年―二二〇年）になると儒教は国家教学としてますます尊重され、儒教経典についての研究も積み重ねられた。孔子は、ほとんど完璧な聖人にまで祭りあげられていき、その分、老子は現実世界から押し出されて仙人か神さまのような存在になっていった。そこで、ここからは老子の神秘化、宗教化の道をたどってみよう。

明帝《めいてい》(劉荘《そう》。五七年—七五年在位)の時、楚王英《そおうえい》(劉英)は、その晩年に「黄老の学を喜《この》み、浮屠《ふと》の斎戒《さいかい》と祭祀《さいし》を為《な》し」、「黄老の微言《びげん》(深遠にして微妙な言葉)を誦《しょう》し、浮屠《ふと》の仁祠《じんし》を尚《たっと》び、潔斎《けっさい》すること三月《さんげつ》、神と誓いを為し」たという。(1)浮屠《ふと》とは仏《ぶつ》のことであり、仁祠は寺の別名であるが、ここでは「祭祀を為す」とあるように、実質的には仏を祭ることを意味しているようだ。そのころ仏教が中国に伝来し、劉英は仏を異国の珍しい神として祭ったのだと思われる。黄老と仏が並べられており、三カ月潔斎して誓った神とは黄老と仏である。つまり黄老は神格化されていたわけである。

桓帝《かんてい》(劉志《し》。一四六年—一六七年在位)の延熹《えんき》八(一六五)年の正月、老子を崇拝する帝は、その出生地《しゅっしょうち》とされる苦《こ》県に宦官《かんがん》の左悺《さわん》を派遣して老子を祀《まつ》らせたが、(2)その際、陳相《ちんしょう》(3)の辺韶《へんしょう》に命じて「老子銘」を書かせた。碑を建てて、それに銘文を刻《きざ》んだのであるが、碑そのものは残っておらず、銘文だけが後世の書物に(4)残っている。

そこには、さまざまなことが書かれているが、「道を好む者」の見方として、老子について、つぎのように書かれている。

混沌《こんとん》とした気を離したり合わせたりして世界を造り、日月星の三光と同体となって活動した。天象を観察して予言をし、北斗星に昇ったり降《お》りたりした。日に従って九たび変化し、(5)時間の変化とともに変化した。日月星の三光をすべての基準とし、青龍《せいりゅう》・朱雀《すざく》・白虎《びゃっこ》・玄武《げんぶ》の四霊獣が傍《そば》にいて護持していた。丹田《たんでん》で想念を凝《こ》らし、専一の境地を仙人の居室で大きくした。道が完成すると肉体は仙と化し、蟬《せみ》の抜け殻のように肉体を脱ぎ捨てて世の中を渡った。伏羲《ふくぎ》・神農《しんのう》(6)の時代よりこのかた、代々帝王のために師となった。

訓読 混沌《こんとん》の気を離合し、三光と終始を為《な》す。天を観《み》て讖《しん》を作り、斗《と》星《せい》に降升《こうしょう》す。日に随《したが》いて九変し、時とともに消息《しょうそく》す。三光を規矩《きく》とし、四霊は旁《かたわら》に在り。想を丹田に存し、一を紫房《しぼう》に大とす。道は成り身は化し、蟬蛻《せんぜい》して世を渡る。羲農《ぎのう》自り以来、世《よよ》聖者の為《ため》に師と作《な》る。

意味の取りにくいところもあって、訳は一応のものである。それでも全体として、老子が人というよりも宇宙の権化《ごんげ》として、あるいは仙人として描かれていることがわかる。蟬蛻《せんぜい》のことが出てくるのは、老子は不死身であって、いろいろな時代に姿形を変えて出現し、その時々の王者の師となって教えた、という伝説があるからである。ただし、辺韶自身は常識を持った儒家官僚である。

五斗米道と『老子想爾注』

これより先、順帝(劉保《ほ》。一二五年―一四四年在位)の時代に四川の鶴鳴山《かくめいざん》で張陵《ちょうりょう》(7)によって起こされた五斗米道《ごとべいどう》(後の天師道《てんしどう》)という道教的な宗教教団では、老子を教主とし、『老子』も特殊な解釈を施されて『老子想爾注《そうじちゅう》』として教団の主要経典になった。『想爾注』は、すでに後漢の時に成立していたという説もあるが、成立したのは、それよりも後だという説もある。

『想爾注』中に太上老君《たいじょうろうくん》という神が登場するが、それは老子を神格化したものにほかならない。老子は思想家から変化して、教団の中心的な神格に据えられ、ついに信仰の対象となったわけである。

三代目の張魯《ろ》のときには教勢も大いに拡張し、陝西《せんせい》南部から四川北部にかけての大勢力となった。諸葛孔明《しょかつこうめい》が劉備《び》に天下三分《さんぶん》の計を述べたとき、ぜひ張魯と手を組んで曹操《そうそう》に当たるべしと進言したことは、『三国演義』でよく知られている話である。

鶴鳴山は成都《せいと》郊外の大邑《だいゆう》県という所にあるが、現在では成都市の市域が以前の何倍にも拡大し、大邑も成都市の一部になった。筆者は道教調査団を組んで一九八八年に鶴鳴山に行ったことがあるが、そのころは、大邑は外国人が入れない地域で、特別な入境証をもらって入った。解放後初めての外国人の訪問ということで、筆者も無理して銘文を用意して碑(日本国海外学術研究団登訪大邑鶴鳴山之碑)を建てたのであるが、道路に面した碑の除幕式には爆竹が盛大に鳴らされ、道路の上の方には歓迎の辞が書かれた横断幕が掲げられ、道観にいたる道には信者たちが列をなし、いたるところで爆竹を鳴らされ、道観に着いたら土下座の拝礼までされて、びっくりした。中国人は、まことに派手派手しいことが好きである。

鶴鳴山は『後漢書』や『三国志』にも登場し、歴史上有名な場所であるから、どんな名山かと思っていたのであるが、拍子抜けするほど小さな丘のような所で、がっかりしたことを憶えている。だが、あとでわかったことであるが、筆者が登ったのは鶴の頭に当たる部分で、周囲には翼や胴体に相当する雄大な山塊があるという。張陵は、鶴鳴山で鶴と化して昇天したという伝説があるが、山塊のどこかにそうした仕掛けを施したのであろう。

王阜の老子聖母碑

前漢の成帝《せいてい》（劉驁《ごう》。前三三年―前七年在位）ころの人、桑欽《そうきん》に『水経《すいけい》』という著作があり、それに北魏《ほくぎ》の酈道元《れきどうげん》が六世紀の初めごろに注をつけた。桑欽の『水経』には、わずかに百三十七条の川が見えるだけであるが、酈道元の『水経注』には千二百五十二条もの川が記載されている。

中国の古典籍には本文よりも注に価値のあるものがあるが、『水経注』もその一つである。だが『水経注』には、さまざまな理由で錯誤・混乱が多く、長いこと使い物にならなかった。しかし明代《みん》あたりから研究が進み、現在では大部《たいぶ》のりっぱな研究がいくつも出ていて、歴史地理学や水利史、民俗史その他、多くの分野の資料の宝庫となっている。

その『水経注』の第二十三巻に、渦水《かすい》（水は川の意味）が現在の河南省鹿邑《ろくゆう》近辺、(8)太清宮《たいせいきゅう》のあたりを流れる状況について、つぎのような記述がある。

渦水《かすい》は北に向かうと老子廟《びょう》の東を過《よ》ぎる。廟の南門外に二碑がある。これは漢（後漢）の桓帝が宦官《かんがん》の管覇《かんは》を遣《つか》わして老子を祠《まつ》り、陳相《ちんしょう》の辺韶《へんしょう》に文を書かせたものである。……また北に向かうと、川岸には李母《りぼ》廟がある。廟は老子廟の北側にある。廟の前には李母の墓があり、墓の東に碑がある。是《こ》れは永興《えいこう》元年に譙令《しょうれい》（譙県の県知事）の、長沙《ちょうさ》の人である王阜《おうふ》が立てたものである。碑には、老子は曲渦《きょくか》の間《かん》に生まれた、とある。……

「曲渦《きょくか》の間《かん》」というのは「曲水《きょくすい》と渦水の中間地帯」の意味であるが、曲水については不祥である。

桓帝が派遣した宦官の名が『後漢書』と『水経注』で違っているが、両者の派遣された時期が若干違うようである。

『水経注』には王阜の碑のことは出てくるが、碑文は見えない。だが、北宋《ほくそう》時代に編纂された『太《たい》平御覧《へいぎょらん》』という類書《るいしょ》(9)にその一部が残っている。それによると、碑文は老子について、

老子は道《みち》なのである。つまり、まだ何の形もない時よりも先に生まれ、大いなる初めよりも前に活動し、大いなる素朴の根元に行《めぐ》りゆき、宇宙の果てにまでふわふわと行きわたり、奥深くてほの暗い世界に出たり入ったりし、世界がまだ混沌のままである状況を観察し、濁ったものが下に溜《た》まって地になり清《す》んだものが上に昇って天になるという分離の状況になる前の世界の姿をかいま見た。

訓読 老子とは道なり。乃《すなわ》ち無形の先に生まれ、太初の前に起こり、太素《たいそ》の元《もと》に行《めぐ》り、六虚《りっきょ》に浮游《ふゆう》し、幽冥《ゆうめい》に出入《でい》りし、混合の未《いま》だ判《わか》れざるを観《み》、濁清《だくせい》の未だ分かれざるを窺《うかが》う。

と記している。『老子』第一章や第二十五章に基づきながら、老子と道とを同一視して、人というよりは、この世界の生成それ自体を語っているようだ。辺韶の「老子銘」に見える「道を好む者」の見方のように、老子を著しく神秘化した考え方である。

残念ながら『太平御覧』に収録された碑文は、これで全部である。この碑文は賈善翔《かぜんしょう》『猶龍伝《ゆうりゅうでん》』とも関連するので、そこでまた触れることにする。

これが聖母碑と呼ばれるからには、何らかの神秘的な老子誕生神話も書かれていたに違いない。『史記』の「老子伝」を見ればわかるが、本来、老子の生涯と思想については母親は何の関係もない。孔子が崇拝される場合に、その母親がこみで崇拝されるわけではないのと同じである。それが、「聖母」という名において老子ともども尊崇されているのは、それなりの意味があったはずである。そう考えると、「聖母」を担ぎだしたのは仏陀誕生神話に対抗したものに違いない、と思い当たる。だとすれば、碑文が書かれたのは、当然、仏陀誕生神話が広く知られるようになった後のことである。『水経注』によれば、聖母碑は永興元年に譙令《しょうれい》の王阜が立てた。通説では後漢の永興元(一五三)年とされている。しかし、その時代には仏陀誕生神話はまだ広く知られてはいなかった。仏陀誕生神話が記された仏典は『本起経《ほんぎきょう》』と称されるものであって、さまざまな『本起経』類が漢訳されるようになったのは、遡《さかのぼ》ってもせいぜい一八〇年代以降の後漢末であり、そのころから三国・西晋《せいしん》にかけて次々に訳されたようである。とすれば、この「永興元年」とは、西晋・恵帝《けいてい》の永興元(三〇四)年であろうとする楠山《くすやま》[10]説は、おおいに説得力がある。

道教中の老子

三国(三世紀前半。おおよその目安で、以下同様)から西晋(三世紀後半)東晋(四世紀)、南北朝(五世紀—六世紀)にかけて、老子を仙人や神さまとして見る見方はずっと続いた。

後漢(一世紀—二世紀)の時に伝来して以降、徐々に広まってきた仏教は、西晋から、とくに東晋に至って教理的にも深く理解されるようになり、貴族たちの間にも信奉者が増えてきた。すると、そうした「夷狄《いてき》」[11]の教えに対抗するという民族主義的な欲求から、道教が中国本来の宗教として天師道《てんしどう》(五斗米道)のほかにも本格的に形成され、活発に活動した。

道教では、仏教における仏の位置におおむね老子が据えられ、主要神格として信仰された。北朝・北魏の道士である寇謙之《こうけんし》(三六五?—四四八)は、天師道の中の、男女合気の術(いわゆる房中術《ぼうちゅうじゅつ》)などというかがわしい部分を除去して新天師道を作り出した人物であるが、はっきりと太上老君を最高の神としている。

ところが南朝・梁《りょう》の陶弘景《とうこうけい》(四五六—五三六)は、その著と伝えられる『真霊位業図《しんれいいぎょうず》』で太上老君の上に元始天尊《げんしてんそん》などの神格を置いた。元始天尊は、この世界が生成される前から存在し、天地万物を生み出し、人々を救済する最高神である。全部で七階級に分けられた神々の位階のうち、元始天尊などは最上階である第一階にいるが、太上老君は第四階になって初めて登場する。五斗米道を始めた張陵もまた第四階に位置づけられている。

陶弘景は上清派《じょうせいは》(茅山派《ぼうざんは》ともいう)と呼ばれる宗派を大成した道士であり、江蘇《こうそ》省にある茅山山中に華陽館《かようかん》という住居を建てて住みながら、梁の武帝の政治顧問ともいうべき役割も果たした大物の道士である。当時、山中宰相《さんちゅうさいしょう》と呼ばれたという。太上老君や張陵を低い位置に置き、最高神として元始天尊を担ぎ出したのは、先輩道士である陸修静《りくしゅうせい》(四〇六—四七七)の説を継承したもののようであるが、天師道を貶《おとし》め、自分たちの神こそ最高であるという宣言であろう。

こまかな変遷は省略するが、後に元始天尊は霊宝天尊・道徳天尊と並べられて三清《さんせい》と呼ばれるようになった。元始天尊が最高位で、次が霊宝天尊、三位が道徳天尊である。三清とは、元来は玉清・上清・太清という天の最上界である三層の場所であり、三清には天宝君、霊宝君、神宝君という神がいて治めていると考えられていた。その神々が、いつのまにか元始天尊などに置きかえられ、玉清元始天尊、上清霊宝天尊、太清道徳天尊となったのである。

唐の初めには、すでにそうした考え方が出はじめ、唐代末期(九世紀)には確立していたようである。このうちの道徳天尊とは太上老君をさらに格上げした神格であり、道教界の大勢《たいせい》としては、神秘化された老子は、陶弘景の位置づけよりも、はるかに高かったと言えるようだ。各地の太清宮という道観は、元来は太清道徳天尊すなわち神格化された老子が主神として祀られたものであった。

後漢あたりから始まった老子の神秘化は、道教の成立・発展とともに宗教性を加え、老子は、三国から南北朝の間に最高神の一員にまで持ち上げられた。しかし、太上老君や道徳天尊には、どこかに人物老子の名残があった。そこで、さまざまな宗派の神々を統合し、また仏教に対抗するために、具体的人物の面影を持たない元始天尊が創造されたのであり、以後、元始天尊は道教神学の最高神として現在までその信仰が続いているのである。

2　唐代の老子信仰

帝室の祖先神となる

唐代には、老子は李姓《りせい》王朝の先祖として尊崇された。李氏が隋《ずい》に対して反旗を翻《ひるがえ》して挙兵すると、機を見るに敏《びん》な道士が、それに便乗したのである。その経緯《いきさつ》は、『旧唐書《くとうじょ》』「高祖紀」を本《もと》にすると、つぎのようである。

隋の大業《だいぎょう》十三(六一七)年のこと、隋朝のうち続く失政によって天下が乱れ、各地に群雄が反隋の旗を掲《かか》げて競《きそ》い立った。唐公の李淵《りえん》もその一人で、彼は七月五日、三万の兵を率いて山西省の太原《たいげん》を出発した。汾河《ふんが》に沿って百三十キロほど南下し、八日には霊石《れいせき》県の賈胡堡《ここほ》に陣をしいた。隋側は、将軍の宋老生《そうろうせい》が賈胡堡の南東にあたる霍山《かくざん》山麓の村、霍邑《かくゆう》に布陣して、李淵に対峙《たいじ》した。両軍の距離は、おおよそ二十キロほどである。

ところが、何日も雨が降りつづき、やがて月も変わろうとするころになっても、いっこうに晴れない。食料の補給もむずかしくなり、底をつきかけた。李淵は兵をまとめて引き返すぞと命令したが、従軍していた息子の李世民《せいみん》が懸命に諫《いさ》めたので、どうにか撤退を思いとどまった。

そんな折、白衣を着た老人が李淵の軍門にやってきて、「余は霍山の神の使いなるぞ。唐の皇帝に拝謁したい」と述べ、神は「八月に雨は止《や》み、道を通って霍邑の東南に出られるであろう。吾《わ》れは唐軍を守るであろう」とお告げをなされた、と伝えた。李淵は「この神は以前、趙無恤《ちょうむじゅつ》を欺かなかった。どうして我《わ》れを欺こうぞ」と言い、神託を信じて待った。すると八月には雨が上がり、李淵は兵を率いて霍邑を急襲し、宋老生を斬り、霍邑を平定することができた。

趙無恤と霍山の神

趙無恤《ちょうむじゅつ》(毋卹《むじゅつ》とも書かれる)とは晋の六卿の一つ、趙氏の当主・趙襄子《じょうし》(?—前四二五)のことである。

六卿のうち、知《ち》氏の当主・知伯《はく》は傲慢な人で、韓・魏・趙と共謀して、范《はん》氏と中行《ちゅうこう》氏の領地をすべて奪い取った(12)。さらに韓・魏・趙に土地を要求した。韓氏と魏氏は与えたが、趙氏は与えなかった。知氏は怒り、韓・魏を率いて趙を攻めた。趙襄子は恐れて晋陽《しんよう》(現在の太原近辺)の城に逃げ込んで籠城した。

『史記』「趙世家《ちょうせいか》」によれば、趙氏の家臣の原過《げんか》は襄子に後れてしまい、王沢《おうたく》に迷いこんだ。すると、上半身だけ見える三人のひとが現われ、原過に、抜けてない二節のある竹を与え、「わがためにこれを趙毋卹《むじゅつ》に与えよ」と言った。原過は晋陽に着くと、このことを襄子に告げた。襄子は三日間、もの忌《い》みし、みずから竹を割ってみると、朱《あか》い字の文書があった。そこには「趙毋卹よ、余は霍山《かくざん》の神の使いなるぞ。三月の丙戌《ひのえいぬ》の日に、余は汝《なんじ》をして逆襲して知氏を滅ぼさしめん。汝は我《わ》れに百の邑《まち》を立てよ(捧《ささ》げよ、の意味)。余は汝に林胡《りんこ》の地を賜らん云々《うんぬん》」とあった。襄子は再拝して三神のお告げを受けた。

知伯と韓・魏の連合軍は晋陽を水攻めにし、趙軍は長期にわたって苦戦したが、襄子はひそかに韓氏と魏氏に密使を遣《つか》わして連絡を取り、趙・韓・魏の三氏は協力して知伯を討って滅ぼした(前四五三年)。趙襄子は三神に百邑を捧げ、原過にその祠《ほこら》の祭祀を司《つかさど》らせたという。

霍山の神と太上老君

李淵に霍山の神のお告げをもたらした白衣の老人は、後世の道教の記録では霍山の神そのものであったとされ、太上老君の命令を奉じてやってきたのだ、と改められた(13)。おそらく李淵の当時から、ある程度そうしたこじつけがなされていたのであろう。この事件の後、別なところでも太上老君が降臨して、唐朝に味方するお告げを述べた、という事件がいくつかあったのである。なぜそうした降臨話が作られたのかと言えば、唐室も老子も李姓であり、太上老君は、じつは唐の先祖であると解釈されたからにほかならない。期せずして李氏側と道士たちが仕組んだ芝居のような感じである。

こうして唐朝では、儒教と仏教も尊重されたが、とくに道教が尊重された。老子は太上老君として道教の神であると同時に、すでに太祖・李淵(六一八年―六二六年在位)のときから帝室の祖先神として尊崇された。唐代では、ずっと古い時代から続く門閥貴族の勢力がまだ相当強かったので、老子を唐室の先祖としたことには、老子を借りて李氏の家格を高め、その統治を神聖化する意味も込められていた。老子はまた、皇帝の先祖である点が強調されて玄元《げんげん》皇帝とも呼ばれた。道教も老子が創唱したものとして保護されたのである。

前に述べたように、老子は尹喜《いんき》のために五千言によって道と徳について説いた。その場所は終南山《しゅうなんざん》山麓の楼観であるという伝承があるが、六二〇年に李淵はそこを宗聖観《そうせいかん》と改称した。宗聖すなわち宗《おおもと》の聖人とは、つまり老子のことである。宗聖観は、それ以後、歴代の唐皇帝によって厚く保護され、おおいに繁栄した。ところが、時代が下《くだ》って清《しん》朝末期になると、見るかげもなく荒れ果ててしまった。そこで、観の中心を上の方の、老子が道・徳を説いた場所という説経台に移し、それからは楼観台と言われるようになったのである。

唐皇帝たちによる老子の崇拝と道教の保護

太宗・李世民《せいみん》(六二六年—六四九年在位)もまた道教を厚く保護した。たてまえ上、太宗は、神仙道や、道士が処方する丹薬《たんやく》(金丹)は信じないと表明していた。しかし太宗は、実際には丹薬中毒で死んだ。丹薬は不老長生の薬、道士の宣伝では不老不死の薬である。

丹薬には鉛や砒素《ひそ》、水銀、硫黄《いおう》などが含まれるから、中毒するのは当然である。清朝の考証学者である趙翼《ちょうよく》(一七二七—一八一四)によれば、高宗、憲宗、穆《ぼく》宗、敬宗、武宗、宣宗も丹薬の中毒患者であったという(14)。唐代の道教が、いかに罪深いものであったか、その一端がわかる。

皇帝を始めとする統治者は、天変地異や疾病などあらゆる災厄の際に道士に祈禱《きとう》の儀式をさせたり丹薬を処方させたのであり、長生きしたり仙人になったりする道術も統治者たちの要望に合致していたのである。

高宗・李治《じ》(六四九年—六八三年在位)は、さらに老子と道教を尊崇した。六五五年には昊天観《こうてんかん》を造って太宗を追福し、六六四年には老子像を造って芒山《ぼうざん》に送るよう勅令を出した。六六六年には全国の諸州に一寺一観を置くように詔を出し、亳《はく》州(安徽《あんき》省亳県)に行って老子廟に参詣し、老子を太上玄元皇帝と改称し、祠堂《しどう》を建てて宗廟の体裁をととのえた。六七四年には王公百官に『老子』を習わせ、また、科挙《かきょ》(高等文官試験)の試験科目に加えた。のちに『老子』を上経(重要経典)とし、科挙の受験者すべてが学習するようにした。こうした一連の政策は、老子と『老子』と道教を尊重することによって帝室の権威を高めようとしたものである。

このような老子・道教に対する保護・尊崇も、仏教を尊崇する武則天《ぶそくてん》(武曌《ぶしょう》。事実上は六八四年—七〇五年在位、形式上は六九〇年—七〇五年在位)の時代には中止された。六九一年には仏教を道教の上に置き、六九三年には『老子』を科挙から外《はず》し、そのかわりに武則天がみずから作った『臣軌《しんき》』を学習させた。

中宗・李顕《けん》(六八三年—六八四年、七〇五年—七一〇年在位)は即位してすぐに武則天によって退位させられた皇帝であるが、復位するとすぐに老子を玄元皇帝に戻し、科挙の『臣軌』は廃止して『老子』を復活し、諸州に一寺一観を置いて「中興」と命名した。これは七〇七年には「龍興」と改称された。一九七三年に長沙の馬王堆《ばおうたい》前漢墓から帛書《はくしょ》『老子』が発見される以前は、現存する最古の『老子』テキストは景龍《けいりゅう》二(七〇八)年・易《えき》州龍興観《りゅうこうかん》(河北省易《えき》県)の道徳経碑であった。(15)

睿宗《えいそう》・李旦《たん》(事実上は六八四年、七一〇年—七一二年在位、形式上は六八四年—六九〇年、七一〇年—七一二年在位)は、七一〇年には道・仏の間に上下関係なしとしたが、七一一年には自分の二人の娘を女冠《じょかん》(道姑《どうこ》。女道士のこと)としているし、二観を建て、著名な道士を宮中に召して優遇している。やはり道教尊重の気風の中にあったと言うべきであろう。

道士皇帝・玄宗の道教政策

唐王朝の歴代皇帝による道教保護政策と老子の尊重は、楊貴妃とのロマンスで有名な玄宗・李隆基《りゅうき》(七一二年—七五六年在位)に至って頂点に達した。玄宗は、始めの十年ほどは熱心に政治をしたが、開元九(七二一)年に著名な道士司馬承禎《しばしょうてい》を宮中に召し、みずから法籙《ほうろく》を受けた。(16)これは、玄宗自身が道士になったことを意味している。これ以後、玄宗は道士皇帝として道教に熱中していった。

老荘関係だけに絞《しぼ》ってみても、七二一年には景龍観に石柱を建て、承禎に命じて三種の書体で『老子』を書写させた。

七三三年には全国のしかるべき家に『老子』を所蔵させ、科挙の『尚書《しょうしょ》』『論語』両策の採用枠を減らして、その分、『老子』策を加えた。また、『老子』にみずから注をつけ、学生に習わせた。玄宗が付注した『老子』は『唐玄宗御注《ぎょちゅう》道徳真経《しんぎょう》』と呼ばれる。

七三五年には『御注道徳真経』と『唐玄宗御製《ぎょせい》道徳真経疏《そ》』を公卿士庶《こうけいししょ》および道士僧侶に頒《わか》って可否を直言させた。

中国史上、『老子』に注疏《ちゅうそ》をつけた皇帝は玄宗だけである。「注」だけならば、玄宗と同様に道教狂いをした北宋の徽宗《きそう》にも『宋徽宗御解《ぎょかい》道徳真経』が伝わっており、また明の太祖・朱元璋《しゅげんしょう》にも『大明太祖高皇帝御註道徳真経』がある。ただし朱元璋の注は部分的なもので、しかも、できがきわめて悪いという「定評」がある。

同じく七三五年のことであるが、玄宗は詔勅《しょうちょく》を出して『史記』「老子伝」を列伝の始めに置かせた。我々が普通に見る『史記』列伝は、「太史公自序」にもあるように、「伯夷《はくい》列伝第一」「管晏《かんあん》列伝第二」「老子韓非列伝第三」の順序で続いていく。ところが、張守節《しゅせつ》の『正義』本は老子・荘子・伯夷・叔斉《しゅくせい》を列伝の始めに置き、「老子・荘子は、開元二十三(七三五)年、勅を奉じ、升《のぼ》せて列伝の首《はじめ》と為《な》し、夷斉《いせい》(伯夷・叔斉)の上に処《しょ》す」と説明している。

その張守節本に依《よ》った百衲本《ひゃくのうぼん》『史記』[17]は、たしかに「老子伯夷列伝第一」となっており、ここに老荘と夷斉の伝が立てられている。では、第三はどうなったかというと、「申不害韓非列伝第三」とあり、「開元二十三年、勅して老子・荘子を昇《のぼ》せて列伝の首と為し、故に申韓《しんかん》を此《こ》の巻と為す」と記されている。「老子伝」を、帝室の大事な先祖の伝として、まっさきに置いたわけであり、荘子は、お供のようなものである。

七三七年には諸州に石台を建てて『御注道徳真経』を刻した。

七四一年一月には長安と洛陽《らくよう》の両京と諸州に、玄元皇帝廟と道家思想関係の学校である崇玄学《すうげんがく》を置き、生徒を置いて『老子』『荘子』『列子』『文子』を学習させ、科挙に準じて試験させた。これは道《どう》挙《きょ》と呼ばれる。五月には玄元皇帝の図像を開元観(諸州のすぐれた道観)に安置し、九月には前記四子の試験に臨席し、合格者に官職を授けた。

七四二年二月には荘子、文子、列子、庚桑子《こうそうし》をそれぞれ南華《なんか》真人《しんじん》、通玄《つうげん》真人、沖虚《ちゅうきょ》真人、洞虚《どうきょ》真人(一説に洞霊《どうれい》真人)と改名し、書名を『南華真経《なんかしんぎょう》』などに改めた。九月には玄元廟を太上玄元皇帝宮と改称した。

七四三年一月には老子を大聖祖玄元皇帝、崇玄学を崇元館に改め、組織をととのえた。三月には長安の玄元廟を太清宮、洛陽のを太微宮《たいびきゅう》、全国のを紫極宮《しきょくきゅう》に改め、経済的基盤を補強した。

七四九年には老子を聖祖大道玄元皇帝に、七五四年には、ついに大聖祖高上大道金闕《きんけつ》玄元天皇大帝《てんこうたいてい》に追尊《ついそん》した。

これらは道士皇帝玄宗の行なった政策のほんの一部であるが、玄宗が老子に守られて太平の夢をむさぼっているあいだに社会の矛盾は拡大し、ついに七五五年、現在の北京あたりを根拠地とし、強大な軍事力を持った范陽節度使《はんようせつどし》の安禄山《あんろくざん》によって天下動乱の火蓋が切られたのであった。

3　玄宗の『老子』解釈

玄宗の老子理解

老子は帝室の先祖であるから、当然、あまり奇矯《ききょう》な解釈はできない。玄宗は、『老子』の要点は「理身理国に在り」（疏釈題《そしゃくだい》）と述べ、身を理《おさ》め国を治める要諦を示したものと見ており、これは河上公《かじょうこう》注に依拠するもので、『老子』理解として妥当な見解である。玄宗は儒教も仏教も尊重したが、何よりも道家・道教思想を尊重し、老子の思想を最高のものと見なした。

開元二十七（七三九）年正月に、玄宗は龍角山《りゅうかくざん》にあったと思われる太上老君観に下した詔《しょう》（みことのり）の中で「道徳（老子と、その思想）なるものは百家の首《はじめ》」だと言っている。(18) 龍角山は、もとは羊角山といい、山西省にある山で、唐の初めころ、しきりに太上老君が「顕現《けんげん》した」と伝えられる場所である。そこを龍角山と改名し、さらに尊崇の度合いを高めたのは玄宗である。

百家とは、むろん諸子百家のことであるが、ここでは玄宗時代に至るすべての学派や思想家を含めて言っているような感じである。老子も当然、百家のうちの一家であるが、玄宗は、その中で老子をトップに据《す》えたわけである。

玄宗は天宝元（七四二）年四月にも詔を出している。南宋の謝守灝《しゃしゅこう》が編纂した『混元聖紀《こんげんせいき》』は神聖化された老子の歴史を述べたものであるが（混元もまた老子のこと）、その巻八に、玄宗の詔を、宇宙のあらゆる活動・変化の根元を道といい、道の働きを徳という。道・徳の意味は限りなく大きく、聖人でなければ誰がそのことを明らかにできようか。……功《いさおし》大なる我が先祖・玄元皇帝は、玄妙なる根本を明らかにし、人民を引きつけ、そこで奥深い五千言の経を教え、それによって時代の弊害を救ったが、意味は易の象伝《しょうでん》や繋辞伝《けいじでん》などよりも高尚で、理論は奥深い道理を貫徹し、万代《ばんだい》にわたって肩を並べられるようなものはなく、どうして儒教の六経《りっけい》が真似できるものであろうか。

訓読　化の原《もと》を道と曰《い》い、道の用を徳と曰う。其《そ》の義は至大《しだい》にして、聖人に非《あら》ざらば孰《た》れか能《よ》く之《これ》を章《あか》せん。……我が烈祖《れっそ》・玄元皇帝、乃《すなわ》ち妙本を発明し、生霊《せいれい》を吸引し、遂《つい》に玄経五千言を述べ、用《もっ》て時《じ》弊《へい》を救い、義は象《しょう》・繋《けい》よりも高く、理は希夷《きい》を貫《つらぬ》き、万代《ばんだい》に能《よ》く儔《ちゅう》するに非《あら》ず、豈《あ》に六経《りっけい》の擬《なぞ》る所ならんや。

と引用している。老子は百家のトップであり、『老子』は儒教の経典よりも格段に勝《すぐ》れているということであり、これらの詔によって、玄宗の老子尊崇・傾倒ぶりがよくわかる。

詔中、「妙本を発明し」とある「発明」とは、エジソンが蓄音機を発明したなどという場合の発明(インヴェンション)ではなく、覆い隠されている物事の覆いを発《ひら》いて明らかにするという、漢字本来の意味である。

「義」に関して言及している「象伝」や「繋辞伝」は『易』の経義を解釈したもので、深い意味を蔵しているとされるものであるが、玄宗は『老子』の意味はそれよりも勝れているのだと言ったのだ。

「理」のところで出る「希夷」とは『老子』第十四章の「之《これ》を視《み》れども見えず、名づけて微《び》と曰《い》う。之を聴《き》けども聞こえず、名づけて希《き》と曰う。之を搏《さす》れども得ず、名づけて夷《い》と曰う」に由来する言葉で、奥深い道理を秘めた道の意味である。

六経とは儒教の易・書・詩・礼・春秋・楽という六つの経典である。これらも『老子』には遠く及ばないのだ、というのが玄宗の詔の眼目であった。

皇帝の立場からの解釈

では、玄宗の『老子注』は、すべて道家の観点から解釈したものかというと、かならずしもそうは言えない。おおむねは道家思想による解釈であるが、皇帝ならではの解釈もあるようだ。

たとえば『老子』第二十五章に「人は地に法《のっと》り、地は天に法り、天は道に法り、道は自然に法る」という句があるが、その意味は、通常、「人は地のあり方を手本とし、地は天のあり方を手本とし、天は道のあり方を手本とし、道は自《おの》ずから然《しか》るあり方を手本とする」というように理解されている。(19)「通常」と言ったのは、『老子』の注としてもっとも頼りとされている魏の王弼《おうひつ》注などの解釈で、人↓地↓天↓道↓自然の関係において、たとえば「人は地に法」るとは、大地の状況に応じて耕作したり住んだりするというように、それぞれが次のものに拠っていることを言ったものである。そして窮極的には、天地と人間の秩序はすべて道や自然に拠っているのだ、と理解されている。道と自然については複雑な問題があるので、また、しかるべき箇所で問題にすることにしよう。(20)

ここに玄宗は、つぎのような注をつけた。

「人」とは「王」のことを言っている。生きていくに当たっては、まずは大地のあり方を手本として安らかで静かであるべきである。そのようにできたならば、さらに天のあり方を手本として、生成するものを助長し活動させるべきである。生成したならば、道のあり方を手本として、清静にして無為に身をおき、万人が自《おの》ずからよく治まるようにすべきである。人君にして、このようにできた者であれば、つまり「道は自ずから然るあり方を手本とする」という本性に合致しているのだ。

訓読　人は王を謂《い》うなり。生を為《おさ》める者は先ず当《まさ》に地に法《のっと》りて安静なるべし。既《すで》に爾《しか》れば又《ま》た当に天に法りて、生成を運用すべし。既に生成して已《や》めば、又た当に道に法りて、清静にして無為、物をして自《おの》ずから化せ令《し》むべし。人君の能《よ》く爾《しか》る者は、即《すなわ》ち道法自然の性に合《がっ》す。

玄宗は、この文言は、すべて王たる者のあり方を述べたもの、と捉えているようである。「生成」が出てくるのは、『老子』の思想の常識として天が万物を生成するという思想があるからである。「運用(運《めぐ》らせ用《はたら》かせる)」とは、王が天の活動を助けて、万物の生成をあまねく行きわたらせることを言ったものであろう。

こうして、『老子』では人と天地自然の活動の根本的な仕組みを述べたものと考えられる箇所について、玄宗は王者のあり方に限定して解釈した。日々、具体的に政治に従事している者としての関心が強く打ち出された解釈である。

礼は廃せない

老子は礼や学を否定的に捉えているが、皇帝の立場では、それらを廃するわけにはいかない。第三十八章には「そもそも礼というものは、まごころの薄くなったもので、混乱の始まりである（夫《そ》れ礼なる者は、忠信《ちゅうしん》の薄《うす》きにして、乱の首《はじ》めなり）」という文言があり、礼というものは混乱の始まりとまで言われているが、これに対して玄宗は、

礼を制定したのは、まごころが薄くなってしまったから、そのことから起こる混乱を治める基本的手段として礼に拠っただけである。礼を運用する意味は、上位にどっしりと構えて人々を治める点にある。どうして玉帛《ぎょくはく》のことを言ったものであろうか。

訓読 礼を制する者は、忠信の衰薄《すいはく》せし為《ため》に、礼を以《もっ》て乱を救う首《はじ》めと為《な》す爾《の》み。礼を用いる者は、上《かみ》に安んじて人を理《おさ》むるに在り、豈《あ》に玉帛を云わんや。

と注をつけた。為政者として、まことに常識的な心構えを説いているように思えるが、そのように解釈するために、『老子』では「乱の首《はじ》め」とされたものが、注では「乱を救う首《はじ》め」と読み直された。正反対の意味になるが、もともと「乱」にはミダレル・ミダスの他にオサマル・オサメルの意味がある。一語の中にこうした矛盾した意味があるものを反訓《はんくん》と言うが、玄宗の意識のどこかに、この反訓のような理解の仕方があったのかもしれない。そうでなければ、『老子』の原文には「救う」という

意味の言葉はどこにもないのであるから。つまり玄宗の意識には、「乱の首め」の「乱」に通常の「乱(「乱を救う」と言った場合の乱)」の意味と「治(「救う首め」という意味の乱)」の意味とが、両方ともあったのではないか、と思われるのである。むろん、このような玄宗の読み方には無理があるが、皇帝たる者としては、無理な解釈をせざるを得なかったのであろう。

玉帛のことが出るのは、『論語』「陽貨《ようか》」篇に「礼と云《い》い礼と云うも、玉帛を云わんや(礼だ礼だと言っても、玉帛のことを言ったものであろうか)」という言葉があるからである。古代中国では、諸侯同士の会合とか、諸侯が天子に朝謁《ちょうえつ》するときなどには、礼物《れいぶつ》として璧《へき》などの玉器や絹織物を相手に捧げるのが礼であった。『論語』の文言はそれを踏まえ、そうした礼物を捧げる形式よりも精神が大切だ、ということを言ったものである。玄宗もまた、礼は形式よりも、乱を治め人を治めるという精神こそが大切だと言いたかったのである。

学も廃せない

学問については、『老子』第四十八章に「学問を修める者は日々にいろいろな知識が増えていくが、道《みち》を修める者は日々にいろいろな欲望が減っていく(学《がく》を為《な》す者《もの》は日《ひ》に益《えき》し、道《みち》を為す者は日に損《そん》す)」という、よく知られた文言がある。道と学とを対比して、道の修養にとって学問は関係ないと言っているのであるが、これについて玄宗は、つぎのように述べた。

学問を修める者は日々に見聞が増えていく。道を修める者は日々に仕事が減っていく。見聞が増えていくと、だんだんと学問が蓄積され、仕事が減っていくと、道を悟ることの門に入れる。そういうわけで、見聞が増えていくことによって仕事の成果が蓄積され、仕事の成果を忘れることによって道が体得できる。

訓読　学を為す者は、日に見聞を益《えき》す。道を為す者は、日に功行《こうこう》を損《そん》す。見聞を益《ま》さば修学の漸《ぜん》を為し、功行を損さば悟道《ごどう》の門を為す。是《こ》の故に、益《えき》に因《よ》りて以て功を積み、功を忘れて道を体《たい》す。

皇帝としては、人民に「学を捨てよ」とは言えないから、修学と修道の対立を解消し、両方とも評価するという苦心の解釈をしたのである。「功」は『老子』によく出る言葉で、その功績を含めて仕事の意味で使われる。道の立場について語られた場合には、造化の働きのことを言っている。第九章には「功遂《と》げて身退《しりぞ》くは、天の道なり（仕事をなし遂げたら身を退ける、それが天の道というものだ）」とあり、第十七章には「功を成し事を遂《と》げて、百姓《ひゃくせい》、皆な、我《わ》れ自《おの》ずから然《しか》りと謂《い》う（何かの仕事を成しとげても、人々は、みな、我々は自《おの》ずからこうなのだ、と考える）」とあって、これらは君主の立場について言ったものであるが、第三十四章の「功成《な》りて有《ゆう》を名のらず（仕事が成しとげられても、自分の所有だと言うわけではない）」は道の活動について述べたものである。

玄宗の言う「功」は、これらのような重い意味はなく、書生や官僚などの仕事について述べたものであろう。ともあれ、日常の業務から逸脱しがちな老子の思想を現実内に引きとめておく点に玄宗の苦心があったと思われる。

政治の当途者としての注釈

『老子』第四十章には「反《はん》とは道《みち》の動《どう》」という言葉があり、これは通常は「根元に回帰していくのが道の運動である」と解されている。これに対して、玄宗は独特の解釈をした。玄宗は、

これは「権《けん》(方便)」ということを明らかにしたものである。「反」というのは、経常《けいじょう》の道《みち》に反しているのであるが、意図するところが道の正しさに合致しているという点を取りあげたのである。経常の道には反しているけれども、正しさに合致しているというのは、つまり聖人が「権」を行なうことであって、「権」を行なうことは道の働きであり、そこで、「反とは道の動なり」と言っているのである。

訓読 此《こ》れ権《けん》を明かすなり。反なる者は、其《そ》の経《けい》に反して義に合《がっ》するを取る。経に反して義に合する者は、是《こ》れ聖人の権を行なうこと、権を行なう者は是《こ》れ道の運動、故に反《はん》とは道の動《どう》なりと云《い》う。

と述べている。第四十章の全文は「反《はん》とは道の動《どう》、弱《じゃく》とは道の用《よう》。天下の物は有より生じ、有は無より生ず(根元に回帰していくのが道の運動であり、柔弱《じゅうじゃく》なのが道の作用である。世の中の物は形のあるものから生まれ、形のあるものは形のないものから生まれる)」であって、道の活動のありさまと、万物が無から生まれることを述べたものと解されている。「反とは道の動」も、その一部分として、道の活動を述べたものなのであるが、玄宗は、権(権力でもある)の行使として捉えた。為政者のやり方が正規の決まりから外《はず》れていても、窮極的なところで正義に合致しているならば、それは許される便法《べんぽう》なのだ、と

いうのは、臨機応変にさまざまなことを決めなければならない当途者《とうとしゃ》の立場を強く弁護する解釈であった。

また、第六十四章には「合抱《ごうほう》の木も毫末《ごうまつ》より生じ、九層《きゅうそう》の台《うてな》も累土《るいど》より起《お》こり、千里の行《こう》も足下《そっか》より始まる(ひとかかえもある大木も毛先ほどの芽から生長し、九階建ての高殿《たかどの》も土籠《もっこ》ひと盛りの土から造《つく》りだされ、千里もの道のりも一歩あるくことから始まる)」とあり、「千里の道も一歩から」という、よく知られた格言の典拠を含む三句の成語からなっている。

言うまでもないが、「千里の道も一歩から」とは、どんな長旅も、とにもかくにも第一歩を踏みださないことには始まらない、ということであり、小さなことの積み重ねを評価したものである。「合抱の木」や「九層の台」についての格言も、おなじような意味合いであろう。

ところが玄宗は、ここに、つぎのような解釈をほどこした。

この三つの格言は、早いうちによくよく考え抜かなければ、後になって禍《わざわい》を出来《しゅったい》させてしまうことを喩《たと》えたものである。

訓読 此の三者は、其《そ》の早く良く図《はか》らざれば、後に患《かん》を成《な》さ使《し》むを喩《たと》う。

玄宗は、このように、通常は小さな努力の継続を評価するという積極的な方向で考えられる文言を、大きな災厄《さいやく》・艱難《かんなん》を予防するための教えとして受けとめた。為政者としては、何かの大仕事を成しとげることよりも、まずは禍を引きおこさないように日常的に細心の注意をすることの方が、たしかに大事であったろう、と思わせる現実味がある。まさに管理思想の極致というべき発想であろう。
では、玄宗の解釈は『老子』本文から逸脱したものであるかというと、じつは、そうとも言えない。なぜなら、第六十四章には、三つの格言の前に、

安定しているうちは摑《つか》みやすく、兆《きざ》しがないうちは手を打ちやすい。脆《もろ》いうちは分解しやすく、微《かす》かなうちは散らしやすい。ことが生じないうちに対処し、まだ乱れないうちに治めておく。

訓読 其《そ》の安《やす》きは持《じ》し易《やす》く、其の未《いま》だ兆《きざ》さざるは謀《はか》り易し。其の脆《もろ》きは泮《わ》け易く、其の微《び》なるは散《さん》じ易し。之《これ》を未だ有《あ》らざるに為《な》し、之を未だ乱れざるに治む。

という文言があるからである。これは、どんなことでも、おおごとにならないうちに対処するという意味であり、三つの格言をこの延長線上に置けば、玄宗の解釈も成立しないことはないのである。
その際、三格言のうち、「合抱の木も毫末より生じ」は、たやすく引き抜ける細い芽を放っておいたら、いつのまにか、ひとかかえもあるじゃまな大木になってしまった、というように受けとめれば、「合抱の木」は禍を喩《たと》えたものと解釈できる。しかし、「九層の台」と「千里の行」の方は、よほどひねった解釈をすれば別であろうが、通常は、継続した小さな努力が結果として大きな仕事を完成させるという意味であろうから、玄宗は、ことがらの善悪ではなく、ただ、大きなものごとは小さなことを蓄積して成りたつという点だけを取りあげたのであろう。プラスの価値を持つ格言を、「患を成さ使む」ことの喩えとして考察している点に、為政者としての工夫も限界もあった、と考えられる[21]。

以上に見た数例は、玄宗ならではの解釈であったと言ってよいであろう。ただ、玄宗が行なった実際の政治を見れば、どこまでこうした思想・教訓が意識されていたかは、はなはだ疑問であるけれども。

儒教的心情から出た解釈

また、儒教的心情から出た解釈もある。前にも引いたが(第二章2)、『老子』第二十五章に「物有り混成《こんせい》し、天地に先だちて生ず。寂《せき》たり寥《りょう》たり、独立して改《あらた》まらず、周行《しゅうこう》して殆《やす》まず。以《もっ》て天下の母と為《な》す可《べ》し。吾《わ》れ、其《そ》の名を知らず、之《これ》に字《あざな》して道と曰《い》い、強《し》いて之が名を為《な》して大《だい》と曰う」という文《もん》言《ごん》があり、道の形状や運動、作用を述べている。道から天地万物が生まれてくるので、道を母とも言っている。

ここに玄宗は「万物は道を本《もと》として生まれ、道がさかんに養ってくれるという恩恵をこうむる。だから、道を天下の母とすることができるのだ(万物は資《と》りて以て生成し、其《そ》の茂養《もよう》の徳を被《こうむ》る。故に以て天下の母と為す可《べ》し)」と注をつけ、『老子』本文にない「茂養の徳」という言葉を加えた。

『老子』では道から天地万物が生成されるということを述べており、道が生成の原点であるから母と言ったまでである。きわめて自然的な天地万物生成論であり、ことさらに、そこに「養う」という観点を持ち込んではいない。

ただし、『老子』中に「養う」という観点がないという意味ではない。第十章、第三十四章、第五十一章などでは、道が万物を「養う」ことが重要な観点になっている。しかし、そこに親子の親密さは想定されていない。

これに対して、玄宗は道と万物の関係を親と子の関係で説明しており、「茂養の徳」という言葉には濃い親密さが感じられる。『老子』本文と微妙な違いがあり、中国の伝統的な考え方では、親子関係には子の側からの孝と親の側からの慈という儒教的徳目が付きまとう。というわけで、玄宗の発想の根底には儒教的心情もあったようだ。

そもそも、玄宗は学校を建てて教化を施すという政策も推進しているが、その根本精神も「孝」に置かれていた。孝は、儒教の重要な徳目である。

また、開元十（七二二）年には『御註孝経』を、開元二十四（七三六）年には『御註金剛般若経《はんにゃきょう》』を天下に頒《わか》っており、玄宗は老子の思想を中心として儒・仏を包摂《ほうせつ》したのである。いわば儒仏道三教《さんぎょう》を調和させたのであって、この傾向は、それ以後の中国社会・中国思想の基本となった。

「小国寡民」の解釈

本書の冒頭、「はじめに」でも触れたが、『老子』には「小国寡民《しょうこくかみん》」という、大帝国の皇帝としては絶対に認められない文言がある。玄宗は、それをどう処理したのであろうか。

「小国寡民」は第八十章の言葉で、「国《くに》を小さくし民《たみ》を寡《すく》なくす。什伯人《じゅうはくにん》の器《うつわ》有るも而《しか》れども用いざら使《し》む（人力《じんりょく》の十倍百倍の機能を持つ道具があっても用いないようにさせる）」というものである。中国史上、歴代の王朝は（ある意味では現代にいたるまで）基本的には大国多民を求めてきたのであって、国を小さくし民を少なくするとは、とんでもないことである。

ところが玄宗は、ここに、

この章は、人の君たる者が人情に厚く穏やかで、人々に対して要求や追及することがなければ、たまたま十人隊・五人隊の隊長たる能力がある者がいても、やはり用いる所がないことを明らかにしている。

訓読 この章、人君、其《そ》の淳和《じゅんな》を含み、求及《きゅうきゅう》する所無くんば、適《たま》ま人の材器の什伍《じゅうご》の伯長《はくちょう》為《た》るに堪《た》うる者有るも、亦《ま》た之《これ》を用いる所無きことを明《あ》かす。

と注をつけており、「小国寡民」を「人君、其の淳和を含み、求及する所無くんば」という君主の心の持ち方で説明している。

しかし、これは「小国寡民」を正面から解釈することができないための糊塗《こと》(ごまかし)であって、人君が「淳和を含み、求及する所」がないことは「小国寡民」とは何の関係もない。大国多民の君主もそうした心情を持ちうるし、小国寡民の君主は、だからこそ自分の欲望は抑え、国を大きくし民を増やそうと思うかもしれないのだ。つまり、「人君、其の淳和を含み云々」は、まったく「小国寡民」の注解にはなっていない。

『老子』原文の「器」は、拙訳では道具としたが、玄宗は人物の器《うつわ》としており、この点は両方とも成り立つ。ちなみに『疏(御製道徳真経疏)』では「此《こ》れ淳古《じゅんこ》の代を論ずるなり」として、大昔のこととして片づけてしまった。『老子』は、何かの主張をした書物ではなく、たんに昔のことを述べた記録に格下げされたわけである。

その点では宋・徽宗《きそう》の『御解道徳真経』も同じようなものである。それでも徽宗は、老子当時の社会状況を根拠として、老子の意図も評価している。すなわち、国土が広く民が多ければ、(王者の)政事が対応しきれず、気配りも行きとどかないので、徳が衰え、刑罰で処理するようになり、そこから混乱が始まった。老子は周の末期にあたって、その混乱した状態を厭《いと》い、道の意味を追究してそれを書物に託し、やさしい言葉で悪《あ》しき風潮を糺《ただ》し、淳朴《じゅんぼく》の域にまで高めようとして「小国寡民」の発言をしたのである、と。

簡単ながら、混乱の起こる原因を考え、老子の発言はそれに対応したものだとしている点で、玄宗の注疏よりも、はるかに勝れている。だが、「小国寡民」の考え方を老子当時の歴史的問題に閉じ込めてしまった点は、玄宗と似たようなものである。要するに玄宗も徽宗も、大帝国の皇帝であるがために、「小国寡民」の思想から王者の心の持ち方以外の教えは何も学べなかったのである。

玄宗以後の仏教と道教の成りゆき

いくら老子に偉そうな号を奉り、多くの道観で老子を祀《まつ》り、三教経典の御注を頒布《はんぷ》したところで、現実を見ない政治では、世の中が乱れるのは必至である。天宝十四(七五五)年に始まったいわゆる安《あん》史《し》(安禄山《ろくざん》・史思明)の乱は足かけ九年も続いた。玄宗は長安から逃げて蜀《しょく》(四川)に向かったが、その途中で寵愛する楊貴妃は護衛軍の兵士たちの要求によって殺され(享年三十八歳)、息子の李亨《こう》が玄宗一行と別行動をとって帝位に即《つ》いた(粛宗《しゅくそう》。七五六年—七六二年在位)。玄宗が長安に帰ったのは七五七年の末であり、七六一年、悶々《もんもん》のうちに七十六年の生涯を閉じた。

安史の乱は長安を始めとして中国北部を大混乱に陥《おちい》らせた。玄宗の老子狂い・道教狂いが乱の大きな原因の一つであったはずであるが、しかし帝室はその失政に反省することなく、道教は大した打撃も受けなかったようである。老子は帝室の「先祖」であるから、玄宗のように極端ではないとしても、相変わらず尊崇されたのである。打撃を受けたのは、もっぱら仏教である。そこで、ちょっと仏教について触れておこう。


唐の宗教政策は、おおむね自由なものであったから、仏教は前代から続いて盛んで、その最盛期を迎えた。太宗の時代、貞観《じょうがん》十九(六四五)年に玄奘《げんぞう》(奘の音《おん》は蔵と同じで、ジョウの音は無い)がインドから多くの経典を持って帰国し、その訳経作業は帝室に支援されて、以後の仏教界に大きな影響を与えた。玄宗時代には密教が伝来し、仏教は政権を強化するものとされて発展は極盛に達した。法相宗《ほっそうしゅう》(慈恩宗、唯識宗《ゆいしきしゅう》)、律宗、華厳宗《けごんしゅう》、天台宗、真言宗など、多くの宗派が活動したが、長安・洛陽を中心とするこれらの仏教は護国の役割を担う貴族的なものであり、だいたいが経典の教義解釈を中心とする観念的なものであって、安史の乱により大打撃を受けたのである。

以後は、おもに長江流域などに、硬い言葉で言えば、個人の主体性の自覚にもとづく内省的・実践的な仏教が興隆した。長江流域は唐の穀倉地帯であったから、有力な官僚が派遣され、彼らを中心にサロンが形成されて中央の文化が地方に浸透したが、同時に、有力官僚たちの仏教との出会いもこれらの地方で行なわれた。五代以降の近世仏教も、ここに胚胎《はいたい》したのである。

また、民衆相手に布教したものに浄土教があり、称名念仏の簡便性は禅の頓悟《とんご》に似たところがあり、禅浄双修の気風も形成された。安史の乱以後も活動的で、晩唐には念仏結社も流行したようである。

安史の乱後の最大宗派は禅宗であった。とくに興隆したのは南方に勢力を持った、六祖慧能《えのう》に始まる南宗《なんしゅう》である。慧能の説は『六祖壇経《ろくそだんきょう》』として編纂されたが、そこには、宇宙万物は人の本性の中にあり、人は、本来、仏性を具《そな》えているという思想がみえる。これは、いわば人の平等を追求したもので、社会の新しい気風に適合するところがあった。

彼の門下には青原行思《せいげんぎょうし》、南岳懐譲《なんがくえじょう》らがあり、青原の系統からは後に曹洞宗や雲門宗、法眼《ほうげん》宗が出たし、南岳の系統からは馬祖道一《ばそどういつ》、百丈懐海《ひゃくじょうえかい》、黄檗希運《おうばくきうん》、臨済義玄《りんざいぎげん》など、中国禅宗史を代表するような錚々《そうそう》たる傑僧が出た。彼らの活躍は、もし精密な教義解釈にもとづく貴族的で観念的な仏教がずっと隆盛であったならば、生まれなかったものであろう。

道教・老子については、仏教ほどの劇的な変化はない。粛宗は鬼神を好んだと言われており、七五八年には自《みずか》ら老子像を描いて太清宮に送った。代宗（李豫《よ》。七六二年―七七九年在位）は仏教を厚遇したようであるが、七七三年には全国の寺院・道観における僧侶・道士の定員を平等に補充し、七七八年には粛宗の追善のために乾元観《かんげんかん》を造って道士四十九人を置いた。

徳宗（李适《かつ》。七七九年―八〇五年在位）や文宗（李昂《こう》。八二六年―八四〇年在位）は道教に惑溺《わくでき》しなかったようであるが、武宗（李炎《えん》。八四〇年―八四六年在位）は道士趙帰真《ちょうきしん》らを狂信し、即位するとすぐに法籙《ほうろく》を受けて道士となり、趙らの反仏の言説に惑《まど》わされて、いわゆる会昌《えしょう》の廃仏事件（会昌五（八四五）年。仏寺を毀《こぼ》ち、僧尼を還俗《げんぞく》させるなど)を起こした。

　このように歴代の皇帝は崇道《すうどう》政策をとった者が多く、唐一代で建てた宮観は千九百余、度《ど》した(受戒させた)道士は一万五千余であったという。

第四章　賈善翔の『猶龍伝』

1　宋代の老子信仰

本章では、賈善翔《かぜんしょう》『猶龍伝《ゆうりゅうでん》』を中心に、宋代における老子神秘化の足跡《そくせき》をたどってみよう。

宋代の社会

唐が亡《ほろ》んでから半世紀(十世紀前半)は、中国社会が大混乱に陥《おちい》った時代であった。洛陽《らくよう》や開封《かいほう》などの、いわゆる中原《ちゅうげん》地帯では目まぐるしく王朝が交替し、地方でも多くの政権が興亡した。そこで、この時代を五代十国と呼ぶ。三国時代以前から延々と続いてきた貴族の勢力は完全に一掃され、各地の勢力を平らげて中国全土を統一した宋《そう》王朝は、それ以前の王朝とは画期的に性格が異なっていた。唐代までを古代・中世と呼ぶのに対して、通常、宋代は近世と呼ばれる。一言でいえば、官僚たちが直接皇帝につながる皇帝独裁体制が確立したのである。

隋《ずい》代から始まった科挙《かきょ》(高級文官試験)制度は、宋代に至ってやっとその機能を十分に発揮し、最終段階の試験は皇帝がみずから宮中で行なった。これを殿試《でんし》と呼び、殿試によって選ばれた知識人が官僚となり、皇帝の手足となって政治を行なった。政治制度をはじめ軍政や徴税制度なども改革され、商業活動が活発になり、農業生産力も増大した。

文化や言語の面でも大きな展開があり、出版活動も宋代から本格化した。現在の標準中国語には(英語のデスクのように)k、(英語のカップのように)p、(英語のネットのように)tで終わる単語(この発音を入声《にっしょう》という)は存在しないが、そうなったのも、五代の混乱をへた宋代以降のことである。

統治制度が整えられたばかりではない。それに並行して神霊の世界も秩序づけられ、おもな神々が出そろった。現在信仰されている道教の神々は、おおむねこの時代に体系化されたものである。

このように宋代には社会の各方面で大変革があったが、道教と神秘化された老子の位置づけは大して変わらなかった。道教に大きな変化が起こったのは全真教《ぜんしんきょう》という宗派が起こってからであるが、それは、北宋が滅んで金《きん》朝になってからのことである。全真教では、道士・道姑《どうこ》となるためには、仏教と同じように出家を条件としたのである。

徽宗の道教狂い

宋の代々の皇帝は、おおむね道教に関心を持ち、道士たちもさまざまな策謀をこらして帝室に接近した。北宋末の徽宗《きそう》(趙佶《ちょうきつ》。一一〇〇年—一一二五年在位)になると道教狂いとしか言えないほどに道教に熱中した。多くの道士を厚遇し、とくに林霊素《りんれいそ》という道士を尊重して通真達霊《つうしんたつれい》先生という号を与え、高い官職につけた。霊素の方も『神霄雷書《しんしょうらいしょ》』などの経典を作って奉ったり、徽宗は元来は天界の神霄《しんしょう》玉清王《ぎょくせいおう》であると吹聴《ふいちょう》して取り入った。神霄(霄は空のこと)とは、霊素の説明によれば、天には九霄あり、その最高のものである。玉清とは、前に述べたように天界の一つで、三清の最上階のこと、元始天尊が住むという所である。つまり霊素は、徽宗は元始天尊のような存在だとゴマをすったのである。のぼせあがった徽宗は、道教の歴史である『道史』を役所に命じて編纂させたり、多くの道観を増築したり新築したりした。莫大《ばくだい》な田産《でんさん》も与え、全国の道観の隆盛なること中国史上でも稀《まれ》にみるほどになった。徽宗は、政和七(一一一七)年に教主道君皇帝と自称するようになり、ついに教主と天神と皇帝を一身に兼ねそなえた三位一体の帝王になったのである。

しかし道教狂いをした唐・玄宗の末路が悲惨であったように、徽宗の末路もさらに悲惨であった。北方から金(満州族の国家)の軍隊が南下してくると、徽宗は、道士劉知常《りゅうちじょう》が錬成《れんせい》した神霄宝輪《ほうりん》(実体は不詳)なるものを全国の神霄宮に配って四方の兵災を鎮めようとしたり(一一二五年)、都の開封が金兵に包囲されたとき、「六甲法《ろっこうほう》」(1)に通暁すると自称する道士郭京《かくけい》を信任して守備を任せ、都城の陥落を加速させた。こまかな経緯《いきさつ》は省略するが、結局、徽宗は息子の欽宗《きんそう》(趙桓《かん》。一一二五年―一一二七年在位)ともども金軍の捕虜となり(一一二七年)、現在の黒龍江省まで連れ去られ、数年をそこで過ごして亡くなったのである。

賈善翔の『猶龍伝』

宋代の道教尊重の気風から作られた書物に『猶龍伝』と『混元聖紀《こんげんせいき》』がある。『猶龍伝』は徽宗の前の皇帝、哲宗(趙煦《く》。一〇八五年―一一〇〇年在位)の時に、道士賈善翔が撰述《せんじゅつ》したもので、猶龍とは、老子に圧倒された孔子が「老子は龍のようだ(猶《な》お龍のごとし)」と述べた言葉に由来している。『混元聖紀』は南宋の道士、謝守灝《しゃしゅこう》が撰述したもので、書物の内容は『猶龍伝』と似たようなものであり、混元とは老子のことである。

『猶龍伝』は、「序」と、「起無始」「稟《ひん》自然」「見真身」など三十篇からなり、老子についての、いわば神話的経歴を編纂したものである。

「序」では著述の目的を記し、「起無始」以下の篇の内容を簡単に説明している。著述の目的は、つぎのようである。

司馬遷の『史記』は、すばらしい書物であり、老耼《ろうたん》が世の中に現われたことも記されているが、あまりにも簡単な記述であるため、人々はその本末(詳しいいきさつ)を知ることができない。そこで、自分は浅学ではあるが、内外の書物から資料を抽出して豊富にし、詳細にしたい。しかしながら世の中の常識をはみ出す点もあり、耳目では理解できないことも無いわけにはいかないが、すべてを伝記に書き、あえて省略はしない。

内外の書と言っているのは、道教経典などを「内」とし、儒教関係の書物や歴史書そのほかを「外」としたものである。その言葉のとおり、道教経典を中心として多くの書物が引用されている。道や神秘化された老子についての記述は『猶龍伝』以前にすでに膨大な蓄積があり、賈善翔はそれらから適宜資料を抽出して並べたわけである。今では何に拠《よ》ったのか分からない箇所も、何らかの資料に基づいていると思われる。それどころか、『猶龍伝』の章立てその他の構成自体が先行する書物に拠っているようである。だが、おおよその資料が失われてしまった現在では、『猶龍伝』は老子神秘化の極地を示す文献として貴重なものとなっている。

老子誕生の神話

「序」では、著述目的を記したあと、老子について述べているが、それは、さっそくつぎのように世の常識を超えた記述である。

老氏(老子は、しばしば老氏と書かれる)は商(殷《いん》)の第十八代の王、陽甲《ようこう》(前一四〇〇年ころの人)の十七年、庚申《こうしん》の歳に、その母が昼寝をして、太陽が流珠となって口に入り、それを呑《の》んだという夢をみて妊娠した。八十一年たち、太陽九九の数が極まり、母が李《すもも》の下《もと》を逍遥《しょうよう》しているとき、左の腋《わき》から生まれた。生まれたときにすでに白髪で、言葉をしゃべることができ、李を指して「これは吾が姓である」と言った。

女性が夢のなかで何か特殊なものを飲み込んで妊娠するというのは「異人」誕生の伝説によくあるパターンで、母の腋の下から生まれたとか、生まれてすぐに言葉をしゃべったというのは、仏陀《ブッダ》誕生説話を取りこんだのである。それにしても、八十一年経って誕生したということは、母は百歳ほどのしわしわの老婆になっていたはずであるが、そんな記述がどこにもないところを見ると、母もまた人間ばなれした存在であった、ということなのであろう。

母が夢にみた太陽は天空の太陽のことであろうが、九九の太陽とは陽の数の極みのことである。古代ギリシャなどと同じように、古代中国でも数には意味が込められ、奇数は陽、偶数は陰であり、陽はプラスの価値を持つものであった。陽の極まりは九、陰の極まりは八とされた。そこで、九九は陽の中でも窮極の陽で、それで太陽（きわめつきの陽）と呼んだのである。『老子』が八十一章に章立てされたのも、陽の極まりを象徴したものであった。

賈善翔は、続けてつぎのように述べている。

> 父は李霊飛《れいひ》といい、母は尹益寿《いんえきじゅ》といった。商の第二十二代の王、武丁《ぶてい》（前十四世紀—前十三世紀）の九年、庚辰《こうしん》の歳の二月十五日、卯《う》の時に、楚《そ》国の苦《こ》県厲郷曲仁里《らいきょうきょくじんり》、渦水《かすい》の南部に生まれた。

渦水は『水経注』に引かれた渦水《かすい》のことであろう。陽甲の時代から八十一年後は、おおよそ武丁の時代にあたり、つじつまは合っている。楚国云々《うんぬん》は、むろん『史記』を踏まえている。神話的老君伝は、つぎのように続いていく。

> 紂王《ちゅうおう》（殷の最後の王）の時には岐山《きざん》の南に居たが、西伯《せいはく》（周の文王《ぶんのう》）が守蔵の史（蔵書室の役人）とした。武王が殷に勝つと、詔《みことのり》して柱下《ちゅうか》の史（図書館の役人）とした。昭王《しょうおう》の二十五年（前十世紀前半？）、癸丑《きちゅう》の歳の五月、青牛に牽《ひ》かせた車に乗り、徐甲《じょこう》に御《ぎょ》させて周を去った。函谷関《かんこくかん》を過《よ》ぎるとき、

関令《かんれい》(関所の長官)の尹喜《いんき》は天文に詳しかったので聖人が来ることを知り、斎戒《さいかい》して待ち望んだ。七月十二日に老君が至り、『道』『徳』の二経を授けた。約千日の後、(老君と尹喜は)蜀《しょく》郡の青羊《せいよう》肆《し》で会い、いっしょに砂漠地方に行った。だが幽王《ゆうおう》(前七八二年―前七七一年在位)の時になると、中国に帰ってきた。そこで孔子は周に行って礼について質問したのである。後に渦水の故居におり、白鹿に乗り、檜《ひのき》に登って昇天した。ある人は老莱子《ろうらいし》だと言い、ある人は太史儋《たいしたん》だと言い、ある人は百六十余歳で、道を修めることによって寿命を養ったのだと言い、ある人は容成《ようせい》から学問を受け、常樅《じょうしょう》から道を教わったのだと言う。世間ではそれが本当のことかどうかわからず、隠君子だと言っている。

老莱子云々などは、むろん『史記』を踏まえた言い方である。容成子や常樅子《じょうしょうし》は、太古の時代の得道者である。

この後、「序」では、さらに老子が時代に応じて世の中に現われ、道を伝え、教えを説いたことなどを述べ、本文三十篇の要点を解説している。

第一章1の「老莱子という人物」の項で述べた伯陽甫《はくようほ》を老子とする説は、老子が幽王の時に中国に帰ってきたという伝説と関連する。もし、伯陽甫=老子説が呉《ご》の唐固《とうこ》がとなえたものであるということが正しければ、『猶龍伝』「序」に見られるような老子の神秘化は、すでにそのころに成立していた、ということになる。

2　起無始篇

無始から起こるということ

『猶龍伝』第一篇は「起無始（始め無きより起こる）」篇である。無始とは道《みち》のことであり、そこで「起無始」篇は、「道」についての記述から始まる。道家系の書物は、そうしたスタイルのものが多いが、それは『老子』第二十五章の「物《もの》有り混成《こんせい》し、天地に先だちて生ず。……以《もっ》て天下の母と為《な》す可《べ》し。吾《わ》れ、其《そ》の名を知らず、之《これ》に字《あざな》して道と曰《い》う」という思想が根底にあるからである。

とくに体系的な理論を述べる場合には、まず道への言及がある。たとえば前漢時代に編纂された『淮南子《えなんじ》』の始めの篇、「原道訓《げんどうくん》（道を探究した教え）」は「夫《そ》れ道なる者は、天を覆《おお》い地を載《の》せ、四方を廓《は》り八極を柝《ひら》く（四方八方に広がる）。高さ際《いた》る可《べ》からず、深さ測《はか》る可からず」と始まっている。『淮南子』に先だち、それと深い関係があると思われる『文子《ぶんし》』という書物にも、『老子』第二十五章および『淮南子』「原道訓」と同じような記述がある。

道教の経典にも、経典自体は神々の記述やら神々が住む天界の記述から始まるものが多いが、それを解説する注釈者が道の記述から始める場合がある。

たとえば茅山派《ぼうざんは》の経典である『上清大洞真経《じょうせいだいどうしんぎょう》』の朱自英《しゅじえい》[2]「序」は「そもそも道は無から生まれ、あらゆる霊的な存在を含みながら、測れるものではなく、神霊は、何もない所に形成され、あらゆる変化を霊妙なものとするが、一定の方途《みち》はない（夫《そ》れ道は無に生じ、衆霊《しゅうれい》を潜《ひそ》めて測られず、神《しん》は虚《きょ》に凝《こ》り、万変《ばんぺん》を妙《みょう》にして方《ほう》無し)」と始まっている。

賈善翔もそうした気風を継承し、『猶龍伝』では、まず道のことを述べ、それと聖人(後で老子と関係づけられる)との関係を提示することから始めた。ただ、賈善翔の時代には、すでに道の思想については膨大な蓄積があり、賈善翔は内外の書からふさわしい資料を抽出して敷衍《ふえん》しただけである。それゆえ、『猶龍伝』の記述は自分の頭を使って紡ぎ出したものというより、でき合いの言葉を並べたような趣《おもむき》で、創造性は感じられない。つまり、論理の運びに読者を納得させる迫力が乏しい。そのかわり、資料としては、まさに宝庫と言うべきである。

「起無始」篇は、つぎのように始まる。

世界がまだ混沌《こんとん》のままであり、神霊がまだ生まれる前、その玄妙な状態の根本であったのは道《みち》である。道とは、その根底は窮められず、その果ては測れないが、大いなる聖人がその道を摂取し、その世界に生まれた。そこで、それを「無始者(始め無き者)」と言うのであり、それはつまり「太上《たいじょう》」である。太上は始め無きに生まれ、因《いん》(原因)無きに起こり、万道の先となり、元気(根源の気)の祖となった。思うに、光なく象《すがた》なく、色なく声なく、宗《おおもと》なく緒《いとぐち》なく、杳杳冥冥《ようようめいめい》(奥深く薄暗くて)、その中に精《せい》が有り、その精は甚《はなは》だ真《しん》であって(充実していて)、果てしもなく広がっており、そこで大道と称するのである。

これが出だしであり、さまざまな系統の思想を摂取して構成しているようであるが、原始の世界の中に太上が誕生した神話としては、それなりの雰囲気を作りだしている。文中、「杳杳冥冥、その中に精有り、その精甚だ真」の文言《もんごん》は、『老子』第二十一章の「道の物為《た》る、唯《た》だ恍《こう》唯《た》だ惚《こつ》。忽《こつ》たり恍《こう》たり、其《そ》の中《なか》に象《しょう》有り。恍たり忽たり、其の中に物有り。窈《よう》たり冥《めい》たり、其の中に精有り。其の精甚《はなは》だ真《しん》」を踏まえている。

始めについての荘子の議論

「始め」ということに関しては『荘子』「斉物論《せいぶつろん》」に議論がある。いったい、言葉が意味を持つのは、その言葉の否定に対してであり、たとえば何かが黒いというのは、黒くないものに対して成り立つことであって、すべてが黒ければ黒という言葉は意味を失ってしまう。そこで荘子は、つぎのように言っている。何かの「始め」が有るということは、その「始め」が無いことに対して成り立っている。しかし、その「始めが無い」ことも、「始めが無い」ことが無いことに対して成り立つのである、と。

説明すると、たとえば風が吹き始めたというのは、風が吹いていない状況に対して意味を持っている。しかし、風が吹いていないのは、風が吹いていないことがない、つまり吹いていることに対して意味を持っている。このように考えていくと、堂々めぐりかもしれないが、言葉の意味の追究はどこまで行っても果てしがない。だから荘子は、言葉の穿鑿《せんさく》はやめて、言葉を超越した天地自然の立場に立とう、という方向に行った。

言葉の意味の追究は果てしがないというのは、一種の無限の思想であり、老子にも荘子にも、論理的あるいは数学的な無限の思想への萌芽が認められる。無限の問題を窮めようとしたのは荘子の論敵にして友人の恵子《けいし》(恵施《けいし》)であったが、「始め」ということに関して、荘子にも確かに哲学的な洞察があった。しかし、あまりにも現実的な古代中国人にとって、そうした思索は言葉の遊びにすぎないとして斥《しりぞ》けられてしまい、それ以上深められることはなかった。賈善翔の場合も、せっかく「無始」という言葉を使いながら、決まり文句を並べただけで、あまり深い思索をしたようには思われない。おおざっぱに言えば、『猶龍伝』全体がそうした雰囲気を持っている。

太上と老君と老子

ともあれ、世界の始めに道《みち》があり、その道を稟受《ひんじゅ》した(受けて生まれた)者が太上であった。議論は、つぎのように続いていく。

> そもそも道というものは、自然の霊妙なる根本である。微妙(かすかで霊妙)な状況の中から空《くう》洞《どう》(大道の根源)が生まれたが、それは真《まこと》で(充実して)一なるものである。真一なるものは、有でもなく無でもない。この一気から上三気が生まれ、その三気が合《がっ》して活動し、無上が生まれた。無上から中三気が生まれ、その三気が合して活動し、真老が生まれた。真老から下三気が生まれ、その三気が合して活動し、太上が生まれた。太上から前三気が生まれ、その三気が合して活動し、老君が生まれた。老君から後三気が化成し(作り出され)、その三気がまた真妙玉女を化成し、玉女が三気を受けとると、混沌としたものが凝《こ》りかたまり、五色《ごしき》の玄黄《げんこう》(丹《たん》)に変化して、弾丸ほどの大きさとなり、玄妙の口中に流れこんだ。これを呑むと身ごもり、およそ八十一年で左の腋か

ら（子が）生まれた。生まれたときに白髪であったから、老子と呼ばれた。老子は、すなわち老君であり、大道の身（大道を身体化したもの）で、元気（根源の気）の祖であり、天地の根（根源）である。

中国古代の宇宙生成論として読めばそれなりに意味はあろうが、神格の生誕を述べたものとしては、なんとも荒唐無稽《こうとうむけい》な叙述である。だが、道教の経典などには、よくある筋書きである。

道の活動から真一なる気としての空洞が生まれ、それは有でもなく無でもないと言っているのは、よくある論法であり、形として捉えることができないから有ではないが、気として存在しているので無でもない、ということである。それが上中下および前後それぞれの三気を生むとあるが、三気の思想は七〇〇年ごろの道士、孟安排《もうあんぱい》が編纂した『道教義枢《どうきょうぎすう》』にも述べられていることで、賈善翔が根拠とした何らかの経典があったものと思われる。

三気から、順を追って無上・真老・太上・老君・真妙玉女が生まれ、玄妙から老子が生まれたとあるが、この太上が前に出た太上とどう関わるのか、奇妙な展開と言わざるをえない。おそらく前後で別の資料に基づき、それをそのまま並べたのであろう。「元気の祖」という語句が重複《ちょうふく》して出るのも、そうした事情を物語っている。その辺が、南宋の謝守灝《しゃしゅこう》が『混元聖紀《こんげんせいき》』を編纂したとき、「賈善翔の『猶龍伝』は、記述は頗《すこぶ》る詳しいが、枝葉の引用が多くて首尾が一貫せず、取捨選択にも誤りがあり、矛盾する説が引いてあって読者を惑わせる」と批判した点であろう。

玄妙は「玄妙な」の意味ではなく、玄妙玉女のことであろう。その玄妙と真妙玉女との関係も、同じなのか違うのか、よくわからない。『史記』「老子伝」の冒頭、「老子者（老子は）」に付けられた

『正義』は、『玄妙内篇』の「李母は懐胎すること八十一載《さい》(載は歳の意味)、李樹(すもものの木)の下《もと》を逍遥《しょうよう》し、洒《すなわ》ち左腋《さえき》を割《さ》いて生《う》まる(そこで左の腋が裂けて老子が生まれた)」という記事と、「玄妙玉女は流星が口に入ったという夢をみて身ごもり、七十二年で老子を生んだ」という記事を引いている。『玄妙内篇』自体にも異伝があったことがわかるが、道教の世界に玄妙玉女がいたことは確かである。『玄妙内篇』は佚書《いっしょ》で、よくわからないが、南北朝時代のなかば(五、六世紀)には成立していた。

「五色の玄黄」の玄黄とは普通には黒と黄のことで天と地を表わすが、ここの玄黄は、おそらく丹《たん》薬《やく》のことである。むろん、それは人工のものではないから、厳密には丹薬状の何か、という意味である。弾丸とは、はじき弓(弾《たま》を飛ばす弓)の弾のことで、それほど大きなものではないから、口中に入ったのであろう。

無上以下の神名の順が気になるが、無上玄老(老子の別名)という呼び方もあるので、老子の別称として無上真老という呼称もあったのであろう。太上老君は、むろん老子を神格化した呼び名である。つまり、これらは老子のさまざまな呼称を分けて三気の各段階に当てはめたものと思われる。

老子は道を具現した存在

この後、つぎのような記述が続く。

そもそも大道は微妙(かすかで霊妙)であり、自然から出て、無生に生じ(生のないところから生まれ)、無先に先んじ(それより先のないところよりも先だち)、空洞から抜け出て、乾坤《けんこん》(天地)を陶育《とういく》し(育て)、号して無上と言う。変化して常なく、名づけようもない。だから、こう言っている。「吾《わ》れ、無形の先に生まれ(わたしは何の形もない時よりも先に生まれ)、太《おお》いなる初めよりも前に起こり、太《おお》いなる始めの端《はし》(端緒《たんしょ》)から長じ(成長し)、太いなる素《そ》(素朴)の根元《ねもと》を行《めぐ》り、幽虚《ゆうきょ》(薄暗くて何もないところ)に浮遊し(ふわふわと飛びまわり)、杳冥《ようめい》(奥深く薄暗いところ)に出入《ではい》りした。混沌《こんとん》が混沌のままでまだ分かれる前と、清濁がまだ清濁に分かれる前と、三景(日月星)がまだ光らない時と、万物がまだ形にならない時とを観《み》た。ただ独り、恍惚《こうこつ》の庭(おぼろげで奥深い庭園)に泊《と》まれて、曠浪《こうろう》の野《や》(広々とした野原)に游《あそ》ぶことができた。卓然《たくぜん》(高々)と独りで立ち、大きくて配される(釣り合う)ものがない。視《み》ても見えず、聴いても聞こえず、搏《さす》っても得られない」と。いわゆる混元《こんげん》とは茲《ここ》から始まるのであろう。

以上で「起無始」篇は終わる。一読して、ごたごたした感じもあるが、賈善翔が老子を最高の段階にまで神秘化した点は認めて然《しか》るべきであろう。文中、「無生に生じ、無先に先んじ」とあるのは、道を形容する常套句《じょうとうく》のようなもので、道があらゆることの根源であることを言っている。そのつぎに、また「無上」がでてきた。「吾れ、無形の先に生まれ」以下は、その「無上」の発言ということになろう。

「だから、こう言っている」と訳したところは、どこまでがその内容なのか、はっきりしない。いま「視ても見えず云々《うんぬん》」まで含めて考えたが、原文には「吾」や「観」という言葉があるので、少なくとも「大きくて配されるものがない(大にして無配)」までは含まれるであろう。「いわゆる」以下は賈善翔が加えたコメントだと思われる。篇の最後に出る「混元」とは老子のことであり、哲宗・徽宗よりだいぶ前、真宗（趙恒《こう》。九九七年―一〇二二年在位）は老子に太上老君混元上徳皇帝という尊号を与えている。

3　乾鑿度と起無始篇と聖母碑

『易緯乾鑿度』

「太《おお》いなる初め」と訳した「太初」以下、「太始」「太素」は、後漢《ごかん》のときには出来ていた『易』の緯書《いしょ》の一つである『易緯乾鑿度《えきいけんさくど》』などに見える言葉で、天地が生成される段階を表わしたものである。

通説では、緯書は前漢の末ごろからできたもので、緯書とは、経書に託して予言などを記した書であり、易緯は、むろん『周易（易経）』に託したものである。経に対して緯とは補助の意味で、経書も緯書も儒教の重要な文献である。『乾鑿度』は、後漢のときに、孔子の尊重ともあいまって、かなり影響力をもっていたようである。

『乾鑿度』では、太初は気の始め、太始は形の始め、太素は質の始めであるが、これらの前に「太《たい》易《えき》」があり、まだ気もない段階である。賈善翔は、後漢（別説もあった）の人だという王阜《おうふ》の説に基づいて「無形の先」にしたのであるが（このことについては後述する）、『乾鑿度』の方が筋が通っている。

『乾鑿度』には、訓読すると、

故に曰《いわ》く、太易《たいえき》有り、太初《たいしょ》有り、太始《たいし》有り、太素《たいそ》有り、と。太易とは未《いま》だ気を見ざるなり。太初とは気の始めなり。太始とは形の始めなり。太素とは質の始めなり。気・形・質具《そな》わりて未《いま》だ離れず(気・形・質の実体はできているが、まだ万物として分かれていない)、故に渾淪《こんろん》と曰《い》う。渾淪とは万物相《あ》い渾成《こんせい》し、未だ相い離れざるを言う。之《これ》を視《み》れども見えず、之を聴けども聞こえず、之を循《さす》れども得ず、故に易と曰《い》う。易は形畔《けいはん》(かたち)無し。

とある。引用文は孔子の発言に続いて述べられており、「故に曰く」の主体は孔子と考えてよさそうだ。

『乾鑿度』では、太易、太初、太始、太素を経《へ》ても、まだ気・形・質が分離しない段階なので混沌であり、だから「視ても見えず云々」なのだと言っている。そこで、『猶龍伝』の「だから、こう言っている」の内容をそこまで含めたのであるが、「視ても見えず云々」は、元来『老子』第十四章の文言で、「之《これ》を視《み》れども見えず、名づけて微《び》と曰《い》う。之を聴《き》けども聞こえず、名づけて希《き》と曰う。之を搏《さす》れども得ず、名づけて夷《い》と曰う」とあり、根元的な道のありさまを述べた言葉である。

渾淪《こんろん》の淪は通常はリン(沈む、などの意味)と読むが、『乾鑿度』の文と同文が『列子』「天瑞《てんずい》」篇にも収録されており、それには唐宋の注釈家によって「淪の音《おん》は論である」と注がついている。(3) 渾淪《こんろん》は渾沌《こんとん》の意味である。また、「形畔」は『列子』では「形埒《けいらつ》」となっており、「埒」は「形」と同じような意味で、「形畔」は、つまり「かたち」の意味である。末尾の『老子』第十四章の引用文は文字に「搏《はく》」と「循《じゅん》」の違いがあるが、ここでの意味は、どちらも「さする、なでる」の方向で解釈できる。

『乾鑿度』は、太初などの用語を並べ、それを承《う》けて渾沌の状況を述べ、『老子』第十四章の文で締める、などの点で「起無始」篇の文とよく似ている。一方、「起無始」篇は老子を神秘化した文であり、その神秘的なありさまを述べた言葉が『乾鑿度』よりも多いのは当然である。だから、その点の違いは問題にならないとすれば、「起無始」篇の文章の骨格は、ほぼ『乾鑿度』に拠《よ》っていると考えられる。

『列子』の文と『乾鑿度』の文のどちらが先行するのかが問題になるが、『列子』に注をつけた東晋《とうしん》の張湛《ちょうたん》は「此《こ》の一章は全《すべ》て是《こ》れ周易乾鑿度なり」と言っており、すべての根源に「太易」を置くことは易緯にこそふさわしいので、『乾鑿度』の方が原典であろう。

易の位置づけ

では、なぜ『易』はそれほどまでに高く位置づけられたのであろうか。すこし脇道に入るが、簡単に触れておこう。第二章1に、秦・始皇帝による焚書《ふんしょ》のことを書いた。それは前二一三年に民間にある詩書(『詩経』と『尚書《しょうしょ》』)・百家の書や史書などの書物を焼いた事件であるが、民間の自由な思想を禁じた政策である。

このとき、医薬・卜筮《ぼくぜい》・種樹《しゅじゅ》の書は、その例外として、所有することが認められた。医薬の書は健康に関わるから誰にとっても必要である。卜筮(亀卜《きぼく》・占筮《せんぜい》)は占いであるが、たとえば冠礼《かんれい》(成人儀礼)や昏礼《こんれい》(結婚儀礼)などの細々《こまごま》した過程も、まず占って決めるなど、占いは人々の生活全般に関わるものであった。種樹はむろん農業や林業などの書物である。つまり、これら三種の書は思想関係の書物ではなく、人々の生活や社会に必須のものと見なされたから焚書の対象とはならなかったのである。

そこで儒家の思想家たちは、以前にも増して卜筮の書である『易』に、その解釈という形で自分たちの思想を盛り込むようになった。『易』には複数の注釈(伝)があるが、「序卦伝《じょかでん》」や「説卦伝《せっかでん》」など、そのうちの幾《いく》つかは秦以降に成立したものと言われている。こうした流れの中で『易』は天地自然や人間社会における現象・変化の法則を示すものとして尊重され、儒教のいわゆる六経《りっけい》(易・書・詩・礼・春秋・楽)のトップに置かれるようにもなった。緯書が作成されるようになると、易緯が盛んに作られたのも自然の成りゆきであった。

『易緯乾鑿度』と王阜の老子聖母碑

酈道元《れきどうげん》の『水経注』に王阜の老子聖母碑のことが述べられ、『太平御覧《たいへいぎょらん》』に碑文の一部が収録されていることは、すでに述べた(第三章1)。その文を『猶龍伝』の文と比べてみると、碑文の方が簡略であるが、ほぼ同文であることがわかる。賈善翔が勝手に文章を水増ししたはずはないから、聖母碑の文も元来は『猶龍伝』のようなものであった可能性が十分にある。「視れども見えず」などの文言もあった可能性があり、『乾鑿度』と似たものであったと推察される。いま、それを前提として『乾鑿度』と聖母碑との関係を考えてみると、聖母碑は、内容は粗々《あらあら》『乾鑿度』に拠りながら、老子に関わるものであるから、『乾鑿度』のように宇宙の根源に「太易」を持ってくるわけにはいかない。そこで、その部分は「無形の先」という道家の決まり文句に置きかえたのだ、と考えられる。『猶龍伝』も老子神秘化の文献として、『乾鑿度』の「太易」ではなく、聖母碑の「無形の先」を摂取したのである。

4　稟自然篇

「稟自然」篇

「起無始」篇のつぎの「稟《ひん》自然（自然を稟《う》ける）」篇は「老君は根源の気の実体である。自《おの》ずから生成・活動している、まさにそのものである。自然とは道《みち》である。無理して姿として表わせば老君である（老君は乃《すなわ》ち元気の真《しん》、造化《ぞうか》の自然なり。自然とは道なり。強《し》いて之《これ》が容《よう》を為《な》さば、即《すなわ》ち老君なり）」という文言から始まり、やはり抽象的な言辞が並んでいる。

「自然」は道家・道教思想にとって重要な概念であるから、「道」のつぎには「自然」の分析となり、こうした表現になるのであろう。老君の活動は、大であり細であり、無限の声（音）・無限の色であり、速かったり止《とど》まったり、神《しん》的にして明察、無であり虚である、というようなことを、美辞麗句を駆使し、誇張して述べている。最後に総括として、

道は、もともと形がなく、本当の姿があるわけでもない。そこで虚と言ったり、形の有るものを借りて述べたり、その本体と働きとを共に描き出しても、玄妙さを表わしつくせるものではない。だから、自然――それ自体でそのようなのだ――ということに帰着させるのだ。自然とは窮極的な摂理である。ひとまとめにして言えば自然であり、分けて言えば道と徳である。だから、

もろもろの聖人の誰もが尊んだのであり、むかしも今も、それを無くしてしまうことはできないのだ。

訓読 道は本《もと》と形無く、真《まこと》に相《そう》有るに非《あら》ず。蓋《けだ》し虚に託《たく》し有に仮《か》り、体用互《たいようたが》いに陳《つら》ぬるも、以《もっ》て其《そ》の妙を尽《つ》くすに足《た》らず、故に之《これ》を自然に帰《き》す。自然とは理の極致なり。之《これ》を合《がっ》さば自然と為《な》り、之を離さば道徳と為る。故に衆聖の共に尊ぶ所、古今泯《ほろ》ぼす能《あた》わず。

と締めくくり、さらに『老子』第五十一章の「道の尊く、徳の貴きは、夫《そ》れ之《これ》に爵《しゃく》する莫《な》くして、常に自《おの》ずから然《しか》り」を引いて、念をおした形となっている。引用された『老子』の文言に「爵」とあるが、今本《きんぽん》『老子』には「命」の字が使われている。しかし「爵」の方が本来の字のようで、『猶龍伝』は『老子』の古い表記を留《とど》めているのである。

「之《これ》を離さば道徳と為る」と言ったのは、自然が、ある状態全体を言った一つの言葉であるのに対して、道徳は、道という実体と徳という働きに分けた、二つの言葉であるからである。もちろん、この道徳は古代中国語であって、現代語のようなモラルの意味ではない。

自然とは理の極致なり

自然――自《おの》ずから然《しか》り――という言葉は老子のトレードマークのようなものであり、玄宗の『老子』解釈のところ（第三章3）でも言及したように、『老子』第二十五章には「人は地に法《のっと》り、地は天に法り、天は道に法り、道は自然に法る」という文言がある。老子は道を宇宙の生成や活動の、根元や摂理を表わす概念として使ったが、その道が法る(手本とする)ものとして自然という言葉を打ち出したのであり、つまり老子にとって、自然こそが窮極的な概念であった。

王弼《おうひつ》の注には「自然という言葉は対象を持たず、窮極の言辞である(自然とは無称の言にして窮極の辞なり)」とあって、とびきりむずかしい説明をしている。通常の言葉には、モノであれコトであれ、指し示す対象があるけれども、自然には、それがない、何の限定作用もない、というのが「無称の言」の意味である。つまり、山とか川とか、高いとか低いとか、明るいとか暗いとか、楽しいとか悲しいとか、およそ言葉には、それとしての意味内容があるが、「自ずから然り」には、それ自体としては、そうした意味内容は無いのだ、ということである。だから王弼は、「窮極の辞」とも言った。『猶龍伝』に言う「自然とは理の極致なり」も、同じような意味である。

第二十五章の「法」とは、ある秩序にしたがって動くことである。人ならば行動あるいは生活することなど、地や天や道ならば活動すること、その結果として、ある現象が起こることなどである。たとえば人は、その住む土地が山間部か平野部か、湿潤地帯か乾燥地帯かなどの状況に応じて生活のスタイルを変える。大地は、日の巡りや風雨寒暑などの天の現象に応じて植物を繁茂させたり枯したりする。天は、一定の秩序すなわち道にしたがって日月を運行させたり、季節を変化させたりする。結局のところ、天地万物は道にしたがっていることになるが、その道は自然にしたがう、という。では、道と自然との関係はどのように考えればよいのであろうか。

老子の言う自然とは、我々が普通思い浮かべるような山川草木や花鳥風月などを指すのではなく、あるものごとが、他から何の力も及ぼされることなくそれ自体で(自ずから)、そのようである(然り)

ということを表わした(つまり実体ではなく状態を示した)言葉である。たとえば、目の前にある山や川それ自体が自然なのではなく、山は昔からこのような姿をしており、川は昔からこのように流れているのだという、そのようなあり方を指して「自ずから然り」と呼んだのである。簡単に言えば、山が即、自然なのではなく、山がそれ自体で山であるということが自然なのである。もちろん、現代の常識から言えば、山が山の姿をしているのは、火山の爆発の結果であったり、土地の隆起作用の結果であったり、何らかの「他の」力が作用した結果なのであるが、そうしたことは老子の問題ではない。老子にとって、山は山でありさえすれば、それでよいのである。

山でありさえすればそれでよいというのは、山の姿は永久に変わらないと考えた、という意味ではない。山や川の姿が変化しても、老子にとって、べつに問題にはならない。人工的に山を造成したり川の流れを変えれば、それは「自ずから然り」とは言えないであろうが、人為が加わらないかぎり、変化自体が「自ずから然り」である。天地万物のあらゆる変化は、でたらめではなく、一定の筋道があり、すべてひっくるめて言えば造化の働きということになるが、その活動は丸ごと「道」として認識される。その「道」の活動が、何らの意図もないという意味で「自ずから然り」なのである。

右のことをまとめて言えば、「道」が、摂理とか原理とか、ものごとの決まった筋道のことを言うのに対して、その「道」が何の無理もなく、そのように働くという点を「自然」と呼んだのだ、ということである。物にたとえれば、「道」は物としての存在であり、「自然」はその活動ということになる。「道」と言えば多少とも実体的な感じがあるが、その実体感を排して、「道」がいままさにこのように働いているという、その活動状況そのものを指し示した言葉が「自然」なのである。

「道」は、でたらめな働きをしないので、摂理や原理など「理」を含む言葉で説明される。筆者もまた、ふつうには摂理という言葉で説明している。しかし『老子』には「理」字は出てこない。老子当時は、理は哲学的原理というような抽象的意味では用いられなかった。だが、すこし後の韓非子《かんぴし》になると、『老子』を解釈した「解老」篇に「夫《そ》れ道理に縁《よ》りて以《もっ》て事に従う者は、成す能《あた》わざる無し（そもそも道理に従って仕事をする者は、成しとげられないことは無いのだ）」のように、「道理」などの言葉が登場する。その後、漢代から六朝《りくちょう》を通じて「理」はだんだんと抽象性を加え、哲学用語となっていった。とくに宋代になると、いわゆる宋学が生みだされ、その発展とともに、南宋の朱子などによって最高の概念とさえ言ってもよい位置にまで高められた。賈善翔は北宋の人であるから、朱子のようにまでは理を貴んだわけではないであろうが、それでも「自然とは理の極致なり」という言い方には、宋学の雰囲気を感じさせるものがある。

では、なぜ「自ずから然り」という考え方が「理の極致」なのであろうか。いま述べたように、自然とは、あるものごとが他から何の力も及ぼされることなくそれ自体でそのようである、ということである。山は山なのであり、川は川なのである。これは「AはAである」という言い方にほとんど等しい。「AはAである」というのは、論理学では同一律《どういつりつ》（トートロジー）という。これは「AはAでないことはできない」とか「AはBであると同時にBでないことはできない」という矛盾律《むじゅんりつ》、および「AはBであるかBでないかのどちらかである」という排中律《はいちゅうりつ》とならんで、論理学の基本的な原理である。専門的にはいろいろ複雑な議論があるようであるが、ごく素朴に考えれば、三律のうち「AはAである」という言い方がもっとも基本的であるように思われる。つまり論理の極致である。むろん賈善翔は論理学を知らなかったし、『猶龍伝』は論理学の書物ではないが、筆者には「自然とは理の極致なり」という言い方が論理学の基本原理である同一律と重なって見える。自然という言葉の持つ奥深い哲理の成せる仕業《しわざ》であろうか(4)。

5　見真身篇など

「見真身」篇

第三篇は「見真身《けんしんしん》(真なる身《すがた》を見《あら》わす)」である。これは神秘的老子すなわち老君が姿を現わすことを述べた篇である。「老君は生命を超越した最高の精(純粋さ)であり、あらゆる形有るものの最高の霊(霊妙さ)なるものである」と始まり、「むかし、大空の中に、気を集め凝らして充実させ、強いて《し》容《すがた》を現わした。身体は大きくて無辺に広がり、相好《そうごう》(めでたい顔つき)は数多《あまた》備わり、上の方は登れないほど高く、下の方は踏めないくらいに低い。あるときは雲の上に居《お》り、身体は金色で、顔からは五光を放ち、神王や力士、青龍《せいりゅう》や白虎《びゃっこ》、麒麟《きりん》や獅子《しし》が自然に生まれでて、前後に列《つら》なった。あるときは千葉《せんよう》の蓮華《れんげ》となり、光明は日の如く……」等々、神秘的な記述が続いていく。明らかに仏の姿に対抗した記述である。

老君の本体は至精至霊なる元気であり、造化の自然であるから、本来、人の姿ではない。それが天空中に「強いて」姿を現わした段階がこの篇に書かれていることだ、ということである。その姿は、あまりにも勝《すぐ》れているので「名状す可《べ》からざる」ものであるが、上善の士が心を澄まし、一念を結び、集中して尊容を想《おも》えば、感（上善の士の感覚）に随《したが》って応じる、という。こうして老君と修行者との間に繋《つな》がりができるわけで、もし老君の「非身《ひしん》の身（身体ならざる身体）、図像の真形《しんぎょう》（図像の背後にある真の姿）」を洞察できて、心から像《すがた》を敬って、念々増進していけば、自然に成道《じょうどう》する、と鼓舞している。

老君には千二百もの号や百八十もの名があり、無為の父と号したり、万物の母と号したり、大道とともに変化し、天地の根源であり、広々と果てしもなく、名づけることはできない、と述べた後、要約して言えば、それは十号になる、という。

十号とは、無名君、無上元老、太上老君、高上老子、天皇《てんこう》大帝、玄中大法師、有古先生、金闕《きんけつ》帝君、太上高皇、虚無大真人である。これらは、漢代から六朝にかけて、おおむね老子神秘化の過程で生みだされてきた名前であろうが、要するに偉そうな名前は全部、何もかも老子に関連づけられているのである。

この篇は、老君の本体が道や自然、元気であるからには、人の姿となって現実世界に自由自在に出現できるのだ、ということの、いわば理論的根拠を示したものである。

「啓師資」篇など

つぎの「啓師資《けいしし》（師弟の関係を明らかにする）」篇は、道の玄妙さは必ず師の教導を必要とすることを言ったもので、師資とは先生と弟子の意味である。老君の師は太上玉晨大道君《たいじょうぎょくしんだいどうくん》、大道君の師は元始《げんし》天《てん》尊《そん》である。元始天尊は道教神学の最高神で、南朝・劉宋《りゅうそう》の陶弘景《とうこうけい》（茅山派《ぼうざんは》道士）らが担ぎだして以来、その地位は揺るぎないものであった。

道教の典籍には、それを読んだだけでは意味がわからず、師から指導を受けて初めて理解可能な(と思われる)ものがある。とくに修行法を示した詩詞などに、そうしたものが多い。受けた口伝《くでん》は他人に伝えてはならない、という制約もある。したがって、ただの研究者が道教の修行法を知ろうと思っても、たいへん困難である。

筆者は道教(全真教)の最有力派である龍門派の流れを汲《く》むある高道《こうどう》(5)から道教修行法の一つである小《しょう》周天《しゅうてん》などの「秘術」を伝授されたことがあるが(だが、情けないことに、教わった「秘術」は何一つ身についていない)、「ここのところは人に言わないように」と何度も言われた。道教の内部では、こうしたことは常識であり、したがって道を学ぶためには師の教導を必要とすることを論じた「啓師資」篇は、道教世界の人士には、すんなり受け入れられたことであろう。

つぎの「歴劫運《れきごううん》(劫運を歴する)」篇は老君が劫《ごう》という途方もない長い時間を、運すなわち五行《ごぎょう》の巡りなどとともに生きてきたことを論じている。五行の巡りというのは、すでに述べたように(第一章3)、木火土金水《もっかどごんすい》それぞれの性質を持った時代が順に巡ることで、たとえば、木徳を持った王朝が禅《ぜん》譲《じょう》によって次の王朝に変われば、それは火徳の時代になったと考えるのである。

つぎに「造天地」篇となるが、天地の父母である老君が創造したさまざまな天が出てくる。道教の天観を知るには一定の価値があろう。

つぎの「登位経《とういきょう》(位経に登る)」篇では、老君が元始天尊、玉晨《ぎょくしん》大道君と並んで三尊の位に即《つ》き、上《かみ》は群聖を総《す》べ、中《なか》は衆真(多くの真人)を理《おさ》め、下《しも》は諸仙を制し、三十六天、三十六地、七十二君、星《せい》辰《しん》日月、岳瀆《がくとく》万霊(山川の万《よろず》の精霊)、陰陽の変化、一切の神明《しんめい》を統摂《とうせつ》する(統《す》べ治める)、という。老君の上に元始天尊と玉晨大道君がいるのであるが、この二神は具体的なことは、あまり行なわないようである。その分、老君は忙しいわけであり、天上天下、地上地下、五億天界、有情無情《うじょうむじょう》、有識無識《うしきむしき》、有形無形は、みな老君が制御するのだ、とある。原文には、もっとたくさんのことが書かれており、ここまで書かれれば神秘化も極まれり、という感じである。

なお、唐末五代の道士、杜光庭《とこうてい》の『道徳真経広聖義《どうとくしんぎょうこうせいぎ》』では「登位経」ではなくて「登位統(位統に登る)」となっている。どちらも読みにくいが、系統の意味として「位統」の方がまだしも理解できそうだ。おそらく「位経」も、同じような意味であろう。杜光庭の書については、あらためて本章末で述べることにする。

かくて神秘化も極まったが、この後は、老君が元始天尊から仙図を授かったり、道教の尊経を伝えたりという諸篇があり、「為帝師《いていし》(帝の師と為《な》る)」篇となる。

6　歴代帝王の師となった老子

世々帝王の師となった老子

「為帝師」篇では、老子がさまざまな時代に現われて、歴代帝王の師となったことが語られる。第三章に述べたように、後漢の桓帝《かんてい》の延熹《えんき》八(一六五)年に辺韶《へんしょう》が「老子銘」を書き、その中で「道を好む者」の見方として、老子は「羲農《ぎのう》(伏羲《ふくぎ》・神農《しんのう》)自《よ》り以来、世聖者《よよ》の為《ため》に師と作《な》る」とあった。

辺韶は包括的に述べただけで、具体的な名は挙げていない。「道を好む者」は具体的な該当人物を明示していたが辺韶が省略したのか、あるいは「道を好む者」自身もまた包括的に述べただけだったのか、はっきりしない。しかし、おそらく「道を好む者」にとっては具体的なイメージがあったものと思われる。こうしたことを主張するとき、包括だけでは何の説得力もないからである。「為帝師」篇の淵源《えんげん》は、晩《おそ》くとも、そこまでは遡《さかのぼ》れる(6)。

老子が世々帝王の師となったという伝承は、三国から唐にかけて継承されて発展し、師となった人物も整えられていった。『猶龍伝』には、帝王とその師の組み合わせの完成した形が残ったのである。「為帝師」篇には、ことこまかに名前が挙がっている。おおむかしの伏羲《ふくぎ》のときには、老君は鬱華《うっか》子《し》と号し、下界にくだって師となり、『元陽《げんよう》経』を説いた。つぎの神農のときには老君は大成子《たいせいし》と号し、下界にくだって師となり、『元精《げんせい》経』を説いた。さらに祝融《しゅくゆう》のときには広寿子《こうじゅし》となって『按摩《あんま》通《つう》精《せい》経』を、黄帝のときには広成子《こうせいし》となって『南華《なんか》経』を、顓頊《せんぎょく》のときには赤精子《せきせいし》となって『微言《びげん》経』を、帝嚳《ていこく》のときには録図子《ろくとし》となって『黄庭《こうてい》経』を、帝尭《ぎょう》のときには務成子《むせいし》となって『政事離合《せいじりごう》経』を伝えた、というように続く。その後の組み合わせは、帝舜《しゅん》―尹寿子《いんじゅし》―『道徳経』、夏《か》禹《う》―真行子《しんぎょうし》―『徳戒《とくかい》経』、商湯《とう》―錫則子《せきそくし》―『長生《ちょうせい》経』となっており、「為帝師」篇の記述はこれで終了する。

これらの帝師たちは、よく知られている名もあれば、そうでない名もある。だが後漢から宋代にかけては、いずれも名のある仙人として伝えられていたに違いない。また、これらの組み合わせは機械的なものではなく、なぜこのような経典を伝えたかについての説明もなされている。たとえば、祝融という王は一般に火《か》神《しん》として位置づけられており、火と関係があるが、「為帝師」篇の説明は、つぎのようである。

祝融の時には人々は食べ物を生《なま》で食べており、火を使うことを知らず、そのため病苦に苦しむことが多かった。老君は広寿子(長生きを広める、という意味が込められている)と号して下界にくだり、(王の)師となって『按摩通精経』を説き、精神を安んずる道を教えた。木を鑽《き》って火を出《いだ》し、陶器や鋳物《いもの》で器《うつわ》を作り、生《なま》で食べることを変えさせ、人々が寿命を保てるようにした。だから、陶器・鋳物の利用はここから始まったのである。

後世、祝融が火神となったのも老子のお蔭《かげ》だということになる。

また、老子は黄帝の時に広成子となって『南華経』を説いたとあるが、『南華経』とは『荘子』のことである。これは唐の玄宗の道教・道家尊重政策の一環として荘子を南華真人と尊称し、『荘子』を『南華真経《なんかしんぎょう》』と改名したことを反映している。

黄帝―広成子―『南華経』という関連に関しては、『荘子』「在宥《ざいゆう》(あるがままに放任するという意味)」篇には、つぎのような話が載っている。

黄帝は天子《てんし》となってから十九年たったとき、空同山《くうどうざん》に広成子がいると聞き、出かけていって尋ねた。「あなたは至道に達しているそうだが、その核心は何か。わたしは、五穀で人民を養い、陰陽の気を統御して生きとし生けるものの命をまっとうさせたいと思っている。どうしたらよかろうか」と。すると広成子は「あなたがしたいと思っていることは物事の末端だ。どうして至道のことなど話せよう」と突っぱねた。黄帝は、それから天下のことは忘れ、三カ月間一人で静かに暮らした後、また出かけていって、「どのように身を治めれば長生きできるのでしょうか」と尋ねた。広成子は、こんどは喜んで、「至道の核心は捉えがたいものであるが、見たり聴いたりすることをやめ、精神を守って静かにしていれば身体も自《おの》ずから正常になる。外に向かう気持ちを閉じ、知識を棄てよ。あらゆる生きものは土から生まれて土に返るが、そのような限界あるあり方を棄て、窮まりのない世界の門を入《はい》って、その世界に遊ぼう」と教えた。

原典は長大な問答であるが、要点は右のようである。『荘子』には多くの注釈書があるが、その代表の一つ、陸徳明《りくとくめい》(五五六―六二七)の『経典釈文《けいてんしゃくもん》』には、広成子について「或《ある》いは云う、即《すなわ》ち老子なり、と」とあり、唐初の道士成玄英《せいげんえい》の『疏《そ》』にも「広成、即ち老子の別号なり」とあり、広成子を老子の化現《けげん》とする伝承は、晩《おそ》くとも唐初には成立していたことがわかる。

殷の湯王《とうおう》の師となった錫則子《せきそくし》までは、元気の真として天上に本体のあった老子が下界に化現《けげん》した姿で、役割が済めばまた天上に戻ったのであろう。「為帝師」篇までで十一篇あり、いわば神話としての老君の伝記が語られたわけである。この後は、「歴史」としての老君伝になる。

複数の帝王の師となった東方朔

ある人物がさまざまな時代に現われたという伝承は老子に限られたことではない。後漢末のすぐれた学者である応劭《おうしょう》に『風俗通義』という著作があるが、その「正失《せいしつ》(誤りを正す)」篇の「東方朔《とうぼうさく》」の項に、つぎのような記述がある。

世間では「東方朔は太白星《たいはくせい》（金星）の精霊であり、黄帝の時には風后《ふうこう》（黄帝の宰相）となり、堯の時には務成子《むせいし》（堯の師とされる人物）となり、周の時には老聃《ろうたん》となり、越にあっては范蠡《はんれい》（越王句践《こうせん》の大臣）となり、斉《せい》にあっては鴟夷子皮《しいしひ》となった。神聖なる人物として、（仕えた主人に）王道や覇道を成しとげさせ、（その身は時に応じて）変化し、型に嵌《はま》った人物ではなかった」と言っている。

太白星の精霊だというのは、その本体が天空にあるという点で、『猶龍伝』に見える老子の位置づけと共通している。「正失」篇に挙げられている人物は、いずれも当時の人たちに広く知られていたと思われる。すくなくとも『史記』や『荀子《じゅんし》』など、さまざまな書物に見える名である。物語上でもよく知られているのは范蠡で、彼は句践に仕え、苦心惨憺《くしんさんたん》して宿敵の呉を倒した名相《めいしょう》である。しかし大業が成った時、范蠡は、句践は共に苦労を分かちあえる君主であるが、共に平和を楽しむことはできない君主だと看破し、ひそかに越を去って斉《せい》に行き、鴟夷子皮と名を変えて留《とど》まった。だが、やがて斉でも成功して財を成すと、そこも去って陶《とう》に行き、朱公《しゅこう》と名のって、やはり成功したという。

いささか古い話であるが、後醍醐天皇が流罪になったとき、それを励ました、「天　勾（句）践を空《むな》しうする莫《な》かれ、時に范蠡無きにしも非《あら》ず（天よ　勾践を見捨てなさらぬように。いざという時に范蠡がいないわけではありませぬ）」という児島高徳《こじまたかのり》の言葉で知っている人もあろう。

東方朔についての伝承は、辺詔が述べた「道を好む者」と似たような考え方の俗説であり、応劭は「後世の好事家《こうずか》が(世の中の)怪しげな言説を取りあげて東方朔にこじつけたまでである。どうして神聖なる人物がいろいろな時代に(帝王の)補佐となったなどということがあろうか」と批判している。

東方朔は前漢の武帝時代の人物であり、文辞に長《た》け、自己を美化したホラを吹いて武帝に売り込み、その後しばしば当意即妙《とういそくみょう》の言辞によって武帝に認められた、いわば滑稽派《こっけいは》の代表のような人である。その言辞のおもしろさから、世の中のさまざまな「奇言怪語」が朔のものとされ、異能者としての伝承がふくれあがったのであろう。その行きついたところが、武帝を諫《いさ》めた官吏としてではなく、異なった時代の帝王たちの補佐となったという伝説であったと思われる。

別な資料(7)に拠《よ》って、東方朔の伝説は後漢の早い時期からあったようだ、という説もある。ともあれ、はじめは冗談のようにして語られた話が、そのうちだんだんと「まじめ」に受け取られたり、ある立場の人たちが意図的に利用したりして、やがて伝説として定着していったものと思われる。そうした経緯《いきさつ》は憶測の域を出ないが、だが東方朔の伝説に具体的な人名が付随していたからには、神秘化された老子の伝説についても当初から具体的な人名が付随していたと考える方が自然であろう。東方朔は老子でもあった、というのは、なかなか暗示的である。意図的に利用する際の価値からすれば、東方朔よりも老子の方が、ずっと大きかったはずである。

東方朔は、黄帝の時には風后、尭の時には務成子として化現《けげん》したとあるが、「為帝師」篇では老子は黄帝の時には広成子、尭の時には務成子として化現した、とあった。務成子は共通しているが、黄帝の時が違っている。風后は『史記』「五帝本紀」中の黄帝の紀にも見える歴《れっき》とした大臣である。だが、黄帝そのものが歴史上の人物というより神話上の存在といった方が妥当であり、風后もその点では同じである。風后も広成子も架空という点では大差ないわけであるが、広成子の方が道家の伝統に沿《そ》い、より神秘的でもあるので、老子が化現した人物としては、こちらを選んだのであろう。

7　「歴史」上の老子

その後の老子伝

「降生年代《こうせい》」篇には、殷の武丁の九年に老子は玄妙玉女の身体を借りて誕生した、とある。それ以後は、老子は現世に留まって生き続けた、という設定になるから、いわば神話上の老子から、内容的には神話と変わりはないけれども、「歴史」上の老子になったわけである。

「歴史」上の老子も帝王の師となった点には変わりはなく、周の文王《ぶんのう》のときには燮邑子《しょうゆうし》となって『赤精経《せきせい》』を作り、武王《ぶおう》のときには育成子《いくせいし》となって『璇璣経《せんき》』を作り、成王《せいおう》(武王の子)のときには経成子《けいせいし》、康王《こうおう》(成王の子)のときには郭叔子《かくしゅくし》となったという(「為柱史《いちゅうし》」篇)。柱史とは柱下の史の略で、図書館の役人のことであり、老子を指す言葉である。

だが、老子が帝王の師になったのは康王のときまでで、つぎの昭王《しょうおう》(康王の子)のときには師にならなかった。なぜかというと、太上《たいじょう》(老君の師である太上玉晨《ぎょくしん》大道君)が老君に西の果ての地方を開化せよと命じたからである(「為柱史」篇)。そこで老子は昭王の二十五年、癸丑《きちゅう》の歳の五月二十九日に、青牛に乗り、徐甲《じょこう》を伴《とも》として周を去った(「去周」篇)。細かな数字まで挙げて何とも仰々《ぎょうぎょう》しいが、この後は、よく知られている老子伝説と重なってくる。

すなわち、徐甲の道心を試した話、関令の尹喜《いんき》との出会いと『道徳経』の伝授、四川の青羊肆《せいようし》で尹喜と落ち合ったいきさつ、尹喜とともに西域《さいいき》の外道《げどう》を教化したこと、尹喜を残して中国に帰ったことなどが語られる。部分的に『史記』「老子伝」と重なり、いわゆる「孔子問礼」の説話なども詳細に示される。さらに漢代以降、河上公《かじょうこう》、干吉《かんきつ》(于吉《うきつ》とも書かれる)、張天師《ちょうてんし》(張陵)、葛仙公《かっせんこう》(葛孝先)、寇謙《こうけん》之《し》など道教史上の有名な人物たちに道を伝授した話が続き、唐代・宋代の老子尊重の歴史が記述されて終了する。

『猶龍伝』の典拠資料

こうして『猶龍伝』には神秘化された老子の全活動が虚実取り混ぜて(と言っても、ほとんど「虚」であるが)記述されているわけであるが、すでに述べたように、これらは賈善翔の創作ではなく、先行資料があった。

本章5の末にも述べたが、唐末から五代にかけて活躍した道教学者に杜《と》光庭《こうてい》という人物があり、その代表作に『道徳真経広聖義《どうとくしんぎょうこうせいぎ》』五十巻がある。これは『唐玄宗御註道徳真経』を中心として他の注釈を併せたもので、玄宗の注を尊んで「聖義」と呼び、それを「広めた」という意味を書名としたものである。

その第二巻「釈老君事跡氏族降生年代(老君の事跡と氏族とこの世に誕生した年代について釈《と》く)」は、まず玄宗『疏』の「老子とは太上玄元皇帝の内号なり」という文言《もんごん》を引き、それを解説して「いま、老君の位号の中に就《つ》き、分けて三十段と為《な》し、以《もっ》て名号の由《よ》りて起こるを解く（老子の名号の由来を三十段に分けて解説する）」と言い、第一「起無始」以下、三十篇目について記している。

「起無始」篇では「老君は無始に生まれ、無因に起こり、万道の先と為《な》り、元気の祖なり」以下、ほとんど『猶龍伝』と同じ文言が続く。これは、先に引用した箇所であるが、『猶龍伝』には『広聖義』に見えない文言もたくさん引かれている。『猶龍伝』の「序」に「内外の書物から資料を抽出して豊富にし、詳細にしたい」とあったことを裏付けている。

第二は「体自然」篇で、『猶龍伝』の「稟自然」篇と篇名は異なるが意味は同じである。基本となる文も重なり合う。

第三「見真身」篇は『猶龍伝』「見真身」篇の始めの部分がそっくり記されている。第四「応法号」篇は『猶龍伝』には見えないが、じつは「見真身」篇の後半部分が、それに該当している。以下、「啓師資」「歴劫運」「造天地」「登位統」は篇名も内容もほぼ重なり、その後は両書で篇の区切りや詳細・簡略の点で出入《ではい》りがあるが、『広聖義』末尾の二篇（第二十九・興帝業者《こうていぎょうしゃ》、第三十・冊鴻名者《さくこうめいしゃ》）を除いて、ほぼ『猶龍伝』と重なる。

要するに、『猶龍伝』は『広聖義』の「釈老君事跡氏族降生年代」に他の資料を加え、詳細に敷衍《ふえん》したものである。では『広聖義』が典拠かというと、そうではない。詳細は省略するが、唐の尹文操《いんぶんそう》『太上老君玄元皇帝聖紀』に基づくものであるようだ。残念ながら、この書物はすでに失われてしまい、詳細は分からない。

書物が失われたのに、賈善翔がそれを典拠としたことがなぜ分かるかというと、南宋・謝守灝《しゃしゅこう》の

『混元聖紀《こんげんせいき》』巻一に「尹文操の『聖紀』八百二十章を賈善翔が『猶龍伝』で百篇にまとめた」とあり、また、尹文操『聖紀』の文章と思われるものが他の書物に引用されていて、それが『猶龍伝』の典拠にふさわしい内容であると判断されるからである。『猶龍伝』が尹文操『聖紀』をまとめ、『広聖義』と重なるなら、『広聖義』もまた尹文操『聖紀』を典拠としたということになる。

尹文操は唐の初めころ、七世紀後半に活躍した道士である。だとすれば、老子の神秘化は唐の初期には、ほぼ完成しており、玄宗の時に極点に達した、と思われる。宋代はその余波を受けた時代であり、その後も老子を尊崇することは続いたが、唐代や宋代ほどのことはない。というわけで、老子神秘化もここに極まったわけである。

II　老子という書物

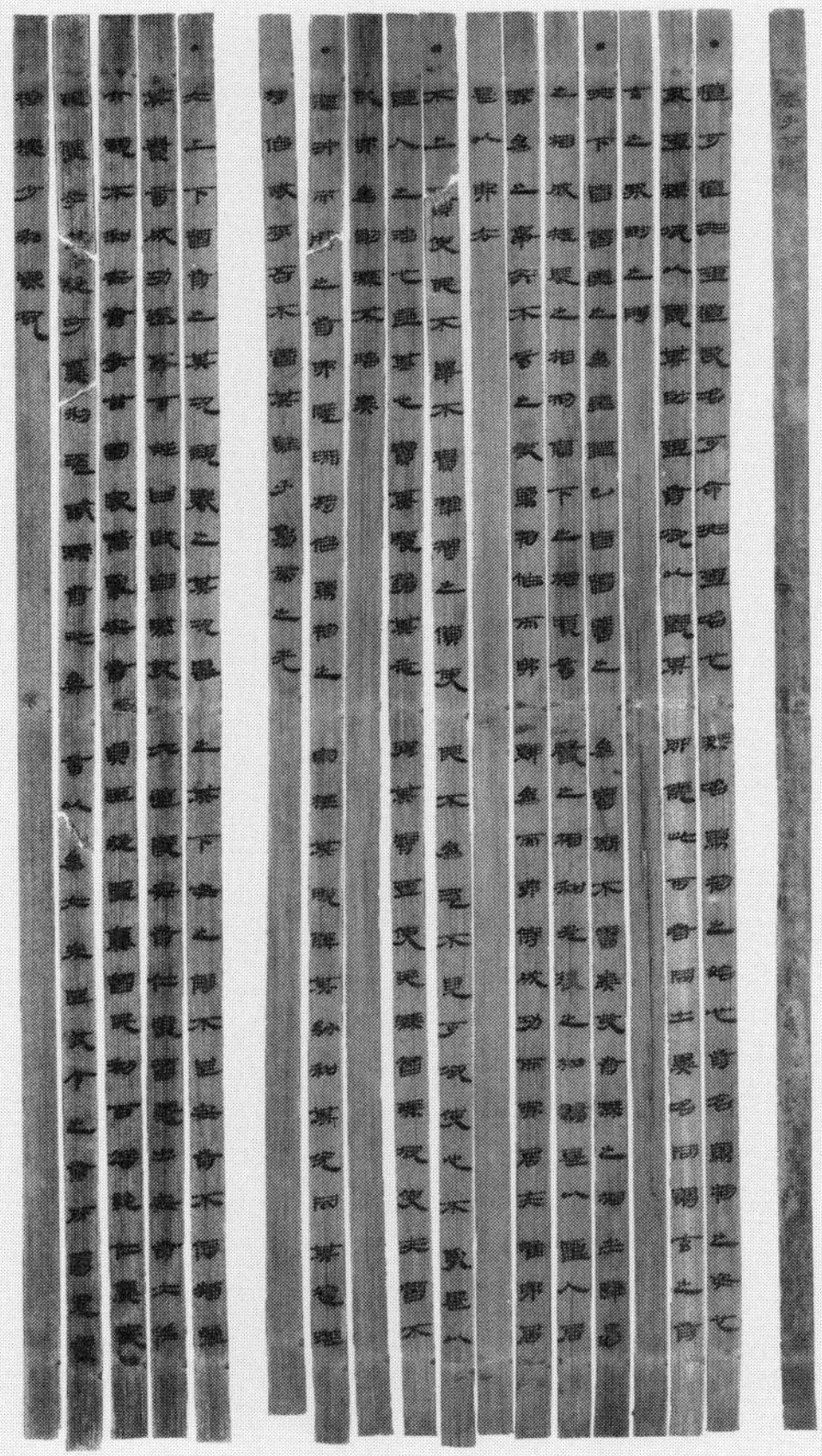

前漢の竹簡老子

第一章　『老子』の成立と展開

1　『老子』の成立

上下二篇の書物

『史記』「老子伝」には、老子は関令尹喜《かんれいいんき》の求めに応じて道と徳の意味について述べた五千字あまりの書物、上下二篇を著《あら》わした、とあった。現在伝えられる『老子』(今の本という意味で今本《きんぽん》と呼ばれる)が上下二篇で五千字あまりであることから、尹喜に伝えた書物こそ原本『老子』であったとされている。

しかし「老子伝」には書物の名は記《しる》されておらず、上下二篇とあるだけである。これがなぜ『老子』と考えられるかというと、現在の『老子』と形が合うことと、老子が書いたと記述されていることからである。老子が書いたから『老子』と呼ばれるのである。何を当たり前なことを言っているかと思われるかもしれないが、当時は、すべての書物が名前をつけて書かれるとは限らなかった。

たとえば、荘子《そうじ》(荘周)は『荘子』という書物を書いたわけではない。一定の内容を持った一定量のまとまり、つまり「篇」に、それを表わす名前くらいは付けたかもしれないが、全体として『荘子』という書物を著《あら》わそうとしたわけではない。荘子が書いたということになっているから、のちに『荘子』と呼ばれるようになったまでである。しかも、荘子の弟子や、その後の弟子たちが書いたもの、あるいは荘子に関わる説話や荘子に関係がありそうだと思われるものまでひっくるめて、全体として『荘子』という書物になった。その中の、どの部分が荘周自身の著述なのか、じつは分からないのである。

だいたい、老子や荘子などの「子《し》」というのは、ひとかどの立派な人物、つまり先生というような意味の尊称である。いくら自己主張が強い古代中国人であろうと、自分が書いた書物にそんな名前を付けるわけがない。つまり『荘子』とは荘子関係の書物というほどの意味で、荘子ゆかりの人たちが荘子を尊崇し、そのように仕立てあげたものなのである。だから『荘子』中には荘子臨終の話や、まるで時代が合わない話も載っているのだ。

漢代には『荘子』は五十二篇あった。西晋《せいしん》(三世紀後半)の時には、そのうちの荘子らしからぬ部分を削って三十三篇の『荘子』ができあがり、今日、我々はそれを『荘子』として読んでいる。「らしからぬ」とは、あいまいな表現であるが、五十二篇の中には、かなり系統の違う篇も含まれていたようだ。

何々子と呼ばれる他の書物も、すべてとは言わないが、やはり似たような状況にある。たとえば『墨子』は墨翟《ぼくてき》という個人の著作物ではなく、前四〇〇年ごろから秦《しん》王朝成立までの二百年近くにわたって書きたされてきた書物であるし、『韓非子《かんぴし》』には韓非(前二八〇?—前二三三)の死後のことまで書かれている。春秋時代や戦国時代には、むろん著作権などという考え方はなかったから、ある書物が最終的に成立するまでには、かなりの付加や変形を被《こうむ》った。こうした状況で『老子』について考えた場合、当初は名無しの上下二篇であったというのは、きわめて自然である。

『老子』という名称

では、いつごろから『老子』と呼ばれるようになったのであろうか。『漢書《かんじょ》』「芸文志《げいもんし》」(1)の「諸子略《しょしりゃく》」道家《どうか》の項を見ると、

『老子鄰氏経伝《りんしけいでん》』四篇
『老子傅氏経説《ふしけいせつ》』三十七篇
『老子徐氏経説《じょし》』六篇
『劉向説老子《りゅうきょう》』四篇

という四種の書物が見える。これらは、すべて失われてしまった書物であり、劉向を除いて他の三人の人物像もわからないが、少なくとも前漢時代には『老子』という呼び方があったこと、本文を経とし、それに伝や説などの注釈が付けられていたことがわかる。ただ、不思議なことに、たんなる『老子』という書物は記載されていない。『老子』は、当時といえども極めてむずかしい書物であったから、おおむね注釈付きで伝えられたということかもしれない。

今本『老子』は、上下二篇に分かれ、上篇は三十七章、下篇は四十四章、全体で八十一章に分けられている。全部で五千字余りなのに、内容は極めて深遠であるから、たいへん読みにくい。だから、むかしから山ほど注釈が作られてきた。注釈家の代表は三国時代の魏《ぎ》の王弼《おうひつ》(二二六―二四九)であるが、もちろん王弼が書いたものがそのまま残っているわけではない。書き継がれ、書き継がれして伝えられてきたのである。明《みん》代ころに今の王弼注の形になった、という説もある。

本文の方はどうかというと、現在に伝わるもっとも古いテキストは唐の中宗の時、景龍《けいりゅう》二(七〇八)年に河北の易《えき》州にある龍興観《りゅうこうかん》という道観に建てられた道徳経碑《どうとくきょうひ》であった。唐代では『老子』ではなく『道徳経』と呼ぶのが通例である。老子はただの諸子の一人ではなく、道と徳について教えを説いた神聖なるご先祖さまだ、というわけである。

つぎが玄宗の開元二十六(七三八)年、同じ道観に建てられた御注道徳経幢《ぎょちゅうどうとくきょうとう》、そのつぎが開元二十七(七三九)年、河北邢《けい》州龍興観に建てられた道徳経幢である。(2) 御注道徳経幢や道徳経幢は、八角形の石柱に道徳経の文言《もんごん》を彫刻したものである。さらにいくつかの唐代の幢や碑が残っており、さすがに帝室をあげて老子を尊崇した唐代だけのことはある。

帛書『老子』の出土

『老子』本文の現物資料は遡《さかのぼ》っても八世紀初頭であるという状況は、一九七三年に至って一変した。その年の冬、湖南省長沙《ちょうさ》市馬《ば》王堆《おうたい》の第三号漢墓から、絹に書かれた二種類の『老子』が出土したのである。ただし、それに『老子』という書名が書かれていたわけではない。今本『老子』に相当する部分を『老子』と呼んでいるだけである。

これは帛書《はくしょ》(帛は絹の意味)『老子』と呼ばれ、甲本《こうほん》と乙本《おつほん》と名づけられた。それが書かれた年代は厳密には確定できないが、甲本は、おそくとも紀元前二〇〇年前後、乙本はやや遅れ、文帝・劉恒《こう》(前一八〇年―前一五七年在位)のころまでと考えられる。甲本も乙本も二篇に分かれており、篇の順序はどちらも同じである。甲本には何の題目も書かれていない。この状況は、『史記』「老子伝」の記述によく合致している。

一方、乙本二篇の末尾には「徳」と「道」と記されていた。これは、篇の始めの部分がそれぞれ「徳」と「道」ということを問題にしているので、それらの語によって二篇を区別したメモのようなものであり、篇名と言ってよいかどうか疑問である。まして書名ではない。つまり、このころまで、かならずしも『老子』という書名は文字として定着していなかった。

しかし、呼び名としては、老子に関係するテキストとして老子と呼んでいたであろう。それ以外には呼びようがないのであるから。『韓非子』には「解老《かいろう》」と「喩老《ゆろう》」という二篇があり、「解老」は『老子』という書物あるいは老子が述べた言葉について解釈したもの、「喩老」はさまざまな伝説について老子の言葉に結びつけて述べたものである。二篇には老子という名前こそ出ないが、老子について語っていることは自明であり、この老子は、ほとんど『老子』の意味である。二篇が韓非の自著かどうかには問題もあり、黄老《こうろう》思想が尊重された漢初の成立であろうという見解もある。

こうした状況を考えてみると、漢初には『老子』という書名がまだ成立していないような、ほとんど成立していたような、あいまいさがある。他方、『漢書』「芸文志」の「諸子略」道家の項には書名の一部分ではあるが書名として『老子』が使われていた。劉向《きょう》は前漢末の人であり、「芸文志」の順が書物の成立順を表わしているとすれば、鄰《りん》氏や傅《ふ》氏、徐《じょ》氏の書は劉向の書より前に成立していたことになり、鄰氏らの書が『老子』について「経」と表現していることから、おそらく黄老思想尊重の気風のなかで著述されたものであろうと推察できる。「諸子略」道家の項には『黄帝四経』という書名もあった。

儒家には『詩』『書』などの六経《りっけい》があり、墨家には『墨子』に「経」篇や「経説」篇があるが、通常、諸子の書物を「経」として扱うことはない。このこともまた鄰氏らの書が黄老思想を統治の基準としていた時代のものであることをうかがわせる。というわけで、おそらく『老子』という書名は、前漢の黄老思想尊重の時代に文字として定着したものであろう。この点に関しては、後述するように、前漢時代の竹簡《ちっかん》『老子』(北京大学蔵西漢竹書《せいかんちくしょ》)という貴重な資料がある。

楚の竹簡『老子』の出土

帛書『老子』の出土は世紀の大発見であったが、その発見から二十年後、一九九三年の冬には、さらに驚くべき発見があった。湖北省荊門《けいもん》市郭店《かくてん》の、(3)戦国時代の第一号楚墓《そぼ》から数種類の竹簡が出土し、その中に帛書『老子』よりもさらに古い『老子』が含まれていたのである。ただ分量としては今本『老子』の三分の一強であり、残念ながら全体ではない。これにも、もちろん『老子』という書名が書かれていたわけではなく、今本『老子』に相当する部分を『老子』と呼んでいるだけである。

楚国の竹簡(楚簡)は中国各地からすでに多くの種類が出土しており、郭店から出土したものは郭店《かくてん》楚簡《そかん》と呼ばれる。ただ、今のところ楚簡の『老子』は郭店からしか出土していないので、楚簡『老子』と言えば郭店出土楚簡『老子』のことである。本書では、以下、帛書『老子』は帛書、楚簡『老子』は楚簡とだけ呼ぶことにしよう。

楚簡の成立時期についても厳密には分からないが、おおよそ帛書より一世紀ほど遡《さかのぼ》ると見ておけばよい。部分ごとに成立時期に若干の幅がある。簡の形状には三種あり、それによって三種に分類され、甲本《こうほん》・乙本《おつほん》・丙本《へいほん》と呼ばれる。内容から見て甲本がいちばん早く、ついで乙本、丙本の順のようである。甲本の竹簡は三十九本、一本の長さは三二・三センチ、一本の字数は三十字前後、乙本は十八本、長さは三〇・六センチ、字数は二十五字前後、丙本は十四本、長さは二六・五センチ、字数は二十二字前後である。三種あわせて今本『老子』の三十一章分にあたる。

楚簡は帛書以下のように上下の二篇には分けられておらず、章立てもない。内容の順序も今本『老子』とまるで対応しない。形成途中の、かなり早い段階の『老子』と考えられる。だとすれば、『史記』「老子伝」に言う、道と徳の意味について尹喜のために書いた上下二篇の書物という伝説は、楚簡よりも後にできたものということになる。

徳道本と道徳本

帛書乙本二篇の末尾にはそれぞれ「徳」と「道」と記されていたが、これを篇名と考えれば、「徳」篇、「道」篇の順である(この篇順の『老子』を「徳道本」と呼ぼう)。今本『老子』も上下二篇に分かれ、「道」篇相当の部分が上篇で三十七章、「徳」篇相当の部分が下篇で四十四章、全部で八十一章である

(この篇順の『老子』を「道徳本」と呼ぼう)。今本と帛書とでは篇順が逆であるが、いわゆる諸子の書物にさまざまに引用されている『老子』から考えると、「徳道本」と「道徳本」は、戦国時代の末ごろには、すでに並存していたと考えられている。

『韓非子』の「解老」篇に出てくる『老子』の順序を今本に照らしてみると、第三十八章つまり今本下篇の最初の章から始まっている。次いで第五十八章、第五十九章、第六十章、第四十六章と続き、そのつぎに「道」の解釈があって、第十四章、第一章となっている。しかし、第一章の後は、また第五十章、第六十七章、第五十三章、第五十四章となって、今本の順序とは対応しない。「喩老」篇は七割ほどが今本下篇と対応するが、章の順序はバラバラである。だが、引用されているのは両篇あわせても二十章分ほどであるから、順序よく検討したとは限らないし、あるいは今本とは別の章順で編纂された『老子』があったのかもしれない。ともあれ、すくなくとも「解老」篇は、最後の方にいささか問題があるけれども、どうやら「徳道本」に拠《よ》って論を立てている、と言えそうである。帛書の篇順は、けっして孤立したものではなかった。

前漢末(前一世紀末)の蜀《しょく》(四川省)の思想家に厳遵《げんじゅん》という人があり、毎日、街で易占いをして生計を立て、一日を過ごせる分の収入を得れば、さっさと店をたたみ、後は『老子』を講じて過ごしたという(4)。その人物の著に『老子』を注釈した『老子指帰《しき》』がある。これもまた「徳」「道」の順であり、七十二首(首は章と同じ意味)に分章していた。「徳」篇に当たる「上経」が四十首、「道」篇に当たる「下経」が三十二首で、合わせれば中国の伝統思想に基づく陰の数の極限八と陽の数の極限九を掛けた数になる。陰陽の数とは、とくに『易』に特徴的な考え方で、七十二首に分章したことは、厳遵が

『易』によって生計を立てていたことと関係があろう。

この書物は長いこと偽書《ぎしょ》と考えられてきたが、近年の研究によって、おおむね信用してよいことがわかった。残念なことに、「上経」は残っているが「下経」は失われてしまい、現在では、あちこちの書物に引用された佚文《いつぶん》を集めた輯佚本《しゅういつぼん》が作られている。

分章については、『老子』は始めから今本のように章立てされていたわけではない。楚簡甲本と乙本は小さな「■」記号によって章の区切りを示しているようにも見えるが、数は今本よりずっと少なく、しかも句点と混在している。また、今本の章順と対照すると、まるで違っている。

帛書甲本の、「徳」篇に相当する部分には、段落の前に十九箇の小さな「●」印があり、おおむね今本の分章位置と重なっているが、「道」篇相当部分には篇の始めに一箇の「●」印があるだけである。乙本には、そうした記号は無い。しかし、のっぺらぼうでは説明に不便なので、本書では、厳遵本のような独特の章立てをしているものは別として、楚簡や帛書も今本の章立てに準《なぞら》えて、たとえば今本の第五章に相当する部分なら、やはり第五章と呼ぶことにしよう。帛書の章順は、甲本・乙本ともそれぞれの篇の中では、ほぼ今本と同じである。

篇順や書名、分章の問題に関して、近年、また大きな展開があった。『北京大学蔵西漢竹書《せいかんちくしょ》 弐』として『老子』が公刊されたのである。[5] 西漢とは中国での呼び方で、日本では前漢と呼んでいる。この本は縦四十二センチ×横二十九センチ、厚さ三センチの堂々たる書物で、竹簡が原色・原寸大および拡大版で収められている(扉挿絵参照)。これによって我々は、今や楚簡、帛書甲本・乙本に加え、前漢の竹簡という、二千年以上も前の四種類の実物文献を持ったことになる。

北京大学蔵前漢竹簡『老子』

この竹簡『老子』は、雑誌『文物』二〇一一年六月号の「北京大学蔵西漢竹書概説」と「北京大学蔵西漢竹書分述」という二本の論文によって、その概略が紹介された。「概説」によれば二〇〇九年の初め、北京大学は海外から三千数百本の前漢の竹簡を寄贈された。しかし、どこから、どのような経緯《いきさつ》で寄贈されたのかは記載されておらず、またこれら竹簡の由来も不明である。だから、楚簡や帛書が出土した時のようなすっきりした感じはないが、さまざまな点から見て前漢の竹簡であることはまちがいないようだ。

寄贈されたとき、竹簡は九箇の大小不揃《ふぞろ》いなプラスチック容器に入れられ、グリオキサール溶液に浸《ひた》されていたという。グリオキサールとはアルデヒド（CHO）が二つ結合した形の黄色の液体で、繊維や紙の表面処理に使われる薬物のようである。二〇〇九年三月には北京大学の中に歴史学科、考古学科、中文学科の専門家をメンバーとする出土文献研究所が設立され、竹簡の整理、計測、撮影などの作業が開始され、それ以来研究が重ねられて、基本的な整理が終わった段階で二本の論文によって公表され、さらに一年半たって、立派な図版入りの美麗な書物として出版されたわけである。

「概説」によれば、竹簡には、さまざまな分野にわたる二十種近くの古代の文献が含まれ、抄写《しょうしゃ》年代は武帝時代（前一四一年―前八七年）のものが多く、おもに武帝後期のものであろう、という。それが正しければ、すくなくとも厳遵本よりも古いことになる。『老子』の竹簡は二八〇本あり、文字数は反復記号で表わされたものを含めて五千三百字近い。竹簡が欠けていて文意が取れないような箇所は百分の一ほど、つまりほぼ完璧《かんぺき》な状態であり、楚簡や帛書に比べれば保存状態は極めてよい。なんとも驚嘆すべき現物資料である。

この『老子』も上下二篇である。一本の簡の上下と中間の三カ所を紐《ひも》で縛って繋《つな》げていき、一篇とする。保管する場合は最後の簡から文字が書かれた面を内側にして巻いていく。その一巻《ひとま》きを一巻という。『老子』の場合は一篇が一巻であり、巻いたときに一番上になった簡の次の簡(つまり第二番目の簡の裏側)に、それぞれ「老子上経」と「老子下経」と書いてあった。篇順は帛書や厳遵本と同じである。

「分述」には、それぞれの文献について、さらに詳細な紹介が載せられている。『老子』の竹簡数二八〇本とは折れたものもそのまま数えた数で、整理した結果、原書は二二三本であったと推定されている。一本の簡の長さは約三十二センチ、幅は八―九ミリで、楚簡甲本の形状とほぼ同じである。一本の字数は二十八字で(ごく少数の簡は二十九字)、三十字前後の楚簡甲本よりわずかに少ない。きちんとした隷書体《れいしょたい》で、きわめて丁寧に書かれている。特徴的なのは、全篇を通じて「●」記号で分章が示されていることである。記号は簡の上部に書かれ、途中で章が終わった場合は、その下は余白になっており、楚簡や帛書とは比較にならないほど完成した形式である。反復文字が短いイコールのような記号で示されているのは楚簡や帛書と同じである。

「老子上経」と「老子下経」という表題によって、前漢時代に、はっきりと『老子』という書名が確立しており、「経」として扱われたことが実証された。この竹簡『老子』は、『老子』という書名が書かれた最初の実物文献である。

北京大学蔵前漢竹簡『老子』(以下、北大漢簡と略記)が出版された後、研究もぼつぼつ出るようになった。それらに基づきながら、前漢時代の『老子』像について、もう少し考えてみよう。

2　前漢時代の『老子』像

二篇の順序と分章の問題

帛書も北大漢簡も厳遵本も、すべて「徳道本」である。では前漢では「徳道本」が一般的かというと、かならずしもそう断定はできないようだ。Ⅰの第四章1で言及した南宋・謝守灝《しゃしゅこう》の『混元聖紀《こんげんせいき》』巻三には劉歆《りゅうきん》『七略』を引用して、つぎのように言っている。

劉向《きょう》は、中(国家の蔵書)の『老子書』二篇、太史《たいし》(太史官の蔵書)の『書』一篇、臣向《きょう》の『書』二篇、全部で中外(国蔵とそれ以外)の『書』五篇、百四十二章を対校《たいこう》(比較検討)し、重複《ちょうふく》する三篇六十二章を除き、二篇八十一章、上経第一の三十七章、下経第二の四十四章を定めた。

引き算の数は一章分合っていないが、これを根拠とするならば、「道徳本」を基本的なテキストとし、分章も今本と同じにしたのは劉向ということになる。しかしその場合、前漢時代には「徳道本」もあったわけであるから、それを排除して「道徳本」を選んだ理由について劉向は何らかの言及をしたのではなかろうか。

謝守灝は、さらに続けて、

これは対校整理の初めであり、篇・章の本《もと》づくところである。ただ、何という文言を削り、どこで分章したのかは分からない。中書と向《きょう》書のいずれにも二篇と言っているのであるから、対校する前にすでに定本があったのだ。参伝は、『老子』は八十一章あると言っており、みな、それは太陽(九のこと)の極まりの数(九×九)であり、道経は上にあって天に法《のっと》り、天の数は奇であるから三十七章あり、徳経は下にあって地に法り、地の数は偶であるから四十四章ある、と言っている。

と解説している。

参伝が何を指すのかは分からない。ともあれ、その三つの伝によって道経と徳経の章数の根拠を説明しているが、三十七と四十四という数が先にあるので、どう理屈をつけても説得力は、いまいちである。また、対校する前にすでに定本があったとしているのであるから、謝守灝は「道徳本」が定本であったと考えたはずである。だとするならば、帛書や北大漢簡や厳遵本が例外ということになるが、現物資料の持つ説得力は圧倒的である。

というわけで、いちおう今本の篇順になったのは劉向の対校作業によって、ということになるが、疑問も残る。謝守灝当時の常識では、『老子』は上篇(道篇)が三十七章、下篇(徳篇)が四十四章、全八十一章で、それは陽の極数を表わすものであった。すでに千年ものあいだ、そう伝わっていたのであり、謝守灝はその常識を大前提として『七略』を読んだはずである。その際、何かの読み違いがあった可能性もある。そのことは、ただの憶測にすぎないが、劉向が今本の篇順に定めたとすんなり認めるには、いささか腑《ふ》に落ちない点があるわけである。

現在、『老子』を解釈する上でもっとも頼りとする注釈は魏の王弼の注であるが、王弼が拠った『老子』は「道徳本」である。だいぶ前には、「徳道本」は法家が伝え、「道徳本」は道家が伝えたという説もあったが、現在では、あまり支持されていないようだ。ともあれ王弼以後、「徳道本」は消えてしまったわけであるが、いまのところ、それに手を貸したのは劉向である、ということになる。

北大漢簡の分章は、「上経」は四十四章で、今本の「徳経」と同じである。「下経」は三十三章で、今本「道経」より四章少ない。今本の二章分を合わせて一章としたところが三カ所、今本の三章分を合わせて一章としたところが一カ所、今本の一章を二章に分けたところが一カ所、合計して今本より四章少なくなった。分章の位置も今本とほとんど同じで、北大漢簡は、篇順こそ違うが、分章という点では今本の祖型と言ってもよい。

北大漢簡の抄写年代

北大漢簡の抄写年代については、老子研究者たちが今まさに研究中であり、まだ確定的な説は出ていない。初歩的な整理段階では、北大竹簡全体の抄写年代は、多くのものが武帝時代(前一四一年―前八七年)、それも武帝後期であろうと推測されたにとどまった。それは、年代を記した竹簡が数本あったことと、隷書《れいしょ》の字体、これまでに出土した竹簡資料との比較などによる推測である。

その後、いくつかの専門論文が発表された。ある説では、おもに隷書の字体の特徴によって武帝前期、しかし景帝時代(前一五七年―前一四一年)までは遡《さかのぼ》らない、としている。

漢代隷書体の歴史区分には三期説や五期説などがあり、出土した竹簡の種類はかなり多くなっているとは言え、字体の精密な区分を行なうには、やはりまだ材料が不足しているようだ。出土地域も広範であるから、先後関係を決めるにも字体を単純に比較するだけでは事がすまない。

北京大学哲学系の王中江《おうちゅうこう》教授の説では、現段階では字体を根拠とすることには無理があり、避諱《ひき》状況を重視すべきであって、恵帝(前一九五年―前一八八年在位)・文帝(前一八〇年―前一五七年在位)よりも前である可能性もある、と推定している。[6] 論理だけから言うと、王説の方が妥当である。

避諱の制度

避諱《ひき》とは皇帝の諱《いみな》(本名)を避《さ》けることで、前漢では高祖劉邦《ほう》、恵帝劉盈《えい》、文帝劉恒《こう》などの邦、盈、恒などの字を使うことは許されず、それぞれ国、満、常という同じ意味の別な字にしなければならなかった。劉邦の妻、呂后《りょごう》についても、呂雉《ち》の雉は使えず、野鶏《やけい》に変えた。以下、景帝劉啓《けい》の啓は開、武帝劉徹《てつ》の徹は通、昭帝劉弗陵《ふつりょう》の場合は弗を不、宣帝劉詢《しゅん》の詢は謀《ぼう》、元帝劉奭《せき》の奭は盛、成帝劉驁《ごう》の驁は俊《しゅん》、哀帝劉欣《きん》の欣は喜に、それぞれ変えた。たとえば、今の河南省にあった啓封《けいほう》という都市の名は景帝以後は開封《かいほう》と呼ばれるようになった。宋王朝の首都ともなった開封が元来の名ではないと知っている人は少ない。

避諱の制度は歴代王朝に受けつがれ、たとえば後漢の第二代皇帝・明帝は劉荘《そう》であるから、一般には荘の字は使えず、厳に変えた。『老子指帰』の著者厳遵《げんじゅん》は、元来の姓名は荘遵であったが、明帝の諱を避けて厳遵に変えたのである。ただ、古典としてすでに周知の『荘子』までは変えず、『漢書』「芸文志」でも『荘子』のままである。個人の姓名や地名まで変えさせるのであるから、皇帝権力の横暴も並ではないが、たくさんの使えない字を決めて別な字に置きかえさせる政策は今の日本でも行なっている。避諱制度を野蛮だと言って笑うことは、できそうもない。

この避諱の状況によって、書物が抄写されたおおよその年代が判定できる場合がある。たとえば、統計によれば帛書甲本には邦字が二十二例、盈字が九例、恒字が二十五例見える。これによって、帛書甲本は劉邦が皇帝を称する以前に抄写されたものであろうと見るのが定説になっている。帛書乙本には邦字は一例もなく、すべて国字になっており、盈字は九例、恒字は二十九例見える。定説では帛書乙本は恵帝から文帝時代に抄写されたものとされているが、単純に考えれば、乙本は劉邦が皇帝を称した後、劉盈や劉恒が皇帝を称する前に抄写された、ということになるはずである。

ところが厄介なことに、避諱の規定は官府の文書など公的なものでは厳密に守られたが、私人の文書や蔵書などの私的なものでは比較的緩やかであった、という説がある。帛書『老子』は個人の蔵書であり、この説に従えば、乙本は恵帝・文帝時代に書かれたと考えてもよいことになる。その際、帛書は馬王堆《ばおうたい》第三号漢墓から出土したが、墓の主が葬られたのは文帝十二(前一六八)年であり、これが抄写年代の下限となる。

これに対して王中江氏は、帛書甲本については避諱の規定によって劉邦が帝位につく以前とするのに、帛書乙本については避諱の規定を適用しないというのは矛盾だ、と批判している。理屈は、まさにそのとおりである。ただ乙本の場合は、字体や全体の形式、篇名の存在など、さまざまな観点から検討され、恵帝から文帝ごろの抄写と判断されているようだ。

北大漢簡の避諱状況はというと、帛書乙本と同じようであり、邦字はなく、国字は大量にある。盈、恒、啓、徹字も使われている。これらの点から、王説では、恵帝・文帝よりも前である可能性を考えている。帛書と違って北大漢簡が出土した状況は不明なので、墓葬年代を参考にできず、竹簡そのものから考察するより手段はない。

焦竑の『老子翼』

明代の老荘学者に焦竑《しょうこう》という人があり、『老子翼《よく》』という書物を書いた。これは、同人の著『荘子翼』とともに冨山房《ふざんぼう》の漢文大系にも収録されていて、日本でもよく読まれたものである。その「附録」に、

老子の経《けい》を称することは漢の景帝より始まれり。呉《ご》の闞沢《かんたく》(三国時代の呉の学者)、大帝(孫権《そんけん》)に対《こた》えて曰《いわ》く、……漢の景帝に至りて、黄子《こうし》(黄帝)老子の義体(思想体系)尤《もっと》も深きを以《もっ》て子《し》を改めて経と為《な》し、始めて道学《どうがく》を立て、勅《ちょく》して朝野《ちょうや》に令《れい》し悉《ことごと》く諷誦《ふうしょう》せしむ(詔勅を出して官府でも民間でも広く読ませるようにした)、と。

という記述がある。この説に拠れば『老子』が諸子の書から経の地位に引き上げられたのは景帝時代

であり、「老子上経」「老子下経」の篇名を持つ北大漢簡は景帝時代以降に抄写されたものということになる。今後さらに竹簡や帛書の資料が増して研究が進み、隷書体の研究も蓄積されなければ確定的なことは言えないので、北大漢簡の成立は、現段階では景帝から武帝のころと大ざっぱに考えておくほかない。

楚簡と帛書については、岩波文庫『老子』の解説で、ごくわずかではあるが検討したので、本書では北大漢簡について、すこしばかり検討しよう。いったい、北大漢簡は『老子』の解釈にどんな影響を与えたのであろうか。

3　北大漢簡と『老子』解釈

北大漢簡と『老子』解釈

北大漢簡の章立ては基本的には今本と同じであるが、数カ所、今本と違うところがある。違うところに『老子』解釈上の価値があることはもちろんであるが、章立ては今本と同じでも、それなりに価値のあるところもある。一例を挙げよう。

今本の第十九章は、

人君が聡明さや知恵をすててしまえば、人民の福利は百倍になる。人君が仁愛や正義をすててしまえば、人民は孝心や慈愛に満ちた状態に戻る。人君が技巧や功利をすててしまえば、盗賊はいなくなる。この三つのことは、教えの文句とするには、まだ十分ではない。そこで、人々に拠りどころがあるようにしよう。外面は生地《きじ》のまま、内面は樸《あらき》のよう、私心をへらし、欲望を少なくする、と。

訓読　聖《せい》を絶《た》ち智《ち》を棄《す》てば、民《たみ》の利《り》は百倍す。仁《じん》を絶ち義《ぎ》を棄てば、民は孝慈《こうじ》に復《ふく》す。巧《こう》を絶ち利を棄てば、盗賊《とうぞく》の有ること無し。此《こ》の三者は、以《もっ》て文《ぶん》と為《な》すに足《た》らず、故《ゆえ》に属《ぞく》する所有ら令《し》めん。素《そ》を見《あら》わし樸《はく》を抱《いだ》き、私《し》を少《すく》なくし欲を寡《すく》なくす、と。

となっている。

これに続く第二十章は「学を絶《た》たば憂《うれ》い無し。唯《い》と阿《あ》と、相《あ》い去ること幾何《いくばく》ぞ(はいと、こらと、どれほどの違いがあろうか)。善と悪と、相《あ》い去ること何若《いかん》ぞ。人の畏《おそ》るる所は、畏れざる可《べ》からず」と始まっており、冒頭の「学を絶たば憂い無し」を第十九章の末尾に付けて解釈する説が有力であった。

人君が聖や智、仁や義、巧や利を棄てるということは、人間としての徳目や技巧、利益という人為的な価値を棄て、無為自然の道に復帰するという意味で言われている。「素を見わし樸を抱き、私を少なくし欲を寡なくす」というのは、そのことを別な言葉で説明したものである。それはまた、生まれて以来、人為的にさまざまな知識や技術を身につける「学」を棄てることに通じる。したがって、第二十章冒頭の「学を絶たば憂い無し」を第十九章の末尾に付け、第二十章は「唯と阿と、相い去ること幾何ぞ」から始まると考えることは、きわめて自然な解釈であり、誰もが納得する説であった。

楚簡による校訂

ところが楚簡が出土してみると、その甲本第一編の始めに今本の第十九章とほぼ同じ文章があり、末尾には「学を絶たば憂い無し」ではなく、今本の第六十六章「江海《こうかい》の能《よ》く百谷《ひゃっこく》の王為《た》る所以《ゆえん》の者は、其《そ》の善《よ》く之《これ》に下《くだ》るを以ての故《ゆえ》に能く百谷の王為《た》り」に相当する部分が、一続きの文章として続いていた（すなわち第十九章→第六十六章）。両章を一連のものとして解釈すれば、人君が上から目線の道徳や技巧、利益を棄て、私心を減らし欲望を少なくし、誰に対しても謙虚であるならば、王者たる資格がある、という意味になるであろう。

一方、今本の第二十章に相当する文章は乙本第一編にあり、「学を絶たば憂い無し」から「人の畏《おそ》るる所は、畏れざる可《べ》からず」までとほぼ同じ文言が見える。この文言の前には今本の第四十八章「学《がく》を為《な》す者《もの》は日《ひ》に益《えき》し、道《みち》を為す者は日に損《そん》す。之《これ》を損し又《ま》た損し、以《もっ》て無為《むい》に至る。無為にして而《しか》も為さざる無し」に相当する部分があり、「学ぶ者(7)は日に益し」の前には分章記号の「■」があった。すなわち、ここの部分は第四十八章相当部分から始まり、第二十章相当部分がそれを受けついだ形であった。「学ぶ者は日に益し……無為にして而も為さざる無し」に「学を絶たば憂い無し」を繋げると、意味もすっきり通る。

さらに、第二十章相当部分の後には今本第十三章の「寵辱《ちょうじょく》に驚《おどろ》くが若《ごと》くし、大患《たいかん》を貴《たっと》ぶこと身《み》の若《ごと》くす」に相当する部分が繋がっていて、すべてが一連の文章となっていた（すなわち第四十八章→第二十章→第十三章）。そこで、楚簡乙本のここの部分は、全体として、学問や寵辱、わが身に執着《しゅうじゃく》することなどから解放されることを述べたものということになる。『老子』の原型がこれに近かったか、今本とは別系統の『老子』があったものと思われる。

帛書『老子』と北大漢簡

というわけで、今本第二十章の「学を絶たば憂い無し」を第十九章の末尾に続ける説は楚簡によって否定された……で終われば、事は簡単である。この問題に帛書『老子』が関係してくるのだ。

帛書の順序は今本の章立ての順序と基本的に同じで、第十九章末から第二十章始めについて、甲本は「樸」字から「憂」字まで欠落しているが、乙本には、すべて残っており、基本的に今本と変わりはない。乙本には今本第十九章と第二十章に相当する箇所の間に分章記号はなく、「学を絶たば憂い無し」を前につけるか後につけるかの形式上の根拠はない。高明《こうめい》『帛書老子研究』[8]は、「学を絶たば憂い無し」を第十九章末につけ、第二十章を「唯《い》と阿《あ》と」から始めている。

そこで、帛書を根拠として、「学を絶たば憂い無し」は第十九章相当部分に付けるべきで、これを第二十章相当部分の冒頭に置くのは誤りである、楚簡本は早期の未熟なテキストであって、漢代の成熟した古本《こほん》は、それとは違っているのだ、という説が行なわれた。

ところが北大漢簡は、今本第十九章相当部分は「私《し》を少《すく》なくし欲を寡《すく》なくす」で終わっており、その下には、かなりの余白がある。次の簡の最上部に、はっきりと分章記号の「●」が書かれ、「学を絶たば憂い無し」で始まっている。すなわち、今本の分章と同じで、長年の定説は実物資料によって打破されてしまったのだ。論理だけによって説を立てることの危うさがよく示された例であろう。

北大漢簡では、今本第十九章相当部分は独立した章には、なっていない。今本の第十七章、第十八章と一続きで一つの章となっている。このうち、第十八章と第十九章は意味上の関連が密接であり、古くから、一つの章ではないかと疑われていた。このこともまた、いちおう実物によって実証されたわけである(「いちおう」と言った意味は、後で明らかになる)。第十七章は第十八章と第十九章ほどの密接性はないが、深いところで関連している。では、これらの章は、具体的にどう関連するのであろうか。

第十七章

今本の第十七章は、

最高の支配者は、人民はその存在を知っているだけである。その次の支配者は、人民は親しんで誉めたたえる。その次の支配者は、人民は畏《おそ》れる。その次の支配者は、人民は馬鹿にする。支配者に誠実さが足らなければ、人民から信用されないものだ。慎重なことよ、支配者が言葉をおしむことは。何かの仕事を成しとげても、人々はみな、我々は自《おの》ずからこうなのだ、と考える。

訓読 太上《たいじょう》は、下《しも》、之《これ》有るを知るのみ。其《そ》の次《つぎ》は之を親しみ誉《ほ》む。其の次は之を畏《おそ》る。其の次は之を侮《あなど》る。信足《しんた》らざらば、焉《ここ》に信ぜられざること有り。悠《ゆう》として其れ言を貴《たっと》ぶ。功を成し事を遂《と》げて、百姓《ひゃくせい》、皆な、我《わ》れ自《おの》ずから然《しか》りと謂《い》う。

というものである。

最高の支配者とは道と一体化した無為自然の聖人のこと、その次の親しまれ誉められる支配者とは儒家的な仁君《じんくん》のこと、その次の畏れられる支配者とは法律や刑罰を用いる法家的な君主のことであろう。もっとも、これらのランクを支配者のこととせずに、太古の理想的な時代から徐々に悪くなった時代について言ったものと見る解釈もある。第十八章との関連から言えば、その解釈も成り立つが、その場合、「侮《あなど》る」時代のイメージがいささかあいまいである。人民が得手勝手《えてかって》なことをして憚《はばか》らない時代ということになるだろうが、「信足らざらば」以下が支配者のことを言っていると思われるので、解釈としてどうも据《す》わりが悪い。

人民から信用されない支配者とは、畏れや侮蔑《ぶべつ》の対象となる支配者のことであろう。それと対比された「悠として其れ言を貴ぶ云々《うんぬん》」の支配者は、端的に言えば「下《しも》、之《これ》有るを知るのみ」の最高の支配者のことであろう。そのとき、人民は自分たちの上に支配者がいることは知っているが、何をしてくれているのかは知らないのであるから、支配者が「功を成し事を遂《と》げて」もそれを認知せず、自分たちは自然にこうなっているのだと思っているだけである。これが老子が考える最高の支配者像というわけであり、第十七章は首尾一貫した構成になっている。

第十八章

では第十八章は、どうであろうか。今本は、

それゆえ、大いなる道が廃《すた》れだしてから仁義が説かれるようになった。知恵が働きだしてから

大きな虚偽が行なわれるようになった。家族が不和になりだしてから孝子や慈父が出てくるようになった。国家が混乱しだしてから忠臣が現われるようになった。

訓読(9)　故に、大道《たいどう》廃《すた》れて仁義あり。智恵《ちえ》出でて大偽《たいぎ》あり。六親《りくしん》和せずして孝慈《こうじ》あり。国家昏乱《こんらん》して忠臣あり。

であり、『老子』中でも有名な文言である。

　北大漢簡では、これらは前に続いた文言であるが、楚簡丙本でも第十七章・第十八章相当部分は一連のものとされている。文言は、おおむね今本と同じであるが、両章相当部分のあいだ、つまり「我れ自ずから然りと謂う」と「大道廃れて仁義あり」のあいだには「古《こ》」字がある。この「古」は「故《こ》（ゆえに）」の借字《しゃくじ》と解釈されており、両章相当部分は思想の上でも形式の上でも緊密な関係にあることが示されている。「故」字は帛書甲本・乙本にも、北大漢簡にも残っている。

　そこで、両章相当部分は、おそらく原初の『老子』、あるいは原初に近い『老子』の時代から、一連のものであったと考えられる。まず支配者のランクづけをして、老子の思想を体現したような最高の支配者と、その次のランクとして儒家の理想とする支配者を挙げ、だから老子的な支配者のいる理想の世、つまり大道《たいどう》の世がダメになってから仁義を説く仁君の世となったのだという主張が「大道廃れて仁義あり」の一文なのである。

　智恵を尊重するのは儒家ばかりではないが、とくに儒家は、教養を身につけ、人間的な完成を目指して修養することを説いた。しかし、老子の考えからすれば、それは無為自然に反し、人工的な紛《まが》いものだというのが「智恵出でて大偽あり」の意味するところである。

「孝」や「慈」を尊重するのは儒家の教えで、孝は子《こ》が親に対して持つ敬愛の気持ち、慈は親が子に対して持つ慈愛の気持ちである。ちなみに弟が兄に対して持つ尊敬や従順などの気持ちを「悌《てい》」という。その孝と悌の気持ちを基本として、それを世の中一般という面《レベル》に格上げしたものが仁義という徳目である。親子の情愛は「仁」となり、それに比べて兄に対する弟の情愛には友愛に近い一種の社会性があるから「義」となり、簡単に言えば、仁義とは孝や悌の気持ちを型に嵌《は》めたもの、つまり自然の情愛を徳として抽象化したものであった。

しかし、無為自然の立場からすれば、誰もが我《が》を張らず、自足しているのであるから、家庭は本来的に和合しており、ことさらに孝や悌、慈などが徳として意識されることなど、さらさらないのである。それらが徳として強調されるのは本来的な和合が失われたからであり、「六親《りくしん》和せずして孝慈あり」とは、そのことを言ったものにほかならない。六親とは父子・兄弟・夫婦や父母・兄弟・妻子など、さまざまな数え方がある。

忠の意味

「忠」は、孔子(前五五二―前四七九)などの初期の儒家思想では、字面《じづら》どおり「心のまんなか」つまり「まごころ」の意味であったが、後にだんだん忠義の意味となった。『論語』「顔淵《がんえん》」篇には、孔子が弟子の子張《しちょう》から政治について問われ、「之《これ》に居《お》りて倦《う》むこと無く、之《これ》を行なうに忠を以《もっ》てす(為政の立場に身をおいたなら怠け心を持つことなく、政事を行なう場合は忠によってする)」と答えた問答がみえるが、この忠は誠実、まごころの意味である。また、君臣関係にも忠が使われる場合があり、『論語』「八佾《はちいつ》」篇には、魯《ろ》の国君の定公《ていこう》が「君《くん》、臣《しん》を使い、臣、君に事《つか》うること、之《これ》を如何《いかん》」と問うたのに対し、「君、臣を使うに礼を以てし、臣、君に事《つか》うるに忠を以てす」と孔子が答えた言葉がみえる。この忠も誠実、まごころの意味である。

だが、臣下自身の心の持ちようよりも君主への思い入れの方が強まれば、容易に、君主の為《ため》になることこそが忠である、という発想に転化してしまう。『荀子《じゅんし》』「臣道」篇には「命《めい》に逆《さか》らいて君《きみ》を利《り》す(命令に逆らってその君主の利益をはかる)、之《これ》を忠と謂《い》う」という言葉があるが、個人のまごころよりも君主の利益を中心にしている点で、この忠は、ほとんど忠義の忠と言ってもよいほどである。荀子(前三一三?―前二三八)は戦国末期ごろの人であった。

忠の意味が、まごころよりも、ごく当たり前に忠義の意味になったのは、前漢のときに儒教が尊重されるようになってからのようであるが、戦国時代から徐々にそうなっていったと思われる。「国家昏乱して忠臣あり」とは、そうなってからの状況を背景にしたもので、ここの『老子』の思想は初期の儒家の時代というよりも、もう少し後の儒家の時代に言われたものだということがわかる。そこで、こうした言葉を吐いた老子が活動した時代は、とても、若い時分の孔子が老子から教えを受けたという伝説が示すような古い時代ではないであろう。もちろんそれは、ここの文言に限定しての話であるけれども。

第十九章が加わる意味

楚簡には第十八章相当部分の末尾、「国家昏乱して忠臣あり」に相当する文言の終わりにやや大きな「■」記号があり、一連の文章がここで終わることが明示されている。第十七章・第十八章相当部分は併《あわ》せてひとまとまりであり、竹簡を整理・出版した研究者たちは、これを丙本第一編としている。丙本第二編は今本の第三十五章に相当する。第一編と第二編には直接の関連性はないようであるが、いずれにせよ、第十七章・第十八章相当部分に第十九章相当部分は続いておらず、第十九章相当部分は楚簡甲本第一編の始めに据《す》えられているのである。

第十七章・第十八章が、もともと一連のものであったとして、そこで言われていることは、現在は最高の支配者がいる大道の世の中ではなくなった、今は「仁義」の時代だ、「大偽」の時代だ、「孝慈」の時代だ、ということである。理想の支配者、理想の時代があったことを認めたとしても、では、そうでない時代に、どうすればよいのかという問題までは述べられていない。「大道」を回復する手立てが示されない以上、極端に言えば、第十七章・第十八章相当部分だけでは、ただの皮肉を言ったにすぎないことになる。

そこで、現在は大道の世の中ではないとして、ではどうすればよいか、と問いたくなるのが人情というものである。その問いに、ぴったりとはいかないまでも、なんとか答えてくれる内容が第十九章の文言であった。楚簡丙本段階では関連性がなかった第十七章・第十八章相当部分と第十九章相当部分とが、帛書の段階では前後に並べられ、北大漢簡では「●」記号によって第十七章・第十八章・第十九章が一つの章として明示されたのは、誰の手になるものかは分からないが、思想の展開としては、きわめて自然なことであった。では、第十七章・第十八章相当部分と第十九章相当部分は、どう関連するのであろうか。

第十九章

第十九章の文言は本節の始めに述べたが、主要箇所は「聖《せい》を絶《た》ち智《ち》を棄《す》てば、民《たみ》の利《り》は百倍す。仁《じん》を絶ち義《ぎ》を棄てば、民は孝慈《こうじ》に復《ふく》す。巧《こう》を絶ち利を棄てば、盗賊《とうぞく》の有ること無し」という点にあった。「聖を絶ち智を棄てば」に続けて民の福利は百倍になると言っているのであるから、その前提となる「聖を絶ち智を棄て」るべき者は君主であろう。とすれば、後の「仁を絶ち義を棄て」たり、「巧を絶ち利を棄て」るのも君主のことであろう。つまり、第十九章は、まずは君主に対して心の持ちようを説いているわけで、第十七章・第十八章を承《う》けた文言として位置づければ、現在は大道の世の中ではないけれども、君主《あなた》の政治次第で良い世の中になる、と説得していることになる。

『老子』には、独特な観点からであるが、為政者に対して統治の術を教えた部分がかなり多い。ここもその一つであり、老子は、けっして個人的な自足の教えを説いたばかりではないのだ。

ここで君主が棄てるべきものは、聖智つまり聡明さや知恵、仁義すなわち仁愛や正義、巧利すなわち技巧や功利である。これらを第十八章相当部分の文言と関係づければ、聖智を棄てることは「智恵出でて」の否定に相当し、そうすれば人民の利は百倍になるというのは「大偽あり」の否定に相当する。「偽」は虚偽と説明されるけれども、虚偽とは大道から見た意味づけであって、ここの文脈ではニセというより人為的なことと考えた方がよい。具体的には、巧妙な政令をたくさん出すとか、贅沢品を作らせるとか、さまざまなことが考えられる。いずれにせよ人民にとって良いことではない。だから、君主が聡明さや知恵を棄てれば人民の福利になる、という理屈となる。

君主が仁義を棄てることは、そのまま「大道廃れて仁義あり」の仁義を棄てることであり、仁義は親子兄弟の自然の情愛を徳として抽象化したものであるから、徳という形式で縛らなければ、人民はそれ以前の自然状態に戻る、と言っているのである。「孝慈に復す」という孝慈も、言葉としては徳なのであるが、ここでは、その実質を言ったものであろう。つまり、仁義を棄てると言ったとき、その仁義は偽善にほかならないから、偽善を棄てると孝慈に復帰するのであれば、その孝慈は徳目《とくもく》というより、人の本性であるということである。

実際には、君主が仁義を棄てれば人民の生活はさらに苦しくなったり、悪辣《あくらつ》な気持ちになったりするかもしれないのであるが、老子の発想には、その可能性は考えられていない。その点は、まことに楽観的である。

つぎの、君主が巧利を棄てれば盗賊は生まれないというのは、第十八章とは直接の関係はない。また第十八章の「国家昏乱して忠臣あり」については、第十九章では議論が展開されていない。こうした点は、もともと第十九章が第十七章・第十八章の結論として考えられたものではないことに原因がある。しかし、末尾が「素《そ》を見《あら》わし云々」すなわち「外面は生地《きじ》のまま、内面は樸《あらき》のよう、私心をへらし、欲望を少なくする」と結んであることによって、いくらかでも大道の世の人のあり方を想定させる記述となった。第十九章相当部分が加わったことによって、全体として、第十七章・第十八章相当部分もただの皮肉ではなく、理想の時代とそこからの逸脱のさまを述べたものとなり、さらに第十九章相当部分によって理想の状況へと帰る筋道ができたことになったわけである。

これは今本の複数の章が北大漢簡では一つの章とされている例である。つぎに、今本の一つの章が北大漢簡では複数の章になっている場合を見てみよう。

第六十四章

今本の第六十四章は北大漢簡では二つの章に分かれている。では、どちらの分章が合理的であろうか。第六十四章は『老子』としては長大な章なので、段落をつけて引用しよう。

安定しているうちは摑《つか》まえやすく、兆《きざ》しがないうちは手を打ちやすい。脆《もろ》いうちは分解しやすく、微《かす》かなうちは散らしやすい。ことが生じないうちに対処し、まだ乱れないうちに治めておく。ひとかかえもある大木《たいぼく》も毛先ほどの芽から生長し、九階建ての高殿《たかどの》も土籠《もっこ》ひと盛りの土から造りだされ、千里もの道のりも一歩あるくことから始まる。

訓読 其《そ》の安《やす》きは持《じ》し易《やす》く、其の未《いま》だ兆《きざ》さざるは謀《はか》り易し。其の脆《もろ》きは泮《わ》け易く、其の微《び》なるは散《さん》じ易し。之《これ》を未だ有《あ》らざるに為《な》し、之を未だ乱れざるに治《おさ》む。合抱《ごうほう》の木も毫末《ごうまつ》より生じ、九層《きゅうそう》の台《うてな》も累土《るいど》より起こり、千里の行《こう》も足下《そっか》より始まる。

何かについて、ことさらなことをする者はそれを壊してしまうし、捕《と》らまえようとする者はそれを失ってしまう。そういうわけで聖人は、ことさらなことをしないから失敗することがないし、捕らまえようとしないから失うことがない。人民が何か事を行なうときは、いつでも、ほとんど成就《じょうじゅ》しそうなときになって失敗する。最後のところを始めのときと同じように慎重にすれば、失敗することはないのだ。そういうわけで聖人は、欲を持たないということを欲とし、珍しい財宝を尊重しない。教えないということを教えとし、誰もが過ぎさってしまった素朴なところに復帰する。そのようにして万物(万人)の本来のあり方に任せているのであって、自分から何かをすることはないのだ。

訓読 為《な》す者は之《これ》を敗《やぶ》り、執《と》る者は之を失う。是《ここ》を以《もっ》て聖人は、為すこと無し、故《ゆえ》に敗るること無し。執ること無し、故に失うこと無し。民の事に従うや、常《つね》に幾《ほとん》ど成るに於《お》て之を敗る。終わりを慎《つつし》むこと始めの如《ごと》くせば、則《すなわ》ち事を敗ること無し。是《ここ》を以て聖人は、欲《ほっ》せざるを欲し、得難《えがた》きの貨《か》を貴《たっと》ばず。学ばざるを学び、衆人《しゅうじん》の過《す》ぎし所に復《ふく》し、以て万物の自然に輔《もと》づき、而《しか》して敢《あ》えて為《な》さず。

これが今本の第六十四章であり、北大漢簡では段落のところで分けて二つの章となっている。前の段落は、ものごとは初期段階のうちなら容易に対処できるということと、大いなるものごとは小さなことの成長・蓄積によって成立するということを言っている。後の段落は、万物(万人)の自然にしたがい、失敗することのない無為の聖人と、何らかの思惑《おもわく》があって行動し、ものごとに執着する常人を対比させ、聖人の為政のあり方を述べている。あきらかに前半と違う内容であって、誰が考えても北大漢簡の分章の方が筋が通っている。

後半部分で、訓読の「学ばざるを学び」の箇所を「教えないということを教えとし」と訳したが、「教」は楚簡甲本に拠ったもの、「学」は今本に拠ったものである。

では、なぜ今本は両章を一つの章にしたのであろうか。それは、後段の「常に幾《ほとん》ど成るに於て之を敗る」のは「終わりを慎むこと始めの如く」にしないからだ、という文言が、いわゆる「九仞《きゅうじん》の功《こう》を一簣《いっき》に欠《か》く」ことと同じ意味であり、そうした失敗をしなければ、前段にあるように「累土《るいど》より起こ」して「九層の台」を完成させることになるからであろう。つまり、二つの段落それぞれの全体的意味合いよりも、一部分の具体的事例のつながりによって一つの章にしたのだと思われる。

前漢から後漢にかけて活躍した学者、厳遵の『老子指帰』も、すでにここを一つの章として扱っているので、今本の淵源も相当古いことになる。

九仞の功を一簣に欠く

「九仞《きゅうじん》の功《こう》を一簣《いっき》に欠《か》く」は『老子』の言葉ではないが、この成語を補助として使えば、しかるべき補助線を一本引けばきれいに解ける幾何《きか》の問題があるように、第六十四章が形成された根拠だけではなく、老子の発想の特長もよくわかる。この成語は、筆者の若いころには時に耳にしたが、近年では、とんと聞かれなくなった。建築技術の水準があまりにも違ってしまったことと、漢文訓読が理解されにくくなったせいであろう。

仞とは七尺、一説に八尺であり、一尺を二十センチとして計算すれば、九仞は十三から十五メートルほどになる。古代の建築物としては目を見張る高さであろう。しかし、その完成の功績も最後の一簣の土があってこそである。簣《き》とはもっこ、土を運ぶ竹籠のことで、完成を目前にして、最後の一もっこの土を盛れなかったために、ついに徒労《とろう》に終わった、というのが成語の意味である。

これは『尚書《しょうしょ》（書経）』の「旅獒《りょごう》」篇に見える言葉であるが、そこでは「九仞」の前に「為山（山を為《つく》る)」の二字がある。しかし、建造物ならいざしらず、山を造るのに十五メートルほどしか土を盛らないのでは低すぎるのではなかろうか。じつは、「旅獒《りょごう》」篇は東晋《とうしん》時代(四世紀)に作られた偽書《ぎしょ》であり、『論語』「子罕《しかん》」篇に見える「たとえば山を築くような場合に、あと一もっこというときに完成せずに止《や》めることは、私は、しない。たとえば地面を平らにするような場合に、一もっこの土を空けただけでも、進んだことであり、私は、そうする(譬《たと》えば山を為《つく》るが如《ごと》し。未《いま》だ一簣を成《な》さずして止《や》むは、吾《わ》れ止まん。譬えば地を平らかにするが如し。一簣を覆《ふく》すと雖《いえど》も、進めば、吾れ往《ゆ》かん)」という孔子の言葉などを取りこんで書かれたものと思われる。だから原文に「山を為《つく》る」の二字が入りこんだのであろう。儒教の経典まで偽作するのであるから、中国ニセモノ文化も奥が深い。

「九仞」という数字が出るのは、九が窮極の数である上に、おそらく「九層の台」を意識したのであろう。九層の台なら九仞でぴったりである。山を造ったとして、最後の一もっこを積まなくても、ほぼ完成しているなら、山は山である。しかし、台ならそうはいかない。最後の最後まで手を加えて、はじめて台として完成する。「九仞の功を一簣に欠く」という成語は、『尚書』「旅獒」篇には「山を為《つく》る」とあるけれども、本来は、建造物であってこそ意味を持つのだ。

『論語』「子罕」篇の解釈も単純ではないが、魏の何晏《かあん》『論語集解《しっかい》』に引かれた後漢の包咸《ほうかん》や馬融《ばゆう》の注釈では、これは孔子が人々に道徳の実践を促したものだと解釈されている。すなわち、山を造る場合には、ほとんど完成していても、あと少しのところで止めてしまえば、それまでいかに功績が多くても、志《こころざし》は遂げていないので評価しないし、地面を平らにする場合には、たとえ一もっこの土を運んで空けただけでも、進んで仕事をした点で評価したのだ、というのである。果たした仕事の量よりも、それを行なう気持ちが大事なのだ、という精神論である。
　これに対して、『老子』の「九層の台も累土より起こる」という文言は、人の営《いとな》みも「合抱の木も毫末より生じる」という自然界の法則と同じように見て、淡々《たんたん》と事態の推移を述べただけである。孔子に人々に善を勧める熱い心があるとすれば、老子には、自然界と人間界の事象について冷静に観察している透徹した目がある。どちらが良いということではなく、人としてのタイプが違うということである。ただ、むろん老子の関心も煎《せん》じつめれば、ことが生じないうちに対処したり、まだ乱れないうちに治めておくというように、現実世界にあったことは言うまでもない。これらの格言については、唐・玄宗の『老子』解釈のところでも触れた(Ⅰの第三章3)。

第六十三章との関係

第六十四章の前段の内容は、今本第六十三章と密接な関係がある。六十三章には、

　難《むずか》しいことは、それが易《やさ》しいうちに手がけ、大きいことは、それが小さいうちに処理する。世の中の難しい物事はかならず易しいことからおこり、世の中の大きな物事はかならず些細《ささい》なことからおこるのだ。そういうわけで聖人は、いつも大きな物事は行なわない。だから大きな物事が成《な》しとげられるのだ。

訓読　難《かた》きを其《そ》の易《やす》きに図《はか》り、大なるを其の細《ちい》さきに為《な》す。天下の難事《なんじ》は必ず易《やす》きより作《おこ》り、天下の大事《だいじ》は必ず細《ちい》さきより作《おこ》る。是《ここ》を以て聖人は、終《つい》に大を為さず。故《ゆえ》に能《よ》く其の大を成《な》す。

という文言があり、第六十四章前段は、これと一連のものと解釈できる。そのことは両章を並べてみれば誰の目にも明らかであり、すでに先学によって詳細な研究がなされている(10)。ただ、今のところ、両章を一つの章としている現物資料がないだけである。

第六十四章および第六十三章相当部分を楚簡中に探してみると、楚簡甲本第四編に第六十四章前段があり、甲本第一編と丙本に第六十四章の後段があり、甲本第一編に第六十三章がある。ただ、第六十三章の引用した部分はすっぽり抜けており、その前後が一続きの文として書かれているだけである。抜けた部分は、ちょうど竹簡二本分ほどの字数であるから、書き写すときに抜けたのであろうという説がある。だとすれば甲本の元《もと》になった原本がまたどこからか出土する可能性があることになる。夢かもしれないが、可能性に期待することにしよう。

甲本第一編の第六十四章後段部分と第六十三章のあいだには、今本第三十七章相当部分が挟《はさ》まっている。というわけで、楚簡から言えることは、引用部分を欠いた第六十三章は第六十四章と関連せず、第六十四章の前段と後段はまったく別ものだ、ということである。北大漢簡の分章には、意味内容のみならず、形式の継承という点でも根拠があることになる。

構文と表現の展開

では、楚簡から今本にいたる第六十四章の構文と表現について見てみて、本章の締めくくりとしよう。前段については、問題になる箇所は一カ所で、我々もよく知っている格言「千里の道も一歩から」の典拠となった「千里の行《こう》も足下《そっか》より始まる」の部分である。北大漢簡は、ここを「百仞の高《こう》も足下より始まる（百仞もの高みに登るのも、一歩登ることから始まる。あるいは、百仞もの高さも、足下《あしもと》の土から始まる）」としており、厳遵本も同じなので、前漢では、こう伝えられていたのであろう。楚簡は「足下」だけしか残っていないので参考にならない。帛書甲本には「百仁の高も足□より台《はじ》まる」とあり、「仁」は「仞」の、「台」は「始」の借字であろう。□には当然「下」が入る。帛書乙本は「百千の高も足下より始まる」とあり、「千」は誤字であろう。

今本の「合抱の木も毫末より生じる」「九層の台も累土より起こる」「千里の行も足下より始まる」の三句を並べてみると、「合抱の木」も「九層の台」も目で見、手で触《さわ》れるモノであるのに対し、「千里の行」はコトであって、見えもしないし触れもしない。だが「百仞の高」ならば、山にせよ崖にせよ目に見えるし手で触れる。登ることもできる。こうした点から言えば、「合抱の木」「九層の台」に並ぶ句は「百仞の高」がふさわしい。そう考えてよいならば、『老子』の原型は「百仞の高も足下より始まる」であったと思われ、北大漢簡は原型をよく保存したものと言うべきであろう。

後段については、「民の事に従うや、常《つね》に幾《ほとん》ど成るに於《おい》て之《これ》を敗《やぶ》る。終わりを慎《つつし》むこと始めの如《ごと》くせば、則《すなわ》ち事を敗《やぶ》ること無し」について考えてみよう。この文言を楚簡甲本から順に並べると（楚簡などの文字は通行の文字に変えた）、つぎのようになる。

楚簡甲本　事に臨《のぞ》むの紀《き》（要点）は、冬《お》（終）わりを慎《つつし》むこと始めの女《ごと》（如）くす。此《かく》て事を敗《やぶ》ること亡《な》けん。

楚簡丙本　冬《お》(終)わりを慎むこと始めの若《ごと》くせば則《すなわ》ち事を敗ること無けん。人の敗るるや、恒《つね》に其《そ》の幾《ほとん》ど成るに於《お》いて也《や》之《これ》を敗る。

帛書甲本　民の事に従うや、恒に其《ほとん》ど事を成すに於て之を敗る。故に終わりを慎むこと始めの若《ごと》くせば、則ち〔以下、欠〕

帛書乙本　民の事に従うや、恒に其《ほとん》ど成るに於て之を敗る。故に曰《いわ》く、冬《お》わりを慎むこと始めの若《ごと》くせば、則ち事を敗ること无《な》けん。

北大漢簡　民の事に従うや、恒に其《ほとん》ど事を成すに於て之を敗る。故に終わりを慎むこと始めの如くせば、則ち事を敗ること無けん。

王弼本　民の事に従うや、常に幾《ほとん》ど成るに於て之を敗る。終わりを慎むこと始めの如くせば、則ち事を敗ること無し。

これらを一覧して、すぐにわかることは、帛書甲本から王弼本まで、細部にわずかな違いはあるが、基本構造は変わっていない、ということである。北大漢簡は帛書甲本とぴったり重なる。帛書と北大漢簡の「其《き》」は「幾《き》」と解釈されており、また前後の文は「故に」で繋げられ、「終わりを慎む云々」が前文の理由として強く打ち出されている。とくに帛書乙本は「故に曰く」となっており、「終わりを慎む云々」が格言のように扱われている。

王弼本は「故に」がなく、全体が一つのこととしてさらっと述べられており、帛書・北大漢簡に比べて淡泊な文となっている。

楚簡は、帛書以下とだいぶ構文が違っている。もっとも原初の形であると思われる甲本は、「事を治める要点は、その終わりを始めのように慎重にすることだ。そうすれば失敗することはない」の意味で、まことに単純明快な警句である。ところが楚簡丙本では、いきなり「その終わりを始めのように慎重にすれば失敗することはないであろう」とあり、そのあとで「人民が失敗するのは、いつでも、ほとんど成就しそうなときになって失敗するのだ」と理由づけをしている。

この理由は楚簡甲本では表現されておらず、帛書以下は、その理由の方を前面に打ち出した構文となった。そして、その理由の内容を、往々にして人々の行動に認められる傾向であると認識し、「故に」以下でその対処法としての教訓を述べた、という形になった。王弼本では、帛書・北大漢簡を継承しながらも、ふたたび楚簡甲本の単純明快さに、やや戻ったような感じがある。

右に述べたことは、『老子』テキスト変遷史の些細《ささい》な例であるが、こうした分析を積み重ねていけば、『老子』理解について、さらに新境地が開かれる可能性もあろう。

第二章　漢から魏へ

1　前漢と選挙制

次章では老子学の展開として何晏《かあん》や王弼《おうひつ》の注釈について考察するが、彼らの思想は時代状況との関わりがきわめて深いので、その考察に先だって、本章で、漢から魏《ぎ》にいたる時代の流れを必要な範囲内で簡単にたどることにする。

漢王朝と儒教

Iの第一章で漢初の黄老《こうろう》思想と武帝時代(前一四一年—前八七年)あたりからの儒教尊重の気風について触れた。従来、武帝時代から儒教一尊の社会になったというのが定説であったが、これは後漢になってから主張された解釈のようであり、近年の研究では、儒教が政治制度や道徳思想として社会に深く浸透したのは武帝時代よりも後だとされている。こまかな点はさておいて、前漢末までには儒教が漢王朝にとってもっとも重要な思想となっていたことは、まちがいない。

儒教が主要思想であったという意味は、たとえば社会的にさまざまな問題が起こった場合、『尚書《しょうしょ》(書経)』や『詩経』、『春秋』などの儒教経典にもとづいて処理したり、官吏を登用するのに儒教の教養や実践に拠《よ》ったりしたことなどである。一言でいえば、政治を含めて社会全体の成りゆきが儒教によって方向づけられた、ということである。

ともあれ武帝のときに儒教経典が尊重されたのは事実で、五経博士《ごきょうはかせ》(文帝のころからあった詩博士と書・礼・易・春秋の四博士)が置かれた。それら博士官のもとに、それぞれ弟子《ていし》五十人も置かれた。彼らは、やがて官吏や学者となり、成績優秀な者は郎官《ろうかん》になることができた。郎官とは廊下に侍《じ》する者という意味で、つまり天子の近習集団のことである。学問が職業化するとともに、博士官は官吏養成の意味をも担ったわけである。

官吏登用制度

漢代の官吏登用制度としては、選挙の制度がよく知られている。選挙制度は後漢になってから定着したが、前漢でも部分的に行なわれた。選挙といっても、投票用紙に候補者の名前を書いて投票箱にいれる、というようなものではない。文字どおり、官吏としてふさわしい人物を選んで挙げるという意味である。たとえば郡の長官(郡太守《ぐんたいしゅ》)は、毎年、天子に対して郎官候補を推薦する義務があったが、それを「選挙」したのである。その基準となったものが儒教の教養や実践であった。

郡太守や県令は任地に派遣されると、まず人事担当の功曹《こうそう》をはじめとする属官を任命した(むろん、以前の官吏をそのまま使う場合の方が一般的であったであろうが)。任命する判断の基準は「郷里の語」とか「風謡《ふうよう》」などの、郷里の輿論《よろん》であった。これを「郷論《きょうろん》」と呼ぶが、後漢の後半になると、だいたいは知識人サークル内における評価となった。こうした任命法を「郷挙里選《きょうきょりせん》」という。「郷挙里選」は古来の風習で、漢代に始まったわけではないが、漢代は、これを官吏任用の基本としたのである。

郷《きょう》も里《り》も村の意味で、里は二十五家、郷は百里とか五百里とかの説があるが、時代や国(戦国諸侯の国)によって一定しない。要するに村里《むらざと》の評判によって属吏や中央に推薦する官僚を選挙したのであり、官僚となる者から言えば、評判というかたちで、郷里の推挙を受けることが第一条件であった。

郎官は選挙による者ばかりでなく、三年以上在職した高級官僚の子弟や、北部地方の豪族や高級官僚の子弟で武術に秀でた者、飢饉《ききん》のときなどに一定の穀物や銭を献納した者、中央や地方の高級官僚に召された者、皇帝に召された者などがあった。だから、かならずしも儒教の基準のみによって官僚とされたわけではないが、中核となった者は、やはり選挙された者であった。後漢の霊帝(一六八年—一八九年在位)のときには、郎官は二千人以上もいたという。

大将軍や太傅《たいふ》(天子の補佐役)、三公(丞相《じょうしょう》・大司馬《だいしば》・御史大夫《ぎょしたいふ》)、郡太守などの高級官僚に召し出されることを辟召《へきしょう》といい、皇帝に召し出されることを徴召《ちょうしょう》というが、辟召する者は概して儒家の大家《たいか》であり、辟召された者(これを故吏《こり》という)との間に私的関係が生まれた。これは、後漢のときに知識人のサークルができやすかった理由の一つである。儒家の大家の弟子は門生と呼ばれるが、高級官僚の門生・故吏となることが官界進出の有力な手段であった。

首尾よく県令などになれた者は、本籍地を避けて任命された。この本籍地回避制と選挙制、辟召制は後漢のときに定着したが、うまく運営されたならば、郷論を基盤とする共同体的な性格を持った、ゆるやかな統治機構になるはずであった。

選挙の科目

選挙の科目には、いくつかの種類があった。まず賢良《けんりょう》・方正《ほうせい》があり、これは文帝(前一八〇年―前一五七年在位)のときにすでに行なわれたという。言うまでもなく、賢良は賢くて善良、方正は行ないが几帳面で正しいという意味であるが、それらの基準は儒教にあった。

秀才は、科目名としては『漢書』「賈誼伝《かぎでん》」に初めて出る言葉であるが(賈誼は前二〇一―前一六九)、後に、後漢の光武帝(劉秀《しゅう》。二五年―五七年在位)の諱《いみな》を避けて茂才《もさい》とされた。県令になるべき科目である。

高第《こうだい》は成績優秀な及第者という意味で、前漢の末ごろ創設され、中央の高級官僚として任用された。

孝廉《こうれん》は選挙科目の代表的なもので、後漢では選挙と言えば孝廉の制度のことと言ってよい。孝は親孝行、廉は正直潔白なことである。武帝以前に、すでに孝や廉の徳目で官吏に任用したことがあったようであるが、制度としては武帝のときに定められた。

これらのほか、直言、極諫《きょっかん》、文学、孝悌《こうてい》、力田《りきでん》などの科目があり、必要に応じて選挙されたようである。

ちなみに、どの程度の人数が選挙されたかというと、後漢の和帝(八八年―一〇五年在位)のときには、各郡で毎年人口二十万人に一人、辺境地帯では十万人以上の所では毎年一人、十万から五万では隔年に一人、五万以下では三年に一人とされた。それでも毎年二百人以上の官吏が選挙され、官界における一大勢力となった。あまりに多人数になったためであろうが、順帝(一二五年—一四四年在位)のときには限年制が定められ、孝廉は四十歳以上とされた。さらに儒者には経学、文吏には章奏《しょうそう》(国家機関の重要文書)の試験が課されたが、これは科挙《かきょ》(高級文官試験)の先駆けともいえる制度である。

選挙の基準とその長所・短所

選挙に合格する名声を得るための、あるいは、名声をさらに高めるための基準もいくつかあった。まず親孝行である。つぎは清廉潔白さで、具体的には郷里や宗族《そうぞく》の人々に財産を分け与える行為を指す。これには、豪族や大地主の財を分散させたいという王朝政府の思惑《おもわく》もあったと思われる。つぎは招聘《しょうへい》を断《ことわ》って官途に就かないことで、何回も辞退し、名声を高めてから就くのである。最後まで就かない者は「隠逸《いんいつ》」であり、道家的心情を持った者であろう。つぎは恩返しで、一度、故吏として下役になると、上司に対して一生いろいろな奉仕に励むのである。これには、派閥をつくるという弊害も多かった。つぎは復讐《ふくしゅう》をして有名になった者で、復讐は国法では禁止されていたが、輿論は誉め讃《たた》えた。

こうした基準で選挙されたので、その時代の社会にとって長所と短所があった。長所としては、後漢では、いわゆる名節の士や気骨の士が多く、儒教の浸透にも相当なものがあった。

たとえば「震《しん》、四知《しち》を畏《おそ》る」という有名な話がある。楊震《ようしん》(?—一二四)が東萊《とうらい》(山東省黄県あたり)太守となって郡におもむく途中、昌邑《しょうゆう》を通った。そこの県令の王密《おうみつ》は、以前、楊震が茂才として選挙した者であり、楊震に会いに来た。楊震が会見すると、夜になってから懐《ふところ》から金十斤を取り出して震に贈った。すると楊震は「わたしは君を知っているが、君はわたしを知らんな。これは、どういうことかね」と言った。王密が「夜ですから、誰にも知られませんよ」と言うと、楊震は「天知る、神《しん》知る、我れ知る、子《し》(汝)知る。どうして誰にも知られないと言えようか」と答えた。王密は恥じて退出した、という。(1) いかにも、毛筋ほども曲がったことをしない後漢官僚の剛直さを代表するような話である。

短所としては、選挙の基準にあいまいなところがあり、結局は郡太守などの個人的な判断によるのであるから、不正をする者があったことである。たとえば、趙宣《ちょうせん》という人物は、親を葬《ほうむ》ってから墓道をふさがず、墓道で二十余年も喪に服した。たいへんな孝行者という評判がたち、(2) 州郡からしばしば招聘されたが、陳蕃《ちんばん》(?—一六八。有名な儒家官僚)が調べてみると、五人もの子どもをもうけていた。陳蕃は「墓中に寝泊まりし、その中で子をつくるとは」と烈火のごとく怒って、罪人としたという。(3)

また、許武《きょぶ》という人物は孝廉となっていたが、二人の弟と財産分けをして自分が良いところを独占した。郷人たちは、弟たちが文句も言わずよく譲ったことを称《たた》え、武の強欲をいやしんだ。この評判によって二人の弟が選挙されると、武は「わざと強欲なことをして悪役となり、弟たちが栄誉と利禄にあずかれるようにしたのだ」と告白して、財産を分け直した。そこで郡中の人々は武を称えた、という。(4) こうしたトリッキーなことをして誉められるというのは、現代の価値観からすれば理解しがたいが、これが後漢社会の気風だったのであろう。

2 後漢の時代相

後漢の趨勢

前漢王朝は王莽《おうもう》(前四五—後二三)に「禅譲《ぜんじょう》」するという形で簒奪《さんだつ》されて滅亡した。王莽は新王朝(九年—二五年)を開いたが、失政のあげくに滅亡し、やがて劉秀(光武帝)が混乱を統一して漢王朝を復活させた。これが後漢王朝(二五年—二二〇年)である。しかし劉秀は独力で王朝を開くだけの勢力がなく、後漢王朝は豪族たちの連合政権のようなものであった。

前漢の後期以降、引き続いて儒教が尊重され、劉秀自身も学問好きで建武五(二九)年には太学《たいがく》(国立大学)を興して古典教育を振興し、中元元(五六)年には辟雍《へきよう》(5)も開いた。儒教尊重の趨勢は後漢王朝を通じて変わらず、すでに述べたように官吏の登用も儒教に拠ったから、後漢は中国史上、代表的な儒教王朝となったのである。

豪族と儒教はどのような関係にあるのか、すこし説明しておこう。国家教学としての儒教思想と、元来は諸子百家の一つである儒家思想とでは、社会的な意味が異なる。儒家思想のもっとも本質的な部分は、孝悌《こうてい》(父や兄に対する従順で敬愛する感情)という家族道徳を基本とし、祖先崇拝およびその儀式を中心として宗族《そうぞく》のまとまりを尊重することにある。宗族の結束を基本とする点で、どちらかといえば閉鎖的で自立の精神に富む思想であり、中央集権というより地方分権に傾《かたむ》くものであった。その点で、儒家思想は豪族たちの生き方になじむ面があった。

皇帝の家柄もまた宗族の一つではあるが、皇帝は天子として天を祭る権限を持ち、名山大川《たいせん》の神などもろもろの重要な神も祭って、多くの宗族の上に君臨し、まとめ上げる力を持っていた。儒家思想に則《のっと》って天や祖先を祭る儀式を行ない、儒家思想にもとづいて官僚を選ぶということであれば、それは宗族の結束を本質とする儒家思想というより、王朝の国家教学となった儒教思想であり、後漢は完全に儒教王朝になったのである。

皇帝を頂点とする王朝の官僚組織は、本来は宗族の閉鎖性を打ち破るはずのものであったが、官僚たちは、皇帝に直属するまったくの個人とは言えず、その背後に宗族を背負っていた。地方の豪族が官僚として王朝に取りこまれる場合もあるし、官僚が地方豪族化する場合もあった。王朝としての理想は皇帝による専制政治であろうが、その実力がないとき、ゆるい豪族連合の旗印《はたじるし》として儒教が用いられたのである。もちろん、豪族がすべて儒教の信奉者であったわけではなく、地方領主として、ひたすら勢力の拡大に努めた者もあったことは言うまでもない。

ただ、王朝を支える思想が儒教だけかというと、そうではなかった。王朝の統治力が弱まってくると、讖《しん》(天から下《くだ》った予言)とか瑞祥《ずいしょう》などの神秘的なことがらに依存するようになったのである。この傾向は前漢の宣帝(劉詢《じゅん》。前七四年—前四九年在位)あたりから目立つようになり、宣帝は、しばしば瑞祥を利用して官僚や人民に恩恵を施した。哀帝(劉欣《きん》。前七年—前一年在位)のときには、讖《しん》に拠って、漢はふたたび天命を受けたとし、年号を改め、自らの号も陳聖劉太平皇帝としている。

予言書の盛行

前に、緯書《いしょ》について述べた(Iの第四章3)。緯書とは儒教の経書に託して予言などを記した書であり、前漢の末ごろから作られはじめ、後漢になると盛んに作られた。

讖《しん》や瑞祥、緯書など、人の力を超えた神秘的なものを拠り所とすることは、光武帝以来の後漢王朝の大きな特色である。王莽《おうもう》政権の末期、李通《りつう》という人物が「劉氏復《ま》た起こり、李氏は輔《ほ》(大臣)と為《な》らん」という図讖《としん》を捧げているし、帝位に即《つ》くときも、『赤伏符《せきふくふ》』という図讖の一種を奉《たてまつ》る者があった。群臣は、これを受命(天命を受けて天子になること)の符(しるし)とし、劉秀はそれに応じる形で帝位に即いたのである。(6)(7)

光武帝が讖を信じ、いろいろな問題を讖によって決めたので、著名な儒者の桓譚《かんたん》(前三三—後三九)が諫《いさ》めたことがある。光武帝は不愉快な顔で、「朕《ちん》は讖で決めたいのだ。それがどうした」と言うと、桓譚はしばらく黙ったあとで、「臣は讖を読みませぬ」と応《こた》えた。帝がその理由を訊《き》くと、桓譚は讖がまっとうなものではないことを力説した。光武帝はカンカンに怒って「桓譚は聖を非《そし》り法を無《な》みした。こやつを抱え下ろして斬れ」と命じた。桓譚は叩頭《こうとう》して血を流して謝り、やっとのことで赦《ゆる》されたという。(8)

図讖や緯書などは後漢一代を通して盛行した。有名な学者・張衡《ちょうこう》(七八—一三九)も、図讖を批判した上疏《じょうそ》を奉っている。『後漢書』「張衡伝」には、光武帝は讖を信奉し、その気風は二代目の明帝(劉荘《そう》。五七年—七五年在位)や三代目の章帝(劉炟《たつ》。七五年—八八年在位)も受けついだ。後漢が起こってから、儒者は争って河図や緯書を学び、それにさらに「妖言」をつけ加えた。張衡は、河図や緯書は虚妄であって、聖人の法ではない、と思って上疏した、とある。

桓譚や張衡のような大学者の批判にもかかわらず、図讖や緯書などの影響力は、いっこうにおとろえなかったが、それにには、それなりの理由があった。まず、光武帝を始めとして専制君主には超人間的な権威が必要であり、君主に対する天の意志を示す図讖や緯書などは、その必要を満たす恰好《かっこう》のものであった。人道本位の儒教と組み合わさって、いわば人道という表《おもて》(儒教)と天道という裏《うら》(讖・緯)から君主を支えたのである。また、儒家は、天と人とをはっきり区別した荀子《じゅんし》のような例外もあるが、だいたいにおいて天と人とを連続して捉えており、「命《めい》(天からの命令)」の観念に縛られていた。命が重要であるからには、君主に対して端的に命を示す図讖・緯書は、きわめて重要なのである。さらに儒家官僚たちの多くは所領に関して農民と対立関係にあり、命で正統化された君主に依存せざるを得なかった、という事情もあった。ともあれ、こうしたことが綯《な》い交《ま》ぜになって、後漢一代を通して表からは儒教が、裏からは図讖・緯書が、王朝を支えたのである。

外戚と宦官

儒教に則《のっと》った郷論をもとに選挙された儒家官僚たちが、その統治力をずっと維持できていたならば、後漢は平和な儒教国家として歴史に名を残したはずである。しかし実際は、だいぶ様子が違っていた。それでも、光武帝・明帝・章帝の三代は、選挙された儒家官僚たちが支えとなり、郷里という共同体の上に立つ国家であろうとする傾向が強かった。後漢初期には、王族や高官たちが自分勝手な支配をすることが為《な》しにくい状況にあったわけである。

しかし、第四代の和帝(劉肇《ちょう》。八八年―一〇五年在位)以後になると、状況は一変した。和帝は、わずか十歳で即位し、章帝の后《きさき》の竇《とう》皇后が皇太后となり、竇氏の一族が外戚《がいせき》として横暴を極めるようになった。それ以後の皇帝たちも、即位の年齢を記入して並べると、殤《しょう》帝(二歳)、安《あん》帝(十四歳)、順《じゅん》帝(十一歳)、沖《ちゅう》帝(三歳)、質《しつ》帝(九歳)、桓《かん》帝(十六歳)、霊《れい》帝(十三歳)、少《しょう》帝(十七歳)、献《けん》帝(十歳)と、すべて幼児か少年であった。これでは帝室の力が安定するわけがない。

順帝（劉保《ほ》。一二五年―一四四年在位）の皇后梁《りょう》氏は、順帝の死後、政権をにぎり、その兄の梁冀《き》は大将軍として一四〇年代から一五〇年代にかけて猛威をふるった。質帝を毒殺し、権力をにぎってやりたい放題である。おおぜいの身内を高官にして要職に就《つ》け、王族と姻戚関係を結び、忠良の人物を害し、剣客を養い、賄賂《わいろ》を取り、その所業は悪豪族のそれと何の違いもなかった。

梁冀は妹を桓帝（劉志《し》。一四六年―一六七年在位）の皇后としたが、しかし一五九年に梁皇后が亡くなると、さしもの梁氏の勢力も弱まった。桓帝は、それを好機として宦官《かんがん》(9)と謀《はか》って梁冀一族を滅ぼした。外戚の弊害はひとまず無くなったが、梁氏打倒に宦官の力を借りたため、こんどは宦官の勢力が強まった。何のことはない、外戚から宦官に権力が交替しただけである。宦官の多くは物欲と権力欲に取りつかれた盗賊とでも言うべき連中で、地方の豪族と結託して選挙制度をいちじるしく腐敗させ、私的に土地や財物をかすめ取る路線をひた走った。

たとえば侯覧《こうらん》という宦官は、役人の弾劾《だんがい》文によると、人の宅を奪うこと三百八十一カ所、田は百十八頃《けい》、高楼庭園を備《そな》えた宮殿のような邸宅を建てること十六カ所、百尺もの高楼のある回廊式寿冢《じゅちょう》（生前に造る墓）を造営し、人の家を破壊したり、墳墓を発《あば》いて財物を盗んだり、平民を略奪して奴隷とし、婦女を奪って妻妾《さいしょう》とし、その他多くの罪状があったという(10)。すさまじい強欲ぶりである。

選挙によって任命された官僚たちを清流派とすれば、外戚や宦官たちは濁流派であった。後漢のなかばころから清流と濁流の対立が目立つようになり、やがて両派は一六六年に激突した。結果は宦官一派の勝利で、彼らは桓帝を動かして宰相の陳蕃《ちんばん》を免職にし、司隷校尉《しれいこうい》（警視総監のような役職）の李膺《りよう》

（一一〇—一六九）の一党を捕らえた。多くの清流派官僚は本籍地に帰されて庶人に落とされ、禁固刑に処された。これを第一次の党錮《とうこ》（錮は公権剝奪《はくだつ》の意味）の獄《ごく》という。

霊帝（劉宏《こう》。一六八年—一八九年在位）の代《だい》になると、桓帝の后《きさき》の竇《とう》氏が皇太后として摂政し、外戚の竇武《ぶ》が権力をにぎった。竇武は陳蕃と組んで清流派を登用し、宦官誅滅《ちゅうめつ》を謀ったが、謀《はかりごと》がもれて両者ともに殺されてしまった。一六九年には、濁流派は禁固刑にしておいた李膺以下の百余人を捕らえて殺し、関係する一族の者を禁固刑に処した。これを第二次の党錮の獄という。

こうした状況は一八四年に黄巾《こうきん》の乱が勃発するまで続いた。しかし、その乱の時には、気骨のある儒家官僚は、ほとんどいなくなっていたのである。

太平道と黄巾の乱

王朝の中枢がこうした権力闘争に明け暮れていたのでは、人民は、たまったものではない。加えて豪族たちの荘園が増加し、人民は土地を失って農奴や奴隷となる者が多かった。そういう時代では、農民の反乱が起こったり、民間信仰がはびこるのも当然である。民間信仰のリーダーたちは黄帝とか黒帝、太初、太上皇帝、天王、大将軍などと自称したが、いずれも漢王朝を否定する意味を持っている。順帝のときには、淮河《わいが》の南から長江下流域に農民反乱が起こったが、それは後の黄巾の反乱地域と重なっている。

多くの民間信仰のうち重要なのは太平道《たいへいどう》と五斗米道《ごとべいどう》である。五斗米道については、前に、わずかながら記述したので（Iの第三章1）、ここでは太平道について述べておこう。

太平道の根本経典は『太平清領書《たいへいせいりょうしょ》』(百七十巻)というが、これは于吉《うきつ》(干吉《かんきつ》とも書かれる)なる者が、江《こう》蘇《そ》省の、ある泉水のほとりで得たものだという。順帝のときに、于吉の弟子の宮崇《きゅうすう》が宮廷にこれを奉《たてまつ》った。しかし、担当役人から「妖妄不経《でたらめ》」な書物と見なされて、上奏《じょうそう》されなかった。桓帝のときにもまた、「天文陰陽の術」に長《た》けた襄楷《じょうかい》という学者が奉ったが、やはり取りあげられなかった。この経典が、どういう経緯《いきさつ》かわからないが、太平道のリーダーである張角《ちょうかく》の手に渡り、大いに活用されたのである。現在、道蔵の中に『太平経《たいへいきょう》』という経典が収められているが、これこそ『太平清領書』であるとか、その後継経典であるとかの説がある。実際のところは、よくわからないが、『太平経』が太平道と深い関係があることは確かである。

于吉は晩年に呉に行き、精舎《しょうじゃ》を立て、道書を読み、符水《ふすい》(お札《ふだ》や霊水)を作り、人々の病気を治した。おおぜいの呉の人々が于吉に事《つか》えたという。しかし呉の当主・孫策《そんさく》によって、世を惑《まど》わす者として処刑されてしまった。すると、孫策が亡くなったとき、彼は于吉の亡霊によってとり殺されたのだという伝説が生まれた。于吉の信徒たちの怨念が造りだした伝説であろう。

張角と于吉のあいだに直接の関係があったかどうか、よくわからないが、于吉の教えを太平道という組織にまとめ上げたのは張角である。張角は黄老道を信じ、人が病気になるのは犯した罪の罰として天が与えているのであり、病気は、その罪を内省することによって治せるのだ、と説いた。むろん、符水や呪文も治病の手段として活用した。こうした手段で病気が治る者がたくさんあって、太平道の信者は急激な勢いで増えたが、そのことは、いかに当時の政治体制が人民にとって頼りにならないものであったかを示している。信徒は山東を中心に河北、河南、江蘇、浙江《せっこう》、江西、湖北、湖南などに広がった。そこで張角は信徒を三十六方に分け、教団を組織化したが、方というのは将軍の号のようなものであり、軍事的な意味をも兼ねていた。大方は一万人以上、小方は六、七千人ほどであったという。

張角は反乱の十数年前からおもな弟子を四方に派遣して教法を宣伝させた。始めから反乱を起こすつもりではなかったようであるが、反乱を意識してからは「蒼天已《そうてんすで》に死し、黄天当《こうてんまさ》に立つべし、歳《とし》は甲子《かっし》に在《あ》り、天下大吉なり」というスローガンを立てた。当時、漢王朝は火徳の王朝とされ、赤がシンボルカラーであったが、火徳に替わるのは、五行相生《そうしょう》の順では土徳であり、色は黄色であった。だから黄天なのである。甲子《かっし》は干支《かんし》の始めの年で、天の命《めい》が新たになる、つまり革命(命《めい》が革《あらた》まる)の年であり、中平元(一八四)年がそれに当たっていた。

太平道信徒たちは、洛陽《らくよう》や州郡の役所の門や壁に「甲子」という字を書き付けて宣伝した。その年の三月に一斉蜂起する計画であったが、密告者が出て露見し、二月に大方の指導者や一味の者千余人が処刑された。張角らは急遽《きゅうきょ》、予定を変更し、準備不足のまま、一斉に蜂起した。彼らは頭に黄色の巾《きれ》を巻いて互いの標識としたから、人々は彼らを「黄巾」と呼んだのである。

反乱が起こると「天下嚮応《きょうおう》し、京師《けいし》震動す(各地で応じる者が出て、都は大混乱になった)[11]」という状況となった。討伐軍は苦戦し、主力反乱軍の鎮圧に年末くらいまでかかり、その後も各地で反乱の余波が起こった。曹操《そうそう》や袁紹《えんしょう》などの『三国志』の英雄たちは、この余波鎮圧の討伐軍の中から歴史の舞台に登場したのである。

黄巾の乱から三国時代へ

黄巾の乱の勃発により、反乱は地方官の悪政の結果であるから、党錮の獄を解消することが先決であるという意見が有力となり、多くの人材が救われた。しかし、それらの人材の多くは、すでに骨抜きになっていたから、人材登用のための議論がより切実に求められ、郷論の伝統のうえに、人物評論がいっそう行なわれるようになった。

人事担当官を功曹《こうそう》というが、なかでも汝南《じょなん》郡(河南省)功曹の許劭《きょしょう》(一五〇―一九五)は有名で、彼のグループは毎月朔日《ついたち》に人物評論を行なったので、月旦評《げったんひょう》として知られたという。日本の古い雑誌にも、よく「人物月旦」などの項目が載っていた。また、魏の人である劉邵《しょう》は『人物志』を著《あら》わし、じつに詳細に人物の分類と判定法について述べている。こうした気風のなかで、名前と実体の関係を探る、いわゆる「名理《めいり》の学」が発達したが、王弼らの活動も、その趨勢のなかで生まれたのである。

黄巾の乱の社会的な影響としては、権力が地方に分散した点が挙げられる。郡太守や刺史《しし》(12)たちも大軍を率いて黄巾軍討伐に参加したし、中央の大官を兼ねたまま州の長官に任じられる場合もあった。多くの軍閥が形成され、それらが順次淘汰《とうた》されるなかで、やがて魏・蜀《しょく》・呉の三国が鼎立《ていりつ》する状況が作りだされていったのである。

清議の盛行

後漢なかばごろから清流派と濁流派の対立が激しくなってくると、清流派たちのあいだで盛んに政治談義が行なわれるようになった。その談義を清議《せいぎ》と呼ぶ。清議とは清く正しい論議の意味であり、ごく一般的な言葉であるが、中国史の上では、もっぱら後漢末ころから始まる政治談義のことを指している。

蜀の軍師、諸葛亮《しょかつりょう》（字《あざな》は公明《こうめい》。一八一—二三四）は、後漢末の政治状況について「賢臣に親しみ、小人《しょうじん》を遠ざける、これが前漢が興隆した所以《ゆえん》である。小人に親しみ、賢臣を遠ざける、これが後漢が衰退した所以である。先帝（劉備《び》）が在世のころ、いつも臣とこのことを論じ、そのたびに桓、霊を痛烈に恨み、嘆息しないことはなかった」と述べている(13)。まことに諸葛亮が述べたとおりで、後漢末に清議が起こった理由も、まさにそこにあった。

桓帝・霊帝時代（一四六年—一八九年）は、

君主は心すさんで政治を怠り、国の命運は宦官に委ねられ、士人は彼らと仲間になることを恥とした。そこで、民間の士は憤然と抗議し、若い士人たちは縦横に論陣を張り、その結果、名声を極度に重んじあうようになり、仲間同士で品評しあい、三公九卿を品定めし、政治の当途者《とうとしゃ》を論評し、剛直の気風が盛んになった。

訓読 主《しゅ》は荒《すさ》み政《まつりごと》は謬《あやま》り、国命は閹寺《えんじ》（宦官）に委ねられ、士子《しし》は与《とも》に伍《ご》と為《な》るを羞《は》ず。故に匹夫《ひっぷ》は憤《いきどお》りを抗《あ》げ、処士は横議《おうぎ》し、遂《つい》に乃《すなわ》ち名声を激揚《げきよう》し、互いに相《あ》い題払《だいふつ》し、公卿《こうけい》を品覈《ひんかく》し、執政を裁量し、婞直《けいちょく》の風《ふう》、斯《ここ》に於いて行なわる(14)。

という時代であった。ここに見える「匹夫《ひっぷ》は憤《いきどお》りを抗《あ》げ、処士は横議《おうぎ》し」や「公卿《こうけい》を品覈《ひんかく》し、執政を裁量し」というのが清議にほかならない。「名声を激揚《げきよう》し、互いに相《あ》い題払《だいふつ》し」たこととは、たとえば天下の名士をランクづけしたことなどである。

最高が陳蕃ら三君で、君とは一世の模範となる者という意味である。つぎが李膺ら八俊《しゅん》（英傑なる者）、つぎが郭林宗《かくりんそう》ら八顧《こ》（徳行によって人を導く者）、つぎが張倹《けん》ら八及《きゅう》（人を導いて尊敬される者）、つぎが度尚《どしょう》ら八廚《ちゅう》（才能によって人を救う者）である。

これらの番付は、濁流派に圧迫された清流派士人たちの、サークル内部での自己満足にすぎないものではあったが、こうした人物評価の気風の中から、やがて劉邵《しょう》の『人物志』のような傑出した人物分析書や、魏晋《ぎしん》のいわゆる清談も生まれたのである。

清議の持つ意義について、魏の曹羲《そうぎ》は『至公論』という論文を書いて次のように述べている。

> およそ智者が世の中に対して行なうことは、みな、りっぱな政治をして治世を実現しようとすることだ。そのためには、公を尊んで私権を抑え、条理に従う気持ちを持ち、熱心に清議をして俗情を監督し、是非を明らかにして教えを広めるのでなければ、効果は得られない。清議は善悪を弁別しなければはっきりせず、是非は賞罰が正しくなければ明らかにならない。だから、善悪は事実から逸《そ》れてはならず、賞罰はきちんと中《あた》らなければならない。もし清議に背《そむ》き、是非をまちがえれば、聖天子の堯《ぎょう》だとて一日も治められないのだ。[15]……

まことに的確な指摘であるといえよう。

清議から清談へ

清議では、さまざまな評語をつけて人物を判定することから、さきほど述べたように、やがて名前と実体の関係そのものが意識されるようになり、そこから名理の学が発展した。名理の学とは、白馬《はくば》非《ひ》馬《ば》論で知られる公孫龍《こうそんりょう》などの戦国時代の名家《めいか》の学(詭《き》弁《べん》を含んだ論理学)を基盤としながら、清議の伝統を受けつぎ、とくに人物論などに特色のあるものであった。

その代表的な議論は、人の「才」、つまり外部に向けて発揮される能力(それには、しばしば「名(名声)」が付いてくる)と、「性」つまり人の本性《ほんせい》(言いかえれば実体)についての関係を考えるもので、たとえば魏の傅嘏《ふか》(二〇九—二九〇)は名理の学の大家《たいか》で、才性論にすぐれ、才と性の「同」を主張したという。才性論としては、李豊《ほう》の「異」、鍾会《しょうかい》の「合」、王広《おうこう》の「離」などの主張があった。才と性についての、この四つの考え方を「四本論」といい、清談のテーマの一つとなった。

清議から発展した名実関係の論考から、政治性を抜きさって、純粋に論理的な問題としてさまざまな論題について議論したものが清談である。とくに重要なテーマとなったのは「玄理《げんり》」といわれるもので、これは易と老荘の理論のことである。『老子』の思想も、このとき新しく解釈し直されたのであった。

清談は、魏のなかばごろ、王弼(二二六—二四九)や、その先輩の何晏(一九〇—二四九)らによって開拓されたジャンルであり、当初は、新しい思想を切りひらく最先端の技法であった。清談は魏晋の貴族たちのあいだで流行し、やがて、払子《ほっす》を手にした行司役《ぎょうじ》などを決め、議論を闘わせる言語遊戯となっていった。

後《のち》の話になるが、西晋《せいしん》の王衍《おうえん》(二五六―三一一)は宰相の立場にありながら清談にのめり込み、ことに老荘の「無」の論について詳しかった。王衍は姿形が麗《うるわ》しく、いつも白い玉《ぎょく》の柄《え》のついた払子を手にしていたが、手と玉の柄との区別がつかないほど色が白かったという。清談は、優雅な貴族の優雅な遊びとなったのである。

彼ら政治の当途者たちが清談に耽《ふけ》っているあいだに北方から異民族が続々と攻めこみ、王衍らは殺され、西晋朝は滅亡した。王衍は殺されるときになって初めて、政治を蔑《ないがし》ろにして清談に耽ったことを後悔したという。

3　曹操の登場とその政治

曹操という人物

黄巾の乱が勃発したころから、後漢王朝の命運が尽きたことは、誰の目にも明らかであった。火徳の時代は終わり、土徳の天下になろうとしていた。まさに「黄天立つべし」なのである。軍閥たちは、王室を助けるという名目を掲げながら、おのれの勢力を拡大していった。その激烈な闘争の中で、曹《そう》操(一五五―二二〇)が徐々に勢力を強め、中国大陸の北半分を手中にし、魏王朝の基礎を築いたことは、周知の事実である。

小説やドラマの中では、おおむね曹操は悪役に描かれる。『三国演義』は元《げん》の羅貫中《らかんちゅう》が書いたものであるが、それよりもずっと前から三国史物語は劇や講談などで民間に流伝してきたものであり、そこには、北方中国を異民族王朝に支配された南宋《なんそう》の人々の意識も反映している。

さらに、西晋以来、三国についての多くの史書や稗史《はいし》(16)が書かれたが、それらの中には蜀(蜀漢)を正統王朝とし、魏を簒奪者《さんだつしゃ》と位置づけるものもあった。だいたい、正史『三国志』の著者である陳寿《ちんじゅ》からして敗戦国・蜀の人であり、ひそかな言葉使いのうちに曹操への批判が込められている部分も認められる、と言われている。当時の史書の類《たぐい》は、ほとんど失われてしまったが、南朝・宋の裴松之《はいしょうし》の『三国志注』の中にかなりの書物が引用されており、それによって当時の歴史意識の一端を知ることができる。

東晋と南朝(宋斉梁陳)は三国の呉の地に建てられた王朝であり、呉から数えて六つの王朝が興亡したので、この時代を六朝《りくちょう》時代と呼ぶのであるが(17)、六朝人の意識は、当然、北方中国人の意識とは違っていた。つまり、アンチ曹操という感情の根っこは、ずいぶん古くからあったわけである。

魯迅《ろじん》が一九二七年に広東の夏期学術講演会で行なった「魏晋の気風および文章と薬および酒の関係」という有名な講演以降、曹操についての解釈はだんだん変わってきたようであるが、その実像は、小説とは、かなり違うものであった。時代の流れを捉える透徹した目を持っていた天才的人物であった、と言えるようである。

曹操の人材登用政策

何度も述べたように、後漢は儒教と図讖《としん》・緯書《いしょ》を拠り所とした王朝であった。剛直な儒家官僚たちに支えられた反面で、図讖や緯書という神秘的なものに依存したことは、孔子を極端に神格化したり黄帝や老子を信仰したりする精神とも通じあい、後漢の社会を宗教的雰囲気に満ちた時代とした。また、黄巾の乱を引き起こした太平道教団は、通常、後世の道教教団の先駆けとして位置づけられる。つまり後漢は、王室から民間まで、宗教的色彩に濃く染まっていたのだ。その一方で、物欲こそすべてという宦官が実権を握り、王朝の中心部分を蚕食《さんしょく》していったわけである。

曹操は、自分の王朝を開くためには、これらをすべて捻《ねじ》り伏せなければならなかった。そして、それをやり遂げたのである。まず儒教について言えば、少なくとも後漢後半の状況を見れば、儒教によって世の中を治めることが不可能であることは、すでに明らかであるから、孝だとか仁だとかいう徳目は捨てるのが良い、ということになる。そこで、人材を自分の傘下《さんか》に集めることこそ急務だとして、曹操は建安二十二(二一七)年に、ある布令(お触れ)を出した。その内容から、通常、「賢を挙ぐるに品行に拘《こだわ》る勿《な》かれの令」と呼ばれる布令である。その内容は、つぎのようである。

むかし、伊尹《いいん》や傅説《ふえつ》(二人とも殷《いん》の宰相)は賤民《せんみん》であり、管仲《かんちゅう》は桓公(斉《せい》の君主)に対して(桓公の即位をめぐって敵対する側についた)賊であったが、(殷や斉は)いずれも、彼らを用いて隆盛となった。(秦漢の際の)蕭何《しょうか》・曹参《そうさん》は県の小役人であり、韓信《かんしん》・陳平《ちんぺい》は汚名を着せられ、人から笑われる恥さらしであったが、結局、(劉邦に)王業を成しとげさせ、名声は千載《せんざい》に明らかである。(兵法家の)呉起《ごき》は欲張りで妻殺しであり、金で官位を買い、母が死んでも(弔《とむら》いに)帰らなかった。しかし、彼が魏にいたときには秦は敢《あ》えて東に向かうことなく、楚にいたときには三晋（韓魏趙）は敢えて南下策を取らなかった。いま天下に、至徳の人なのに用いられずに民間にある者、勇猛果敢で敵に臨んで力戦する者、もしくは文俗の吏（礼法を守っている官吏）で高い才能や資質のある者、あるいは将軍や太守たりうるのに汚辱の名を負わされ、その行為を嘲笑されている者、あるいは不仁不孝だけれども治国用兵の術を心得ている者が、いないということがあり得ようか。（それらの者について）それぞれ知っている者を挙げ、漏らすことのないようにせよ。

これが、郡太守などに命じた布令である。人材を求めてやまない曹操の気持ちが前面に打ち出されている。曹操が頼みとしたものは、法家や兵家の具体的な方策であり、彼は、有名な兵法書《ひょうほうしょ》『孫子』に詳細な注をつけたほどである。

また、人心をまとめ上げるのに文学を活用した点も、それまでの王侯には、なかったことであった。曹操と、息子の曹丕《ひ》、曹植《しょく》は、三曹として文学史上にも燦然《さんぜん》と輝いているのである。

曹操は、旧来の人道や天道を否定したが、儒教については、儒教そのものを否定したというより、形式的な道徳に囚《とら》われ、社会の実情に疎《うと》い硬直した儒者を嫌ったのであろう。建安八（二〇三）年には、「仁義礼譲の風《ふう》」を興すよう各人に学問を修めさせ、一定規模の県には学校を置き、その郷の俊才に教えさせ、「先王《せんのう》の道」を廃《すた》れさせないように、というお触れを出しているほどである。(18)「軍を御《ぎょ》すること三十余年、手に書を捨てず（書物を手から離さず）、昼は武策（兵法）を講じ、夜は経伝《けいでん》（儒教経典）を思う（考察する）」とも伝えられている。(19)

だが曹操は、もともと法家的であったうえに、彼の出自《しゅつじ》の影響もあって、基本的には儒教と距離を置いたのだと思われる。曹操の祖父は曹騰《とう》といい、順帝や桓帝に仕えた宦官《かんがん》であった。曹騰は、侯覧《こうらん》のような強欲な悪人ではなく、かなりな高官になったが、賢能の士を推薦し、功を誇らず、ついぞ人を中傷することがなかったという。

しかし、宦官は宦官である。曹操の家柄は、清流派には、なり得なかったのだ。曹騰は宦官であるから、当然、実子はなく、養子を取った。これを曹嵩《すう》といい、曹操の父親であるが、出自は分からない。どこの馬の骨とも知れないのである。しかし、名門の袁紹《えんしょう》などと違って、こうした出自であるからこそ、「不仁不孝なれども治国用兵の術有る」者を登用する策なども打ち出せた、とも言える。

曹操の宗教政策

黄巾の乱が起こったとき、曹操は官軍として「賊」を討伐し、済南《さいなん》郡(山東省歴城《れきじょう》県あたり)の相《しょう》(20)になった。ときに郡内諸県の高官たちは貴戚《きせき》(王朝の権力者たち)に阿《おもね》り、贈収賄の限りを尽くしていたが、曹操は上奏して八人を免職にし、「淫祠《いんし》」を禁止して断絶させた。

かつて城陽の景王劉章《しょう》なる者が漢に対して功績があり、山東の人々は祠《ほこら》を建てて祭っていた。済南では劉章信仰がとくに盛んで、祠の数は六百以上にもなっていた。祭りの仕方も派手になり、「奢侈《しゃし》(ぜいたく)は日に甚《はなは》だしく、民は坐して(そのために)貧窮す」という状態になったが、歴代の長官は禁止もしない。曹操は、そこに乗り込んで淫祠を禁断したのである。淫祠とは、こうした民間信仰のことである。上がでたらめであるうえに、ぜいたくな祭り行事も禁止しないのでは、民は立つ瀬がない。

曹操が政権を握るに及んで、邪悪な鬼神信仰をなくしたので、世の淫祠は、これによって絶えたという。(21) よくよく後漢衰退の実情を見きわめていたと言うべきであろう。

『三国志』「武帝紀」を読むと、後漢の皇帝たちの本紀《ほんぎ》に見られる緯書や図讖に依存するような記述は、ついぞ見当たらない。あるときは、自分について「性として(生まれつき)天命の事を信ぜず」とも述べている。よく人の才能を見抜き、天才的な戦略で北中国を掌握した曹操の、地に足のついた実際的な能力を見るべきであろう。

曹操は、黄巾軍を破ったときに、彼らを大々的に自軍に引きいれ、教団と絶縁させた。『三国志』には、その人数は三十万と記されている。彼らは青州(山東地方のこと)兵と呼ばれ、その勇猛さによって、曹操のために多くの軍功を立てたのである。

曹操はまた、民間に影響力のある超能力者を身近に集め、一面では彼らが民衆に結びつかないように監視し、一面では彼らにその方面を統括させた。集めた者は甘始《かんし》、左慈《さじ》、華佗《かだ》、郄倹《げきけん》、郝孟節《かくもうせつ》などで、いずれも当代一流の異能の持ち主であった。

甘始は年取っても若々しく、帰依《きえ》する者が多かった。かつて南方で金を作ったという。左慈は鬼神を使役し、やはり錬金術に長《た》けていた。華佗は外科手術の名医で、麻酔薬を発明して使用したと伝えられる。郄倹は百日も絶食して自若《じじやく》としていた。郝孟節は棗《なつめ》の核を口に含み、何も食べずに五年、十年に至った。また、呼吸法に通じ、息を止め、身体を動かさず、死人のような状態で百日から半年もすごしたという。

これらの異能者は、健身術や養生法に多少の合理性はあったかもしれないが、正真正銘の名医である華佗を除けば、いずれもいかがわしさがつきまとう。しかし、当時は絶大な影響力があったので、曹操は、彼らに方士《ほうし》(22)たちを統括させたのである。

曹操が行なった重要な政策の一つに屯田《とんでん》策がある。伝統的な屯田は辺境地帯で行なわれたのであるが、曹操はこれを魏王国の内部に展開した。降伏した黄巾の信徒や貧民の中から入植者を募集し、飢民を救済しながら、その労働力を兵力として転用できるようにしたのである。これにも、消極的ながら、反宗教政策の側面があった。

魏王朝の成立

曹操は魏公から魏王になったが、みずから漢朝を倒すことはしなかった。漢を滅ぼして魏王朝を建てたのは、曹操の息子の曹丕《ひ》(文帝。一八七—二二六)である。形式的には禅譲《ぜんじょう》であるが、実質的には、むろん滅亡させたのである。二二〇年のことで、曹丕は年号を黄初《こうしょ》と定め、天命が火徳の漢から土徳の魏に移ったことを「黄」に込めて示した。

曹丕が皇帝を名のったことで、後に蜀主や呉主も皇帝を名のったが、呉の年号は黄武《こうぶ》(元年は二二二年)であり、やはり漢の天命を受けついだことを示した。(23)これらに対して、漢の天命をそのまま継承したと宣伝した蜀(蜀漢)の劉備は年号を章武《しょうぶ》(元年は二二一年)とし、帝位についた。こうして三国鼎立《ていりつ》の形勢ができあがった。

曹丕は宦官と外戚が政府に介入することを禁止し、曹操の政策を受けついで法治主義で臨んだ。九《きゅう》品官人《ひんかんじん》(24)の法を定め、有能な官僚による政治をめざした。これは、簡単に言えば、豪族たちに勝手なことをさせないための制度である。

もともと曹氏は名門でもなく、小豪族にすぎなかったから、曹操は人材の登用に苦心惨憺《くしんさんたん》した。着々と漢王朝の内部に魏の有能な官僚群を形成したのであり、曹操の時代は漢の官僚と魏の官僚という二重構造があった。曹丕の代には、その二重構造はなくなったが、各地に大小の豪族がひしめいていたから、彼らを圧迫するために法治主義が取られたのである。

ただ、曹丕は猜疑心《さいぎしん》が強く、弟の曹植《しょく》をはじめ曹氏一族を政権から閉めだし、基本的に兵権も持たせなかったから、のちに曹氏王朝が豪族たちと対立する形勢になったとき、曹氏側が劣勢になった。ちょうど源頼朝が猜疑心から義経らを追放してしまったために源氏を護《まも》るべき一族の力が弱く、源氏の将軍職が短命で終わってしまったようなものである。

この轍《てつ》を踏まぬため、魏の後の司馬氏の晋《しん》では多数の一族の者を王に封じ、兵権を与えた。そのため、統治権をめぐって諸王のあいだで大規模な戦闘が行なわれ、西晋朝の滅亡を早めた。歴史の皮肉と言うべきであろう。枝葉を切り落としすぎても、枝葉が過度に多すぎても、幹を傷めるようなものである。

曹丕の息子の曹叡《えい》(明帝。二〇四—二三九)も法治主義を取った。独裁的で側近政治を行なったが、この時代まで、まずは曹操の方針を守ったと言えるだろう。

明帝時代は蜀の諸葛亮(字は公明)による北伐(魏を討伐すること)時代に当たり、明帝は、名族中の名族で豪族勢力の代表である司馬懿《しばい》(字は仲達《ちゅうだつ》。一七九—二五一)をこれに当てた。魏軍と蜀軍のあいだで、なんども激烈な戦闘があり、有名な「死せる孔明、生ける仲達を走らす」の話もこのときに生まれたものである。「走る」とは「逃げる」の意味である。

明帝は、公明との戦闘から帰還した仲達を、つぎに遼東《りょうとう》の公孫淵《こうそんえん》討伐に向かわせた(二三八年)。豪族勢力の頭目である司馬懿をできるだけ都から遠ざけておきたいという、あからさまな策謀である。つまり、このころには、曹操以来の魏の新興官僚たちが支える曹氏王朝側と、旧来の豪族勢力の対立が、かなりはっきりしてきていたのである。

明帝のつぎの曹芳《ほう》(廃帝。二三九年―二五四年在位)は、わずか八歳で即位し、曹爽《そう》(?―二四九)と司馬懿が補佐役になったが、曹爽が中心となった。曹爽は、曹操の一族である曹真《しん》の息子である。曹芳時代の始めの十年の年号を正始《せいし》というが、この正始年間(二四〇年―二四九年)こそ、何晏《かあん》や王弼《おうひつ》が活躍した時代である。

第三章　老子学の展開――何晏と王弼

1　何晏の活躍

正始の音

何晏《かあん》(一九〇―二四九)、王弼《おうひつ》(二二六―二四九)は清談の名手として知られ、二人あわせて何王《かおう》とも呼ばれる。清談は、老荘や易などの奥深い思想を話題にするので玄談《げんだん》とも言うが、この時代から始まる玄談の問答は、後代の士人から、憧れを込めて「正始の音《おん》」と呼ばれた。むろん、その代表者は何王である。では、なぜこの時代に清談が興ったのであろうか。

そのことには単純な理由ではなく、複雑な要因があった。たいへんむずかしい問題であるが、そこをあえて単純化して言えば、新しい世界観が必要とされたからだ、ということになろう。極端に言えば、それまで機能してきた世界観は、儒教や図讖《としん》や緯書《いしょ》などの世界観を含め、従来のままでは、あらかた無価値になってしまったと言ってもよいのである。

魏《ぎ》王朝が開かれてから二十年たち、後漢後期から末期にかけての大混乱も収まり、王朝としての一応の安定感が生まれ、新興官僚たちもその状況に慣れて身の置きどころができてくると、法家思想だけでは世の中は動かせない、と感じるようになったのだと思われる。法治主義は、法の根拠を深く追究するのでなければ、ただの技術にすぎない。やはり法治つまり統治の拠《よ》り所となる思想がなければならないのだ。

しかし、それを従来どおり儒教に求めるのでは、後漢という鑑《かがみ》がすぐ目の前にあるので、不十分である。そうした状況で、世界を新しく捉えなおす思想として老荘や易の思想が見直されてきたのである。その、老荘や易の問題をこの世界を解釈するための理論として追究したものこそ清談であった。

したがって、前に、清議の政治性を抜きさって純粋に論理的な問題として議論したのが清談であったと述べたが、じつは広い意味では清談もまた政治的な意味合いを持っていた。その意味では、人間のほとんどの営為には政治性があると言ってもよいであろう。

前に述べた、西晋《せいしん》末の宰相、王衍《おうえん》(1)の伝には、

魏の正始中に、何晏、王弼などは老荘を祖述《そじゅつ》し、論を立ててこう考えた——天地万物は、みな、無を以《もっ》て本《もと》としている。無というものは、よろずの物事を成就《じょうじゅ》させ、存在していないところは無い。陰陽も無によって変化・活動し、万物も無によって形を成し、賢者も無によって徳を完成し、愚か者も無によって刑罰から逃《のが》れられる。それ故、無の働きは、爵位が無くとも貴いのだ、と。

王衍は、この論をたいへん尊重した。

とある。この何王の「論」は後世の誰かがまとめたもののようで、何王本人の議論はもう少し複雑でわかりにくいが、彼らが「無」を尊重したことは確かである。

もちろん「無」は、『老子』第四十章に「天下の物は有より生じ、有は無より生ず（世の中の物は形のあるものから生まれ、形のあるものは形のないものから生まれる）」とあるように、『老子』に見える言葉である。「無為」などの形で、「無」という言葉自体は、たいへん多く使われている。しかし『老子』では「無」よりも「道」という言葉が重要で、第四十章の「無」は「道」と言いかえてもよい。『老子』の「道」は、この世界のあらゆる物を生みだす能力《エネルギー》であり、存在物でもあるし原理でもある窮極的な何かであった。

第四十章の「無」は、「道」が形容のしようがなく、形を生みだすものは形を超えた何かだという意味で「無」と言ったまでで、とくに専門用語として使った言葉ではないようだ。要するに『老子』に出る「無」は、普通の言葉である。

ところが何王が言っている「無」は、まさに専門用語であり、特殊な言葉なのである。後世、「無」という言葉が一人歩きして、「無」を題目として禅問答がなされたり、お寺の床《とこ》の間に「無」と書かれた掛け軸が掛かっていたりする大本《おおもと》は、何王が『老子』の「無」を特殊な言葉として使ったことから起こったことである。

何晏という人物

何晏の母親は後漢・霊帝の外戚である何進《かしん》の娘であるが、曹操《そうそう》の妾《しょう》となり宮中に入った。その連れ子として何晏も宮中で育ち、色白の、たいへんな美男子《びなんし》であったという。筆者の若いころに雑誌の広告で何郎粉《かろうふん》という名前を見たという記憶がある。たぶん、白粉《おしろい》の広告だったのであろうが、何郎とは何晏にほかならない。何晏には白粉で化粧をしていたという伝承もあるのだ。

南朝・劉宋《りゅうそう》の劉義慶《ぎけい》の手になる『世説新語』(2)「容止」篇には、つぎのような話が見える。何晏は姿が美しく、顔の色もたいへん白かった。魏の明帝(曹叡《えい》)は何晏が白粉を塗っているのではないかと疑い、ある夏の暑い日に、熱い湯《スープ》にいれた餅を食べさせた。食べ終わると、大汗が出てきたので、着ていた朱色の衣《ころも》で顔を拭《ふ》いたが、顔色は、ますます白くかがやいた、と。これは、何晏の色白が生まれつきのものであったことを示す話であろうが、つぎのような話もある。

『世説新語』の注によれば、何晏はナルシストで、いつも粉帛《ふんぱく》(白粉を入れた絹の袋)を手から離さず、歩くときは自分の影を見ていたという(3)。また、何晏は明帝といっしょに宮中で成長したので、明帝が何晏を疑って実験するようなことがあろうか、と批判した説も見える。ただ、何晏は曹叡より十四歳年長であり、いっしょに成長した、という点には、いささか疑問もある。別な資料には、何晏は好んで婦人の服を着た、という記事もある。ナルシストぶりも、なかなかのものがあったようだ。

前漢の恵帝のころに、天子に仕える者たちが化粧をしたことがあったという。後漢のときにも官吏が化粧する風俗があったようだ。漢魏の際に貴公子が化粧をする風習は、めずらしいことではなかったらしい。

容姿のことはさておいて、問題は、どのような思想を紡《つむ》いだか、ということである。何晏は『老子』の議論が得意で、『道論』や『徳論』などの論文があったが、その一部分が『列子』の注に引かれて残っている。だが、それらよりも、思想史上の功績としては『論語集解《しっかい》』を編纂したことである。編者は五人いるから(その一人は前章で述べた『至公論』の著者の曹羲《そうぎ》)、何晏一人の功績ではないが、現在、我々があのむずかしい『論語』が読めるのは、何晏らの仕事があったからである。

『論語集解』「先進」篇の何晏注

古代中国思想の研究者のあいだでは周知のことであるが、『論語集解』中には孔子の言葉を『老子』によって解釈したところがある。この時代は『老子』解釈の大きな転換期とも言えるので、例文を出して考えて見よう。

「先進」篇に「子《し》曰《のたま》わく、回《かい》(顔回)や其《そ》れ庶《ちか》きか、屢《しばしば》空《むな》し。賜《し》(子貢《しこう》)は命《めい》を受けずして貨殖《かしょく》す。億《おもんぱか》れば則《すなわ》ち屢《しばしば》中《あた》る」という文言があり、何晏は、これに二通りの解釈をつけた。一つは、

> 顔回は聖人の道に近い。しばしば窮乏しながら、その状況でも道を楽しんでいる。子貢は教えを受けずに、ただ財産だけを殖《ふ》やし、自分の考えでさまざまな是非《ぜひ》を決めている。おもうに顔回を誉め、それによって子貢を励ましたのだ。
>
> **訓読** 回や聖道に庶幾《ちか》し。屢《しばしば》空匱《くうき》と雖《いえど》も、楽《たの》しみは其の中に在り。賜は教命を受けず、唯《ただ》財貨を是《こ》れ殖《ふ》やし、是非《ぜひ》を億度《おくど》す。蓋《けだ》し回を美とし、以《もっ》て賜を励《はげま》す所なり。

というもので、おおむね穏当な解釈と言えるようだ。「空」は、からっぽ、すなわち貧窮の意味であ

り、『集解』の「空匱」も同じ意味である。「匱《き》」はまた「櫃《ひつ》(米びつ)」に通じる。要するに一つめの解釈は、それまで伝えられてきた伝統的な解釈であろう。

もう一つは「一に曰《いわ》く」として出した別解で、これが問題である。「先進」篇には、「回や其れ」の発言の前に、孔子が「高柴《こうさい》は愚かで、曽参《そうしん》は魯《にぶ》く、子張《しちょう》は言い訳がうまく、子路《しろ》は粗野《そや》だ(柴や愚、参《しん》や魯《ろ》、師や辟《へき》、由や喭《がん》)」と評した言葉があり、別解は、つぎのようにそのことを踏まえている。

屢《る》は毎《まい》(いつも)のような意味である。空《くう》は虚中のような意味である。聖人(孔子)がすばらしい道について数人の高弟たちに教えたが、まだ道がわかるまでには至らず、それぞれこうした欠点があった。その高弟たちの中で、毎《いつ》も虚心であったのは、ただ顔回だけで、道を深く心に懐《いだ》いていたのであり、虚心でなければ道のことは分からないのだ。子貢は他の高弟たちのような欠点はなかったが、やはり道のことは分からず、理屈を極めたわけではないけれども、その理屈は運よく中《あた》り、天命ではなかったけれども、たまたま富裕になった。やはり虚心ではない所以《わけ》である。

訓読 屢は猶《な》お毎のごときなり。空は猶お虚中のごときなり。聖人の善道を以て数子の庶幾《しょき》に教うるも、猶お道を知るに至らざる者、各《おのおの》内に此《こ》の害有り。其《そ》れ庶幾に於《お》いて毎《つね》に能《よ》く虚中なる者は、唯《た》だ回のみ、道を懐《いだ》くこと深遠なり。心を虚にせざれば道を知る能《あた》わず。子貢は数子の病《へい》無しと雖《いえど》も、然《しか》れども亦《ま》た道を知らざる者なり。理を窮めざると雖も而《しか》れども幸いにして中《あた》り、天命に非《あら》ざると雖も而れども偶《たまたま》富む。亦た心を虚にせざる所以《ゆえん》なり。

これが別解であり、「空」を「虚中」と説明し、さらに「虚心」と言いかえている。『論語』には「虚」はほとんど使われず、「泰伯《たいはく》」篇に曽参《そうしん》が顔回について「実《み》つれども虚《むな》しきが若《ごと》く（充実していてもからっぽのようで）」と評したことと、「述而《じゅつじ》」篇に孔子の言葉として「虚《むな》しくして盈《み》てりと為《な》し（からっぽなのに充実しているように見せて）」という二例があるだけである。この二例は反対のことを言っており、人のあり方について「泰伯」篇のは肯定的、「述而」篇のは否定的な評価である。これらの「虚」は、ただのからっぽのことで、「虚心」のような深い意味は、ないようだ。

「虚」「中」は『老子』の言葉

「虚」とか「中」などは、じつは『老子』中の重要な言葉である。『老子』第三章には「聖人の治《ち》は、其《そ》の心を虚《むな》しくして其の腹を実《み》たし」とあり、まさに「虚心」と言っている。ただ、「其の心を虚しく」するのは人民であり、この「虚心」は、人々の心に雑念がないようにさせ、何の欲望も持たせないということである。

また、第四十五章には「大盈《たいえい》は沖《むな》しきが若《ごと》きも、其《そ》の用《よう》は窮《きわ》まらず（大いなる充実は空虚のように見えるが、その働きは窮まらない）」という文言があるが、「沖」は版本《テキスト》によっては「中」「盅」「[illegible]」などと書かれ、本字は「盅」で、器の中ががらっぽの意味である。そこで、何晏の別解に出る「虚中」は、「虚」も「中」もからっぽという意味だと思われる。「虚中」という言葉は他の文献にも用例があり、雑念がないという意味の熟語であった。そこで、「虚中」を「虚心」と言いかえても、まったく問題はない。

これらの用例に比べると、第十六章の例は一段と深い意味を持っている。

心をできるかぎり空虚にし、しっかりと静かな気持ちを守っていく。すると万物は、あまねく生成変化しているが、わたしには、それらが道に復帰するさまが見てとれる。そもそも、万物はさかんに生成の活動をしながら、それぞれその根元に復帰するのだ。

訓読 虚《きょ》を致《いた》すこと極《きわ》まり、静《せい》を守ること篤《あつ》し。万物並《なら》び作《おこ》り、吾《わ》れ以《もっ》て其《そ》の復《かえ》るを観《み》る。夫《そ》れ物の芸芸《うんうん》たる、各《おのおの》其《そ》の根《こん》に復帰す。

とあり、この「虚」には深い意味がある。「虚を致す(致虚)」の「致《ち》」は「至《し》」と同じ意味であり、「虚に至る(至虚)」とは、私欲や外界の刺激に惑わされず、無心の状態に至ることである。つまり主観は完全に消えて、心が天地自然とぴったり同化し、そのとき、万物の活動が見て取れる、というわけである。万物が「復《かえ》る」とは「道」に復帰することであり、簡単に言えば、「虚」であってこそ「道」がわかるのである。

この「道」は、いわば天地自然の摂理であって、何晏の言うような「聖道(聖人つまり孔子が教える道)」ではない。しかし何晏は、このように『老子』では「虚」と「道」が繫《つな》がるから、『論語』の「空」を深読みして別解を出したのであろう。

「空《くう》」は、からっぽ、顔回の場合は端的に言えば米櫃《こめびつ》がからっぽという意味であり、虚心とは何の関係もない。何晏は、そこに『老子』によって「虚心」を持ち込んだのであり、儒家の文献を『老子』によって解釈したのである。

これは中国思想史上、「儒道合《じゅどうごう》」と言われ、何晏らの行なった思想史上の営みは、儒家思想と道家思想を融合することであった。その目的は「道」を絶対化する点にあり、それこそが魏中期の新興官僚によって作りだされた新しい思想なのであった。

道に志し、徳に拠る

儒道合の歴史的な意味を考える前に、もう一つ、『論語』を『老子』によって解釈した例を見ておこう。「述而」篇に孔子の言葉として「道に志《こころざ》し、徳に拠《よ》り、仁に依《よ》り、芸に游《あそ》ぶ」という文言がある。これは士人としての心構えを説いたもので、道・徳・仁・芸いずれも、わが身に修得すべき倫理や規範、教養だと思われる。

何晏は、「道に志《こころざ》し」については、「志《し》は慕《ぼ》である。道は体することができないので、志すだけである」と説明した。「体する」とは、わが身に「道」を体得・体現することであり、「志す」のは体得できないことについて言うことだと解釈したのである。

「徳に拠《よ》り」については、「拠《きょ》は杖《じょう》である。徳には出来あがった形があるので、拠ることができるのだ」と解説している。「徳」が形式をもった具体的なものとして考えられていることがわかるが、そうした発想は古代中国人が得意としたことであった。たとえば儒教経典の一つ『周礼《しゅらい》』には「六徳《りくとく》」として「知・仁・聖(物事について事前にわかることなど)・義・忠・和」とか「中・和・祇《き》(安らか)・庸《よう》(変わらぬ)・孝・友」などの数え方が見える。形があるから、杖をつくようにそれを頼りにできるわけである。

「仁に依《よ》り」については、「依《い》は倚《い》である。仁者は功を人に施すから、倚《よ》ることができるのである」と述べている。いささかわかりにくいが、注をさらに解釈した宋の邢昺《けいへい》の「疏《そ》」は「博《ひろ》く民に施し、能《よ》く衆を済《すく》う、乃《すなわ》ち之《これ》を仁と謂《い》う。恩は物に被《こうむ》らせ、物も亦《ま》た之《これ》に応ず。故に倚頼《いらい》す可《べ》し」と嚙《か》みくだいて説明している。「物」は「人物」の「物」で、万人のことを言っている。つまり、「仁」の本質は恩恵を施すことであり、施された人民の方も仁者を信じるから、士人は「仁」を頼りにしてよい、という意味である。

「芸に游《あそ》ぶ」については、「芸は六芸《りくげい》である。拠依するに足らないから、游と言ったのである」と解説した。「芸」とは現今の芸能や芸術という意味とは違い、何晏の言うように六芸、すなわち、礼《れい》、楽《がく》、射《しゃ》、御《ぎょ》、書《しょ》、数《すう》の六つの教養科目のことである。「礼」は礼儀作法というより、儀式の次第のようなもので、吉《きっ》、凶《きょう》、賓《ひん》、軍《ぐん》、嘉《か》の五種類がある。日本では冠婚葬祭というが、冠礼と婚礼は嘉礼、葬礼は凶礼、祭礼は吉礼に属する。これら五礼の意味や式次第などを学ぶのが、ここに言う「礼」である。「楽」は音楽であるが、これには雲門など六種類あり、尭《ぎょう》や舜《しゅん》など古代帝王の時代のものだという。「射」以下もみな数種類あるが、「射」は弓術、「御」は馭《ぎょ》の意味で馬術、「書」は漢字学、「数」は計算などの算術のことである。これらには楽しむ面もあるので、「游ぶ」と言ったのであろう。

これらの注解のどこが問題なのか、と言えば、「道《みち》」の箇所である。儒家の言う「道」は元来倫理的なものであって、人の規範として客観的に存在しているものである。その「道」が人の内部に具《そな》わってる場合に、それを「徳」と呼んだ。だから「道」と「徳」に上下の区別があるわけではない。それをあえて「道」と「徳」に差別をつけ、「道」を人が到達できない絶対的な原理とした点に『老子』の影響がある。これもまた儒家の典籍を『老子』に拠って解釈した例である。ただし、その『老子』とは何晏が解釈した『老子』であるけれども。(4)

もともと、孔子が言う「道」は学習して身につけるべきものであり、「わが身に体得できるようなものではありません」などと澄《す》ましていたのでは話にならない。「人能く道を弘《ひろ》む。道、人を弘むるに非《あら》ず(人が道を広められるのだ。道が人を広めるわけではない)(5)」というとき、「道」は体得できません、と収まっていたのでは、迫力ゼロである。孔子の有名な言葉に「吾れ十有五にして学に志《こころざ》す」(6)というのがあるが、学は「体することができないので、志すだけ」などと言おうものなら、批判と嘲笑の嵐に見舞われる。こうした点から見てみれば、何晏の別解がいかに的外《まとはず》れであったかがわかる。

では何晏は、なぜそこまで「道」を絶対化しようとしたのであろうか。その問題を何晏の「無」の論から考えてみよう。

2　何晏の「無」の論

何晏の『道論』——無の議論

前に『列子』について言及したが(Iの第二章5)、『列子』には東晋《とうしん》(四世紀)の張湛《ちょうたん》の注があり、その「天瑞《てんずい》」篇の注に何晏の『道論』が引かれている。むずかしい文章であるが、おおよその意味は、つぎのようである。(7)

有が有となるのは、無に依存してそうなるのだ。事が事となるのは、無に由《よ》ってそうなるのだ。そもそも、そのこと(無のこと)を道《い》おうとしても言葉がなく、名づけようとしても名がなく(叙述や命名ができず)、視《み》ようとしても形がなく、聴こうとしても音がないから、(何の限定もできないからこそ)それは完全だと道《い》うのだ。だからこそ、(無は)音響を昭《あき》らかにして気物《きぶつ》(気象と万物)を生みだし、形神《けいしん》(身体と精神)を包み込んで光影《ひかり》を章《あき》らかにできるのだ。無によって玄《げん》は黒く、素《そ》は白く、矩《く》は方《しかく》で、規《き》は円《まる》いのだ。円《えん》や方《ほう》は形となるが、これ(無)には形はなく、白や黒は名づけられるが、これには名はない。

訓読 有の有為《た》るは、無を恃《たの》みて以《もっ》て生まる。事の事為《た》るは、無に由《よ》りて以て成る。夫《そ》れ、之《これ》を道《い》いても語無く、之に名づくるも名無く、之を視《み》れども形無く、之を聴けども声無くんば、則《すなわ》ち之を全《まった》しと道《い》う。故に能《よ》く音響を昭《あき》らかにして気物を出《いだ》し、形神を包みて光影を章《あき》らかにす。玄《げん》は之を以て黒く、素《そ》は之を以て白く、矩《く》は之を以て方《しかく》く、規《き》は之を以て員《まる》し。員方《えんほう》形を得《う》れども此《こ》れ形無く、白黒名を得れども此《こ》れ名無し。

まことに難解であるが、要するに「無」それ自体は、いかなる表現や感覚も超越しているが、万事万物はすべて「無」から生みだされる、ということを言っている。現代風に言えば、「無」は宇宙の隅々《すみずみ》まで行きわたる物理学の根本法則のようなものであるが、ただの法則ではなく、万事万物を創造する根本原理であり根本要素であると考えられているのであろう。

音響と気物

音響と気物の関係は我々の常識では理解できないが、古代中国人は、たとえば竹管（あるいは玉管や銅管）に「気」が作用して音響が出るが、どの季節にどの竹管が反応するかは決まっているとして、季節と音響に密接な関連性を認めていた。

『礼記《らいき》』「月令《がつりょう》」篇に「孟春《もうしゅん》の月（春の最初の月）、……その音《おん》は角《かく》、律《りつ》は大蔟《たいそう》に中《あた》り(8)」という記述がある。角というのは五音の一つであり、五音とは宮《きゅう》・商《しょう》・角《かく》・徴《ち》・羽《う》の音階である。これらは五行の土・金・木・火・水に相当し、角は木だから春なのである。ヨーロッパの音階では一オクターブは七音階であるが、古代中国では五音階であり、ド・レ・ミ・ソ・ラに相当するようである。

しかし、七音階は全音・全音・半音・全音・全音・全音・半音の差で、半音を一単位とすれば十二音階になる。中国でも同じで、それを十二律と言った。黄鐘《こうしょう》・大呂《たいりょ》・大蔟《たいそう》・夾鐘《きょうしょう》・姑洗《こせん》・仲呂《ちゅうりょ》・蕤《ずい》賓《ひん》・林鐘《りんしょう》・夷則《いそく》・南呂《なんりょ》・無射《ぶえき》・応鐘《おうしょう》の十二である。これらは子丑寅卯《しちゅういんぼう》……の十二支や、十一月を始めとする十二カ月にも当てられた。十二律には鐘という名が複数あるが、音階の基準としては、鐘以前に律管が基準となっていた。

十二律は十二の律管の出す音で、「月令」の「律は大蔟《たいそう》に中《あた》り」について、後漢・鄭玄《じょうげん》の注には「律は候気（気を候《うかが》う）の管のことで、銅で造る。中とは応（反応）の意味である。孟春の気が至ると、大蔟の律が応じる。応とは、灰を吹くことである」とあり、鄭玄は銅管と考えた。

『後漢書』「律暦志・上」（西晋・司馬彪《しばひょう》撰）などには「候気の法」について、たいへん複雑なことが書かれている。おおよそのところを述べると、十二の律管を一定の仕方で特別な部屋に置き、葭莩《かふ》の灰(9)を律管の端に実《み》たしておく。すると、その月の気が至ると、灰は管内に飛ぶ、というのである。実際にそうしたことが起こるのかどうか心もとないが、複数の書物に同じようなことが記されており、古代中国では、気象と音響のあいだには密接な関係があると信じられていたことがわかる。

形神と光影

『道論』にもどって、「形神」とは身体と精神のことである。前に、光武帝を諫《いさ》めて危うく殺されそうになった桓譚《かんたん》という学者に言及したが(第二章2)、その桓譚に『新論形神』という著述がある。そこでは形(身体)と神《しん》(精神)の関係が燭《しょく》と火の関係に譬《たと》えられており、「光影」が出てくるのは、その関係からであろう。光影は光と影《かげ》の意味とも、光影でヒカリの意味とも考えられる。

ただし、桓譚は「無」が形神の根底にあると言ったわけではない。それは、あくまでも何晏の理論である。「形神を包み込んで光影《ひかり》を章《あき》らかにできる」とは、「無」によって心身が統括され、とくに心の働きが明らかになるという意味であり、何晏は、万物が生みだされるのも、音響や形神の現象が起こるのも、みな「無」によってであると言ったのである。

何晏の『無名論』

『列子』「仲尼《ちゅうじ》」篇の張湛《ちょうたん》の注に、『無名論』という、もう一つの何晏の議論が引かれている。『道論』に比べて長くて複雑な内容なので、数段に分け、適宜、説明を加えながら読んでみよう。

人々が誉め讃《たた》えるのは（親孝行などの）名の有る者（ほとんど日本語の有名と同じ意味）である。誉め讃えないのは名の無い者である。ところが、かの聖人となると名が無いことを名とし、誉《ほま》れが無いことを誉れとし、名が無いことこそ道であり、誉れが無いことこそ大であると考えている。とすれば、その「名が無い」ことは、「名が無い」という名であり、「誉れが無い」ことは、「誉れが無い」という誉れだと言うことができる。だけれども、この聖人の無名という名、無誉という誉《よ》は、人々の言う誉や名と、同じではないのだ。聖人の名や誉は、「無（絶対のもの）」に比べると、もちろん（特殊な意味とは言え名や誉が「有る」のであるから）「有（限定されたもの、つまり、この世界の万事万象の一つ）」であるが、「有」の中では「無」の仲間となるものであり、通常の「有」とは違うのだ。

訓読　民の誉むる所と為《な》るは則《すなわ》ち名有る者なり。誉むる無きは、名無き者なり。夫《か》の聖人の若《ごと》きは、名無きを名とし、誉《よ》無きを誉《よ》とす。名無きを道と為《な》し、誉無きを大と為すと謂《い》う。則ち夫《か》の名無き者は、以《もっ》て名有りと言う可《べ》く、誉無き者は、以て誉有りと言う可《べ》し。然《しか》れども夫《か》の誉む可《べ》く名づく可き者と豈《あ》に用を同じくせん哉《や》。此《こ》れ、有る所無きに比《ひ》すれば、故《もと》より皆な有る所有らん。而《しか》して有る所有りの中に於《お》いて当《まさ》に有る所無きと相《あ》い従うべく、而して夫《か》の有る所有る者と同じからず。

これが始めの部分であり、「名」についての議論は『老子』第一章を踏まえている。第一章は「道《みち》の道とす可《べ》きは、常《つね》の道に非《あら》ず」から始まる、たいへん難解な章であるから、まずその解説を少ししておこう。

「道とす可《べ》き」道とは日常的に言われる道理としての「道」であり、「常の道」とは、それとは次元が違う「道」で、いわば老子の思想の根本とも言える言葉である。この「道」は宇宙を構成する根元的な実在でもあり、理法でもある。つまり存在する何かであり、同時に原理なのである。こうした考え方は老子の思想の特色であり、存在と原理をはっきり分ける近代の考え方とは違う発想をしているのである。

第一章は「道」に続いて「名の名とす可《べ》きは、常の名に非ず」と述べる。何晏が踏まえたのは、ここである。「道」の説明と同じように、「名とす可《べ》き」名とは日常的に言われる「名」のことであり、何晏の言う「名の有る者」という場合の「名」である。「常の名」とは、そうした日常的に言われる「名」とは次元が違うもので、恒常の真理を表わしている。何晏は、聖人の無名という名は、その「常の名」に近いのだ、と言ったのだ。

「道」と「名」について、日常と恒常の別を述べたあと、第一章は「名無きは天地の始め、名有るは万物の母」と続いている。だから、何晏が「聖人には名が無い」と言ったのは、聖人とは天地の始めのような存在だという意味である。つまり、通常の「名」も「誉」も超越した存在だ、と言いたいのだ。こう見てくると、何晏が「名が無いことこそ道」だと言ったのは、全面的に第一章に基づいているることがわかる。

続いて、何晏が「誉れが無いことこそ大である」と言った「大」とは、『老子』第二十五章を踏まえている。第二十五章は宇宙の生成を論じた章であるが、生成の活動をさせる根元的な実在とか原理とかは分からないので、「吾《わ》れ、其《そ》の名を知らず、之《これ》に字《あざな》して道と曰《い》い、強《し》いて之《これ》が名を為《な》して大《だい》と曰《い》う」と述べられる。そこで、「大」もまた「道」を表わす言葉の一つだとわかる。「大」について、さらに「道は大なり、天は大なり、地は大なり、王も亦《ま》た大なり」と続き、このうち、人は王だけであるから、「域中《いきちゅう》に四大《しだい》有り、而《しか》して王は其《そ》の一に居《お》る」と特筆されている。

そこで、何晏が「名が無いことこそ道であり、誉れが無いことこそ大である」と言ったとき、その「道」や「大」は『老子』を踏まえて「王」を意識していることがわかる。何晏の時代で言えば「皇帝」である。言いかえれば、何晏が「道」や「無」を絶対化しようとしたのは、皇帝の権威を絶対化するためであった、と考えられる。

筆者が中国思想を学びはじめた若いころには、このような解釈法には、すこぶる違和感があった。思想は、まずは論理によって成り立ち、真理を目指すべきもので、そこに政治的な思惑《おもわく》を絡《から》める(あるいは重視する)のは変ではないか、と感じたからである。若年でもあり、当時はギリシャ以来の西欧思想史の方になじみがあったから、中国の思想史(の解釈)が、なんだか異様に思えたのである。だが今は、中国の思想は、むかしも今もこんなものではないか、と思っている。中国思想とは、徹頭徹尾、政治的なのだ、と。最近、ますますその思いが強い。

同類は互いに応じあう

何晏は、無名と無誉について述べた後、同類についての議論によってそれを補強した。

同類は、どんなに遠くにあっても互いに応じあい、異類は、どんなに近くにあっても互いに違《たが》っている。たとえば陰の中の陽、陽の中の陰のようなもので、それぞれ類によって互いに引きあうのだ。夏の日は陽であるが、夕方から夜にかけては遠く冬の日と同じく陰となり、冬の日は陰であるが、朝から昼にかけては遠く夏の日と同じく陽となる。みな、近いところでは異なり、遠いところでは同じなのである。こうした相違や同一について詳しく検討していけば、無名の論がわかるであろう。

訓読　同類は遠くして相《あ》い応ぜざる無く、異類は近くして相い違《たが》わざる無し。譬《たと》えば陰中の陽、陽中の陰の如《ごと》く、各《おのおの》物類を以《もっ》て自《おの》ずから相い求め従う。夏日《かじつ》は陽と為《な》すも、而《しか》れども夕夜《せきや》は遠く冬日《とうじつ》と共に陰と為し、冬日は陰と為すも、而《しか》れども朝昼《ちょうちゅう》は遠く夏日と同じく陽と為す。皆な、近きには異なり、遠きには同じなり。此《こ》の異同を詳《つまび》らかにして、而《しか》る後、無名の論知る可《べ》し。

しかし、簡単には「無名の論がわかる」とは、いかない。ここもまた、すこぶる込みいった議論なのだ。

ただ、同類のものは互いに引きあうというのは、当時の知識人にとっては常識であった。『周易(易経)』の「乾《けん》」の卦を解説した「文言伝《ぶんげんでん》」に「同声相《あ》い応じ、同気相い求む(同類のものは引きあうという意味)」という言葉があり、これは知識人なら誰でも知っていた文言《もんごん》だからである。たとえば、鳥の親子が、たがいに姿が見えなくとも鳴き声で所在がわかるとか、親子兄弟は気が同じだからいっしょにいる、というようなことである。

「文言伝」には続いて、

水は湿《しめ》った方向に流れ、火は乾燥したものに着く。雲は龍に従って湧きでるし、風は虎に従って起こる。聖人が現われると、万人が仰ぎ見る。天から気を稟《う》けた者、つまり動物は、上なる天が動くように動き回り、地から気を稟《う》けた者、つまり植物は、下なる地が静止しているように静止している。ということで、それぞれのものは、みなその類としておなじものと引きあうのである。

訓読 水は湿《しつ》に流れ、火は燥《そう》に就《つ》く。雲は龍に従い、風は虎に従う(10)。聖人作《おこ》らば万物覩《み》る。天に本《もと》づく者は上に親しみ、地に本づく者は下に親しむ。則《すなわ》ち各《おのおの》其《そ》の類に従うなり。

とあり、万事万象の間には類によって引きあう関係があるとされている。これは、かならずそうなるという、天地自然の仕組みとでも言うべきことである。

これを何晏の「無」の論に当てはめると、聖人の無名・無誉の「無」は絶対の「無」と類としておなじであって、天地自然の仕組みにしたがってたがいに引きあう。聖人と万人との関係は、天地自然の仕組みにしたがって万人が聖人を仰ぎ見る関係にある。だから、聖人は絶対であり、万人は、けっして聖人に逆らえないのだ、ということになる。これは聖人つまり皇帝の権威づけとしては、最強の理屈だと言ってもよい。

「道」は「有」の世界にあるが、本質は「無」だ

何晏の議論は、聖人と無とを結びつけるべく、さらに続いていく。

そもそも、このようになる理由は何であろうか。いったい、「道」とは「有」なるものが「無い」ものである。だが、天地をはじめとして、すべてのものは、みな「有」である。それなのに、この(無を本質・本体とする)「道」という言葉を立てるのは、「道」には「有」なるものが「無い」という点に着目したからだ。だから「有」の領域にあるのだけれども、その「名が無い」という姿は目には見えないのであり、(冬の朝昼のような)陽の遠くにある状況に身を置いているので、そもそも自《おの》ずから陰に遠類があるということを忘れてしまうのだ。

訓読　凡《およ》そ此《ここ》に至る所以《ゆえん》の者は何ぞ哉《や》。夫《そ》れ道なる者は、惟《こ》れ有る所無き者なり。天地自《よ》り已来《いらい》、皆な有る所有り。然《しか》れども猶《な》お之《これ》を道と謂《い》うは、其《そ》の能《よ》く復《ま》た有る所無きを用《もち》いるを以《もっ》てなり。故に名有るの域に処《お》ると雖《いえど》も、而《しか》れども其《そ》の名無きの象《しょう》を没《ぼっ》し、陽の遠体に在るを以てに由《よ》りて、其の自《おの》ずから陰の遠類有るを忘るるなり。

ここはまた、すこぶる付きの難解な議論である。何晏が言いたいことは、天地をはじめとして、あらゆるものは、すべて有であり、その意味では道も有の領域にあるが、しかし、道は「無」を本体とするものであり、その、名づけようもないという本来の姿は目に見えないのだ、ということであろう。つまり、有の世界に身を置いていると、その根底にある無のことは、なかなか思い浮かばない、ということである。

陽の遠体とか陰の遠類とかは、その道と無の関係を証拠づけるために持ち出した譬《たと》えであり、言っていることは、冬は本来は陰の時期であるが、朝昼の陽の時間にわが身を置いていると、冬の陰が夏の夕夜《せきや》と通じていることを忘れてしまう、ということである。しかし、譬えを持ち出すのは議論をわかりやすくするためであるが、この譬えは、かえって議論の筋道をわかりにくくしているようである。

なぜなら、有の世界にある道には、その根底に本体としての無があって、その本来の姿は目に見えないのだと言うとき、無と道との関係は本体に対する現実として単純な関係にある。ところが、夏冬と陰陽の関係は、夏の夕夜と冬の陰、冬の朝昼と夏の陽が同類で引きあうということであり、夏冬と陰陽の関係は単純ではない。わが身が置かれている冬の陽を有とすれば、その有と引きあう無に相当するのは夏の陽のはずであるが、しかし、何晏の議論は「自ずから陰の遠類有るを忘るる」という方向に展開している。これは、冬の陽に身を置いていると、その現実の中では、冬は本来陰であるということも、それと引きあう夏の陰があるということも意識されない、ということであり、議論の筋道が違っている。あるいは何晏は、状況によっては意識されないことがあるという面だけを取りあげて、道についても、その本体の無は通常は意識されないのだ、と言いたかったのかもしれない。いずれにせよ、ここの段落は、どのように解釈してみても、つじつまの合わない部分が出てくるのである。

いま、そうした齟齬《そご》に目をつぶって、何晏は道と無の関係を冬の陽(現実)の根底には夏の陽(本体)があり、夏の陰(現実)の根底には冬の陰(本体)があるということで譬えたのである、としておくと、何晏は、そうした議論によって、道は有の領域にあるけれども、その本質は無に通じる、ということを「論証」しようとしたのであり、その目的は、言うまでもなく皇帝の権威を守ることにあった、と考えられる。有の世界の皇帝、つまり目の前にいる皇帝には、かりに冬の陽のような頼りない面があったとしても、皇帝の本質は無である道なのだ、と。

尭と泰山

何晏の議論は、まだ続く。

夏侯玄《かこうげん》(何晏の友人)は「天地は自然によって運《めぐ》り、聖人は自然によって活動する」と言っているが、「自然」とは「道」のことである。「道」は本来、「名」が無いのであり、だから老氏も「彊《し》いて之《これ》が名を為《な》す」(第二十五章)と言っているのだ。孔子は尭《ぎょう》を「蕩蕩《とうとう》として、能《よ》く名づくる無し(広々として奥深く、本来「無名」なのだ)」と称《たた》え、そのあとで「巍巍《ぎぎ》として、功を成す(高々として大きく、業績を成しとげた)」と言っている。(12)つまり「彊《し》いて之《これ》が名を為《な》」したのであり、世に知られていること(巍巍《ぎぎ》とした泰山《たいざん》の姿)を取りあげて称えたまでである。どうして名があるのに、さらに「能《よ》く名づくる無し」と言うであろうか(本来、名は無いのだ)。そもそも名が無いからこそ、あまねく天下の(通常の)名によって名づけることができるのである。だとすれば、どうしてそれが「名」であろうか。これは(「無名」であることを通常の名によって)喩《たと》えただけであって、そのことがわからなければ、泰山の高々とそびえ立つ姿を見て、天地の根元の気が際限なく広がっているわけではないようだ、と考えるようなものである。

訓読　夏侯玄曰《いわ》く「天地は自然を以《もっ》て運《めぐ》り、聖人は自然を以て用《はたら》く」と。自然とは道なり。道は本《もと》より名無し。故に老氏曰く「彊《し》いて之《これ》が名を為《な》す」と。仲尼、堯《ぎょう》を「蕩蕩《とうとう》として能《よ》く焉《これ》に名づくる無し」と称《たた》え、下《しも》に「巍巍《ぎぎ》として功を成す」と云《い》うは、則《すなわ》ち「彊《し》いて之《これ》が名を為《な》」し、世の知る所を取りて称するのみ。豈《あ》に名有りて、而《しか》して更に当《まさ》に「能《よ》く焉《これ》に名づくる無き者」と云うべけんや。夫《そ》れ唯《た》だ名無し、故に得て徧《あまね》く天下の名を以て之《これ》に名づく可《べ》し。然《しか》らば豈《あ》に其《そ》れ名ならんや。惟《た》だ此《こ》れ喩《たと》うるに足るのみにして、終《つい》に悟ること莫《な》くんば、是《こ》れ泰山の崇崛《すうくつ》するを見て、元気の浩茫《こうぼう》ならざる者と謂《い》うなり。

以上が『列子』注に引かれた『無名論』である。一読してわかるように、すこぶる難解な議論で、まことに理屈っぽく、さすがに清談の名手の議論だと思わせる。

最後の譬《たと》えも、すぐに了解、とは言えないようだ。たとえ話は議論をわかりやすくするはずであるが、時代が隔《へだ》たると却《かえ》ってわかりにくくなる場合が多い。何晏が言いたいことを忖度《そんたく》すれば、おそらく次のようなことであろう。

堯の偉大さは言葉では表現できず、堯は「無名」の(つまり、名を超えた)存在である。その立派さを「巍巍《ぎぎ》」と表現したのは、世の人々が知っている泰山の姿を借りたまでで、つまり強《し》いて表現しただけである。泰山は比喩にすぎないのであるから、泰山にこだわって、泰山は高いだけで根元の気が不足しているようだ(だから堯もそうだ)、などと考えるのは、おかしいのだ、ということであろう。要するに「能《よ》く名づくる無し」が重要なのであって、「巍巍《ぎぎ》として」は、どうでもよいのである。現実の皇帝のあり方を見て批判するのは当を失している、ということになる。

「名」と「無名」と

何晏は道と「無」をもっとも重要なものと考え、「名(有名)」と「無名」を区別して「無名」を尊重した。魏中期の新興官僚として何晏が守ろうとしたものは、これらの言葉の背後にある皇帝であった。では、「名(有名)」と「無名」は、現実的には、どう関係してくるのであろうか。

曹魏王朝の官僚たちと対立していたのは司馬氏を中心とする豪族たちである。もちろん、それらの豪族たちも魏王朝の臣下であり、官僚となった者も多かった。何晏たち王朝側の官僚もまた、多くが大小の地主であった。だから豪族対非豪族の対立ではなく、曹氏に近く、王朝を支える官僚たちと、曹氏にそれほど近くない官僚・豪族たちとの対立であり、少なくとも正始年間あたりまでは、親曹氏陣営と反曹氏陣営の対立は暗々裏のものであった。

その反曹氏陣営を代表する豪族が司馬氏であった。ちょうど曹操が漢王朝の中に魏王国を建て、やがて曹丕が漢を滅ぼして魏を建てたように、司馬氏側は、のちに魏を滅ぼして晋王朝を建てたわけであるが、正始の末ごろから親曹氏側と反曹氏側の対立は激烈になっていった。

何晏らが儒道合の立場で皇帝権を守る思想を作りだしていったのに対して、司馬氏らの豪族側は旧来の儒教を尊重した。前にも述べたが、儒教思想は(というより、その前身の儒家思想であるが)宗族《そうぞく》を中心にまとまった豪族たちの生活スタイルに適合したものであった。魏の豪族たちが尊重したのは、とくに孝などの徳目であり、彼らは、そうした徳目を身につけているという「名(有名)」を重視した。「名」は、いかがわしい出自《しゅつじ》の曹氏に対して、名門の「名」が高い司馬氏を中心とする豪族たちが拠って立つ基盤であった。

そこで、この時代の儒教は名教《めいきょう》と呼ばれることがある。ただし、名教は司馬氏陣営の専売特許というわけではなく、この時代の通称であるが、とくに「名」を前面に打ち出す司馬氏側に対して、何晏らは、どうしても、もろもろの「名」を統括する「無名」が必要だったのである。

浮華の人物としての何晏

このように考えてくると、何晏は、いかにも王朝を支える忠臣のように思われるが、実際の人物像は、そうでもなかったようだ。浮華《ふか》(うわべが華美で、実《じつ》がない)の人物として明帝時代(二二七年—二三九年)には、ろくに用いられなかったし、曹芳の正始年代(二四〇年—二四九年)になってから、時の実力者、大将軍曹爽《そうそう》(?—二四九)に取りいって重い役職に就いたのである。曹爽のもとで何晏は吏部尚書《りぶしょうしょ》という人事権を握る高官となり、勝手な人事をして自分の仲間を増やし、サロンを形成した。いわゆる正始の音《おん》も、そのようにしてできたのである。

何晏らは政治を私物化し、洛陽《らくよう》近辺の政府の桑田《そうでん》を何百ヘクタールも分割(して私物化)したり、帝室の休養地を壊して自分らの田畑にしたり、地位を頼んで官物を横領したり、贈賄《ぞうわい》を強制したりした。州郡の官吏たちは権勢をおそれて誰も逆らおうとしなかった、という。(13) 思想史に燦然《さんぜん》として残る勝《すぐ》れた文章との落差に目まいを覚えるほどである。

曹爽もまた、何晏ら取りまき連中に唆《そその》かされた面もあるが、天子のような贅沢三昧《ぜいたくざんまい》な生活をおくり、でたらめな政治を行ない、他人の楽団を奪い取ったり、兵士を勝手に徴発して美しい地下室を作らせたりした。まさに、やりたい放題である。その地下室で、曹爽は、たびたび何晏らと宴会を開き、酒を飲み、音楽を楽しんだという。(14)

正始十(二四九)年、雌伏《しふく》していた司馬懿《しばい》(一七九―二五一)一派がクーデターを起こし、曹爽らを捕らえた。その経緯《いきさつ》は省略するが、曹爽や何晏らは反逆罪に問われ、みな死刑に処せられた。事が収まった四月に嘉平《かへい》と改元されたので、彼らの卒年《しゅつねん》(没年)も正始の終わりも、みな二四九年である。王弼は連坐こそしなかったが、その年の秋に病没した。こうして、三世紀のまんなかは、政治上でも思想史上でも大転換があった年であり、これ以後は司馬氏側が権力を握り、二六五年の晋王朝創建まで、着々と魏王朝を蚕食《さんしょく》していったのである。

3　王弼の人物像

王弼の才能とひととなり

中国史には、ときどき、とんでもない天才が現われる。王弼もその一人である。二十四歳の若さで亡くなったが、『周易』や『老子』の注釈は今もって最高の水準と価値を持っており、その才能は中国思想史上に燦然と輝いている。『論語』の研究もしたが、著書(『論語釈疑』)は失われてしまい、いろいろな書物に引かれた佚文《いつぶん》を集めた輯佚書《しゅういつしょ》があるだけである。

『三国志』中に王弼の伝は立てられていないが、「鍾会伝《しょうかいでん》」の末尾に「鍾会(二二五―二六四)は弱冠(15)にして山陽の王弼と共に名声があった」とあり、それに続けて「王弼は好んで儒家と道家について論じ、文才があり、弁論に長《た》け、『易』と『老子』に注をつけた」とある。この箇所につけられた劉宋・裴松之《はいしょうし》の注には、何劭《かしょう》(?―三〇一)の『王弼伝』が引かれている。詳細な伝であるが、その中から王弼の才知と人柄がわかるような、おもなところを記そう。

王弼は幼いときから頭が良く、十余歳になると『老子』を好むようになり、弁も立った。弱冠にもならないとき、裴徽《はいき》(名士の一人)に会いに行った。裴徽は一目見て王弼が並でないことを見抜き、こう訊《き》いた。「そもそも無というのは、まことに万物がもとづく根元である。しかし、聖人は、このことについて何も言わないのに、老子が述べてやまないのは、なぜなのか」と。すると王弼は、「聖人は無を体得していますが、無は人に教えることができません。だから言わないのです。老子は、まだ有にとらわれています。だから、いつも自分に不足している無について述べているのです」と答えた、と。

このとき、裴徽は人事担当の吏部郎であったというから、王弼は役職を求めて訪ねたのかもしれない。そうした関心は、わりに強かったようである。

ここで言う聖人とは孔子のことである。『老子』を好み、それに注をつけたほどの王弼にして、無を体得・体現しているのは孔子であり、老子は有の領域を抜け出ていないとしているのであるから、当時は、孔子を老子の上に置く気風が強かったことがわかる。

何劭の『王弼伝』に戻ろう。

王弼が台郎《たいろう》(16)に任官したとき、曹爽に拝謁した。王弼が人払いを頼んだので、曹爽はそのとおりにして、いっしょに道について論じた。しかし、いつまでたっても道のことしか話題にしない。そこで曹爽は、王弼のことを冷笑した。

人払いした上での話となれば、常識的には政治や人事の機微についての話になると誰でも予想する。しかし王弼は、時が移っても延々と道の話ばかりをした、というのであるから、曹爽に笑われてもしかたがない。今風に言えば、まったく空気の読めないオタクであった。「事功もまた雅《つね》に長ずる所に非《あら》ず、益《ますます》意に留《と》めず(つね日ごろ、仕事の成果を出すことも得意ではなかった。実務については、ますます気に掛けなくなった)」とも記されている。実務に疎《うと》い学究肌の人物であったようだ。

伝によれば、王弼の「天才」は卓出《たくしゅつ》して(人に抜きんでて)おり、その得意とすることについては、誰も敵《かな》わなかった。性質は穏やかで、遊びや宴《うたげ》を楽しみ、音律《おんりつ》(音楽)を解し、投壺《とうこ》(壺に矢などを投げ込むスポーツ)がうまかった。道を論じる文章のうまさでは何晏に及ばなかったが、生まれながらの理解の水準は何晏よりも高かった。しかし、才能を鼻にかけて人を笑うところがあり、人々から疎《うと》まれた、という。

王弼の多芸と天才ぶり、それゆえに人を見下《みくだ》す性癖が、よく描かれている。王弼のひととなりは「浅くて、人の情がわからない」とも書かれている。

何晏との関わり

王弼は、何晏のサロンで初めて彼と会った。『世説新語《せせつしんご》』「文学」篇には、つぎのような話がみえる。何晏は吏部尚書《りぶしょうしょ》となり、地位は高く名望もあり、清談の客たちがいつも座に満ちていた。王弼は、まだ弱冠にもならない若者であったが、何晏に会いに行った。何晏は王弼の名声を聞いていたので、これまでの清談の中から論理の勝れたものを列挙して王弼に示し、「これらの論理は、私には最高のものと思えるが、君はこれらを論駁《ろんばく》できますか」と言った。王弼は直《ただ》ちに論駁し、一座の人々は論破されたと認めた。そこで、今度は王弼の方から主人役になったり回答者役になったりして、清談を数回行なったが、いずれも一座の人々の及ぶところではなかった、と。何晏のサロンの状況と王弼の才能の一端が描かれている。

「文学」篇には、また、つぎのような話もみえる。何晏は『老子』の注を書き、やっと完成すると王弼のところに行った。だが、そこで王弼の注を目にすると、精妙にして非凡であったから、心の底から感服して、「このような人こそ、ともに天人《てんじん》の際《さい》を語るに足《た》るものだ」と言った。自分の注は『道論』と『徳論』の二篇の論文に書きかえてしまった、と。

さきほど読んだ『道論』や『無名論』は、これら二篇の論文の一部かもしれない。「天人の際」とは、よく使われる言葉で、天地自然と人間との関係という意味であり、何晏や王弼たちが作り上げた思想は、儒家思想の人間論を老子の天地自然思想によって補強し、まさに天人の際を究めようとしたものであった。

聖人には喜怒哀楽がないか

聖人論議について、何劭《かしょう》『王弼伝』に、つぎのような、もう一つの話がみえる。

鍾会は王弼と仲がよく、議論の名手として知られていたが、王弼の高い見識には、いつも敬服していた。何晏は、聖人には喜怒哀楽がないと考え、それについて精密な議論を展開した。鍾会らも、それを祖述した。
しかし王弼は違う考えで、「聖人が人より勝れているのは神明である。人とおなじなのは五情である。神明が勝れているから、沖和《ちゅうわ》を体得して無に通じることができるのだ。五情がおなじであるから、哀楽の感情を抜きにして人と応対することなどできないのだ。しかし、聖人の情は、人に応対しながらも、人に煩《わずら》わされることがないのだ。いま、人に煩わされることがないという点だけを見て、人に応対してないのだと言うならば、ひどい誤りだ」と主張した、と。

聖人に喜怒哀楽の情があるのか、ないのかは、清談の問題の一つであった。王弼の言う「神明」とは、精神とか心の意味で、それが霊妙にして明晰《めいせき》な働きをするから神明と言ったのであろう。「五情」は喜怒哀楽に怨《えん》を加えたもののようである。

「沖」は前に顔回の「空」に関連して出た言葉であるが、「中」や「虚」と通じて、心に何のわだかまりも雑念もないという意味である。「和」は「和《わ》光同塵《こうどうじん》」の和である。これは『老子』第五十六章に見える言葉で、「其の光を和《やわ》らげ、其の塵《ちり》に同《どう》ず」とは「(自分の)知恵の光を和《やわ》らげ、世の中の人々に同化する」という意味である。

「沖」も「和」も『老子』中の重要な言葉であるが、「沖和」を関連した言葉として見れば、『老子』第四十二章に「万物は陰を負《お》い陽を抱《いだ》き、沖気以《ちゅうきもっ》て和を為《な》す(万物は陰の気と陽の気を内に抱《いだ》き持ち、それらの気を交流させることによって調和を保っている)」という表現として見えている。第四十二章は、道から万物が生まれるという、人間を含めた天地自然の生成論を述べたような箇所であり、むずかしい思想が込められているが、要するに「沖和を体得」するということは「道」を体得することとおなじ意味であると考えればよいであろう。王弼は、聖人は勝れた神明によって道を体得する、と述べたのである。

何晏の論拠

何晏や鍾会が聖人には喜怒哀楽がないと考えたのにも理由がある。前にも述べたように(Ⅰの第二章3)、『老子』には、第五章に、天地のあり方に並べて「聖人は仁ならず、百姓《ひゃくせい》を以て芻狗《すうく》と為《な》す(聖人には仁愛などはない。人民をわらの犬として扱う)」という文言や、第四十九章に「聖人は常《つね》に無心《むしん》にして、百姓《ひゃくせい》の心《こころ》を以《もっ》て心と為《な》す(聖人は、いつでも無心であり、万民の心を自分の心としている)」などという文言があるからである。

第五章では、聖人は天地と同じように仁愛などはないと言っているのであるが、それは聖人は無為自然であるからで、無為自然であれば、感情的になるはずがない。「芻狗」とは、祭祀《さいし》に用いられる、草やわらで編んだ犬のことで、祭りがすめば淡々と棄てられ、そこに「仁(思いやり)」などという気持ちや、いわんや喜怒哀楽などは、何もない。

第四十九章では、「無心」であるからには、当然、喜怒哀楽などもない、ということになる。

これらの『老子』の文言を文字どおりに受けとれば、何晏や鍾会らが論じたように、聖人には喜怒哀楽がない、という議論も成り立つように思われる。しかし王弼は、もう少し深く考えて、喜怒哀楽はあっても、それに煩わされないという立場を見いだした。煩わされていないのであるから、外から見れば喜怒哀楽が「ない」ように見えるのだ、と。

『老子』に述べられた聖人は、もちろん老子風の聖人であるが、王弼たちの言う聖人は、『老子』を踏まえつつも孔子を意識している。この聖人は「無」に通じることができるのであるから、老子では、ありえないわけである。そこで、王弼の感覚的な出発点は、『論語』を読めば、孔子に喜怒哀楽がなかったなどと、どうして考えられようか、全編に喜怒哀楽が充《み》ち満ちているではないか、という点にあった、と思われる。

この喜怒哀楽の有無の問題は、つまらない問題のように見えるが、その実、中国の思想史中に浮かんだり沈んだり、ずっと絡みついてきた問題であった。古くは荘子《そうじ》と恵子《けいし》の「人は有情《うじょう》か無情か」の問答があり[17]、荘子は無情の立場で、「吾《わ》れの謂《い》わゆる無情とは、人の好悪《こうお》を以て内に其《そ》の身を傷《やぶ》らず、常に自然に因《よ》りて、生を益《ま》さざることを言うなり」と述べた。自分の言う無情とは、好悪の感情によって気持ちが乱れて精神を損なうというようなことがなく、いつも自然の道理によってあるがままにまかせ、ことさらに長生きや身体の強壮さなどは求めないということだ、と。この荘子の考え方は深く『老子』を理解し、無為自然を貴んだもので、王弼の考え方に通じる点がある。

4　王弼の『周易注』と『老子注』

王弼の『周易注』

では、王弼の注釈を見ていくことにするが、『老子注』は『周易注』と密接に関連するので、まず『周易注』について見ることにする。ただし、ここでは、ほんのさわりを見るにとどめたい。

『周易(易経)』は儒教経典の一つで、おもに戦国時代以降、たとえば戦争や結婚の時など国家や個人の大事に際して、その吉凶禍福を占う場合に用いられた。漢代になると象数易《しょうすうえき》という解釈法が盛んになり、きわめて複雑な解釈が行なわれるようになった。

「象《しょう》」は符号とか図形のことで、「数」は、むろん数《かず》の意味である。「易」は五十本の蓍《めどき》(筮竹《ぜいちく》)を複雑な仕方で数え、陽爻《ようこう》と陰爻《いんこう》を決め、それを下から順に積んで三爻からなる八卦《はっか》(はっけ、とも読む。乾《けん》☰、兌《だ》☱、離《り》☲、震《しん》☳、巽《そん》☴、坎《かん》☵、艮《ごん》☶、坤《こん》☷)を立て、八卦を重ねて六爻からなる六十四卦とし、六十四卦につけられた経文(卦辞《かじ》・爻辞《こうじ》など)によって吉凶を占うものである。

もっとも基本となる象は陽爻と陰爻で、切れめのないのが陽爻、まんなかが切れているのが陰爻である。基本数は一から十である。象には陽爻と陰爻のように陰陽があり、数には奇数と偶数があるが、陽は奇、陰は偶で、象と数は密接に関係している。

乾《けん》や坤《こん》などの八卦はまた、天・沢・火・雷・風・水・山・地とか、父・少女・中女・長男・長女・中男・少男・母など、さまざまな形象に当てられる。これらの象と数をおもな拠り所として占うのが象数易である。

象数易の解釈は、じつに複雑で、後漢になると、この時代は前にも述べたように天の神秘的な力に基づく図讖《としん》や緯書《いしょ》などが盛んであったが、易もまた神秘化され、こじつけの多い、迷信と言ってもよいものになっていった。

象数易に対して、王弼が説いた易説は義理易《ぎりえき》と呼ばれる。義理は、日本では義理人情のように人間関係について使われるが、元来はもろもろの事象の正しい筋道の意味である。王弼は、易とは聖人が道理を説いたものであって、経文は理によって解釈すべきである、と考えたのだ。これは、易を占筮《せんぜい》の書とする漢代象数易とは、まったく違った立場に立つ画期的な考え方である。王弼の考えでは、理には形がないのであるから象は譬《たと》えのようなものであり、象に拘《こだわ》るのは、おかしいのだ、ということになり、王弼が打ち出した解釈によって、『周易』は、はじめて天地自然の道理を説いた経書となった、と言うこともできる。漢代の儒教に対して王弼が出した答えの一つであった。

この『周易』の解釈に、王弼は『老子』を援用《えんよう》したのである。『老子』中には、天地自然の生成を述べ、宇宙論と呼んでもいいような部分があるが、『周易』が天地自然の道理を説いたものだとすれば、その解釈に『老子』を持ち出したのは当然のことであった。

「復」卦の解釈

一例として「復」卦(䷗)を見てみよう。「復」は「震☳」の上に「坤☷」が乗った形で、いちばん下の爻《こう》(初爻)だけが陽爻で、あとは陰爻の卦である。この卦につけられた「卦辞《かじ》」と、その解釈である「彖伝《たんでん》(彖は断定の意味)」によって考えると、この卦は一陽が卦の始め(六爻のいちばん下)に来て、陰の時から陽の時に復することを象《かたど》った卦である。つまり、いわゆる一陽来復の形象である。その「彖伝」に「復は其《そ》れ天地の心を見るか(復の卦において、生々流転《せいせいるてん》する天地の心(つまり原理)が見られると言えようか)」という文言があり、王弼は、そこに次のような注をつけた。

復とは本《もと》(根本)に反《かえ》るという意味である。天地は本を心(原理)とするものである。およそ動《うご》きが息《や》めば静《しず》かになるが、静《せい》は動《どう》と対等のものではない。[18]語《はなし》が息《や》めば黙《だま》るのであるが、黙《もく》は語《ご》と対等のものではない。[19]だとすれば、天地は大きなもので、富《ゆた》かに万物を有《たも》ち、雷が鳴り風が吹き、運行して千変万化するけれども、寂然至无《じゃくねんしむ》(ひっそりと無である。无は無と同じ)であるのが、その根本である。だから、動きが地の上で息《や》めば、そこに天地の心(原理)が見えるのである。もしも有《ゆう》(万物つまり森羅万象《しんらばんしょう》)が心であるとするならば、異類のものは存在することができなくなるであろう。

訓読　復は本に反《かえ》るの謂《いい》なり。天地は本を以《もっ》て心と為《な》すものなり。凡《およ》そ動の息《や》めば則《すなわ》ち静にして、静は動に対するものに非《あら》ざるなり。語の息めば則ち黙にして、黙は語に対するものに非ざるなり。然《しか》らば則ち天地は大にして、万物を富有し、雷は動き風は行き、運化し万変すと雖《いえど》も、寂然至无、是《こ》れ其《そ》の本なり。故に動の地中に息《や》めば、乃《すなわ》ち天地の心の見ゆるなり。若《も》し其《そ》れ有を以て心と為《な》さば、則ち異類は未《いま》だ具《つぶ》さに存するを獲《え》ざるなり。

ここで王弼が言っていることは、寂然至无こそが天地万物の根本だということである。動や語は一《いっ》時《とき》の運動・変化に過ぎず、静や黙のような永遠・絶対のものではない。だから動や語がやめば、静や黙のような根本が見えるのだ、ということである。

異類云々《うんぬん》は分かりにくい表現であるが、もしも、無ではなくて、動や語のような有、つまり一時的な現象が天地の根本であるとするならば、永遠に動いていたり永遠に語っていたりしなければならず、動や語から見て異類の、たとえば、じっと坐っていたり、笑ったり泣いたりの状態は存在しえないことになる。それは極めておかしいことだから、やはり有ではなく無が天地の根本なのだ、という理屈のようである。

貴無論

このように無を絶対の原理、根本とする理論を、中国思想史上では貴無論と呼ぶ。王弼は貴無論者の代表であり、王弼以降、貴無論は中国思想史に長いこと大きな影響を与え続けてきた。現代の我々なら、宇宙のありとあらゆるものごとは「動」が基本であるということを知っているが、中国思想史上で、静よりも動の方が天地万物の基本原理であるという思想が生まれたのは、王弼よりずっと後の時代のことである。

では、王弼は復卦の注で、どこから貴無の思想を着想したのであろうか。拠り所の一つは、『周易』の伝(解釈・説明)の一つ「繫辞伝《けいじでん》」のようである。「富《ゆた》かに万物を有《たも》ち(富有万物)」や「寂然至无」などは、「繫辞伝」中に、まったく同じ表現ではないけれども、似たような言葉で似たような思想を表わしたところがある。たとえば「繫辞上伝」には、易は天地に準《なぞら》えて作られたもので、「万物を曲成して遺《のこ》さぬ(万物を曲《つぶさ》に完成して遺漏《いろう》がない)」ものであるとか、道は万物を生成し活動させて「富裕なること、これを大業《たいぎょう》(大いなるしわざ)と謂う」とか、「易は思うこと無きなり、為《な》すこと無きなり、寂然として動かず」などの表現がある。

しかし、より多くの拠り所は、『老子』から得たものと思われる。『周易注』は、多くの点で『老子注』と通じあうのである。

王弼の『老子注』

では、「復」卦注と通じる『老子注』を見てみよう。前にも述べたが（本章1）、『老子』第十六章には「虚《きょ》を致《いた》すこと極《きわ》まり、静《せい》を守ること篤《あつ》し。万物並《なら》び作《おこ》り、吾《わ》れ以《もっ》て其《そ》の復《かえ》るを観《み》る（心をできるかぎり空虚にし、しっかりと静かな気持ちを守っていく。すると、万物は、あまねく生成変化しているが、わたしには、それらが根元に復帰するさまが見てとれる）」という文言があり、この「吾れ以て其の復《かえ》るを観る」に王弼は、つぎのような注をつけた。

虚静の状態を基準にすれば、万物が根元に帰っていくさまが見てとれる。すべて有は虚から生まれ、動は静から生まれるのだ。だから万物は、あまねく活動したり生成したりするのであるが、つまりは再び虚静に帰るのだ。これが万物の窮極の真実である。

訓読 虚静を以て其《そ》の反復を観る。凡《およ》そ有は虚より起こり、動は静より起こる。故に万物は並び動作《どうさく》すると雖《いえど》も、卒《つい》に復《ま》た虚静に帰る。是《こ》れ物の極篤《きょくとく》なり。

「虚」とは「無」のことであり、この注釈は、明らかに『周易』「復」卦注とおなじことを言っている。王弼は『周易』と『老子』の両方を研究し、その深い関連性を知ったのであろう。なお、「動作《どうさく》」はどうさのことではなく、「動」と「作《さく》（生起する）」の意味である。

また、『老子』第三十八章は「上徳《じょうとく》は徳とせず、是《ここ》を以《もっ》て徳有り（高い徳を身につけた人は徳を意識していない。そういうわけで徳がある)」から始まる長大な章であるが、これに王弼もまた、すこぶる長大な注をつけた。そのなかに、つぎのような文言がある。

天地は広々としているが、無がその心(原理)である。聖王は大いなる存在であるが、虚(虚心)がその主体である。そこで、復(根元に復帰する)という観点から視《み》ると、天地の心(原理)が見えるのだ。……だから、私心を無くし、わが身にとらわれなければ、(聖王として)この世界の誰もが仰ぎ見る存在となり、(聖王を慕って)遠くの者も近くの者もみなやってくるのだ。しかし、自分を特別な者として私心を持つならば、わが身一つもまっとうできず、その身の置きどころもなくなるのだ。……根本は無為という点にあり、母(道のこと)は無名という点にある。根本を棄て母を捨て、その子(有。具体的で些《さ》末《まつ》なこと)の方にばかり適《ゆ》けば、かりに大きな功績があっても、かならず不安定な状況となり、かりに名が賞賛されても、虚偽もまたかならず生まれるのだ。……

訓読 天地は広しと雖《いえど》も、無を以《もっ》て心と為《な》す。聖王は大なりと雖も、虚を以て主と為す。故に曰《いわ》く、復を以て視れば則《すなわ》ち天地の心を見る、と。……故に其《そ》の私を滅し、其の身を無にせば、則ち四海の瞻《み》ざる莫《な》く、遠近の至らざる莫し。其の己《おのれ》を殊《しゅ》として其の心を有《たも》たば、則ち一体も自ら全《まっと》うする能《あた》わず、肌《き》骨《こつ》も相《あ》い容《い》るる能わず。……本は無為に在り、母は無名に在り。本を棄て母を捨て、而《しこう》してその子に適《ゆ》かば、功は大なりと雖《いえど》も、必ず済《すく》われざる有り、名は美なりと雖も、偽も亦《ま》た必ず生ぜん。……

ここの主旨も「無」や「虚」が天地自然の根本原理であり、聖王の拠り所である、という点にある

（聖王の「虚」は原文、虚偽の「虚」は筆者の訳文）。私心を無くし云々は、「虚」の立場に立つべき聖王のありようを述べたものである。文中、「復」に言及しているが、もちろん『周易』復卦を踏まえた言葉であり、王弼は『周易注』で『老子』を援用したように、『老子注』では『周易』を援用したのだ。王弼から見れば、『周易』も『老子』も、ひとしく天地自然の道理を説いたものであった。

儒家の典籍である『周易』を、道家の典籍である『老子』に基づいて解釈したことは彼の儒道合《じゅどうごう》の立場をよく示している。儒道合の思想は、その後の時代の牽引車《けんいんしゃ》となった。

王弼『老子注』の特色

では、王弼の『老子注』の特色はどこにあるのであろうか。王弼の『老子注』については、Ⅲでも『老子河上公章句《かじょうこう》』と対比して、かなり言及するので、ここでは、やはりさわりを見るにとどめたい。

王弼が並の注釈家でないことは、ただ『周易』『老子』に注をつけただけではなく、『周易略例《りゃくれい》』『老子指略例《しりゃくれい》』(20)という書物を著《あら》わして、付注の原則や書物《テキスト》の全体像を明らかにしている点によく表われている。『老子指略例』は佚書《いっしょ》であるが、現在は輯佚本《しゅういつぼん》が作られている。

これらの書物も参照して、これまで研究されてきた王弼『老子注』の特色について、結論だけ述べておこう。

王弼『老子注』や『周易注』のもっとも重要な思想は「無を以て本《もと》と為《な》す(21)」ということである。何晏や王弼が「無」をたいへん高く位置づけたことは、これまでに述べてきたし、「復」卦の注にも「寂然至无」という言葉があった。この「無」が、王弼注全体を貫いているのである。つまり、『老子注』と『周易注』に見られる、いくつかの重要な論点について考えると、その根底には、いずれも「無を以て本と為す」の原則が働いていることがわかるのである。

「無」は「道」を言いかえた言葉でもある。老子の「道」には、天地万物の摂理(秩序、法則)という意味のほか、根元的な実在という意味もあり、理法でもあり実在でもあるという二面性がある。もちろん王弼の「無」でも同じことである。「無」は万物が産生される根拠(原理)であり、本体でもあるのだ。

「無を以て本と為す」という原則は、まず本末論《ほんまつろん》に関係し、「本《もと》を崇《たっと》んで末《すえ》を息《や》む」考え方となる。根本だけが大事だという考え方である。「本」は本体、「末」は現象と言いかえられるから、根本だけが大事だとは、つまり本体を現象から離して独立した存在にするという意味も持っている。もし皇帝を頂点とする支配体制を「本」とするならば、それは、どんな現象が起こっても揺るがない独立性を保っていることになる。

本末論は、農業を本とし、商業を末とする政策から起こった考え方である。戦国時代の秦でもそうであったし、漢代でも基本的に農本主義の立場に立った。本末という価値で縛り、それなりの政策をとらないと、農業は、到底、商業に勝てなかったのである。ただ、いったん本末論という思想の枠組みができあがると、たとえば伝統文化を本とし、仏教文化を末としながら、事実上、中国社会のなかに仏教を取りこんでゆくという、たくましい包容力の原理ともなった。

「無を以て本と為す」の原則は、つぎに動静論に関係する。「復」卦注に見たように、運動・変化が相対的であるのに対し、静止・不変化は絶対的なもので、その現実的な意味としては、不変化を本体とするかぎり、現実や歴史は、人のあり方に対して何の影響力もない、ということになる。

つぎに一多論に関係する。『老子』第四十二章の注に「万物万形は、其《そ》の帰《き》は一なり。何に由《よ》りて一を致すや、無に由りてなり（あらゆる物は一に帰着する。何によって一になるのか、無に由るのだ）」とあり、その後で、一を得た王侯が百姓《ひゃくせい》（衆多《しゅうた》の人民）を統括することが述べられ、王侯の統治の根拠が「無」にあることが示されている。

また『周易略例』「明象《めいたん》」篇に「夫《そ》れ衆は衆を治むる能《あた》わず。衆を治むるは至寡《しか》なる者なり(22)」とあるのも、おなじことを言ったものである。中国の統治思想の本質を如実に表わした言葉であり、このような考え方自体は、ある意味では現代まで続いていると言えるようだ。

つぎに自然無為論に関係する。自然無為とは天地自然のあり方であり、その自然も「無」だというのは、「道は自然に法《のっと》」り（『老子』第二十五章）、「天地は自然に任じて無為無造」（『老子』第五章の王弼注）なのであるから、任じられ、法《のっと》られる自然が「無」なのも、また当然の帰結であろう。

では王弼以後、『老子』は、中国の各階層において、どのように受けとめられていったのであろうか。章を改めて考えてみよう。

第四章　何王以後の老子学

1　「無」の尊重の行方

六朝時代と「無」

「無」の尊重は、もろもろの「有」を「無」が統括するという点で、皇帝権を守る意味を持っていたと述べたが、何晏《かあん》のような海千山千の人物ならいざしらず、王弼《おうひつ》がどこまでそうした「政治性」を意識していたかは分からない。おそらく、学究肌の王弼には、そのような意図はあまりなかったのではないか、と思われる。しかし、結果として王弼の「無」は皇帝権を擁護する役割を果たした。それと同時に、「無」には、もう一つの現実的な意味があった。

「無」はもろもろの「有」を統括するが、それは名目上の統括であり、統括の実質は無い。なぜなら「無」はどこまで行っても「無」なのであるから。このことは、「有」は名目上は「無」に統括されているけれども、実質は、自分勝手に「有」なのだ、ということである。

そこで、「有」を魏王朝の新興貴族たちに当てた場合には、彼らを実質的に掣肘《せいちゅう》するものは無いのだ、ということになる。具体的に言えば、名ばかりの皇帝のもとで大臣や貴族たちが勝手なことをする、ということである。「無」の論の現実的な働きは、たしかに反曹氏陣営の豪族たちを統括して皇帝権を守ったのであるが、その裏側で、大臣や貴族たちが勝手に権力を振りまわすということをも保証したのである。

そうした風潮は、おおよそ六朝《りくちょう》時代(三世紀―六世紀)を通してずっと続いた。その背景には、何王らが活動した魏の中期以降、貴族制社会が形成されはじめ、西晋朝になると門閥貴族制が確立した、という事情がある。平安時代の藤原氏よりもずっと大規模な貴族がいくつも生まれ、最高の一品官《いっぴんかん》になるか、下流の八品官や九品官になるかという官職の等級は、家柄によって決まった。中流・下流の貴族は、どんなに頑張っても大官には成れない世の中になったのである。上流の貴族たちは政治の実務を執ることを等閑《なおざり》にし、実務は下層の官僚たちに任された。下情《かじょう》に疎《うと》く、実務を執らないことが大官であることの象徴になった。こういう世の中では宿命論が幅をきかせ、大官たちの勝手な行動を保証する「無」の論は、時代の趨勢《すうせい》にぴったり適合したのである。

『世説新語《せせつしんご》』「雅量《がりょう》」篇には、つぎのような話が見える。東晋時代、顧和《こわ》(二八八―三五一)が揚州従事(1)になったばかりのころ、月旦《げったん》(月初め)の役所勤めに出かけた。だが、すぐには入らず、州役所の門外に車を停めた。周顗《しゅうぎ》(二六九―三二二)が丞相《じょうしょう》(2)に会うため、顧和の車のそばを通った。顧和は虱《しらみ》をとっていて、平然として動こうともしない。周顗は通りすぎたが、またもどってきて、顧和の胸を指さして、「この中には何があるのかね」と言った。顧和は、あいかわらず虱をとりながら、おもむろに「この中は、いちばん測りがたいところです」と応じた。周顗は役所に入ってから、丞相に「卿《あなた》の州吏のうちに、ひとり、大臣級の人物がいますな」と言った、と。
顧和は、だいぶ先輩になる自分に挨拶もせず、平然と虱をとっており、また自分の問いかけに意味深長な応じ方をした、という点で、周顗は顧和を大臣級（令僕《れいぼく》の才。尚書令、尚書僕射《ぼくや》のような高官の風格）と述べたのである。

五石散を服用する

いまは、虱《しらみ》つぶしという成語を除けば、虱などは死語であろうが、筆者の子どものころは、まだ猛威をふるっていた。銭湯の脱衣場で、坊主頭の子どもたちが噴霧器で頭からＤＤＴを掛けられている場面を、ニュース映画で見たこともある。

魏晋の貴族と虱の関係は案外深く、虱をとることが「風流」とされたことさえあった。その、そもそものきっかけは何晏の服薬の習慣にある。何晏は身体が弱く、健身のために五石散《ごせきさん》（寒食散《かんしょくさん》ともいう）という薬を飲んでいた。本人の言では「五石散を服すると、病気を治すばかりでなく、気持ちが開放的になって朗らかになる（神明の開朗を覚ゆ）」[3]のだそうであるが、その成分を知れば、これを服したいと思う人は、よほどの命知らずである。五つの石薬とは鍾乳石《しょうにゅうせき》、紫石英《しせきえい》、白石英《はくせきえい》、硫黄《いおう》、赤石脂《せきせきし》の五種であるが、[4]この五種にとどまらない、という。石薬を飲んで体力増強を図る風習は戦国時代あたりまで遡《さかのぼ》るようであるが、五石散を服用することは何晏に始まる。それに影響されて服用するものも多く、何晏の死後も服用者は増加し、六朝を通じてその風習は続いた。その余波は唐宋時代にも及んだという。

五石散には興奮作用があるらしいが、実際には薬というより毒と言った方が当たっている。ひとつまちがうと命を落とすので、さまざまな対処法（解散方）が研究された。その詳細は隋《ずい》・巣元方《そうげんぼう》『諸《しょ》病源候論《びょうげんこうろん》』(5)などに記されている。また、魯迅《ろじん》の講演（第二章3）でも言及されているので、それも参考にしながら記すと次のようである。

薬を服用したら、効きめが現われてくるが（散の効力が発するわけで、これを散発という）、腹をすかしていてはならず、何度でも食物をとる。食物は冷たいものでなければならないが（だから五石散は寒食散とも言われる）、酒だけは温かくてよい。散発に対処しないと死んでしまうので、じっとしていてはならず、歩きまわらなければならない。それを行散というが、つまり散歩である。この散歩は、ぶらぶら、のんびり歩きまわるというのではなく、歩きまわらないと死んでしまうから歩くのである。熱くなって汗をかけば、冷たい水で身体を洗う。皮膚が敏感になっていて、すりむけやすいから、着る物はだぶだぶで、それもくたくたの古着がよい。古い方がいいので、洗濯ができず、虱がわく。こうして虱の出番となるのである。

何晏が、ほんとうに服薬で丈夫になったかどうかは、すこぶる疑問であるが、後代の者たちのなかには何晏らの行動に憧れて、まねをする者が大勢でた。だぶだぶな着物で、道ばたに寝転がったり、あるいは虱をとりながら話をする。そうしたことが、正始の音《おん》を受けつぐ風流ごとと受けとめられたのであろう。

かくて、顧和の振るまいとなるわけであるが、虱をとったり人を食った受け答えをすることが大臣級とされていることは、貴族の評価が実務とまったく関係ないところでなされていた、ということを物語っている。

歴史の細々《こまごま》とした襞《ひだ》に入りこむと複雑な問題が山ほど出てくるが、ごく大ざっぱに言えば、六朝《りくちょう》を通して、こうした状態が続いた。人の能力や努力、あるいは人格や識見、世の中に対する貢献などではなく、血統だけがものをいう社会は、政治という面では、ろくな社会ではない。

前に、封建制と郡県制の違いを述べ、封建制は、天を祀《まつ》る「徳」にもとづいて天命を受けた周王が諸侯を各地に「封」じて国を「建」てさせた制度であり、天を祀れるのは周王のみで、封建制は徳と血統の上に立つ制度であったが、これに対して郡県制は、皇帝によって派遣された官僚が地方を治める制度であり、封建制の「徳」に代わって官僚の行政能力、つまり「能」が重視された、と述べた(Iの第一章2)。「徳」から「能」へ進化したのであるが、血統にもとづく封建制も、その根底には「徳」があった。しかし門閥貴族制は、いったん確立すると、血統だけが重視され、政治的には「徳」も「能」も、たいした意味を持たなくなったのである。貴無論や『老子』思想の浸透も、こうした趨勢と無関係ではなかったのだ。

三玄の学と竹林の七賢

では、貴族たちは、誰もがのんびり栄華の夢を貪《むさぼ》っていたかというと、そうではない。正始《せいし》末年に曹爽《そうそう》や何晏らが処刑されると、親曹氏陣営に属すると見なされる者たちは、言動が極端にむずかしくなった。はっきり反司馬氏だと表明すれば、むろん、何かの理由をつけて抹殺されてしまう。

そこで、彼らのうちのある者は、政治の現場から逃れて隠棲《いんせい》したり、酒に韜晦《とうかい》したりした。その代表が、いわゆる竹林《ちくりん》の七賢《しちけん》である(6)。何人かでグループを作って交遊したようであるが、七人が常に洛《らく》陽《よう》近辺の竹林に集《つど》っては酒を飲んで清談した、というわけでもないようだ。七賢の伝説は東晋になってからできた、とする説もある(7)。

身の処し方がむずかしくなった貴族たちは、心の平安を、飲酒や交遊や清談といったことのほかに、『老子』や『荘子《そうじ》』の思想に求めた。魏の後期から西晋時代には、とくに『荘子』が心の拠《よ》り所となった。王弼が道をつけた『周易』と『老子』の解釈のうえに、あらたに『荘子』の世界が加わったのである。これらの三書は奥深い思想が盛られたものであるから、その学問は「玄学《げんがく》」と呼ばれ、後世、この三つを「三玄」と呼ぶ言い方が定着した。

七賢の一人、阮籍《げんせき》(二一〇―二六三)は、前にも述べたが(Iの第二章6)、実力者の司馬昭《しょう》から、その息子司馬炎《えん》に娘を嫁がせるよう縁談を申し込まれたとき、二カ月ものあいだ、ずっと酔いつぶれて、はぐらかしたことがある。韜晦《とうかい》も命がけである。阮籍には『大人先生伝《たいじんせんせいでん》』や『達荘論《たっそうろん》』などの作品があり、これらは『荘子』と深く関わる著述である。『老子』については『通老論』があったというが、伝わっていない。

嵆康という人物

嵆康《けいこう》(二二三―二六二)には『自然好学を難ずる論(8)』や『山巨源《さんきょげん》(山濤《さんとう》)に与えて絶交するの書』、『養生《ようせい》論《ろん》』、『釈私論《しゃくしろん》』などがあり、だいたいは『荘子』風の内容である。

山濤に絶交の手紙を書いたのは、山濤が就《つ》いていた役職の後任として嵆康を推薦したからである。

嵇康は絶交書の中で、老荘の書を読んで放埒《ほうらつ》さは止《と》めどもなくなり、官僚になると我慢できないことが七つ（七不堪《しちふかん》）、世の中から許されないことが二つ（二不可《にふか》）ある、と述べている。七不堪とは、

①朝寝ができない。
②琴を抱えて歩きながら吟詠したり、鳥をとったり釣りをしたりが気ままにできない。
③正座が苦手。虱が多くて、よく身体を掻《か》くが、官僚の服装では掻けない。
④手紙を書くのが苦手。
⑤葬式が嫌い。
⑥俗人と交わって社交的になることができない。
⑦雑多な仕事や世間の常識に縛られるのが厭《いや》だ。

ということである。二不可とは、

①殷《いん》の湯王《とうおう》、周の武王《しゅうぶおう》を否定し、周公・孔子を軽蔑すること。
②曲がったことが嫌いで、思ったことを軽率に口にし、すぐに反応を示してしまうこと（つまり短気な潔癖さ）。

である。

いかにも勝手気ままな貴族の言いぐさであるが、嵇康自身が言うとおり、二不可の、とくに①は、『荘子』を根拠とした発言ではあるが、魏晋の交替期に当たっては許されざる放言である。前の二人、殷の湯王・周の武王は、武力によって前王朝を倒した人物であり、彼らを認めないということは、晋が武力によって魏を倒すことを認めない、という意味になる。ただ、その点については、晋は「徳」があることを根拠として魏から禅譲《ぜんじょう》されることを目論《もくろ》んでいたので、その建前からいえば比較的安全な発言ともいえる。

では、後の二人はどうであろうか。周公は、武王亡き後、成王を助けて摂政した人物であり、孔子が勝手に儒教の祖のようにまつりあげた人物である。孔子は尭舜《ぎょうしゅん》を高く評価した人物であるが、尭舜は禅譲の象徴のような帝王である。というわけで、周公も孔子も、礼教の総元締めのような存在である。[9]

だから、周公・孔子を軽蔑するということは、礼教や禅譲を認めない、という意味となる。司馬氏などの豪族は旧来の儒教を尊重しており、礼教もダメ、武力革命も禅譲革命もダメだとなれば、司馬氏にとっては許しがたい言説ということになる。[10]

ただ、周公・孔子は嵇康の当時にあっても、はるかむかしの歴史上の人物であるから、彼らを軽蔑するからといっても、直接、現在の状況を批判したわけではない、という言い逃れはできる。

むろん本音《ほんね》は、むかしを借りて今を批判したのであるが、そうした事情は、どことなく文革時代の批林批孔《ひりんひこう》を連想させる。文革の時、林彪《りんぴょう》批判は現在の問題だとしても、なぜ、おおむかしの孔子まで批判されたのか。それは周恩来《しゅうおんらい》を暗に孔子に譬《たと》えたからであった。どうも中国人の発想には、むかしも今も変わらぬ面があるようだ。

絶交書は山濤にあてた私信であり、山濤は嵆康を売るような人物ではない。しかし嵆康は、友人の事件に連坐して、結局は処刑されてしまった。その時、鍾会《しょうかい》が法廷で嵆康を告発し、嵆康は「上《かみ》は天子に臣ならず、下《しも》は王侯に事《つか》えず、時を軽《かろ》んじ世に傲《おご》り、物の用を為《な》さず（人々のために働かない。「物」は人の意味であろう）、今に益無く、俗を敗《やぶ》る有り（人心を腐敗させる）」と述べた(11)。なんとも酷《ひど》い言いようであるが、嵆康の刑死は反司馬氏陣営粛清の締めくくりのような意味を持っていた。その三年後の二六五年、晋は魏に禅譲させて王朝を開いたのである。

『老子』学の展開

西晋朝（二六五年—三一六年）は、武帝（司馬炎。二六五年—二九〇年在位）の時に呉を滅ぼして中国全土を統一し（二八〇年）、太康《たいこう》と改元した。いかにも平和が到来したという年号である。後漢末以来の百年に及ぶ混乱が終息して、めでたし、めでたし、になればよかったのであるが、内憂外患《ないゆうがいかん》があり、平和が謳歌《おうか》できたのは、ごく短期間であった。

内憂としては、朝廷内部に深刻な権力闘争があり、諸王は武力を握って覇権を争った。多くの貴族がそれに巻き込まれて命を落とした。外患としては、北方から異民族が怒濤のごとく押し寄せ、西晋朝は、あっけなく滅亡した。いわゆる民族大移動の、ユーラシア大陸東端での現象である。いろいろな事情があるが、西晋時代も貴族たちにとって決して安穏《あんのん》な時代ではなかったのだ。

それ故、この時代には、個人の解脱《げだつ》を説くような『荘子』が流行し、郭象《かくしょう》（二五二—三一二）によって『荘子注』が著わされた。我々が現在読む『荘子』は郭象が整理した書物である。

だが、いまは『老子』について見てみよう。前に、『漢書《かんじょ》』「芸文志《げいもんし》」は中国最古の国家図書館総目録のようなものだと述べたが(Iの第二章5)、『晋書《しんじょ》』には「芸文志」がついていない。そこで、清《しん》朝末期に文廷式《ぶんていしき》という学者が『補晋書芸文志』を著わした。ほかにも『補晋書芸文志』を著わした学者は数名いるが、文廷式の書がいちばん充実している。そこで、文氏の書によることにすると、晋代(西晋・東晋。二六五年—四二〇年)には『老子』関係の書物が二十七種書かれた。『荘子』関係が十八種であるから、かなりな数である。僧侶も注釈しており、有名な鳩摩羅什《くまらじゅう》(三四四—四一三)にも『老子注』があったという。

『隋書《ずいしょ》』「経籍志《けいせきし》」(唐・魏徴《ぎちょう》等撰)には当時に現存する十八種が挙げられているが、すでに佚書《いっしょ》となったものも注記されており、それらを含めると、六朝時代に書かれた『老子』関係書物として、五十種弱が挙げられている。これに文氏の挙げた書目を重複をはぶいて加えると、おおよそ六十種となる。これは、かなりな数と言ってよい。

『隋書』「経籍志」に見える著者の大多数は学者・官僚であるが、梁《りょう》の武帝や簡文帝《かんぶんてい》のような皇族[12]から、釈恵琳《えりん》、釈恵厳《えごん》、釈恵観《えかん》などの僧侶[13]、顧歓《こかん》などの道士[14]まで、各方面の、じつに多彩な顔ぶれである。六朝時代に、いかに『老子』が尊重されたか、その一端がわかる。

『経典釈文』

この時代、儒道合の趨勢にしたがって、『老子』は公式には為政の方法や身の処し方を教えた書物として読まれた。そのことは、唐初の陸徳明《りくとくめい》の『経典釈文《けいてんしゃくもん》』によってもわかる。この書物は、易・書・詩・礼（儀礼《ぎらい》・周礼《しゅらい》・礼記《らいき》）・春秋（左氏伝《さしでん》・公羊伝《くようでん》・穀梁伝《こくりょうでん》）・孝経・論語・爾雅《じが》という儒教経典について、むずかしい漢字の意味や読み方などを記したものであるが、なんと、それらに並べて『老子』と『荘子』が収録されているのだ。『老子』と『荘子』は儒教経典と同等の書物として扱われたのである。『経典釈文』の「序録」には二十八種の『老子』注釈書が挙げられており、おおむね『隋書』「経籍志」のものと一致する。本文（「老子道経音義」「老子徳経音義」）は、王弼本を基本として発音と意味を述べ、他本と違いがあれば言及する、という体裁である。

　ここで少しだけ、その内容をのぞいてみよう。たとえば『老子』第六章[15]については三カ条の釈文があり、まず「谷」字について「古木《こぼく》の反《はん》（音《おん》はコク）。中央の無なる者なり。河上《かじょう》本、浴に作る。浴は、養なり」とある。「反《はん》（かえし）」とは、ここでは「古木」という二字の前字（古）で子音《しいん》（ko の k）を、後字（木）でその後の部分（boku の oku. 声調を含む）を示し、両者をあわせて問題の字（谷）の発音（koku）を示すもので、仏典の翻訳から工夫された方法のようである。いま、日本語読みをローマ字によって説明したが、中国語の発音は今もむかしも日本語よりもずっと複雑であるから、きっちりと音価を指定できたと思われる。かりに河上公本が失われたとしても、河上公本は「谷」を「浴」にしており、その意味は「養」であることが、ここの記述でわかるのである。「作る」とは、文字を説明する場合の決まった言い方で、何々本では「〜と書いてある」という意味である。

　つぎに「玄牝」の釈文となり、「頻忍《ひんにん》の反（音はピン）。旧《きゅう》に云《い》う、扶比《ふひ》の反（音はヒ）。簡文、扶緊《ふきん》の反（音はヒン）」とある。これは「牝」の発音を示し、「簡文」とは梁の簡文帝の著作では、ということである。当時は、この音の違いで、意味の微妙な違いもわかったのであろう。

つぎが「中央無」の釈文である。「谷」の釈文にも「中央無者也」とあったが、それは『老子』本文についての説明で、ここは王弼注の文言の説明である。王弼は「谷神《こくしん》」に「谷は、中央の無なる者なり」と注釈した。この「中央無」に、陸徳明は「一本、空に作る」と述べた。そこで、「無」を「空」としたテキストがあったことがわかる。

いまは、ほんのちょっと覗《のぞ》いただけであるが、こうした読解を積みかさねていけば、六朝老子学の具体相を、かなり知ることができる。

2 仏教と老子学

老子学の展開の締めくくりとして、仏教との関わりについて少し考えてみよう。『老子』は仏教思想を理解する際に重要な拠り所となり、初期中国仏教は『老子』学と密接に関係しているのである。

神異の仏僧・仏図澄

後漢のとき、楚王英《そおうえい》が黄老とともに浮屠《ふと》(仏)を祀《まつ》っていたことは、老子神秘化の歴史の一事項として前に述べた(Iの第三章1)。劉英《りゅうえい》の信仰が仏教に関係する最初の記録というわけではないが、おおよその見当として、中国に仏教が伝わったのは、そのころ、つまり一世紀の前半くらいであると考えてよさそうだ。

後漢から三国、西晋にかけて、西域《さいいき》から中国に来る僧侶も増え、かなりの仏教経典が訳された。しかし、中国人のあいだに仏教が急速に広まったわけではない。仏教に関心を持ったとしても、不思議な教えを説く異国の宗教で、仏は、信仰すれば病気が治ったり運気が向上したり、何か良いことがありそうな神さま、といった程度の認識であったろう。

仏教側も、仏や仏僧には不思議な力があるということを積極的に示すこともあった。その典型例が仏図澄《ぶっとちょう》(二三二—三四八)である。

西晋は、中国の北方にいた遊牧民の匈奴《きょうど》族が建てた漢の軍勢によって滅ぼされ(三一七年)、その翌年、漢は内乱によって東西に分裂した。西は匈奴族の劉曜《りゅうよう》(?—三二九)が建てた前趙《ぜんちょう》で、陝西《せんせい》から甘《かん》粛《しゅく》の一部に、東は匈奴の別派である羯族《けつぞく》の石勒《せきろく》(二七四—三三三)が建てた後趙《こうちょう》で、河北、山西から山東方面に、それぞれ勢力を張った。その後、後趙が前趙を破り、ほぼ華北を統一した(三二九年)。その石勒が仏図澄を尊崇したのである。

仏図澄は『晋書』「芸術伝」[16]や梁・釈慧皎《えこう》の『高僧伝』「神異」に伝記があり、西域の庫車《くちゃ》の人のようである。西晋末の永嘉《えいか》四(三一〇)年に洛陽に来た。百余歳と自称していたというが、『高僧伝』に拠って計算すると七十八か七十九歳である。当時としては、たいへんな高齢であった。

石勒は暴虐な王であり、その乱暴さは世に鳴りひびいていた。「専《もっぱ》ら殺戮《さつりく》を以《もっ》て威を為《な》し、沙門《しゃもん》(僧侶)の害に遇《あ》う者甚《はなは》だ衆《おお》し」[17]という状況であったから、仏図澄は、石勒を教化しようとしたのである。

石勒の将軍の一人郭黒略《かくこくりゃく》が仏教信者であったから、仏図澄は、まず黒略を手なずけ、戦闘のたびに黒略にその勝敗を予言して石勒に伝えさせた。それがすべて的中し、不思議に思った石勒が訊《き》いたので、黒略は事情を説明した。喜んだ石勒は仏図澄を召して、「仏道には、どんな霊験《れいげん》があるのか」と問うた。仏図澄は、石勒の理解が深くないことを知っていたから、道術を見せようと思い、「至道は深遠なものでありますが、身近なことで証《あか》すこともできます」と言って、器に水を張り、焼香して呪文をとなえた。すると、すぐに青蓮《しょうれん》の花が咲いて、きらきらと光り輝いたので、石勒は、すっかり信服した。

そこで、仏図澄は王者の道を諄々《じゅんじゅん》と説いてきかせ、石勒は、たいへん喜んだ。捕虜になっていた者のうち、十中八、九が赦《ゆる》され、これによって、漢人も胡人《こじん》も、ほぼ皆な仏教を信奉するようになった、という。

青蓮とは睡蓮の一種のようで、青蓮華《しょうれんげ》とか青蓮華眼《しょうれんげげん》ともいわれ、仏の眼を表わすものとされている。仏図澄は、こうした手品まがいのことをして石勒の心をつかんだのであるが、石勒の方も仏教に期待したのは「霊験」であり、奥深い教義などでは、なかった。仏図澄のとった方法は、石勒の要望に添《そ》っていたわけである。

石虎の教化

石勒の後を継いだのは息子の石弘《せっこう》であるが、すぐに一族の石虎《せっこ》に殺され、石虎(武帝。三三四―三四九年在位)が帝位を継いだ。『晋書』「載記《さいき》」の「石季龍伝《せっきりょう》(季龍は石虎の字《あざな》)」には、「性は残忍にして、馳猟《ちりょう》(狩り)を好み、游蕩《ゆうとう》すること度《ど》無く(とめどなく)、尤《もっと》も弾《だん》(はじき弾《だま》)を善《よ》くし、数《しば》ば人に弾《だん》し(人に当て)、軍中以て毒患と為《な》す」とか、「為《な》す所酷虐《こくぎゃく》なり。軍中に勇幹《ゆうかん》(勇ましくて強く)策略の己《おのれ》に侔《ひと》しき者有らば、輒《すなわ》ち（その度《たび》に）方便《ほうべん》もて之《これ》を害し（何かの理由をつけて殺害し）、前後に殺す所甚《はなは》だ衆《おお》し」とか、「城を降《くだ》し塁《るい》（とりで）を陥《おと》すに至りて、復《ま》た善悪を断別《だんべつ》することなく、士女を坑斬《こうざん》し（穴埋めにしたり斬り殺したり）、類を遺《のこ》すこと有ること尟《すくな》し（ほとんど皆殺しにした）」などの記述がたくさん出てくる。石勒以上の乱暴者であった。

石勒もしばしば叱ったり諭《さと》したりしたが、言うことを聴かない。しかし、攻討の命令を受けるや向かうところ敵なく、功績抜群であるから、石勒も信任していたのである。

この石虎もまた仏図澄を尊崇した。石虎に対する教化の方法は、おおむね殺生《せっしょう》を戒める説諭であって、石勒に示したような「神異」ではないが、予言をして石虎の危機を救ったこともあり、石虎のいっそうの信任を得た。しかし、結局、石虎の暴虐は収まらず、仏図澄は石虎の滅亡を予言して、三四八年に百十六歳で没した。

仏図澄は経典を訳したわけでもなく、著述をしたわけでもないが、その影響は、すこぶる大きかった。その大きな業績の一つは、優秀な弟子を育てたことである。その代表は釈道安《しゃくどうあん》（三一二―三八五）であり、仏教教理の受容や理解という面で、道安の功績は、たいへん大きい。

神異の僧は仏図澄のほかにもおり、彼らの活躍は中国のこの時代における仏教受容の一つの形であった。そうした時代を経て、だんだんと仏教教理も受け入れられるようになったのである。

弥天の釈道安

道安の生家は河北の儒者の家柄で、道安は幼少のころから儒教経典に親しんだという。十二歳で出家し、さまざまな仏典を学んだ。当時は、異民族の侵入によって華北は大混乱の時代であり、道安も、あちこちに難を避《さ》け、三三五、六年ころ、石虎の都鄴《ぎょう》（河南省臨漳《りんしょう》県）の中寺で仏図澄に出会った。仏図澄は道安の能力を見抜き、道安は仏図澄のもとで経論（仏教の経典と論書）について十数年研鑽《けんさん》を積んだ。

その後、また動乱を避けて恒山《こうざん》の寺にいたとき、三五四年には慧遠《えおん》（二十一歳）・慧持《えじ》（十八歳）兄弟が弟子となった。道安は四十三歳である。その後も動乱は続き、道安は四、五百人の門弟を率いて襄陽《じょうよう》（湖北省）に向かい、そこに檀渓寺《だんけいじ》を建てて落ち着いた。五十歳を超えていたようである。

道安の名声を慕って訪れる者も多く、襄陽の名士・習鑿歯《しゅうさくし》もその一人であった。初対面の時、習鑿歯が「四海の習鑿歯（天下の習鑿歯）」と名のったのに対し、道安が「弥天《びてん》の釈道安（満天の釈道安）」と応じたことは有名な話である。[18] 道安は襄陽で十五年間にわたり『放光般若経』を講じた。

後趙が滅んだ後、華北は混乱状態にあったが、氐族《ていぞく》（チベット系民族）の苻氏《ふし》が力を伸ばし（これを前秦《ぜんしん》という）、苻堅《ふけん》（世祖《せいそ》。三五七年—三八五年在位）のとき、三七六年に華北を統一した。ついで三七九年に襄陽を陥《おと》し、道安や習鑿歯を都・長安に連行した。道安は襄陽を去るとき、慧遠など多くの弟子たちを分散させて江南の地に行かせた。慧遠は弟子数十人とともに荊州《けい》上明寺《じょうみょうじ》に行き、さらに江西の廬山《ろざん》に向かい、慧持らとともに、その地で新たな仏教を花開かせたのである。

道安は、長安で苻堅の政治顧問のような役割を担いながら、経論に注釈をつけたり、序文を書いたり、漢訳仏典を整理したり、説法したりと、仏教のために活動し、三八五年に入寂した。

ちなみに、仏僧が「釈」をつけて名のるのは道安が始めたことである。それまでは出身地を名前に冠した。たとえばインド出身なら天竺《てんじく》の「竺」、安息《あんそく》（パルティア）出身なら「安」、月支《げっし》出身なら「支」、康居《こうきょ》（サマルカンド）出身なら「康」といった具合である。しかし道安は、僧侶はすべて釈迦《しゃか》の教えを継ぐ者であるという意味で「釈」と名のるべきだとした。教えというものの原則を尊重する道安の思想がよく表われている方式である。

道安の「安般注序」

道安の仏教理解の根底には、中国の伝統思想、とくに老荘の思想があった。そのことを「安般《あんぱん》注序」によって見てみよう。これは比較的早い時期の著述のようである。「注」の方は失われてしまったが、「序」だけが他の資料に収録されて残った。[19]「安般注序」は、現存する道安の十数種の「序」のうちでも、約三百三十字ほどの短いものである。

経典は後漢末に安世高《あんせいこう》が訳したもので、これに魏の初めに康僧会《こうそうえ》が注をつけた。だが道安の見方からすると、「義或《ある》いは隠《かく》れて、未《いま》だ顕《あら》われざる者（経の意味が明示されておらず、はっきりしない所）」があった。そこで、僭越《せんえつ》ではあるが「敢《あ》えて前人に因《よ》りて、解を其《そ》の下に為《な》し（康僧会の注解に基づいて、その下に自分の注を付け）」たのだという。

現在、安世高訳の『大安般守意経』が伝わっている。[20]誰の注か分からないが注付きで（陳慧《ちんえ》だという説がある）、経と注が入り交じった状態である。道安の「安般注」とは「安般守意経注」のことであり、「守意」とは呼吸によって精神統一をすること、つまり数息観《すそくかん》（また、しゅそくかん、とも）のことと思われる。では、道安の「序」を読んでみよう。

まず道安は、「安般」とは「出入《しゅつにゅう》」であると言っている。これは、安が入息、般が出息の、呼吸のことである。ついで、「安般」について、「道の寄る所にして、往《ゆ》きて因《よ》らざるなく、徳の寓《ぐう》する所にして、往きて託《たく》さざるなし」と述べる。のっけから「道」と「徳」が出るが、もちろん、これらは『老子』の基本的な言葉である。「寄る所」とか「寓する所」というのは、呼吸法のなかに道も徳も入っているという意味であり、「往きて」とは、どこに行ってもということであるから、どんな場合でも、の意味になる。だから道安は、たったこれだけの表現で、呼吸法のなかに仏の教えも、それを体得した状態もすべて含まれている、と述べたのである。そして、その全体を「道」と「徳」で表わした点に、仏教思想を老子の思想と近いものとして認識していた、ということがわかる。

道安は続けて「是《こ》の故に安般は息《そく》に寄りて以《もっ》て守《しゅ》を成《な》し、四禅は骸《がい》に寓して以て定《じょう》を成す。息に寄るの故に六階《りっかい》の差有り、骸に寓するの故に四級の別有り」と言う。その意味は、呼吸によって精神を統一するが、それには六つの段階があり、身体を使って禅定《ぜんじょう》するが、それには四つの等級がある、ということである。『安般守意経』は、そうしたことを細かく説いた経典である、ということを示している。

六段階とは「数、随、止、観、転(還とも)、浄」であり、四禅とは、第一禅から第四禅までのことで、禅定の段階が深まっていく過程である。安世高訳『大安般守意経』の経注を見ると、これらについて、じつに細かな記述がしてある。だが、専門的なことは省略し、ここでは『老子』との関係だけを考えることにしよう。道安は続けて次のように言っている。

階の差は之《これ》を損《そん》し、又《ま》た之を損して、以《もっ》て無為に至り、級の別は之を忘れ、又《ま》た之を忘れて、以て無欲に至る。無為なるが故に形として因《よ》らざるは無く、無欲なるが故に事として適《てき》さざるは無し。形として因らざる無きが故に能《よ》く物を開き、事として適さざる無きが故に能く務《つとめ》を成す。務を成さば即《すなわ》ち万有而《あ》に彼《か》れ自《よ》りせんや、物を開かば天下をして兼ねて我《わ》れを忘れ使《し》む。彼我《ひが》を双《ふた》つながら廃さば、唯守《ゆいしゅ》を守るなり。……斯《こ》れ皆な四禅の妙止に乗じ、六息《りくそく》の大弁《たいべん》を御《ぎょ》する者なり。夫《そ》れ寂《じゃく》を執りて以て有を御し、本《もと》を崇《たっと》んで以て末《すえ》を動かさば、何の難《かた》きこと有らんや。

これが「序」の主要部分である。むずかしい文章なので解釈に苦しむが、一読して『老子』の文言が目につく。「之を損し、又た之を損して、以て無為に至」るとは、『老子』第四十八章の文である。『老子』では「学を為す者」と「道を為す者」の対比で言われているが、ここでは数息観の段階が意識的な修行から無意識の段階になり、精神集中どころか、精神を超越してしまう(道や徳そのものになる、仏教的に言えば涅槃《ねはん》に入る)ことを言ったものであろう。「無為」がそのようなものなら、あらゆる形(人のこと)の拠り所となり、だから「物を開く(万人の心を通じさせる)」。この「物」も人の意味である。

「物を開き、務《つとめ》を成す(開物成務)」とは『周易』「繋辞《けいじ》上伝」の言葉で、易によって万人の志を通じさせ、業務を成しとげさせるという意味である。東京には、ここから名前を取った有名な高校まである。

「天下をして兼ねて我《わ》れを忘れ使《し》む」は、本当の仁とか孝とかは、すべての観念的な捉え方を超え、天地自然そのものと同化するようなものだ、という意味のことを言っている。この点については、また後で問題にするが、『老子』第五章の「天地は仁ならず……聖人は仁ならず」と同じような思想である。

「之を忘れ」て「無欲に至る」は、むろん「之を損し」の文に対応させたもので、「無欲」は『老子』中にたくさん出てくる。ここの「無欲」は『老子』第一章の「常に無欲にして以《もっ》て其《そ》の妙《みょうみ》を観」あたりを踏まえたものであろう。道の実態を観ているのであるから、どんな事にでも対応でき、どんな事も成しとげられる、ということである。

「即ち万有而に彼《あ》れ自《か》りせんや《よ》」は難解な表現であるが、「天下をして云々」に対応する構文であり、『荘子』「斉物論《せいぶつろん》」篇の文言を踏まえたものであろう。この点についても、また後で問題にする

階の差と級の別

右に述べたように、「序」の主要部分の筋道は、数息観の深まりを示す「階の差」を説明した部分と、禅定の段階を示す「級の別」を説明した部分とに分かれているが、両者が縄をなうように結ばれている。両方の筋道を辿《たど》ると、

①階の差→これを損する→無為に至る→すべての形(人)が因る→物を開く(万人の志を通じさせる)→

「天下をして兼ねて我《わ》れを忘れ使《し》む」

②級の別→これを忘れる→無欲に至る→すべての事に適する→務《つとめ》を成す(業務が成しとげられる)→

「万有而《あ》に彼《か》れ自《よ》りせんや」

となる。敷衍《ふえん》しながら説明すると、これらは、おおよそ、つぎのような意味であろう。

①「階の差」の項。数息観の深まりとともに雑念が減っていき、無為の段階に至る。無為とは、ただ何もしないということではなく、老荘に則して言えば、天地自然の摂理に同化することである。主観的な意識(我れ)がすべてなくなって、心の働きと天地自然の活動が完全に同化するのであり、そうした境地は『荘子』にしばしば語られている。無為となって天地自然の活動に同化すると、それは天地自然の活動そのものとなるのであるから、すべての人もその活動に同調する(因る)ことになる。そうすると、すべての人のあいだで心が通じあい(我れという意識がなくなって)、「天下をして兼ねて我《わ》れを忘れ使《し》む」という状況が実現するのである、と。

②「級の別」の項。禅定の方も、表現は違うが意味するところは、ほぼ同じである。すなわち、禅定の深まりとともに、雑念は忘れさられ、無欲の段階に至る。無欲であれば、『老子』第一章に「常に無欲にして以《もっ》て其《そ》の妙《みょう》を観《み》」とあるように、道のありさまが把握できるのであるから、すべての事に対応でき、すべての務《つとめ》を果たすことができる。そこで「万有而《あ》に彼《か》れ自《よ》りせんや」という状況が実現する、と。

では、末尾の表現は、それぞれどのような意味であろうか。

天下をして兼ねて我れを忘れ使む

「天下をして兼ねて我《わ》れを忘れ使《し》む」という文句は『荘子』「天運」篇に出るもので、宋の宰相、蕩《とう》の「至仁(最高の仁)とは何か」という質問に対し、荘子が答えた言葉である。荘子は孝行を引きあいに出し、敬意によって孝行することと愛情によって孝行することを比較すると、愛情による方がむずかしい、と述べた。敬意は愛情よりも形式的な面があるからであろう。しかし次に、愛情による孝行よりも親を意識しないで行なう(親を忘るる)孝行の方がむずかしい、と言う。その方が気持ちの深いところから出る行為だ、ということであろう。しかし、それよりも親に私を意識させない(親をして我れを忘れ使むる)孝行の方がむずかしい、と言った。意識が働いて行動するレベルから、だんだんと天地自然の活動そのものに近くなっていくからであろう。

さらに荘子は、親にこちらを意識させない孝行から、天下の人々を意識しない(天下を兼ね忘るる)孝行へと、一段と天地自然の活動に近くなる境地を示した。その最後の段階が「天下をして兼ねて我《わ》れを忘れ使《し》む(天下の人々に私のことを意識させない)」であり、この段階が至仁なのだ、と言ったのである。

この段階では、自分と親と天下の人々とは相互にまったく意識しあわず、天地自然の活動そのままに自在に振るまっている。ちょうど、たっぷりした水の中で、魚たちが、たがいに意識することなく、自在に泳ぎまわっているようなものである。それこそが窮極の孝であり、窮極の仁なのである、というわけである。こうして荘子は、我れというものを完全に払拭《ふっしょく》しさり、天地自然と完全に同化した境地を描き出した。

荘子が言う天地自然に同化した境地とは、いわば個人の解脱《げだつ》ともいうべき境地である。しかし、道安の「安般注序」には「すべての形が因る↓物を開く」という段階があった。これは、修行によって個人が天地自然に同化すれば、あらゆる人もそれに同化し、すべての人のあいだの垣根は無くなるということで、個人の解脱というより万人の解脱である。個人の問題から万人の問題へと視野が広がっているのであるが、そこに、ほとんど老荘の言葉によって修行の段階を述べながら、仏教という、救済思想の本質を捕《と》らまえようとした道安の苦心があったと考えられる。

万有而に彼れ自りせんや

「万有而《あ》に彼《か》れ自《よ》りせんや」という表現には、むずかしい漢字こそ使われていないが、その意味するところは「天下をして」の文よりも一段とむずかしい。先学の仏教学者、宇井伯寿は、(21)ここを「万有而ち《すなは》自ら彼《かれ》(ルビは原文)」と読んでいるが、どういう意味なのか、よくわからない。中嶋隆蔵編『出三蔵記集 序巻訳注』(22)には、「万有それぞれのままに彼れにまかせるのであり」とあり、これは「万有而ち《すなは》自ら彼《かれ》」を苦心して達意の文章に読みなおしたものだと思われる。しかし、この読み方では「彼れ」がそのまま温存されることになり、後の文章につながらないように思われる。

そこで、「天下をして」の文が『荘子』に拠っているからには、ここも『荘子』に拠っているのではないか、と考えると、「斉物論《せいぶつろん》」篇に「物は彼《か》れに非《あら》ざるは無く、物は是《こ》れに非ざるは無し。彼れ自《よ》りすれば則《すなわ》ち見えず、自《みずか》ら知れば則ち之《これ》を知る。故に曰《いわ》く、彼れは是れより出《い》で、是れも亦《ま》た彼れに因《よ》る、と」という文言《もんごん》に行きあたる。

なぜ典拠にこだわるのかと言えば、六朝の文章に典拠があることが我々の想像以上だからである。ほとんどあらゆる行文《こうぶん》に典拠があると考えた方が実情に近いのだ。「天下をして兼ねて我れを忘れ使む」に典拠があるならば、それと対になる「万有而《あ》に彼れ自《よ》りせんや」に典拠がないと考える方がおかしいくらいなのである。

そこで、ここを「斉物論」篇の言葉だとすれば、荘子が言っていることは、物について彼れとか是れとか言う場合、こちらから見ればすべてがあちら（彼れ）だから「物は彼れに非ざるは無」いし、あちらから見ればすべてがこちら（是れ）だから「物は是れに非ざるは無」い。つまり、彼れと是れとは互いに依存している（彼れは是れより出《い》で、是れも亦《ま》た彼れに因《よ》る）。しかし、その相互依存を相互依存として認識するのは自分であり（自《みずか》ら知れば則ち之《これ》を知る）、対象の側から為《な》されるのではない（彼れ自《よ》りすれば則ち見えず）。ということで、主体性は自分にあり、対象には無い。そこで、「万有而《あ》に彼れ自《よ》りせんや」とは、万有を万有として認識するのは自分であり、万有の側から言われることではない、ということであろう。どこやら、すべての世界は自分の意識の中にあるという唯識《ゆいしき》の考え方を彷彿《ほうふつ》とさせる。

そこで、「級の別」を論じたところは、無欲によって道のありさまを把握し、すべての事に対応し、すべての務《つとめ》を果たすとき、その主体は自分（我れ）にあるのであって、外物（彼れ）には無いという意味である、と考えられる。

だとすれば、「天下をして」の文では徹底して主観（我れ）を廃し、「万有而《あ》に」の文では徹底して客観（彼れ）を廃したことになる。両方を併せれば、主観も客観も、ともに廃されたことになる。そこで、

「安般注序」では、つぎに「彼我《ひが》を双《ふた》つながら廃さば、唯守《ゆいしゅ》を守るなり」という言葉が続いているのであり、それでこそ行論《こうろん》の理屈がぴたりと腑《ふ》に落ちるのである。「彼我を双つながら廃」するとは、老荘思想で言えば天地自然と完全に一体化するということであり、「唯守を守る」とは、数息観を実践してひたすら禅定するという意味である。

それにしても、「万有而自彼」という原文を「万有而《あ》に彼《か》れ自《よ》りせんや」と訓ずるのは、たいへんむずかしい。だが「而《じ》」を「豈《き》(あに、どうして)」の意味に読むのは、じつはそれほど不自然ではない。『論語』には「仁を為《な》すこと己《おのれ》に由《よ》る、而《あ》に人に由らんや[23]」とあり、東晋の范寧《はんねい》は「而」を「豈」に読みかえて注釈している。

また、『孟子』には、いにしえの賢人・百里奚《ひゃくりけい》について、「秦に相《しょう》として其《そ》の君《きみ》を天下に顕《あら》わし、後世に伝う可《べ》から使《し》めしは、不賢にして而《あ》に之《これ》を能《よ》くせんや[24]」とあるが、ここに、後漢の趙岐《ちょうぎ》は「不賢の人、豈《あ》に能《よ》く是の如《ごと》くならんや」と、やはり「而」を「豈」に読みかえた注をつけている。

道安の描く窮極の境地

「天下をして兼ねて我《わ》れを忘れ使《し》」め、「万有而《あ》に彼《か》れ自《よ》りせんや」という状況とは、主観(我れ)は自分という枠を突きぬけて天地自然そのものとなり、客観(彼れ)もまたそのものとしての固有性を失って天地自然に同化した状態であって、おそらく数息観と禅定の窮極として想定された境地は、そうしたものだったのではないか、と思われる。

このあと「安般注序」は『修行経』に触れ、その経では安般と禅定の二法によって寂《じゃく》を成《じょう》ずる、と言っている。この『修行経』とは、竺法護《じくほうご》訳の『修行道地経[25]』のことである。

そして、「斯《こ》れ皆な四禅の妙止に乗じ、六息《りくそく》の大弁《たいべん》に御《ぎょ》する者なり。夫《そ》れ寂《じゃく》を執りて以て有を御し、本《もと》を崇《たっと》んで以て末《すえ》を動かさば、何の難《かた》きこと有らんや」と、まとめている。四禅・六息は、はじめに述べた「級の別」と「階の差」のことである。「妙止」の「止」は寂と同じで、悟りに至る境地を示す言葉であろう。「乗じ」とか「御する」と述べているのは、馬を御し、馬車に乗って目的地に行くように、四禅・六息が悟りへの手段であることを言ったものである。

「六息の大弁に御する者」の「大弁」について、『釈道安研究』には「老子の語」と注記されている。たしかに『老子』第四十五章に「大弁《たいべん》は訥《とつ》なるが若《ごと》し(大いなる弁舌は口べたのように見える)」という文言がある。しかし、ここは『老子』の言葉とは関係なく、「弁」の意味もまったく違っている。中嶋隆藏編『出三蔵記集　序巻訳注』では、さすがにそのへんの遺漏《いろう》はない。

「六息の」の文は『荘子』に関係があり、「逍遥遊《しょうようゆう》」篇に、何事にも依存しない至人《しじん》のありさまを描いて、「若《も》し夫《そ》れ天地の正に乗じて六気《りっき》の弁に御《ぎょ》し、以《もっ》て無窮に遊ぶ者は、彼れ且《は》た悪《なに》をか待たんや(そもそも天地の正しさ(摂理)に則って六気の変化に乗り、極まりのない世界に遊ぶ者は、いったい何に依存するであろうか)」と述べている。「弁」とは「変(変化)」の意味である。天地と六気、正と弁が対応しており、前者(天地・正)が総体的で、基準になるものであるのに対して、後者(六気・弁)は具体的で、変化するものを意味している。

「六気」とは、陰陽風雨晦明《かいめい》とか天地四時とか、いろいろな解釈があるが、要するに天候に関することであり、「逍遥遊」篇では、その大気の変化にそのまま乗って無窮の世界に遊ぶことが示されているわけである。

一方、「安般注序」の「六息《りくそく》」は数息観の段階を表わす言葉である。だが、「息《そく》」とは呼吸のことであり、しばしば風に通じるものとされる。風は天地の息《いき》であり、つまり天地間の気なのである。そこで道安は、そうした「息」の意味を根拠として「六息」を「六気」に掛けたのだ。

というわけで、「六息の大弁に御する者」は「六気の弁に御する者」と重なり、数息観と禅定の修行の窮極として想定される境地は、六気の弁に御して無窮の世界に遊ぶ至人の境地に重ねて考えられているのである。仏典を注解しながら、どうやら道安は首までとっぷりと老荘思想に浸《つ》かっていたようである。

最後に「寂を執りて以て有を御し、本を崇《たっと》んで以て末を動かさば、何の難《かた》きこと有らんや」と言っているが、「寂」によって「有」を御すことも、「本」を崇んで「末」を動かすことも、言葉は違うが意味することは同じで、根本(寂・本)によって末梢(有・末)を統御することである。こうした考え方は、すこぶる老荘的であるが、もっと具体的に言えば王弼の言葉にそっくりである。前に述べたように(第三章4)、王弼の『周易』「復」卦の注には「寂然至无《じゃくねんしむ》」という言葉があったし、王弼『老子注』のもっとも重要な思想は「無を以て本《もと》と為《な》す」ということであり、その具体相の一つが「本を崇んで末を息《や》む」という本末論であった。「息《や》む」と「動かす」では言葉が違うが、意味するところは、どちらもコントロールするということであり、実質的な違いはない。

このように見てくると、「安般注序」は仏教経典の解釈ではあるが、老荘思想の解釈でもあると言ってもよいほどである。

ただ、道安のために一言つけ加えておくと、当時の中国人は、当然のことながら、自分たちの伝統思想の上に仏教を受容したのであり、その時代の思想用語は儒教経典や老荘の書の言葉であった。そのうちでも、仏教という宗教を理解するためには老荘の言葉の方が適合していた。道安が老荘思想にのっとって仏典を理解したことは、時代状況から言えば、当然のことであった。

道安は、きわめて理論的な考え方の持ち主で、洞察力の鋭い人であった。仏典を翻訳する上での言語構造の違いもよくわかっており、中国人として初めて翻訳の体例（たとえば語順を変えざるを得ない場合など）を定めたほどである。むろん、老荘と仏教の違いもよくわかっていたと思われる。「安般注序」は、比較的若いころの著述のようであり、それゆえ老荘の言葉が目立つのであろう。

格義と三家の異説

その後の中国仏教について、ちょっと触れておこう。仏典に使われる用語には中国人になじみのないものが多かったから、ある時期には、それを中国の古典籍の言葉に置きかえて理解する方法がとられた。たとえば五戒を五常《ごじょう》（仁義礼智信）に当てて理解するようなことである。この方法を格義《かくぎ》といい、道安と同じく仏図澄門下の竺法雅《じくほうが》が唱えたという。たんなる用語だけでなく、思想そのものも中国思想に当てて理解することも広い意味での格義に含まれ、「安般注序」もその一例と言える。だが道安は、後に、格義は仏教を正しく理解する仕方ではないと批判して、格義仏教から離れた。

西晋の滅亡（三一六年）は中国人に大きな打撃を与え、帝室の一部の者が長江を渡って建国した東晋になると、それまでの為政についての反省やら、歴史の再認識が行なわれ、国や個人の運命についても深く思索されるようになった。その状況で仏教もより深く受容されるようになり、まずは三世因果《さんぜいんが》の思想が研究された。なぜこのような事態になってしまったのかという、深い反省によって求められた仏説である。

しかしその後、三世因果の思想は仏教本来の教えではなく、空《くう》の思想こそが仏教の根本らしいと認識されるようになった。こうした思索は、道安のいた北方中国よりも、長江を渡って建国された南方の東晋朝における思潮の特色であった。

だが空の思想は、それまで中国人の知らなかったもので、そのためにさまざまな理解の仕方が工夫された。

その代表が、僧肇《そうじょう》（三八四―四一四）の「不真空論」に見える三家《さんか》の異説である。僧肇は、鳩摩羅什《くまらじゅう》の門下で解空《かいくう》第一と称された人物であり、王弼にひけをとらぬほどの、やはり早逝した天才であった。三家の異説とは心無義《しんむぎ》、即色義《そくしきぎ》、本無義《ほんむぎ》の三つで、僧肇はこれらを論破して、正しい空の思想を把握したとされている。

簡単に言えば、心無義は、万有は万有として認め、それには関わらないという立場で心を無にする考え方である。即色義は「色即是空《しきそくぜくう》（あらゆる現象・存在は空であり、実体は無い、という考え方）」の面だけを見て「空即是色《くうそくぜしき》（空であるからこそ、この現実世界は成り立っている、という考え方）」には思い至らない考え方である。本無義は何もかも「無」だとする考え方であり、貴無論の影響が大きい。三家の異説には、老荘思想と王弼以来のその解釈が色濃く反映されており、詳しい研究の結果、それらを論破した僧肇の議論にも、老荘思想の影響があったと認められている。

こうして、初期の中国仏教は、老荘思想と深く融合して形成されたと言ってもいいほどなのである。これを要するに、老子の思想がなければ中国仏教の様相も大きく変わっていたはずであり、ひいては日本仏教のあり方も、だいぶ違ったものになったのではないか、と考えられるのである。

III 『老子』の注釈――河上公注を中心として

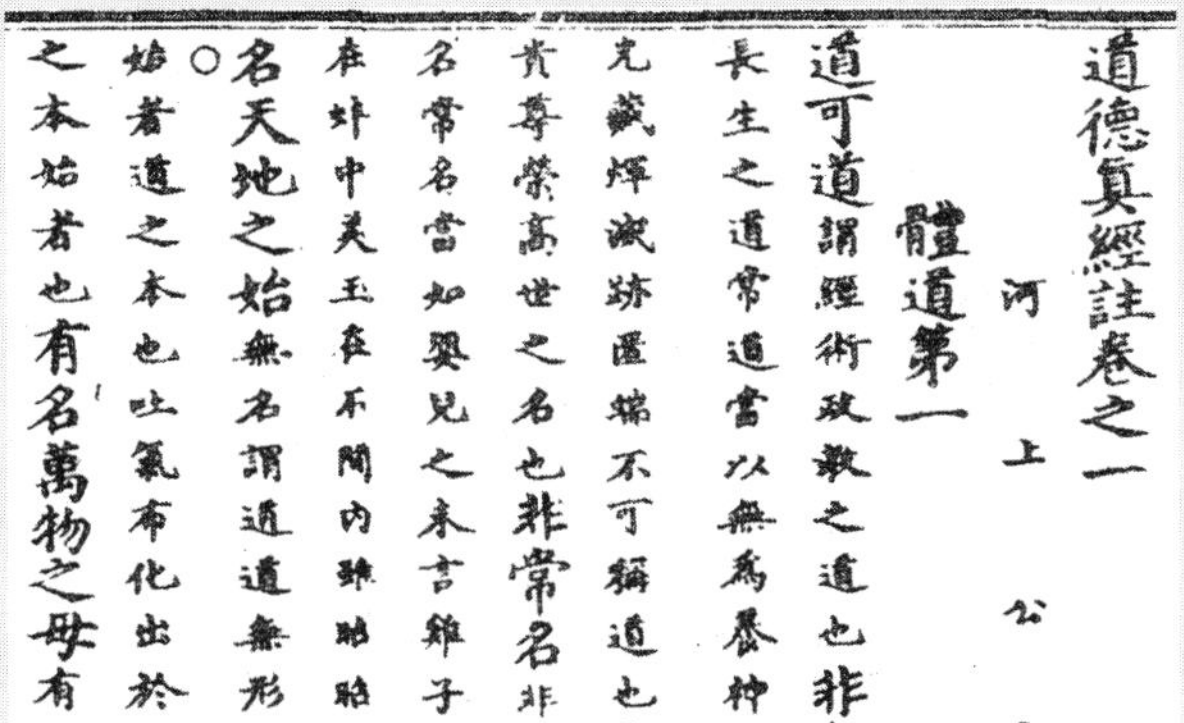
道德眞經註卷之一　知一
河上公章句
體道第一
道可道謂經術政教之道也非常道非自然
長生之道常道當以無爲養神無事安民含
光藏暉滅跡匿端不可稱道也名可名謂富
貴尊榮高世之名也非常名非自然常在之
名常名當如嬰兒之未言雞子之未分明珠
在蚌中美玉在不間內雖昭昭外如頑愚無
名天地之始無名謂道道無形故不可名也○
○始者道之本也吐氣布化出於虛無爲天地
之本始者也有名萬物之母有名謂天地天

老子河上公章句

第一章　『老子』河上公注と河上公説話

1　河上公注

注釈というもの

これまでも『老子』の注釈については部分的に言及した。Ⅰでは第三章で唐・玄宗の解釈について触れ、Ⅱでは第三章で魏《ぎ》の王弼《おうひつ》注について、ある程度の説明をした。Ⅲでは、もっぱら注釈を問題とすることにしよう。

注釈は『老子』を語る上でなくてはならないものである。注釈ぬきで『老子』を語るのは、何の準備もなしにけわしい冬山に登るようなものである。たとえば、『老子』第六章には「谷神不死《こくしん》」という文言があるが(Ⅱの第四章1参照)、これをどう読んだらよいのであろうか。「谷の神さまは死なない」と読んでも、何のことやら、まるでわからない。

もし、注釈がいっさい伝わっておらず、先人の研究もなく、文言そのものから解釈しなければならないとしたら、『老子』と同じころに成立したと思われる文献を調べて、「谷」とか「神」とか、あるいは「谷神」や「不死」などの言葉を手がかりに推測していく以外に方法はない。もちろん、この文言の前後の文章や、この文言と『老子』全体の関係なども考慮しなければならず、また、「同じころに成立した」ということ自体もむずかしい問題である。だいいち、いろいろな文献を調べるといっても、相当の訓練を受けた者でないと手に負えない作業である。あれこれ考えると、たったの四文字でも、その解釈には気が遠くなるほどの手間ひまがかかることがわかるであろう。

ところが、現在、我々の手もとには複数の注釈が伝わっていて、解釈について、おおよその枠組みを示してくれる。すると、「谷神不死」のほかに「浴神不死」とするテキストがあることや、「谷」はタニという読み方のほかにヤシナウという読み方もあることがわかる。「神」もカミと読むのかココロと読むのか、「不死」とは文字どおりの意味なのか比喩なのかという問題があることもわかる。さまざまな注釈を読んでみると、こうした読み方の幅は我々の想像以上に広いのであるが、注釈がなくて、原文を前にして途方にくれる状況よりも、いくつかの筋道があるだけ、はるかにましである。ある時代のある人たちは、ここをこう読んでいたということが、たしかにわかるのだ。

そこで、老子について、人物や書物という柱を立てて考察してきたからには、もう一本、注釈という柱を立てて考察する必要がある。そうでなければ、『老子』理解について、ろくな装備もしないで冬山に登れと命じているようなものである。

王弼注と河上公注

『老子』の注釈は山ほどあるが、代表は王弼《おうひつ》注と河上公《かじょうこう》注である。それぞれの注が拠《よ》っているテキストを王弼本とか河上公本(あるいは河上本)と呼ぶ。テキストが一つしかなければ、王弼が注をつけようと河上公が注をつけようと、テキストとその注の関係は単純で、ことさらに書物の問題にはならない。しかし古代の書物は、所有しようと思えば筆写するしかなかったから、さまざまな変化が生じ、流布《るふ》する過程でどうしてもいろいろなテキストが生まれた。その結果として、注とテキストとの関係は、切っても切れないものとなった。王弼と河上公では、読んだ『老子』の文言が違っていたのだ。テキストが違っていれば解釈が違ってくるのは当然である。

しかし、解釈の違いは、もちろん読んだテキストの違いにもよるけれども、より根本的には、注釈者の思想や立場の違いから起こる。

筆者が『老子』を読むときに、もっとも頼りとするのは王弼注である。IIで述べたように、王弼の文章には、きわめて大ざっぱに言えば、天地自然や人間についての哲学的な思索のほかに、結果として支配層の行為を正統化する政治的な弁論なども見られた。哲学的であると同時に政治的な注釈なのであり、後漢から魏にかけての社会の変化と深く関わるものであった。だが王弼注には、たとえば道教や神仙道とか、あるいは医学とか、そのほか特殊な立場からの記述は見られない。その意味では誰もが納得する一般性があると言えるのであり、だからこそ時代や社会の制約をこえて伝えられてきたのである。

これに対して、河上公注には道家《どうか》的な君主のあり方に関わる注釈と、道教的な長生不死を求める立場からの注釈が見られる。『老子』が道教世界に取りこまれ、道教経典の一つとなったことには、河上公注の影響が大きい。つまりIIIは、『老子』が道教化されていく歴史の一端を描いたものでもある。

『老子』の道教化もまた『老子』世界の重要な展開である。

歴代の道士たちが拠り所にしたのも河上公注であり、注釈の支持層が、各時代の知識人たちから支持されてきた王弼注とは異なる。たとえば、十二世紀の金代《きんだい》に成立した全真教《ぜんしんきょう》という道教の開祖王重陽《おうちょうよう》(一一一二—一一七〇)も第二祖馬丹陽《ばたんよう》(一一二三—一一八三)も、書物によって道を知ろうとすることを斥《しりぞ》け、看経《かんきん》を禁止しているが、丹陽は河上公注『老子道徳経』は時には見てもよい、と認めている。丹陽は重陽の教説を墨守《ぼくしゅ》した人で、河上公注を見ることは重陽も許容したのだと思われる。きびしい修行で知られる草創期の全真教でも、河上公注が尊重されていたことがわかる。

そこで本書では、これまでどちらかといえば政治的・社会的な方向からの考察が多かったが、ここでは注釈の代表として、道家的あるいは道教的な修行について述べることが多い河上公注を中心に考えてみよう。ほかにも宗教的な注釈はあるけれども、人々に及ぼした影響という点では河上公注には到底およばないのだから。本来ならば多くの注釈について縦横に論評できればよいのであるが、いまの筆者には、それだけの余裕はない。河上公注に焦点を合わせたのは、いわば次善の策でもある。

河上公注の特色を、よりはっきり摑《つか》めるように、かなりの箇所で王弼注と対比しながら読んだ。なお、本書では簡便に河上公注と呼んでいるが、詳しく言えば『老子道徳経河上公章句』である。章句とは、とくに後漢のときに経書などの注釈形式として流行したものである。

道家と道教

河上公注には、道家的君主の養神と統治法、それに道教的な修養法とが見える。その関係を考える前に、ここで道家と道教について、ごく簡単に説明しておこう。

道家とは、言うまでもなく諸子百家の一つで（Iの第一章1、第二章4―5参照）、独特の「道」の思想を尊重する人たちのことである。老子と荘子をその代表者とするが、『荘子』には政治だの権力だのに対する嫌悪感が目立つ。これに対して『老子』には、「無為にして為《な》さざる無し（何もしていないのに、すべてのことを為しとげている）」（第三十七章）という立場からの為政への関心が、我々の想像以上に色濃く見られる。けっして隠遁者《いんとんしゃ》の自己満足だけを追求した書物ではないのだ。『老子』に見える、その独特の統治思想、すなわち、封建制や郡県制体制下での実際の統治とは違った、常識的には統治とも呼べないような統治思想を基《もと》として、それなりに具体性を持たせて考え出されたのが道家的君主による統治法である。

道家的君主による統治とは、漢初以来の状況を念頭におけば、黄老の学によった無為の政治にほかならない。あとで述べるように、河上公注を伝えたとされる河上丈人《じょうじん》は黄老の学を修め、河上丈人こそ河上公であるという伝承があるが、その伝承にぴったり相応して、河上公注には道家的な君主の統治法や心構えなどがかなりの分量で記されている。ただ、河上公は、為政全般に思索をめぐらすよりも、もっぱら道家的君主自身の修養の問題により多くの関心を寄せたように思われる。

一方、道教は、道を神格化した多くの神々を信仰し、長生きや生活の安寧を願う宗教である。そこに、神仙思想やら錬金術、健身体操、医術そのほか、さまざまな方術や思想が流れこみ、複雑なものとなった。仏教が中国社会に受容されるようになると、その形式や内容のさまざまな面を取りこみながら、その一方で、仏教に対抗して教団組織や神々の系譜や経典や修行法などが体系づけられるようになった。

本書では、道教の先駆とされる太平道(IIの第二章2)や五斗米道《ごとべいどう》(天師道。Iの第三章1)に言及し、老子の神格化についても、その一面に触れた(Iの第三章1、第四章)。道教の成立や展開、宗派や教理や修行法などについては複雑な問題があり、片手間に論じられるようなことではなく、専門的研究に任せるほかない。

道家とは思想家を呼んだもので、道教とは宗教であるが、唐の玄宗の為政や思想に見られたように、区別なく使われる場合もある。道士たちが道家と呼ばれることも、めずらしくない。筆者が道教調査で大陸をまわっていたころ、よく道観で食事をふるまわれたが、道士たちは、これを道家菜《タオジアツァイ》と呼んでいた。英語で言えば、道家も道教もタオイズムである。こうしたあいまいさもあるが、研究者は道家と道教を区別するのが一般的である。

時代によって、また、人によって異なるが、仏教も道教も、おおむね一般庶民から皇帝までが信仰した。信仰の理由には、むろん立場によって違いがあった。道教にはまた、仏教の僧侶とおなじように、修行や儀式を専門とする道士がおり、彼らの目的もまた、ただの庶民や政治の当途者《とうとしゃ》のそれとは違っていた。ごく大ざっぱに言えば、個人の問題として見た場合、仏僧の目標は成仏《じょうぶつ》(悟りを得る)にあり、道士の目標は成仙《せいせん》(不老不死)にあった。もちろん仏僧にも道士にも、世の人々を救済するという意図もあったことは言うまでもない。

筆者が道教の調査をしていたとき、一九八〇年代末の調査の時だったと記憶しているが、ある若い道士に道教入信の動機を尋《たず》ねたところ、「仙人になるため」と返事が返ってきた。いくら若い中国人でも、仙人が小説や物語中の架空の存在だということくらいは承知だろう、と思っていたから、じつに単刀直入に胸を張って答えられたのには、びっくりした。筆者が不審な顔をしたためであろうが、そばにいた老道士が「仙人は、現代風に解釈されているのだよ」と説明してくれた。仙人とは、つまり不老長生の道士なのだ、と。ただ、その若い道士もそう思っていたかどうかは分からない。

道士が入信する事情はいろいろであるが、道姑《どうこ》(女道士)の場合は家庭に問題がある場合が多いようである。個人的な不幸という理由もあり、入信の事情は気やすく訊《き》けるようなことではない。

一般庶民が道教の神々を信仰するおもな理由は、むかしも今も現世利益《げんぜりやく》であり、最大の願いごとは、現在では「発財《ファーツァイ》(商売繁盛、金もうけ)」である。道観に祀《まつ》られている多くの神像には、参拝者が願いごとを書いた絵馬のような札《ふだ》が掛けられている場合があるが、もっとも多く掛けられているのは財神(関羽《かんう》や比干《ひかん》など)の前である。つぎが、子どもを授けてくれる送子《そうし》娘娘《ニャンニャン》(娘娘とは女神のこと)、さまざまな病気を治してくれる神々(眼光娘娘や著名な医師など)、学業成就を援護してくれる神々(文昌帝《ぶんしょうてい》君《くん》や関羽など)などである。庶民の道教信仰は、だいたい、むかしからこんなものであったようだ。

2 河上公説話

では河上公の話に移ろう。しかし王弼の人物像は具体的にわかるけれども、河上公の人物像は、じつは、よくわからないのである。ちょうど老子の人物像が靄《もや》がかかったように捉えがたいのと同じく、その注釈者もまた霞《かす》んでいるのである。

「河」とは河水《かすい》(黄河)のことで、「上」とはほとりのことである。河上公とは、つまり黄河のほとりに住む人という意味で、具体的なことは、何もわからない。いわば伝説中の人物であるが、葛洪《かっこう》『神仙伝』には、つぎのような話がみえる。

神人河上公

河上公は、その姓名は誰も知らない。漢の文帝のとき、黄河のほとりに草庵を結び、いつも『老子道徳経』を読んでいた。当時、文帝は老子の道を好み、もろもろの王公や大臣、州の長官、朝廷に列する家臣たちに命じて、皆にこれを読ませた。『老子経』に通じない者は、朝廷に列席させなかった。

文帝は経について疑問の箇所があったが、誰も答えられなかった。侍郎《じろう》[1]の裴楷《はいかい》が「河南陝《せん》州の黄河のほとりに『老子』を誦《しょう》している(常に口にしている)人がおります」と上奏すると、文帝はすぐに使者を派遣して疑問のところについて質問させた。すると河上公は「道と徳とは尊貴なものです。遠方から問いただすべきものではありませぬ」と応《こた》えた。文帝はすぐに帝車に乗って河上公の所へ赴《おもむ》いた。

しかし河上公は庵中にいるままで出てこない。そこで文帝は家臣を遣《つか》わして「この天《あま》が下《した》は王土でない所はない。地の涯《はて》までも王臣でない者はない。この世界には四つの大なるものがあり、王はその一つである。そなたは有道者ではあるが、それでも朕《ちん》が民である。身を屈する(拝礼の意味)こともせず、なにゆえ高く構えるのじゃ。朕は民を富貴《ふうき》にも貧賤《ひんせん》にもできるぞ」と言わせた。

するとと河上公は手を叩《たた》いて坐ったまま浮かび上がり、だんだんと空中に上がっていって、百余尺の所で止《と》まった。しばらくして、河上公は下を向き、「余《よ》は、上《かみ》は天《てん》に至らず、中《なか》は人に煩《わずら》わされず、下《しも》は地に居《お》らぬ。どうして民でありましょうや。君は余を富貴や貧賤にできますかな」と述べた。文帝はびっくりして、河上公が神人であることを悟り、乗り物から降りて稽首《けいしゅ》の礼をして謝り、「朕は不徳ではありますが、忝《かたじけな》くも祖先の帝業を継いでおります。菲才《ひさい》(才能が乏しいこと)にして任務は重く、任に堪《た》えぬことを憂いております。(政治に従事しておりますが)志《こころざし》は道徳(老子の教え)を奉じておりますただ愚昧《ぐまい》ゆえにわからぬ点が多々あり、願わくは道君、慈悲を賜《たま》い、教えを垂れんことを」と述べた。

そこで河上公は素書《そしょ》『老子道徳章句』二巻をあたえ、「これを熟読研究すれば、疑問は自《おの》ずから解けよう。余がこの経を著《あら》わしてから千七百余年になるが、伝授した者は三人のみ、あなたを入れれば四人じゃ。滅多な者に見せてはなりませぬ」と伝えた。文帝は拝してひざまずき、経を受けた。河上公は、言い終わると姿が見えなくなった。そこで文帝は西の山に台《うてな》を築き、眺めてみたが、二度とふたたび姿を見ることはできなかった。

このことを論ずる者があり、文帝は大道を好んだが心がまだ純粋に(道徳の教えを)信じるまでになっていなかったので、神変を示して帝を悟らせ、成道《じょうどう》させようとしたのだ、としている。当時の人は、この神人のことを「河上公」と呼んだ。

右が『神仙伝』に見える「河上公伝」である。仏典や道典には、仏や神が空中から説教する話がたくさんあり、手を叩《たた》いて空中に浮かぶ話にも拠り所があると思われるが、今のところ筆者には、何に拠ったかわからない。

『法華経』「見宝塔品《けんほうとうぼん》」に、釈迦牟尼仏《しゃかむにぶつ》が「座より起《た》って虚空《こくう》の中に住したもう」とか、「諸《もろもろ》の大衆《だいしゅ》を接して(迎えて)、皆虚空に在《お》きたもう」などの場面があり、「提婆達多品《だいばだったぼん》」に、文殊師利《もんじゅしり》などが「大海の娑竭羅《しゃかつら》龍宮より自然《じねん》に踊出《ゆじゅつ》して、虚空の中に住し」とか、「無数の菩薩、宝蓮華に坐して、海より踊出し、霊鷲山《りょうじゅせん》に詣《もう》でて、虚空に住在せり」などの記述があり、河上公説話は、あるいは、これらの話と何らかの関係があるかもしれない(2)。

説話中の文言について少し説明すると、文帝が述べた言葉に「この天《あま》が下《した》は王土でない所はない。地の涯《はて》までも王臣でない者はない」とあるのは、『詩経』小雅《しょうが》「北山《ほくざん》」の「溥天《ふてん》の下《もと》、王土に非《あら》ざる莫《な》く、率土《そつど》の浜《ひん》、王臣に非《あら》ざる莫《な》し」を引いたものである。「溥」は、あまねくの意味で、溥天とは大地をあまねく覆《おお》う天の意味である。「率《そつ》」は自(〜より)の意味で、古代中国人の考え方では大地の四方の涯《はて》にはすべて海があり、浜《ひん》は、その大地の涯が海と接する境界のことである。そこで、「率土《そつど》の浜」とは、大地の涯よりこちらという意味となり、結局、四海《しかい》の中《うち》(この中国世界)とおなじ意味となる。

「北山」の文言は、帝王にとって、まことに都合《つごう》のいい言葉であり、こんな言葉を振りかざされては人民はたまったものではない。権力者が昔からいかに得手勝手《えてかって》をしてきたかを象徴するような言葉である。

続けて文帝が述べた「この世界には四つの大なるものがあり、王はその一つである」は、『老子』第二十五章の「域中《いきちゅう》に四大《しだい》有り、而《しか》して王は其《そ》の一に居《お》る」を引用したもので、四大とは、道、天、地、王のことである。

稽首《けいしゅ》の礼とは最高の礼で、頭を膝よりも下にさげる。地に伏して頭を地につける場合もある。むろん、帝王がすべき礼ではない。その前の威張った文帝との落差が強調されているのである。

素書『老子道徳章句』二巻の箇所は、テキストによっては素書二巻とあるだけである。素書とは絹に書かれた書物、つまり帛書《はくしょ》のことであろう。黄石公《こうせきこう》という仙人に『素書』という著作があるので、ここもそれだとする説もあるが、河上公の話に黄石公を出す必要は、まったくない。

『神仙伝』は道教の大学者、葛洪（抱朴子《ほうぼくし》。二八三―三四三あるいは三六三）の著作と伝えられるが、その流伝《るでん》には問題があり、現行本は明代あたりに編纂されたもののようである。テキストもいくつかあり、ここで使用したものは『列仙伝神仙伝注訳』(3)である。北宋の初めに編纂された『太平広記《たいへいこうき》』に収められた「河上公伝」などと比べると、やや冗長《じょうちょう》である。テキストによっては、これを文帝の話ではなく、次の景帝のこととしている。いずれにせよ、黄老を尊んだ皇帝には違いない。

なお、葛洪の従祖（祖父の従兄《いとこ》）の葛玄《かつげん》が書いたとされる『老子道徳経序訣《じょけつ》』というものがあり、これにも『神仙伝』に見える「河上公伝」とおなじような記述がある。

侍郎裴楷と侍中裴楷

『神仙伝』には侍郎裴楷《はいかい》なる人物が登場したが、裴姓の人物は『史記』や『漢書《かんじょ》』には見えない。『後漢書』には見えるので、裴氏は、そのころから時代の表舞台に登場する氏族となったようだ。

裴楷（二三七―二九一）は劉宋・劉義慶の『世説新語《せせつしんご》』にもたびたび出てくる西晋の人物である。『世説新語』「徳行」篇には、裴楷が、ある王たちの租税から一部を下げわたしてもらい、それで親類縁者の貧しい者を救ったという話が見える。ある人が、なんで他人《ひと》のもので慈善を行なうのか、と譏《そし》ると、裴楷は「余ったものを減らし、足りないものを補うのは、天の道である」と応じた、という。裴楷の言は『老子』第七十七章の「天の道は、余り有るを損して足《た》らざるを補う」の引用である。

おなじく「言語」篇には、晋(西晋)の武帝(司馬炎)が即位したとき、くじを引いて一がでた、という話が見える。王朝の世代数は、このくじの数に基づくとされていたので、武帝は不機嫌になるし、群臣も色を失って、誰も口がきけない。すると侍中(4)の裴楷が進み出て、「臣(私)は、天は一を得て清らかに、地は一を得て安らかに、王侯は一を得て天下の長となる、と聞いております」と述べた。武帝は喜び、群臣は感服した、と。これは『老子』第三十九章の「天は一を得て以《もっ》て清く、地は一を得て以て寧《やす》く、……侯王は一を得て以て天下の貞《てい》(5)と為《な》る」に拠ったものである。

そこで、『老子』のことで前漢の文帝から下問があったときに情報を伝えた侍郎裴楷とは、『老子』を当意即妙《とういそくみょう》に引用して非難をかわしたり、気まずい状況を『老子』の言葉で救って晋の武帝を喜ばせたという、この侍中裴楷のイメージから作られた人物であろう。裴楷と言えば『老子』が連想される人物であるし、侍郎と侍中はよく似た官職名で、その職掌もおなじようなものである。

だとすれば、この河上公説話ができたのは、さかのぼっても晋代までということになる。憶測の上にさらに憶測を重ねるならば、よく知られている同時代人を昔の人物にしてしまうのは心理的にかなり抵抗があると思われるので、この説話は、西晋の裴楷もやはりかなり昔の人という感じになった時代、つまり南北朝時代以降にできた説話ではないか、と考えられる。その場合、作者は、むろん葛洪では、ありえない。

ただし河上公説話が創《つく》られたことと河上公注が書かれたことは別のことである。かりに説話が南北朝時代以降にできたものだとしても、注もそれ以前にはできていなかった、ということにはならない。通説では河上公注は後漢の後半に成立したとされている。

もう一人の河上公——河上丈人

老子に候補者が数人いたように、河上公にも河上丈人《かじょうじょうじん》こそ河上公だという説がある。丈人（丈《つえ》をつく人）は老人のことであるから、河上丈人とは黄河のほとりに住む老人という意味で、たしかに河上公と呼んでもさしつかえない。

『史記』「楽毅伝《がっきでん》」末尾の司馬遷のコメントによれば、「楽毅の一族である楽臣公《がくしんこう》（楽巨公《がっきょこう》とも書かれる）は黄帝・老子の学を学んだが、その祖師は河上丈人と号した人物で、その経歴は分からない。河上丈人は安期生《あんきせい》に教え、安期生は毛翕公《もうきゅうこう》に教え、毛翕公は楽瑕公《がっかこう》に教え、楽瑕公は楽臣公に教え、楽臣公は蓋公《こうこう》に教えた。蓋公は斉《せい》の高密《こうみつ》や膠西《こうせい》の地で教え、曹相国《そうしょうこく》（曹参）の師となった」という。楽臣公は黄老の学を修め、斉では名声があり、賢師と称されたという。蓋公と曹参についてはⅠの第二章6で述べた。斉は、楽臣公以来、まさに黄老思想の本場であったわけである。

河上丈人は黄老の学を修めた人のようであるが、『老子』に注をつけたとは司馬遷も言っていないし、『漢書』「芸文志《げいもんし》」にも著録はなく、漢代の典籍にもそのことに言及したものはない。ところが、竹林の七賢の一人、魏の嵆康《けいこう》（二二三—二六二）の『聖賢高士伝《せいけんこうしでん》』には「河上公は、どこの人だかわからない。丈人と呼ばれている。徳を隠して何も言わず、無徳にして称《たた》えられた。安丘《あんきゅう》先生らは彼にしたがい、その黄老の学業を修めた」とあり、おなじころの皇甫謐《こうほひつ》(二一五―二八二)の『高士伝』には「河上丈人は、どこの国の人だかわからない。老子の術に明るく、自《みずか》らその姓名を匿《かく》して黄河の湄《び》(ほとり)に居り、『老子章句』を著《あら》わした。そこで、世間では河上丈人と号《よ》んでいる。戦国時代の末に当たり、……丈人は身を隠して道を修め、老いても(修行を)欠かさなかった。学業を安期生に伝え、道家の宗《おおもと》となった」とある。

両『高士伝』によれば、河上公と河上丈人は同一人物ということになり、『老子』に注をつけたという説は、三国のころにできたもののようである。

ところで、嵆康の『聖賢高士伝』に、河上公が「無徳にして称《たた》えられた」とあるが、徳がないのに称えられるというのは変な話である。だが、これには道家思想特有の理屈があるのだ。

『老子』第三十八章に「高い徳を身につけた人は徳を意識していない。そういうわけで徳がある。低い徳を身につけた人は徳を失うまいとしている。そういうわけで徳がない(上徳《じょうとく》は徳とせず、是《ここ》を以《もっ》て徳有り。下徳《かとく》は徳を失わず、是を以て徳無し)」という文言があり、この「徳が無い(無徳)」は、たしかに否定的な意味で言われている。

だが、第九章の「盈《み》ちたりた状態を失わないように保ち続けるのは、やめておいた方がよい(持《じ》して之《これ》を盈《み》たすは、其《そ》の已《や》むるに如《し》かず)」の「持《じ》して(保ち続けて)」に、王弼は「徳を失わないことを言っているのである」と注し、「已《や》むるに如《し》かず(やめておいた方がよい)」には「つまり、とても無徳無功の者に及ばないことを言っているのである」と述べている。この「無徳」とは、徳の意識を超越した境地のことである。第三十八章と第九章注をあわせて言えば、「下徳」の者とは盈《み》ちたりた状態を失わないように保ち続ける者であり、「上徳」の者とは無徳無功の者ということであって、「無徳」には文字どおり「徳が無い」という意味と「徳を超越した最高の境地」という意味があるのである。

こうしたところが古代中国思想の面倒なところであって、おなじ表現で違った意味を表わすのであるから、厄介なことこのうえない。正しく解釈するためには、古代中国思想には我々の日常の理屈とは違った理屈があることを意識したうえで、文脈の流れを徹底的に的確に把握していくより方法はないようだ。

さて、では河上公が『老子』につけた注には、どのような思想がこめられているのであろうか。

3　道家的君主の統治と養神——『老子』第一章河上公注

道家的か道教的か

さきほども述べたように、河上公注には道家的君主の養神(修心)と統治法、それに道教的な修養法とが見える。河上公注は道家的か道教的かの問題を考えるにあたって、河上丈人の伝説を念頭に置けば、道家的君主の養神や統治法の面が基本であろう。そこで、まずその方面について考え、その後で、道教的な注との関係を考察することにする。

河上公注のうち、道家的君主のあり方を中心として解釈している代表的な章に第一章注があるので、その検討から始めよう。

『老子』第一章は、古来、難解な章として知られている。そこで、まずは、その概略を見ることにしよう。訓読して引用すれば、つぎのようである。

道《みち》の道とす可《べ》きは、常《つね》の道に非《あら》ず。
名の名とす可きは、常の名に非ず。
名無きは天地の始め、名有るは万物の母。
故に常に欲無くして以《もっ》て其《そ》の妙《みょう》を観《み》、常に欲有りて以て其の徼《きょう》を観る。
此《こ》の両者は同じきより出《い》でて而《しか》も名を異《こと》にす。
同じきを之《これ》を玄《げん》と謂《い》う。玄の又《ま》た玄、衆妙の門。

一読して、まことに手強《てごわ》い印象である。盛られた思想に対して表現が簡単すぎるから、この文意を的確に把握することは、たいへんむずかしい。そこで、さらにこれをかみ砕いて説明すれば、つぎのようになるであろう。

道という言葉には、日常的に使われる意味のほかに、「常の道」つまり宇宙の根元的な実在あるいは理法という意味がある。実在あるいは理法としての道は、日常的な道の意味で理解しては、いけないのだ。

名前についても同じことで、日常的に使われる場合と、「常の名」つまり実在あるいは理法としての道に関わる場合とがある。天地が造り出される時には、まだ何の名前もないが、万物が造り出された後では、それぞれに名前がつく。

日常的なことを頭から追い払い、根元的な道のことだけに意識を集中して世界を眺めると、道の活動が微妙で奥深いものだということが見えてくる。一方、日常的な立場から世界を眺めると、天地万物が活動している現象が見えるだけである。

道の活動のありさまも天地万物の活動のありさまも、どちらも根元的な道から出てくるので「奥深い」のであるが、そう言っただけでは根元的なことと日常的なことの区別がつかないから、「奥深い」ものと「奥深い上にもさらに奥深い」ものが区別される。

その「奥深い上にもさらに奥深い」もの、つまり道からあらゆる物事が生まれてくるのだ。

このようにかみ砕いても、なお隔靴《かっか》掻痒《そうよう》の感があるが、河上公は、ここをどのように注解しているのであろうか。

『老子』第一章河上公注

まず全体を見通すために、かなり複雑になるが、『老子』本文の下に河上公注をつけて示すことにしよう(6)。

「道《みち》の道とす可《べ》きは(これが道ですと示せるような道は)」…経術政教の道を言うのである。

「常《つね》の道に非《あら》ず」…自然長生の道ではない。「常《つね》の道」とは、まさに無為によって神《しん》を養い、民を束縛する仕事を無くして民を安らかにすることであり、輝く美徳は心の内にしまい込み、功績をひけらかさず、事績を知らしめるような端緒《たんしょ》は隠し、(自らを)褒《ほ》めたたえるようなことは、してはいけない。

「名の名とす可《べ》きは(これが名ですと示せるような名は)」…身分が高く財産が多く、繁栄して、世に名高いということ(富貴尊栄、世に高きの名)を言うのである。

「常の名に非ず」…自然常在の名ではない。「常の名」とは、まさに赤子がまだ何もしゃべらず、鶏がまだ卵を生まず、明珠《めいしゅ》がまだ貝の中にあり、美玉がまだ石の中にあるようなもので、内面は明らかであるが、外面は愚鈍のようであることである。

「名無きは天地の始め」…「名無き」とは道のことを言ったもの。道は形が無いから名づけることができない。「始め」とは道の本《もと》(始め)のことで、道は気を吐きだして、あまねく万物に変化させるが、虚無から出て、天地の本始《はじめ》となるのである。

「名有るは万物の母」…「名有る」とは天地のことを言ったもの。天地には形と位があり、陰と陽があり、柔と剛があり、これがその名が有るということである。「万物の母」とは、天地が気を含んで万物を生みだし、成長させ成熟させることが、母が子を養うようなものだということである。

「故に常に欲無くして以《もっ》て其《そ》の妙《みょう》を観《み》」…「妙」とは要《よう》のことである。人がいつも無欲であることができれば、道の要《かなめ》を観ることができる。要とは、一のことである。一は、この世界に働きかけて、万物に名を与えたり世界の隅々まで道を行きわたらせたり、是非を明らかにするのであり、そのことを讃《たた》え叙《の》べたのである。

「常に欲有りて以て其の徼《きょう》を観る」…「徼」とは帰《き》のことである。いつでも欲が有る人は、世の中の帰着するところを観るのである。

「此《こ》の両者は同じきより出《い》でて而《しか》も名を異《こと》にす」…「両者」とは有欲と無欲のことである。「同じきより出で」とは、どちらも同じように人心から出るということである。「而《しか》も名を異《こと》にす」とは、呼び名がそれぞれ違うということである。無欲と呼ばれる人は長生きし、有欲と呼ばれる人は身を亡《ほろ》ぼすのだ。

「同じきを之《これ》を玄《げん》と謂《い》う」…「玄」とは天である。有欲の人も無欲の人も、同じように天から気を受けているということを言っている。

「玄の又《ま》た玄」…天の中にも復《ま》た天がある。天からの気の受け方に厚薄があり、中和の豊かな気を受ければ賢聖が生まれ、混乱して汚《よご》れた気を受ければ貪淫《たんいん》が生まれる。

「衆妙の門」…天の中にさらに天があり、天からの気の受け方に厚薄があることをしっかり認識して、情欲を除去し中和を守ることを、道の要《かなめ》を知る入り口と言うのだ。

道について

右が『老子』第一章本文と河上公注のすべてである。では、この注からどのようなことが言えるであろうか。

河上公は、通常の道を「経術政教の道」としている。経術政教とは儒教の経典に基づいて行なう政治と教化のことであり、河上公は、通常の道をきわめて具体的に限定したのだ。

もともと『老子』は、さきほども述べたように、独特の思想に基づきながら為政者の統治法を述べた部分が基本である。自分が考える理想的な世の中を、しかるべき為政者に実現してもらうことこそ老子の本願であった。古代中国人の常識では、『老子』は決して隠遁者の自己満足を述べたものでもなければ、個人的な悩みを解決する方法を述べたものでもないのだ。河上公は、その常識に従って、通常の道とは儒家的な統治法なのだ、と述べたのである。

その儒家的な統治法は「常《つね》の道に非《あら》」ざるものであるから、「常の道」とは、当然、非儒家的な統治法つまり道家の統治法ということが予想される。その予想は正しいのであるが、だが河上公は、当面、「常の道」は「自然長生の道(自《おの》ずから然《しか》る長生の方法)」である、とした。この点に、すでに河上公の見解がくっきりと示されている。河上公によれば、『老子』の窮極の目的は長生の方法を述べたものということになるのだ。

ただし、「長生」に「自然」がついていることが重要で、むりな術によって長生を図ることは、自然長生の道にはならない。この点は、さまざまな術を駆使する道教的な不老長生の思想とは異なるものであり、やはり道家的な長生法と考えるべきであろう。道家的君主の無為による養神の極致を具体的に言ったものが自然長生なのだと考えられる。しかし同時に、「長生」とあることから容易に道教的長生術と結合される可能性も残したことになる。

「常の道」を「自然長生の道」とした説明に続けて述べていることは典型的な道家の聖人・聖王像であり、その点では、通常の道を「経術政教の道」と限定したことにぴったりと対置されている。

「無為によって神《しん》を養」うというのは「自然長生」を言いかえたものであって、しかるべく神を養えば、おのずと長生になる、という楽観論がその根底にある。民を安んずることの前に、君主は、まず自分の神を養うことが重要なのである。この神とは、精神つまり心のことであろう。

「民を束縛する仕事を無くして民を安らかにする」とは、道家的君主の統治法であり、民を束縛する仕事というのは、政令をたくさん出して民を縛ったり、民を動員して土木工事をさせたりなど、現実的なさまざまな施策のことである。

こうして道家的君主は、無為によって、自分については神《しん》(心《こころ》)を養って長生し、政治については、さまざまな施策によって民を束縛したりせず、民心を安定させる、ということになる。「輝く美徳は心の内にしまい込み」以下は、そうした君主のあり方を述べたものである。

道家的君主の養神

道家的君主は民を安んずることの前に、まず自分の神《しん》を養うことが重要であるというのは、もともと『老子』第十三章に、

その身を大事にしながら天下のためにする者ならば、その者に天下を託することができる。その身を愛《いと》おしみながら天下のためにする者ならば、その者に天下をあずけることができる。

という主張があるからである。

無為によって神《しん》を養い、民を束縛する仕事を無くして民を安らかにする道家的君主は、天下よりも、まずわが身を大切にするのであるが、もちろん、これは、わが身さえよければ天下のことなど知ったことではない、という意味ではない。本当の意味でわが身を大切にする人ならば、他の人をもまた大切にし、ひいては天下を大切にするであろう、ということである。

「本当の意味で」と言ったのは、「自然長生」の自然と関連がある。『老子』の「自然」については前にも述べたが(Iの第四章4)、我々の言う自然、すなわち天地や季節、山川草木や花鳥風月などの自然とは違っている。我々の外側にあって目で見たり肌で感じたりするもの、ではないのである。(7) 自然の「自《おの》ずから」とは、他《ほか》から何の力も及ぼされず、それ自体で、ということであり、「然《しか》り」とは、そのようである、の意味である。「他の力」とは人力のことであり、つまり人為・人工である。

「自」にはまた時間的な起点を示す意味もある。「自古《じこ》(昔から)」と並んで「自今《じこん》(これから)」という言い方もあるから、「自」だけで「昔から」の意味になるわけではないが、「自若《じじゃく》」や「自如《じじょ》」は、もとのまま、前と変わらない、の意味であり、「若」と「如」と「然」は意味として通じあうから、「自然」にもそうしたニュアンスがある。

したがって『老子』の「自然」とは「もともとの昔から、他から何の力も及ぼされることなく、それ自体でそのようである」という状態を示した言葉と考えてよい。

では、人は昔はどのように生きていたか、と考えると、老子風に言えば「小国寡民《しょうこくかみん》」(第八十章)の、いわば原始共同体の中で生活していた。そこで、わが身を大切にする人は他の人をもまた大切にし、ひいては天下を大切にするというのは、この原始共同体の意識の上に成りたつ考え方ではなかったか、と考えられる。天下と言っても、せいぜい小国程度なのである。そういう社会ならば、たしかに君主の目は人民の一人ひとりにまで行きとどくし、人民もまた君主の修神に共感するであろう。

名について

名についても、同じように道家的君主像が根底にあるようだ。「身分が高く財産が多く、繁栄して、世に名高い」ことは、言うまでもなく儒家がきわめて尊重するものであり、「経術政教の道」と、まさしく対《つい》になるような具体的なことがらである。

それに対置された「自然常在の名」は、「自然長生の道」と表現の形は同じであるが、いまひとつ意味がはっきりしない。そこで、「常の道」に「まさに無為によって神《しん》を養い云々《うんぬん》」と説明を加えたのと同じように、「常の名」とは「まさに赤子がまだ何もしゃべらず云々」と説明を加えたのである。ただ、これが「常の名」であると言われても分かりにくいことおびただしいが、何かが現実化される以前の、未分化で、いかなる限定も受けていない状態を言うのであろう。そういうものであれば、たしかに日常の「名」ではない。

その何かとは、内部はすばらしいが外部はぼんやりしたものである。こうした発想は、もともと『老子』中に認められるもので、第七十章に「聖人は、そまつな着物をきていても、しかし懐《ふところ》には宝玉を抱《いだ》いている(聖人は、褐《かつ》を被《き》て、而《しか》れども玉を懐《いだ》く)」とあり、外面は愚鈍であるが内面は本物の叡智に満ちている、というのは道家の典型的な聖人像であった。

こうしてみると、河上公注では通常の道や通常の名は儒家的な価値を現わしたもの、常の道や常の名は道家的な価値を現わしたものとして、まとめられる。その道家的価値の窮極が自然長生の道にほかならない。しかし、道家的な価値といってもこの世俗世界に属するもので、宇宙を構成する根元的な実在とか理法などという大げさなものではない。『老子』には、そうした宇宙論的な発想があるけれども、河上公は戦国から秦漢あたりの常識に従って具体的に儒家的価値と道家的価値の対立として注解したのである。古代中国人にとっての河上公注は、彼らの常識に則《のっと》った具体性があるから、案外、平明でわかりやすいものであったかもしれない。

王弼の解釈

ここまでの箇所について、参考までに王弼注を見てみると、「道とす可《べ》きの道、名とす可きの名は、事を指し形を造《な》し、其《そ》の常に非《あら》ざるなり。故に道とす可からず、名とす可からざるなり」とある。「事を指し形を造《な》し(指事造形)」の「指事」とは、後漢・許慎の『説文解字《せつもんかいじ》』に見える漢字構成法の一つでもあり、上や下、本や末、数字など、抽象的な意味を表わす漢字のことである。「造形」の「造」は「成」や「為」の意味、「形」は『周易』「繫辞上伝《けいじじょうでん》」に「地に在りては形を成す」とあり、これに東晋の韓康伯《かんこうはく》は「形は山川草木を況《たと》う」と注をつけている。つまり指事造形とは、上とか下のように指し示すことができたり、山川草木のようにその姿形を見ることができるもののことである。

言うまでもなく、これらの事や形には恒常性はない。だから、それらは「常の道」や「常の名」ではない、というのが王弼の説明である。すこぶる簡潔でわかりやすいし、儒家や道家という余計な要素もない。古代中国人ばかりでなく、儒家や道家その他の中国思想に関する予備知識がまったくなくても、誰でも理解できる一般性を具《そな》えている。現今、河上公注よりも王弼注の解釈を頼りに『老子』が読まれるのも、当然のなりゆきであろう。

天地万物について

無名・有名と天地万物との関係について、河上公が言っていることは、「無形の道が気を吐き出し、天地が生みだされ、その段階で名ができる。その天地の中に満ちている気から万物が生まれるが、ちょうど母が子を育てるように、天地は万物を育てるのだ」ということである。

天地に形位、陰陽、柔剛があると言っているのは、天は円《まる》く地は方《しかく》いという形、天は尊《たか》く地は卑《ひく》いという位があり、陰陽については日陰《ひかげ》と日向《ひなた》、冬と夏、夜と昼などのことで、剛柔には、剛《かた》いと柔らかいという意味のほかに、陽と陰、男と女、昼と夜などに当てられたり、奇数の日を剛日、偶数の日を柔日と言ったりするからであろう。

河上公注は『老子』第二十五章などの、道から天地万物が生まれてくるという表現を踏まえたものであるが、生みだされる過程を、道が天地を生み、天地が万物を生むとして、はっきりと二段階にしている。

『老子』に戻って考えると、第二十五章には(Iの第二章2参照)、

何かが混沌として運動しながら、天地よりも先に誕生した。それは、ひっそりとして形もなく、ひとり立ちしていて何物にも依存せず、あまねくめぐりわたって休むことなく、この世界の母と

もいうべきもの。わたしは、その名を知らない。かりの字《あざな》をつけて道と呼び、むりに名をこしらえて大と言おう。……人は地のあり方を手本とし、地は天のあり方を手本とし、天は道のあり方を手本とし、道は自《おの》ずから然《しか》るあり方を手本とする。

とあった。ここの窮極の概念は「自然」であり、人↓地↓天↓道↓自然という順序が示されているが、自然とは、いわば道のあり方を示した言葉であり、道を離れて自然があるわけではない。つまり、道と自然は同じ次元にある。人↓地↓天の関係においても、天が地を、地が人を生むということではなく、天・地・人は、道から生みだされるものとして同じ次元にある。つまり、道が天地を生み、天地が万物を生むという二段階として考えているわけではない。だからこそ道は「この世界の母」(8)と言われているのである。

王弼注との対比

第一章の「名無きは天地の始め、名有るは万物の母」について、王弼は、

およそ有は、すべて無から始まる。だから形も名も無いときが、つまり万物の始めなのである。形ができ名が有るときになってから、(道は、形名のできたものを)成長させ、育《はぐく》み、形をしっかり定め、中身を完成させ、その母となるのである。言っていることは、道は無形無名から始めて万物を生みだし、(万物は)生みだされ成育されても、なぜそうなったかは分からず、玄のまた玄な

のである、ということである。

と注解しており、道が万物を生みだし成育すると言っている。天地と万物の関係については言及していないが、それは両方とも道から生みだされるものとして同等だと考えたからであろう。

これに対して、河上公は、天地と万物の関係をきわめて具体的に把握し、天地が万物の母だと注解した。道として示せるような道は「経術政教の道」であると述べ、名として示せるような名は「身分が高く財産が多く、繁栄して、世に名高い」こととしたのと同じような具体性があり、こうした具体性は河上公注の大きな特色である。

無欲と有欲について

河上公は、無欲の人が観《み》る「妙」を「要」と言いかえ、さらに「要」は「一」である、と注解した。

「一」は『老子』第十四章に、

目を凝らしても見えないもの、それを微《び》という。耳を澄ましても聞こえないもの、それを希《き》という。撫《な》でさすっても捉えられないもの、それを夷《い》という。この三者は、突きつめることができない。だから混ぜ合わせて一にしておく。この一は、その上の方が明るいわけではなく、その下の方が暗いわけでもない。はてしもなく広くて活動してやまず、名づけようがなく、万物が万物として名づけられる以前の根元的な道に復帰する。これを状《すがた》のない状《すがた》、物《かたち》のない象《かたち》といい、これを惚恍《こつこう》という。迎えてみても頭は見えず、従ってみても背中は見えない。

とあり、人の感覚では捉えられない根元的な道のありさまを表わした言葉である。『老子』中でも重要な言葉であり、妙↓要↓一と関連づけた河上公注は、それなりに十分な説得力を持っている。また、第三十九章には、

いにしえよりこのかた、一を得たものは、天は一を得て清らかに、地は一を得て安らかに、神《しん》(かみ)は一を得て霊妙に、谷は一を得て水が満ち、万物は一を得て生まれ、王侯は一を得て天下の長となった。

とあり、「一」は天地をはじめ、この世界に遍満《へんまん》するあらゆる物事を、そのように成りたたせている原理とも言えるものである。第三十九章の「一」も「道」と言いかえてもよく、第一章河上公注の「一は、この世界に働きかけて、万物に名を与えたり世界の隅々まで道を行きわたらせたり、是非を明らかにする」のうちの「道を行きわたらせ」の部分にぴったりと重なっている。河上公注の意味は、名と道がこの世界にあまねく行きわたれば、それによって物事の是非が明らかになる、ということである。

「王侯は一を得て天下の長となった」は、西晋の裴楷《はいかい》が引用した文句である。

しかし、細かいことを言えば、「故に常に欲無くして以《もっ》て其《そ》の妙《みょう》を観《み》」という文言の注解としては

「一」など持ち出す必要はない。だが河上公は「一」に愛着があったようで、注には「一」が頻出する。『老子』第二十二章には「聖人は一を抱《いだ》きて天下の式《しき》(模範)と為《な》る」という文言があり、聖人すなわち道家的君主の心情を「抱一」と言っている。おそらく河上公は、「一」という言葉に、そうした道家的君主の修神(修心)法を感じ取って多用したのだと思われる。

つぎの「いつでも欲が有る人」については、無欲の人が道の要《かなめ》を見るのに対して、世の人々が結局は願うもの(高位や財産など)を視野に入れる、としている。無欲と有欲は、一見すると道家的価値と儒家的価値の対立のように思えるが、ここは賢聖(聖人賢者)と貪淫《たんいん》(欲張りや淫猥《いんわい》なる者)との対立である。王弼は、無欲によって「始物の妙」を観、有欲によって「終物の徼《きょう》」を観る、という抽象的な注をつけているが、河上公は有欲と無欲を修養と関連させて捉えており、それは、きわめて具体的な注解法であって、そのことは章末にいたってますますはっきりする。

情欲を除去し中和を守る

章末部分の河上公注は、『老子』本文にはない長生や亡身に言及し、天から気を稟受《ひんじゅ》する仕方の違いから賢聖と貪淫の違いを説明し、情欲を除去し中和(偏《かたよ》らず正しい状態)を守るべし、と結んでいる。この注解は、冒頭の「無為によって神《しん》(心)を養」うという道家的君主を高く持ちあげた注解と相《あ》い呼応して響きあっている。

第一章の河上公注全体を眺めてみると、要点は、儒家的な経術政教の道に対して、自然長生の道を「常の道」とした点にある。自然長生の道は、道家的君主が無為によって神《しん》を養うということを説明した言葉であり、民を束縛する仕事を無くして民を安らかにする為政の道も、この養神を前提として考えられていた。河上公にとって何よりも重要なのは道家的君主の養神であり、心構えであったのであり、いっそう具体的に言えば、それは君主が情欲を除去し中和を守ることであった。

『老子』には情欲という言葉はなく、『老子』の文言を情欲に結びつけたのは、すべて河上公の解釈である。情欲は『老子』にないだけではない。『論語』や『孟子』にもなく、『荀子』には「情欲〜」という表現はあるが、「情は〜を欲する」という意味であって、情欲という熟語ではない。『荘子』には「天下」篇に他の思想家を説明した言葉として一カ所見えるだけ、『墨子』や『韓非子』にもなく、儒教の経典にも見えない。つまり情欲という言葉は古代中国の思想文献には、ほとんど見当たらない言葉だと思われる。

情欲は、養生家《ようせいか》の思想を盛ったものと思われる『呂氏春秋《りょししゅんじゅう》』仲春紀「情欲」篇など、わずかに養生家や医家の文献に使われたようであり、河上公注の情欲もそれらの影響をうけたものと見る説もある。河上公注には、「除情去欲(情を除き欲を去る)」のような表現を含めて、情欲という言葉は二十章にわたって二十七例見える。このように情欲を多用している点は河上公注の際《きわ》だって大きな特色である。情欲は、道家的君主が「常の道」としての自然長生の道を実践するとき、何よりも排除に努めなければならないものであり、情欲に影響されれば、長生などは望むべくもないのである。

こうして、第一章に限ってみても、『老子』には宇宙論的な視野の広さがあるが、河上公は道家的君主の養神(養心)を中心に据《す》えて注解した。すなわち、儒家的な価値観を否定して道家的な価値観を評価し、もっとも重要な道家的な君主の養神という問題に、情欲という独特の観点を関連させて注解したのである。個人の内面的な問題をきわめて重視していたことがわかる。では河上公は、なぜそこまで情欲を重視したのであろうか。その点については複雑な問題があるので、章を改めて考えてみよう。

第二章　道家的君主の養神と情欲

1　学ぶことと情欲――『老子』第四十八章河上公注

『老子』第四十八章

河上公《かじょうこう》が儒家的な価値観と道家的な価値観を対比し、それに情欲を関連させて注解している章として第四十八章があるので、まず、そこの注を検討してみよう。『老子』第四十八章は学を修める者と道を修める者を対比した章で、『老子』中では、よく知られた章である。釈道安《しゃくどうあん》も第四十八章の文を引用していた(Ⅱの第四章2)。その主要部分は、

学問を修める者は日々にいろいろな知識が増えていくが、道を修める者は日々にいろいろな欲望が減っていく。欲望を減らし、さらに減らして、何事も為《な》さないところまで行きつく。何事も為さないでいて、しかもすべてのことを為している。

訓読　学《がく》を為《な》す者《もの》は日《ひ》に益《えき》し、道《みち》を為す者は日に損《そん》す。之《これ》を損し又《ま》た損し、以《もっ》て無為《むい》に至る。無為に

して而《しか》も為さざる無し。

というものである。

学の内容は限定されていないが、老子当時の常識から言えば、儒家が尊重した『詩経』や『尚書《しょうしょ》』などの経典、あるいは統治階級の士《し》の教養とされる礼《れい》(儀礼)・楽《がく》(儀式の音楽)・射《しゃ》(弓術)・御《ぎょ》(馬術)・書《しょ》(書道)・数《すう》(算術)という六芸《りくげい》(六つの技能)などが想定される。これらを学ぶことは、たしかに「日に益」する行為である。益するとは知識に限ったことではなく、もちろん技能なども含んでいる。日に益することではないが、益することの窮極として、地位や収入などを考えてもいいかもしれない。

これに対して道を修める者は「日に損す」るのであるが、損するものごとは、むろん心の「欲望」に限定されるわけではない。知識や技能や贅沢《ぜいたく》な衣食など、いろいろなことが考えられる。

損したあげくの到達点は無為であるが、ただの無為ではなく、「無為にして為《な》さざる無し」である。「無為にして為さざる無し」とは、元来は天地自然の活動を総括した表現であり(第三十七章)、天地は意志を持たないから「無為」であるが、自然の活動は宇宙に行きわたっているから「為さざる無し」だ、という意味である。

さらに道と聖人とは、しばしば並列されるから、道のような存在である聖人も「無為にして為さざる無し」であると想定される。ここはその意味で、この句は『老子』に見える典型的な聖人像を表わしたものである。

要するに、学は「人為」に、道は「自然」に結びつく。「自然」が無為にして為さざる無しの道家的聖人と結びつくのであれば、「人為」の方は、やはり儒家的な為政者像と結びつくものであろう。老子は儒家的な為政者による統治を、徹底して嫌ったのだと思われる。以上のことを前提として、河上公注は極めて具体的にその対照的な様相を描いている。

『老子』第四十八章河上公注

まず「学を為す者は日に益《えき》す」については、「学とは、政教礼楽の学のことを言っている。日に益《えき》すとは、情欲・文飾《ぶんしょく》が日を追って多くなること」と、まことに具体的に注解した。政教礼楽の学とは儒家が主張する学にほかならない。これは第一章の通常の道に「経術政教の道」と付注したこととおなじ考え方である。続く「日に益《えき》すとは、情欲文飾が日を追って多くなること」には、河上公の考え方の特色がさらによく発揮されている。

通常、「政教礼楽の学」にしろ「経術政教の道」にしろ、それと情欲とを結びつけて発想することは、まずない。たしかに儒家は人の欲望を肯定し、飲食男女(食欲性欲)を人であることの大前提にするけれども、欲望を解放するのではなく、ほどよく節制する方向で考えるのが通例である。欲望を原動力としながら、それをうまく抑制し、善なる方向に向けさせるのが儒家的な発想である。かりに「政教礼楽の学」を情欲に結びつけて考えたとしても、情欲を節制するものとして位置づけるはずである。

だが河上公は、あからさまに、儒家の学を修めると情欲・文飾が多くなる、と断じた。すでに述べたように河上公注には情欲という言葉がしばしば出てくるが、文飾という語もかなり多く、いずれの場合も批判の対象となっている。文飾とは、文《ぶん》も飾《しょく》もかざりという意味である。

儒家の言う文

儒家は、とくに「文」を尊重した。儒家の言う「文」は、文様《もんよう》（模様《もよう》）という原義を留《とど》めながら、より高尚な深い意味、つまり現代語の文化というような意味で使われている。『論語』「八佾《はちいつ》」篇には「周は、その前の夏《か》と殷《いん》という二代を参考にして、すぐれて豊かに文であることよ。わたしは周の文にしたがおう」という孔子の言葉が見える。また、前にも見たように（Iの第二章2）、流浪の旅に出た孔子一行が匡《きょう》で捕らえられたとき、孔子は「天が、わたしの身にそなわった文を滅ぼそうとしていない以上、匡人ごときが、わたしの身をどうできようぞ」と述べて、弟子たちを鼓舞《こぶ》した。だから、もし河上公が「日に益《えき》すとは、情欲・文飾が……」ではなく、「日に益《えき》すとは、文が日を追って多くなること」とだけ言ったのなら、儒家も、もろ手をあげて賛成したことであろう。

文には天文や地文《ちもん》、水文《すいもん》のような自然の文様を表わす使い方もあるが、古代中国語としては文身《ぶんしん》（入れ墨）の文が原義であるとされている。[1] 人の手が加わって身体が文になるのであり、天然のままでは文ではない。ただ、伝統的には入れ墨は野蛮な風習であるとされ、「身体《からだ》や髪の毛や肌は両親から頂いたものだ。だから、これらを傷《いた》めないようにすることは親孝行の第一歩だ」[2] というのが基本的な考え方であるが、身体のことは例外として、儒家を代表とする古代中国人は、あらゆるものごとに文を求めた。

たとえば衣食住も、美しい模様があってこそ文なる衣裳《いしょう》となり、手がこんだ調理がなされてこそ文なる食べものとなり、いたるところに装飾が施されてこそ文なる建物となる。人もまた、教育や学習などの人為が加わって、やっと文なる人間として完成する、つまり人に成る(成人する)のである。

孔子の考えでは、中国にはこうした文があるからこそ中華なのだと胸を張れるのである。『論語』「八佾」篇の「野蛮な地域に君主がいる状態は、中原《ちゅうげん》諸国に君主がいない状態に及ばない」という孔子の言葉は、そのことを明瞭に示している。

河上公の言う道

このように、文は儒家の存在理由とも言うべき価値を持つ言葉であり、儒家の言う道《みち》、たとえば経術政教の道とぴったり調和するものであるが、河上公の言う道とは相《あ》い反する。そこで河上公は文に「飾」をつけ、その「文」とは本質ではなく、かざりにすぎないのだという点を強調して、まっこうから排除したのである。次句の「道《みち》を為《な》す者は日に損《そん》す」に「道とは、自然の道のことを言っている。日に損すとは、情欲・文飾が日を追って消えて無くなっていくこと」と注をつけたことも、そのことを端的に示している。

あとは、この路線にそって驀進《ばくしん》するだけである。「之《これ》を損し又《ま》た損し」には「之《これ》を損すとは、情欲をなくしていくことである。又《ま》た之を損すとは、だんだんに情欲をなくしていく手立てである」と注解し、損する対象を、はっきりと情欲に限定した。「以《もっ》て無為《むい》に至る」には「無心で無欲なさまは、ちょうど赤ん坊のようで、おもわくがあって行動するようなことはない」と注解した。

嬰児《えいじ》は文の対極にある質(本質)そのもののような存在であり、嬰児を尊重することは『老子』の思想の重要な一面である。質を尊重するからこそ、『老子』は、現代の我々にも人としてのあり方について根本から考えるよすがともなりうるのである。質には歴史や文化が反映されない、あるいは反映されにくいからだ。

そして、しめくくりの「無為にして而《しか》も為《な》さざる無し」には「情欲がすっかり絶たれ、徳が道に合致すれば、あらゆる施政ができ、あらゆることが成しとげられる」と注解した。これは、道家的君主の理想的な養神と、その結果としての理想的な統治の姿を描いたものにほかならない。

かさねて言えば、道家的君主であっても養神によって情欲を「損し又《ま》た損」する必要があり、嬰児のような「無為」に至って、徳が道に合致するのである。そのようにして、はじめて、あらゆる施政ができ、あらゆることが成しとげられる状況になるのであるが、その施政とは、つまりは道家的君主としての政治である。関鍵《かんけん》となる言葉は、まさに情欲なのであった。

2　万人には情欲がある——『老子』第三十二章河上公注

「始制有名」の解釈

道家的君主であっても情欲を「損し」てこそ道に合するということは、つまりは万人に情欲があるということであり、そのことは第三十二章の注解によく示されている。第三十二章は樸《あらき》のような道から名ができてくる状況を述べた章であり、河上公は独特の解釈を施しているのであるが、それを見る前に、まず王弼《おうひつ》注などを拠り所として、①と②の二段落に分けて読むと、つぎのようである。

①道は永遠に名を持たない。(道の喩《たと》えとなる)樸《あらき》というものは、たとえ小さくても、世の中で誰も支配できる者はいない。もし王侯がこの道を守っていけるならば、万民は、おのずと従うであろう。天地は調和して甘露をふらせ、人民は命令されなくても、おのずと治まるであろう。

訓読　省略。

②樸《あらき》が切られはじめると、名ができてくる。名ができてきたからには、やはり無欲の気持ちに止《とど》まることを知るべきであろう。止まることを知っているのが、危険を免《まぬが》れる手だてである。道が世の中にあるありさまを喩《たと》えていえば、いわば川や谷の水が大河や大海にそそぐようなもので(万物は道に帰着するので)ある。

訓読　始めて制して名有り。名も亦《ま》た既《すで》に有り、夫《そ》れ亦《ま》た将《まさ》に止《とど》まるを知らんとす。止《とど》まるを知るは、殆《あや》うからざる所以《ゆえん》なり。道の天下に在るを譬《たと》えば、猶《な》お川谷《せんこく》の江海《こうかい》に於《お》けるがごとし。

①については、河上公注がその他の注と際だって違う点は見当たらない。

注目すべきは②の段落で、「始制有名」について河上公は「始とは道のことである。名が有るとは万物のことである。道には名が無いのであるが、名が有るものを制御しており、形が無いのであるが、形の有るものを制御している」と注をつけた。

「始とは道のことである」とは、「始」を「始めて」という副詞的用法ではなく、名詞として根元とか原初の意味にとり、それはつまり道だ、という発想であろう。

「制」は制御の意味に解釈している。無名無形の道が有名有形の万物(つまり万民)を制御するということであり、万民にむかって道に則《のっと》って活動すべきだ、と言っていることになる。

「名が有るとは万物のことである」とは、万物には、すべてその物としての名があるから、名有ることとイコール万物、と説明した。万物には、ただの物体としてのモノや生物も含まれるが、ここの万物は、具体的に言えば、道を守る王侯にしたがう万民のことである。万物を制御する「道」にも道という呼び方があるけれども、それは仮の呼び方であり、ここで言う「名」ではないので、「無名」と言った。むろん、ここの章の冒頭の「道は永遠に名を持たない」を踏まえている。

王弼の注

王弼は、この箇所に、

「始めて制す」とは、名ができる以前の樸《はく》のような道に、人為的な制度がつくられ、始めて官長ができてくる時のことを言っている。始めて制度として官長を立てれば、名分を立て、尊卑を定めなければならず、だから制度がつくられ始めると名ができてくる。

と注をつけている。未分化の道(樸)からさまざまなものが生みだされ、人の活動も多方面にわたるようになり、その方面ごとに人々を統括する役職(官長)ができ、組織系統が整備されてくると、役職の理念や上下関係などが定められるようになる(つまり、道からどんどん離れていく)という意味であり、

『老子』の文言と思想に即した、明快で無理のない解釈である。

王弼注に比べると、河上公注は、この後の注も含めて言えば、いささか特異である。なぜそうした注解をしたのか、じつは、そこに情欲の問題が深く関係してくるのだ。

万人には、みな情欲がある

次句の「名亦既有」について、河上公は「既《き》は尽《じん》のことである。名を持つもの(人のこと)は、すべて情欲を持っており、道にそむき、徳を棄ててしまうから、その身は誹《そし》られ辱《はずかし》められることになる(既《き》は尽《じん》なり。名有る物は尽《ことごと》く情欲有り、道に叛《そむ》き徳を離れ、故に身は毀辱《きじょく》せらる)」と注をつけた。

通常の解釈では、「亦既《えきき》(亦《ま》た既《すで》に)」は次句の「亦将《えきしょう》(亦《ま》た将《まさ》に)」と呼応して「すでに～したからには」「～であるからには」などの意味であり、「亦将」は「やはり～したい」「やはり～であろう」などの意味である。つまり「名亦既有」は「すでに名ができたからには」と読むべきところで、「亦既」は論理や気分を示す言葉にすぎない。ところが河上公は「既」を「尽」に置きかえ、しかも「情欲」まで加えたのだ。

河上公が相当無理な注解をしたのは、万人(名有るもの)には情欲があることをどうしても言いたかったからだと思われる。名有るものたるや「道に叛《そむ》き徳を離れ」と、随分《ずいぶん》な言われようで、まったく立つ瀬がないが、どうやら河上公は、この章前段の「王侯がこの道を守っていけるならば云々《うんぬん》」と、前句の「始制有名」につけた注「道には名が無いのであるが、名が有るものを制御しており」を前提として、道を守る王侯(つまり、これまで述べてきた道家的君主)こそが情欲ある万人を制御することができる、ということを示そうとしたのだと思われる。

「天」か「夫」か、「之」か「止」か

次句は王弼本を始めとする『老子』のテキストは「夫亦将知止（夫《そ》れ亦《ま》た将《まさ》に止《とど》まるを知らんとす）」であるが、河上公本だけは「天亦将知之（天も亦《ま》た将《まさ》に之《これ》を知らんとす――天もやはりまたこのことを知るであろう）」であり、「夫」を「天」に、「止」を「之」としている。

この文句につけた河上公注は「人が道に法《のっと》って徳を行なうことができれば、天もやはりまた自然にそのことを知るであろう（人能《よ》く道に法《のっと》り徳を行なわば、天も亦た将《まさ》に自《おの》ずから之《これ》を知らんとす）」である。どのようにすれば前句の注で言った「道に叛き徳を離れ」た状況から、ここの「道に法《のっと》り徳を行なう」状況になるのか、ここでは何も説明していないが、当然、情欲を除去することが条件となる。第四十八章の注では、道家的君主が「無為にして而《しか》も為《な》さざる無」き境地に至るには、「情欲がすっかり絶たれ、徳が道に合致すれば」と、はっきりと言われていた。

次句の河上公注のテキストは「知之所以不殆（之《これ》を知るは殆《あや》うからざる所以《ゆえん》なり）」であり、やはり「止」を「之」としている。注は「天がそのことを知れば神霊が助けてくれるから、危ない目にあわないであろう」であり、一貫して天に責任を預けた論法である。

河上公が見たテキストが「夫」を「天」に誤ったのか、「天」とすることにそれなりの根拠があるのか、にわかには断じがたいが、「天」だとすれば当然「止」は「之」でなければならない。止《とど》まるを知るのは人であって、天ではないからである。では、天とした場合、筋は通っているのであろうか。

「始制有名」から後の『老子』本文を河上公の解釈に基づいて繋《つな》げれば、

道が名有るもの(万人)を制御する。名有るものは尽《ことごと》く(情欲を)持っている。天もやはりまた自《おの》ずからそのことを知るであろう。天がそのことを知るというのが、危険な目にあわない手だてである。

訓読 始《し》は名有るを制し、名も亦《ま》た既《ことごと》く有り。天も亦《ま》た将《まさ》に之《これ》を知るべし。之《これ》を知るは殆《あや》うからざる所以《ゆえん》なり。

となる。天が出てくる状況が不自然であるが、それは『老子』本文のことだから問題にしないでおく、としても、このまま読めば、天が知ることとは万人が情欲を持っているということにならざるを得ない。しかし、河上公自身が「人が道に法《のっと》って徳を行なうことができれば、天もやはりまた自然にそのことを知るであろう」と言っているように、天が知ることとは、万人が情欲を持っているということではないはずである。

というわけで、河上公が見たここの『老子』は筋が通っていない。通っていない筋を無理に通そうとして、河上公は「天も亦《ま》た将《まさ》に之《これ》を知るべし」の一句に「人能《よ》く道に法《のっと》り徳を行なわば」という条件をつけざるを得なかったのだ。前句の「道に叛き徳を離れ」という状況が「名有る物は尽《ことごと》く情欲有り」の現実の姿だとすれば、その情欲を除去して始めて「道に法《のっと》り徳を行な」えることになるから、「名亦既有」の句も、どうしても「名も亦《ま》た既《すで》に有り」ではなく、「既」を「尽」に置きかえ、「情欲」

を補って「名有る物は尽《ことごと》く情欲有り」と解釈しなければならなかったのだ。そうして初めて、前句では情欲があるために身は毀辱《きじょく》の状態となり、後句ではその情欲を除去して道・徳に即することができ、天もまたそのことを認知し、神霊も助けてくれて危険から遠ざかる、という流れとなる。

そこで、以上のことをまとめて、河上公注に拠って適宜説明を加えながら『老子』本文を読むと、

> 始(道)は名有る(万物つまり万人のこと)を制(制御)し、名(有るもの)も亦《ま》た既《ことごと》く(情欲が)有り(その結果、道に叛《そむ》き徳を離れ、身は毀辱《きじょく》されることになる。しかし、人が情欲を除き、道に法《のっと》り徳を行なうことができれば)天も亦《ま》た将《まさ》に之《これ》(その、道に法り徳を行なう行為のこと)を知るべし。(天が)之《これ》を知るは(神霊が祐助するから)殆《あや》うからざる所以《ゆえん》なり。

となる。こう読み解いてみれば、情欲というマイナス価値の言葉が河上公にとってきわめて重要であったことがわかる。河上公にとって、道家的君主が修神する場合も、人々が道に法《のっと》り徳を行なう場合も、関鍵となる言葉は情欲であり、情欲の除去こそが、河上公の主張の眼目であった。そのことを強調して、河上公は、『老子』には全く出てこない情欲という言葉を、くりかえし使ったのだ。

ふたたび王弼の解釈

では王弼は「名も亦た既に有り」以下の文言をどう注解したのであろうか。両注を対比してみれば、河上公注の特色がさらによくわかるはずである。王弼は、

ここから後は、錐刀《すいとう》の末《すえ》を争うようになっていく。それ故、「すでに名ができたからには、やはりまた止《とど》まりどころを知るべきである」と言うのである。そのまま名にゆだねて物を呼んでいると(どんどん真から離れ)、無為の治の根本を失ってしまう。だから、「止《とど》まりどころを知ることは、危険をさける手だてである」。

と述べている。やはり明快な解釈ではあるが、すこしばかり補足説明が必要であろう。「錐刀の末」とは、先の尖《とが》った小刀の端のことで、細小なものごとの喩《たと》えである。官職の系統ができ、大義名分が立てられ、貴賤尊卑の序列が定められるようになると、人はそのなかで上位や有利な立場に立とうとして、さまざまな争いごとを起こす。「錐刀の末を争う」とは、そういうことである。「そのまま名にゆだねて物を呼んでいると」というのも、名が立てられた後、人々をその名のままにさせておくと、名に振りまわされてものごとを追求し、制度が複雑になったり、争いごとが起こったり、「道」からどんどん遠ざかるということである。名は世俗社会の仕組みを象徴するようなものであり、「名にゆだねる」とは、その仕組みに任せきりにすることである。

つまり王弼は、一貫して道と名の関係に留意して注解しているのである。名が出現して以降の世界は、つねに殆《あや》うくなる可能性があるから、「止《とど》まりどころを知る」ことが大事なのであるが、その「知止」の内容は、たんに欲望を除去することにとどまらず、道への回帰を見通した、視野の広いものであった。

こうした王弼注に対比したとき、河上公注が、いかに情欲の問題に、極端に言えば情欲の問題のみに、力点を置いているかが、より鮮明に印象づけられる。『老子』本文に過度の補足をしてまで、情欲を排除することを強調した第三十二章注は、河上公注のなかでも、ひときわ重要な意味を持っている。

3　情欲を除去した境地――『荘子』を手がかりに

胸中を虚にする

では、情欲を除去した窮極の境地とは、どんなものであろうか。河上公は、第十六章の「虚《きょ》の極みに至《いた》り（河上公本は「至虚極」）」に「道を得た人は、情を捐《す》て欲を去り、五内は清浄にして、虚の極みに至る」と注をつけている。「五内」は五臓のことであるが、また、『三国志』蜀志「楊儀伝《ようぎでん》」に「怨《えん》憤《ふん》　声色《せいしょく》に形《あら》われ、歎咤《たんた》の音《おん》　五内に発す（怨《うら》み憤《いきどお》る気持ちは声や顔つきに表われ、怒りの言葉は胸のうちから出てくる）」とあるように、一般に心のうちを表わす場合にも使われる。要するに、「五内は清浄にして、虚の極みに至る」とは、情欲が胸中からなくなり、「虚」になった、ということである。

「虚（空虚）」とは、心が何事にもとらわれていないという窮極の状態を示しており、道家の尊重する言葉である。『老子』には第十六章のほかに第三章にも「聖人の治《ち》は、其《そ》の心を虚《むな》しくして其の腹を実《み》たし（聖人の政治は、心をからっぽにさせて腹をいっぱいにさせ）」などとあり、他にも「虚」が使われる箇所はあるけれども、「虚」を重く使っている例は『老子』よりも『荘子』に多い。そこで、ちょっと荘子に手助けをしてもらおう。

虚とは心斎なり

『荘子』「人間世《じんかんせい》」篇には、顔回《がんかい》が孔子に向かって、衛《えい》に行って、品行がよくない君主に説き、乱政を正したい、という希望を述べたところ、孔子から、その無謀《むぼう》を諭《さと》されたという問答が見える。いくつかの問答の後、顔回が「態度ふるまいを端正にして心に雑念がなく、一所懸命に純一な気持ちでやればよろしいでしょうか（端《たん》にして虚、勉《つと》めて一ならば則《すなわ》ち可ならんか）」と訊《き》くと、孔子は、それでもだめだと言い、最後に、「心斎《しんさい》せよ」と教えた。顔回がその意味を問うと、孔子は、

若《なんじ》、汝《なんじ》の志《こころざし》を一にせよ。之《これ》を聴くに耳を以《もっ》てすることなくして、之を聴くに心を以てせよ。之を聴くに心を以てすることなくして、之を聴くに気を以てせよ。耳は聴くに止《とど》まり、心は符《ふ》に止《とど》まる。気なる者は虚にして物を待つ者なり。唯《ただ》、道は虚に集まる、虚とは心斎なり。

と教えた。

ここの孔子が顔回に教えたことは、なかなかむずかしい内容である。「志を一にする」ことは、顔回が言った「勉めて一」と同じように見えるが、顔回の場合は衛君を説得するための、手段としての心構えであり、孔子の「一」は、道の世界、つまり天地自然の道に生きるあり方であって、「一」の意味内容が違っている。「之《これ》を聴くに耳を以てする」とは、日常の聴き方であって、衛君は、そんな

常識が通じる相手ではない。だから「之を聴くに心を以て」するのであるが、心の働きは是非《ぜひ》の分別《ふんべつ》にあるから、理屈で相手を説得することと変わらず、やはり失敗が目に見えている。そこで「之を聴くに気を以て」するということになる。

古代中国人が言う「気」は、厳密に考えるとむずかしい言葉であるが、天地自然や我々の中に充満し、万物を成り立たせている根元的な要素であり、微粒子でもありエネルギーでもある、とでも理解しておけば、さしあたり十分であろう。我々が普通に使う「気」と同じようなものと考えても、それほど的外れでもないようだ。そこで、何かの行動をする場合、こうすべきだと頭で考えて行動するよりも、そうするのが気にいったから(気持ちに合うから)行動するという方が心のより深いところから出た行為のように思われるし、何かに没頭するというのも理屈よりも気の働きと言えそうだ。ここの孔子が言うことは、もうすこし深い意味があるのであろうが、ともあれ天地自然や我々の中で活動する気に任せるのがいちばんよい、ということである。

「耳は聴くに止《とど》まり」とは、耳の能力は聴き取ることだけだ、という意味である。「心は符《ふ》に止《とど》まる」の符とはしるしのことであり、外界の事物について心がしるしをつけること、つまり心の認識能力を言ったものである。つまり、心の能力は認識することだけだ、という意味である。それに対して、気は「虚にして物を待つ者」である、と言う。気は形もなく、目にも見えず、手で摑《つか》めるわけでもない。捉えどころのない虚(空虚)であるが、万物は気によって成り立つから、気は「物を待つ(物を受けいれ、成り立たせる)」ものである。そうした気の活動は道の活動でもあるから「道は虚に集まる」のである。

こう見てくると、はじめの「志を一に」するとは志を気の活動とぴったり一致させることであり、そのとき、世俗の世界においてこそ意識される自己という存在は消えうせ、自己は天地自然の「道」の世界に同化する。それこそが「心斎」なのだ、というのが「虚とは心斎なり」の意味であろう。『荘子』の文言に即したために持ってまわった説明になったが、要するに「虚」とは心に何の想念もない、からっぽの状態のことである。そうした状態が可能なのかどうか疑問がないわけではないが、人には放心状態や無意識状態があるから、あるいは「虚」もまた可能なのであろう。すくなくとも荘子は、可能だと考えた。ただ、そのからっぽは天地自然の気の活動と一致しているので、からっぽというより、心がすべて「気」そのもの(つまり天地自然の活動そのもの)になった、と言った方がいいようである。

虚室に白を生ず

心斎問答には、さらに続きがある。孔子の教えを聞くと、顔回は「心斎の教えを受けるまでは、まことに私という自意識にとらわれておりました。教えを頂いた今は、もともと私などというものは無かったとわかりました。こういう心境は虚と言ってよろしいでしょうか」と訊《き》いた。すると孔子は「それで十分だ」と肯《うべな》い、さらに衛に行ってからの心の持ちようを細々《こまごま》と教えた。

その要点の一つは「宅《たく》を一にして已《や》むを得ざるに寓《ぐう》す」ということである。宅とは居所の意味であるが、ここでは心の置き所のことで、それを一にするとは、微塵《みじん》も気を散らさないことである。「已《や》むを得ざるに云々《うんぬん》」というのは荘子得意の表現であり、「已《や》むを得」ぬこととは、どうしてもそうなること、すなわち天地自然の摂理とも言うべきものである。「人間世」篇の別な箇所には「物に乗《じょう》じて以《もっ》て心を遊ばしめ、已《や》むを得ざるに託《たく》して以て中《ちゅう》を養う（物事の移りゆきに任せて心をのびのびと解放し、人の力ではどうしようもない天地自然の摂理に委ねて中和の心を養ってゆく）」という、いかにも荘子的な言葉も見える。「寓」も「託」と同じような意味で、「拠《よ》る」とか「宿る」の意味である。そこで「宅を一にして云々」は、心を専一にして自然の摂理に任せる、の意味となる。

さらに孔子は若干《じゃっかん》の教えを与えた後、

かの空虚（心のこと）を見極める者は、その空虚なところ（心）に白が生まれ（虚室に白を生じ）、幸福や慶賀すべきことも、じっと静かなところ（心）に集まってくるのだ。それでもなお静かにできないならば、それは坐馳《ざち》[3]というものだ。そもそも耳目が受けとったままを心に受けいれ、分別を捨ててしまえば、精霊・神霊さえやってきて心に宿るであろう。まして人々が集まってくるのは当然だ。これこそ万人が感化されるということなのだ。

と締めくくった。これがいわば心斎の極致である。

「虚室に白を生ず（じっと静かで何の雑念もない心には白が生まれる）」という句は、心の「虚」を積極面から言った言葉で、道家の決まり文句として、いくつかの他の文献にも見える。「虚室に白を生」じれば吉祥も止《とど》まり、鬼神《きしん》さえやってきて宿ると言っているのは、鬼神さえ来るのであるから、人々が集まってくるのは当然だ、ということを強調した表現である。集まってくるとは、むろん、それらの人々が心から従うという意味である。

虚室というもの

虚室とは、からっぽの部屋、空室の意味であるが、雑念のない心の意味にもなった。古代中国では、心は、いわゆる「こころ」であると同時に心臓のことである。というより、もともと心臓のことであるが、ものを考えたり感じたりするのも心臓が行なうと認識されていたのである。

では頭は何なのかといえば、生きていくためのエネルギーを蓄える所と考えられたようである。道教では、精を生みだす臓器とされる腎臓と、活力の貯蔵庫である脳とは、気のめぐりにおいて繋がっているとされた。男女の合気(性交渉)によって長生を図る、いわゆる房中術《ぼうちゅうじゅつ》では、腎臓で生みだされた精(一種の気である)を体外に漏らすのではなく、気のめぐりのルートを通って脳に戻すことがきわめて重要な術であると考えられた。これを還精補脳《かんせいほのう》(精《せい》を還《めぐ》らせて脳《のう》を補《おぎな》う)の術というが、三世紀初めごろには成立していた術のようである。この術の淵源《えんげん》を伝えた伝説には女仙も関わっているようであるが、常識的には男性にしか通用しない術であろう。もちろん、たとえできた(つもりになった)としても幻想にほかならない。

心臓は胸にあるが、胸には肺などもあって膨らんだり縮んだりする。つまり、胸には空間があるということは、古代人といえども十分に把握できた。だから、その空間を室《へや》に喩《たと》えるのは自然なことである。心臓が思考や感情を司《つかさど》るものでもあると認識されているからには、鼓動によってその存在が感覚的にも感じられる心臓は、胸の中にある臓器のうちでも最重要なものと意識され、胸といえば心臓、つまり心、となるのも自然のなりゆきである。虚とは何もないということであるから、心に何の欲望も兆《きざ》すことなく、清浄な状態であれば、虚室と呼ぶのもまた自然である。

白とは何か――『淮南子』高誘注

「虚室に白を生ず」る場合、虚室は心だとしても、では白とは何であろうか。この文言は、また『淮南子《えなんじ》』の「俶真訓《しゅくしんくん》」(4)にも見える。『淮南子』は、前漢武帝(前一四一年―前八七年在位)のころ、皇帝の一族である劉安《りゅうあん》(前一七九―前一二二)が中心となって編纂した書物であり、道家思想を尊重しながら他の思想をも併《あわ》せた、当時の思想全集とも呼べるものである。「俶真訓」とは、その二番目の篇である。ちなみに初篇は「原道訓」といい、『老子』に基づいている。「俶真訓」は『荘子』に基づく篇であり、ここに「虚室に白を生ず」の文言があるのは当然といえば当然である。

『淮南子』には「虚室に白を生ずれば、吉祥止《とど》まるなり」とあり、『荘子』の文よりはスッキリしている。この箇所に、後漢末ごろの高誘《こうゆう》という注釈家は「虚とは心である。室とは身である。白とは道である。心を虚にして道に則して生きていかれれば、道とは本来無欲であるから(道に則した人の本性も無欲であり)、その心に吉祥がやってきて宿るのである」と注解している。しかし、白が道だという根拠は、これだけでは分からない。『故訓匯纂《こくんかいさん》』という訓詁《くんこ》(字義の解釈)の大字典を見ると、「白とは何々だ」という説明は山ほどあるが、「道だ」という解釈は、高誘だけである(ただし、後で述べるように成玄英《せいげんえい》も「道」と解釈している)。その根拠になる資料でも出てくれば別であるが、いまのところ、おそらく高誘は原文の流れをながめ、自分の考えで「道」としたのであろう、と見ておくほかかない。

白とは何か――『荘子』崔譔注など

『荘子』「人間世」篇の「虚室に白を生じ」という句についても、もちろん、いくつかの解釈がある。西晋(三世紀後半)の司馬彪《しばひょう》という注釈家は「室は心の比喩である。心が空虚であれば、純白が独《ひと》りでに生じる(室は心を比喩す。心能《よ》く空虚ならば、則《すなわ》ち純白独《ひと》り生ずるなり)」と解説している。室が心の比喩だという点は当然だとしても、「純白」とは『荘子』の原文と、そう変わらない。あまり情報量の多い解説ではないように思えるが、「純白」とは混じりけがなくて純粋に白いという意味であり、そこから、澄んでいて清いという意味になった。つまり、「純」一字を加えることによって、ホワイトからクリスタルに意味が深まったことになる。後で述べるように、じつは筆者の解釈も、これに近い。

おなじく西晋の崔譔《さいせん》という注釈家は「白とは、日光が照らす所である」と注をつけている。日に照らされて暗い所がなくなるというイメージであり、虚室であればこそ日の光も射しこむのだともいえる。顔回がずっと述べてきたような心持ちの至らなさが一気になくなる感じがあって、注解としての迫力がある。白日とか白昼なども古くからある言葉である。

唐初の成玄英の疏《そ》になると「白は道なり」と言っており、『淮南子』高誘注と同じ解釈をしている。ただ、そこにいたる筋道は、だいぶ違っている。成玄英は「万有を観察せば、悉皆《しっかい》空寂なり。故に能《よ》くその心室を虚にせば、乃《すなわ》ち真源を照らす。智恵は明白にして、用に随《したが》いて生ず。白は道なり」と述べており、どことなく仏教の影響を感じさせる。唐の初めごろには仏教界と道教界の理論上の論争があったが、成玄英は道教界きっての気鋭の論者として、仏教界の俊英と議論を闘わせた人物であり、仏教風の表現になじんでいたものと思われる。

成玄英の理屈をかみ砕いて説明すれば、つぎのようになるであろう。――あらゆる存在をよく観察すると、その本質はすべて空寂であるということがわかる。だから心を虚にできれば、心を縛っていたものが一切なくなるわけだから、その心は真理だけを見ることになり、あらゆる存在の根源、すなわち空寂であるという真の根源を照らし出す。その、根源を照らし出す智恵は、はっきりとしており、心を働かせれば働かせるだけ智恵が生まれてくる。白とは道のことなのだ、と。

くりかえせば、真源とは、あらゆる存在が空寂であることであり、照らすというのは、そのことをはっきりさせることである。智恵とは、そうした認識であり、真源を認識しているのであるから、もちろん「明白」なものである。心が働くというのは空寂を認識すること、つまり智恵のことであり、だから「用に随いて(心の働きに従って)」智恵が生まれる。そこで、虚室に生じた白とは悉皆《しっかい》空寂であるということの認識であり、それを別な言葉で言えば「道」を認識した、ということである、と。

成玄英の説明は、ただの語釈と違うので、なかなかむずかしい。要するに、心が虚になれば心の活動は自然の活動そのものとなり、自然の活動は道にほかならないから、「虚室に白を生ず」るという場合の白とは道である、ということなのであろう。

「虚室に白を生ず」ることについて、以上の注解を並べてみると、「純白」といい「日光」といい「道」といい、注釈家の説は、何ともまちまちである。「白」とは誰もが知っている言葉であり、特別な語釈をしなくても、ここの『荘子』本文が成立した当時は何のことを言っているのか、おそらく容易に把握できたのであろう。しかし後世の者が読んでみると、ごく身近な言葉であるけれども、その意味がいまひとつはっきりしない。そこで注釈家たちは、自分の考えに基づいて、もっとも文意が通じるような解釈をしたのであろう。

白とは透明のことか

では、筆者の解釈はどうなのかと問われれば、あるいは透明のことかもしれない、と思っている。心が透明になるとは、おかしな言い方であるが、心に汚《けが》れや混《ま》じりけがなく清らかに澄んでいる、という意味である。さきほど司馬彪の「純白が独りでに生じる」という説を引いたが、司馬彪は純白について何の説明もしていない。しかし、筆者が白とは透明のことだと考える根拠は、不十分ながら、ないわけではない。むかしの中国語としては、白(純白)にはまっしろという意味のほかに、透き通ったという意味があると思われるのだ。

『春秋左氏伝《しゅんじゅうさしでん》』には、川に誓うという記事がみえる。川の神に誓って約束事をしたのである。古代中国人は、さまざまなところに神を認めた。むろん、川には川の神がいると考えたのであり、黄河ならば河伯《かはく》が、その神である。

僖公《きこう》二十四(前六三六)年の初めのこと、秦の穆公《ぼくこう》は、国を追い出されて諸国を流浪していた晋の公子重耳《ちょうじ》(後の文公)を晋に帰還させようと軍を起こし、黄河の岸までやってきた。おそらく陝西《せんせい》省と山西省のあいだを南下する黄河の、龍門よりかなり南のどこかであろう。重耳に随行していた家臣の子《し》犯《はん》(狐偃《こえん》)は、重耳の母の兄弟)は、護持していた璧《へき》を公子に返し、「随行中に多くの失礼があり、そのことは自分でもよくわかっていますので、ここでお暇《いとま》させていただきたい」と申し出た。重耳は「もし、わたしの心が舅氏上《おじうえ》(子犯)の心と違ってしまうようなことがあれば、白き河よ、照覧あれ(もし舅氏《おじ》と心を同じくせざるが如《ごと》きことあらば、白水《はくすい》の如き有り)」と誓い、璧を河に投げ込んだ。

「白き河よ、照覧あれ」の原文は「有如白水(白水の如き有り)」である。「有如」とは誓いの証拠となる対象(ここでは白水)を示す言葉で、誓いの常套句《じょうとうく》として用いられた。そこで「有如白水」とは、白水の神、つまり黄河の神に向かって、もし自分の気持ちが子犯と違ってしまうならば自分を罰せよ、と言ったのである。この白水が証拠だ、この白水の神にかけて気持ちは変わらない、と。

白水のイメージは透明に澄んだ川であり、白濁した川のことではない。ここでは、なんと黄河に向かってそう言っているのである。『左氏伝』の他の所では、黄河に誓う言葉は、みな「河《か》の如き有り」であり、なぜ、ここだけ白水なのであろうか。もっとも単純に考えれば、この時には黄河のこのあたりは濁河ではなかったのだ、ということである。

文献上で最初に黄河が濁河だと言っているのは、『左氏伝』の襄公《じょうこう》八(前五六五)年に鄭《てい》の子駟《しし》が述べた言葉だとされている。子駟は周の詩を引いて、「河《か》の清《す》むを俟《ま》たば、人寿《じんじゅ》は幾何《いくばく》ぞ(黄河が澄むのを待つとならば、人の寿命はどれくらい必要か。――おそらく無限だ、の意味)」と述べている。この詩は『詩経』に見えない逸詩《いっし》で、究明のしようがないが、少なくとも黄河の濁河ぶりについての知識が相当蓄積された後でなければ、この文言は生まれない。『左氏伝』に見える話は、かなり説話的であるから、歴史としての信憑性《しんぴょうせい》には問題があるが、かりに右のような記事を根拠にすれば、前六三六年には黄河(の少なくとも中流の一部)はまだ澄んでいたが、約七十年たった前五六五年には、黄河は昔から濁河であるという認識が定着していた、ということになる。ちょっと信じがたいことであるけれども。

黄河清濁の問題はひとまず措《お》いて、ともあれ白水には透明で澄んだ川というイメージがある。潔白とか白日の白も、清く澄んでいるというイメージである。

もう一つ、例を見てみよう。『管子《かんし》』の「水地」篇には、水の美点として仁や正、義などの徳性があると述べた箇所があり、そこに徳性の一つとして「之《これ》を視《み》れば黒にして而《しか》も白きは精なり」という奇妙な表現がある。『管子』は斉《せい》の管仲《かんちゅう》の名をかりた書物であり、管仲は、斉の桓公《かんこう》(前六八五年—前六四三年在位)を補佐して春秋時代最初の覇者《はしゃ》とならせた名宰相である。

『管子』には唐初の政治家にして学者である房玄齢《ぼうげんれい》の注がついており[5]、それには「其《そ》の色を視《み》れば黒しと雖《いえど》も、之《これ》を揮揚《きよう》するに及ばば則《すなわ》ち白し。此《かく》の如《ごと》きものは精なり」とある。揮揚の揮は指揮者が指揮棒《タクト》を振るように手を振ることであり、揚は揚《あ》げることであるから、揮揚とは、水をすくい上げることであろう。房玄齢は、水の色は黒いけれども、すくい上げれば白い、だから精なのだ、と言ったのである。

水の色は青だというのが我々の常識であるが、水の色は黒だというのは、『管子』にあるように、古代中国人の常識であった。秦の始皇帝のところで述べたように(Iの第二章1)、五行思想では、水には方位は北で季節は冬、色は黒などの属性があるのだ。

しかし注の記述は、むかしの中国人には容易に納得できたであろうが、現代人にはピンと来ない。そこで、『管子校注』の著者・黎翔鳳《れいしょうほう》は「水は深ければ黒く、浅ければ白い。精粋《せいすい》で雑《まじ》り気《け》がないからである。『楚辞《そじ》』「橘頌《きっしょう》」に精色内白とあるが、精と白の二字は関連があるのだ」と述べている[6]。川にせよ湖沼にせよ、深い水は黒と認識されるが、浅ければ白いと認識される。水の色は青だと認識する我々も、浅い水、すくい上げた水まで青とは認識せず、透明だと認識する。精粋で雑り気がないとは、清らかで濁ってない、という意味であり、透明のことである。つまり、白とは透明の意味なのである。

『管子校注』に引用された『楚辞』「橘頌」は、戦国時代の楚の屈原《くつげん》(前三五三?―前二七六?)の作品である。橘はミカン科の植物で、花は白く実は赤く、姿も実もすぐれていることから道を体得した立派な士人を喩えたものだという。「精色内白(精なる色で内は白)」の精色とは、実の外側が橙赤色で光沢があることで、精は鮮やか、明らかという意味であろう。内白は、果肉の内部は潔白だ、ということである。種は白色のようであるが、内白の白は、やはり果肉の透明感を言ったものと思われる。すなわち黎翔鳳は、雑《ま》じり気のない鮮やかさという点で精と白とは関連性があると考えたのであろう。右のような事例を根拠として、心に白が生じるとは、心に何の汚《けが》れや濁りもなく、純粋で清らかな状態、つまり透明な状態になるということではなかろうか、と考えるわけである。

4　心を空虚にすれば神が宿る

『管子』「心術・上」篇

『荘子』「人間世《じんかんせい》」篇には、虚室に白を生じれば吉祥も止《とど》まり、鬼神《きしん》もやってきて宿る、とあった。おなじようなことを述べたものとして、いま引いた『管子』を見てみよう。『管子』は法家思想を中心にして他の思想も加えたものであり、「心術」篇や「白心」篇、「内業《ないごう》」篇などには、戦国時代から前漢にかけての道家の思想が見られる。

「白心」篇の「白心」とは気になる言葉であるが、虚室(心)と白の関係は論じられていない。『管子校注』では、白心の白は『老子』第四十一章の「大白《たいはく》は辱《けが》れたるが若《ごと》し(大いなる潔白は汚《けが》れているように見える)」の白で、心の清静のことだ、としている。

その「心術・上」篇に、「その欲を虚《むな》しくせば、神《しん》は将《まさ》に入《い》りて舎《やど》らんとす」という文言があり、房玄齢の注には「但《た》だ能《よ》く心の嗜欲《しよく》を空虚にせば、神則《しんすなわ》ち入《い》りて之《これ》に舎《やど》らん」とある。

一方、『老子』第十一章「車輪の中心を共用し(一轂《こく》を共にし)」の河上公注には「五蔵を空虚ならしめ使《し》めば、神乃《しんすなわ》ち之《これ》に帰《き》す」とあり、これらの注は、まことによく似ている。空虚にする対象には「心の嗜欲」と「五蔵」という違いがあるけれども、それは表現上の違いで、五内(五臓)が心のうちを表わす場合があったように、実質的には同じである。河上公も房玄齢も、むろん『管子』自体も、心中から欲(嗜欲・情欲)を無くせば、そこに神《かみ》が外からやってきて宿る、ということを言っているのだ。宿る神とは、神明とか神霊とか説明されるもので、精神活動がきわめて霊妙になることを喩《たと》えた表現であろう。後で述べる五臓神《ごぞうしん》とは別ものである。

なお、道教学では五蔵と五臓を区別する場合があるようであるが、河上公注では五蔵は五臓の意味で使われている。

五臓を清らかにすれば神明が宿る

神明が宿るということについては、河上公注では「心を空虚にする」よりも「五臓を清らかにする」と言うことが多い。『老子』第五章には「天と地とのあいだは、ふいごのようなものであろうか。からっぽだが尽き果てることなく、動けば動くほど、ますます万物が生まれてくる」という文言がある。天地の間に充満している気の活動を、ふいごで送られる風に喩えたのであるが、この「天地の間《かん》は……」について、河上公は、

天地のあいだは空虚なもので、和気(陰陽の気が調和した状態)が、天地のすみずみまで行きわたって活動している。だから万物が自《おの》ずから生じるのだ。人が情欲をとり除き、贅沢な食事を節制し、五蔵を清らかにできれば、神明がそこに宿るのだ。ふいごの中は空虚であり、だからこそ音声や気象が発生しうるのだ。

と注解した。天地のあいだが空虚であるからこそ、気の活動が行きわたって万物が生まれ、音声(風雨の音や雷の音など)や気象が発生するということを根拠として、それとおなじように、人が五臓を清らか(つまり空虚)にすれば神明が宿る、と述べたのである。

「和気」は『老子』第四十二章に「道は一を生じ、一は二を生じ、二は三を生じ、三は万物を生ず。万物は陰を負《お》い陽を抱《いだ》き、沖気以《ちゅうきもっ》て和を為《な》す」[7]とあることを踏まえ、「沖気以て和を為」した気のことを言ったものであろう。第七十六章の「人の生《い》くるや柔弱」の注には「人の生くるや和気を含み、精神を抱《いだ》き、故に柔弱なり」と見えている。

「沖気」とは、通常は、調和し和合させる気と解釈されている。筆者も以前は、ちょうど原子核に

陽子と中性子のほかに中間子があるように、陰陽の気のほかに沖気があると考えていたが、いまは陰陽の気を沖《ちゅう》する（揺すり動かす）ことと考えている。いぜれにせよ和気には陰陽の気の活動が内に含まれているから、河上公は「万物が自《おの》ずから生じる」と言ったのである。

五臓を清らかにすれば神明が宿るという主張は、河上公注にかなり多い。さきほども、ちょっと述べた第十一章は、「三十本のスポークが車輪の中心を共用し、中心の、何も無いところが車の働きを成り立たせている」のように「無」の効用を説いたものであるが、河上公は「車輪の中心を共用し」の部分に、

身体を治める者は、情を除き欲を去るべきであって、五臓を空虚にすれば、神《しん》がそこに帰着する。国を治める者は、寡人《かじん》（孤独者）であるが大勢《おおぜい》を統《す》べることができ、弱者であるが共に強者を助ける。

と注をつけ、五臓を空虚にすれば神《しん》が宿るとしている。

「寡（寡人）」は王侯の自称として使われる言葉で、『老子』でも第三十九章や第四十二章に見える。弱者と強者については、国を治める者（道家的君主）が弱者であるからには、治国の対象となる大勢《おおぜい》は強者となるはずであるから、「大勢を統べる」のとおなじ意味で「強者を助ける」と言ったのであろう。原文は「弱共扶強」であり、その意味は今ひとつ明瞭ではないが、弱者である君主が強者である大勢に働きかけることは、「助ける」とは言っても、第三十六章に「柔弱は剛強に勝つ」とあるよう

に、実質的には弱者が強者を制御していることだと思われる。
しかし、ひと口に五臓を空虚にする(心中から欲を無くす)と言っても、天地のあいだが自《おの》ずから空虚であることと違って、実際には、たいへんむずかしい。河上公は、どう考えたのであろうか。そのことについて、情欲と生死の問題を関連させて注解している第五十章注を読んでみよう。

5 生死と情欲――『老子』第五十章

二通りの読み方

『老子』第五十章は生と死について論じており、生死の問題は、言うまでもなく神《しん》を養うことと密接な関係があり、ひいては情欲の問題とも関連してくる。いま、第五十章の前半部分について、①の王弼本と②の河上公本の二通りのテキストを、それぞれ王弼と河上公が読んだ読み方に従って読み、訓読も示すことにしよう。

第五十章の後半部分は「善く生を摂《やしな》う者(うまく生命《いのち》を守る者、体道者)」について考察されており、彼には死地(そこに入れば死ぬという領域)がないから兕虎《じこ》の害も及ばない(8)、などと記述されているが、情欲の問題からは離れるので、本書では取りあげない。

①人は生地《せいち》から出て死地に入《はい》る。生をまっとうする者が十分の三、死んでしまう者が十分の三ある。人々のうち、生きることに執着《しゅうじゃく》し、みだりに行動して死地に向かう者が、また十分の三ある。い

ったい、それはなぜか。生きることに執着しすぎるからである。

訓読　生より出《い》でて、死に入《い》る。生の徒《と》、十に三有り。死の徒、十に三有り。人の生きて、動きて死地に之《ゆ》く、亦《ま》た十に三有り。夫《そ》れ何《なん》の故《ゆえ》ぞ。其《そ》の生を生とするの厚きを以《もっ》てなり。

②（情欲が胸から）出ていけば生き、（情欲が胸に）入れば死ぬ。生のなかまには十三あり、死のなかまにも十三ある。人が生きることに執着《しゅうじゃく》し、みだりに行動して死地にゆくものが、また十三ある。いったい、それはなぜか。生への欲望が強すぎるからである。

訓読　出《い》ずれば生、入《い》れば死なり。生の徒は十有三、死の徒も十有三。人の生きて、動きて死地に之《ゆ》く、亦《ま》た十有三。夫《そ》れ何の故ぞ。其の生を求むるの厚きを以てなり。

両者を比べれば、おもな相違点は「出生入死」と「十有三」の読み方にあることがわかる。

王弼の読み方によれば、人は、いずれにせよ生地から死地に行くのであるが、「生道」をまっとうする者が十分の三、「死道」を取って（早死にして）しまう者が十分の三、生に執着しすぎて却《かえ》って生きられなくなる者が十分の三ある、ということになる。

「生を生とする（生生。河上公本は「求生」）」とは、ことさらに寿命を延ばそうとしたり、贅沢な生活を望んだりなど、生きることに執着する意味である。

王弼は、十分の三を三つ足しても十にするには十分の一足りないから、その十分の一とは、後半部分に見える「善く生を摂《やしな》う者」のことだ、と考えたようである。「うまく生命《いのち》を守る者は、生きることに執着しないから、死地も無い(善く生を摂《やしな》う者は、生を以て生と為すこと無く、故に死地無きなり)」と述べている。

王弼は第五十章を、人の生から死に至る行き方を分類したものとして読んだわけで、その読み方には、老子の思想構造を理論的に摑《つか》もうという学究的な態度がうかがわれる。その反面、人の情念に働きかける力は弱いようだ。

『老子』第五十章河上公注

では、河上公は第五十章をどう読んだか。まず「出生」とは「情欲が五内から出ていき、魂《こん》が定まり魄《はく》が静まるから生きる」ということ、「入死」とは「情欲が胸臆《きょうおく》に入り、精《せい》が労《ろう》し神《しん》が惑《まど》うから死ぬ」ということである、と言う。五内も胸臆も胸のうちのことを言ったものである。そこで、「出生入死」とは情欲が胸中から出れば生、胸中に入《はい》れば死ということであり、情欲の有無をきわめて重視していることがわかる。河上公の考えでは情欲は人の生死を左右するものであり、それゆえに絶対にそれを活動させてはならない、ということになる。

河上公の考え方の注目すべき点は、情欲というものを、我々が常識的に考えるような、人の心身の深いところから湧きおこってくる内的なものではなくて、何か外部から入ってくるものと考えている、という点である。その点は、心を空虚にすれば神明が宿るとする思想と似たところがある。心の働きというものが、感情を含めて、古代中国人にとってきわめて不可思議、不可解なものであったからこそ生みだされた考え方であった。

神明や情欲は外から来る

ちなみに、心を空虚にすれば神明が宿るとか、情欲が胸中に出入りするという考え方は、仏教の三《さん》世《ぜ》因果《いんが》の思想(Ⅱの第四章2)にも関係してくる。三世因果の思想とは、簡単に言えば、その個人の前世のしわざが現世の禍福となって現われ、現世のしわざが来世の状況に影響するということである。その前提として、三世にわたって因果の応報を受ける当体には人になったり畜生になったりなどの違いがあっても、当然、神《しん》(霊魂)そのものは連続していなければならない、ということがある。人は死んだらすべて終わり、ということなら、当人にとって三世も何もあったものではない。

そこで、因果を受ける神《しん》は不滅なのかどうかということが問題となる。神は不滅だという考え方は古くからあるが、三世因果の思想との関係でいえば、とくに東晋から南朝にかけて、神は死んだら滅するのか、それとも不滅なのかという論争が盛んに行なわれた。いわゆる神滅不滅論争である。神不滅の考え方は神が身体から独立して存在するということであり、そうした考え方の根底には、心を空虚にすれば神が外からやってきて宿るとか、現代の常識では心の中に生まれるはずの情欲が外からやってきて胸中に入りこむという考え方と共通するものがあった。河上公注の情欲の問題も、むかしの中国のこのような精神的風土のなかで花開いた一つの想念にほかならない。

第五十章注に戻って、情欲が胸のうちに入るか、そこから出るかということを、魂・魄、精・神の状態と関連させている点も注目される。この点は、後で述べる五臓神の問題と関わってくる。ここでは、情欲が働く場所について五内とか胸臆とか、一括して表現しているので、五臓神とは関係なく、道家的な文脈と考えてよい。後で述べるように、前漢の道家の代表的な文献である『淮南子《えなんじ》』「精神訓」にも、魂魄と精神の組み合わせが見える(次節参照)。

結論を先取りしていえば、五臓神は、君主の養神を中心とする道家的な文脈の中に、道教側が加えた説明だと思われるのだ。この問題は、はなはだ複雑であるから、第三章4で、あらためて考えることにしよう。

十有三ということ

「十有三」の箇所については、河上公の読み方は王弼など大多数の読み方と違っている。その点は、河上公注の特色の一つと言える。もともと「十有三」という表現には「十に三有り(十分の三)」の意味にもなれば、「十と三有り(十三)」の意味にもなるあいまいさを含んでいるのである。

河上公は、ここに、

> 生死の類には、それぞれ十三あり、それは九竅《きゅうきょう》と四関《しかん》のことを言うのである。その生の場合は、目は妄《みだ》りに視《み》ず、耳は妄りに聴かず、鼻は妄りに嗅《か》がず、口は妄りに言わず、手は妄りに持たず、足は妄りに行かず、精は妄りに施さない。その死の場合は、これと反対である。

と付注した。九竅と四関を足すと十三となり、河上公は、これら十三の部位が妄りに活動しなければ情欲は起こらず、妄りに活動した場合に情欲が体内に入りこむ、と考えたのである。九竅四関は言わば外界と体内を結ぶ仲介者の役を果たしている。

「九竅(九つの穴)」とは、目・耳・鼻・口という上の七竅と下の二竅(二陰)である。七竅は感覚器官であり、外界の情報を体内に伝える、まさに仲介者である。「四関」は手足のことであろう。「精」に言及したのは、下の二竅に関わるものとしてであろう。

「人の生きて……」については「人は生きたいと思うあまり、ことさらな行動をして、かえって十三の部位がともに死地にいく(人の生を求むるや、動作して反《かえ》って十三の死地に之《ゆ》く)」と注をつけ、「夫《そ》れ何の故ぞ」には「どうして(妄りに)活動して死地にいくのかを問うているのである(何の故に動きて死地に之《ゆ》くかを問うなり)」と説明し、「其《そ》の生を求むるの厚きを以てなり」には「なぜ活動して死地にいくのかというと、何が何でも生きたいという欲求が強すぎて、道や天に違《たが》ってしまい、妄動《もうどう》して条理を失うからだ(動きて死地に之《ゆ》く所以《ゆえん》の者は、其《そ》の生活の事を求むること太《はなは》だ厚きを以て、道に違《たが》い天に忤《さから》い、妄《みだ》りに行ないて紀《き》――条理――を失う)」と結んだ。

　動作や生活などは我々も日常的に使う言葉であるが、河上公のいう意味は微妙に違っている。「動作」は、ことさらな運動とか行動の意味であり、「生活」は、生も活も生きるという意味であることからもわかるが、「生きる」ことを強調した言葉である。そこで、「動作」や「生活の事云々《うんぬん》」の表現には、ことさらな行動をし、何が何でも生きるという、ごり押しのニュアンスがある。その結果として道や天に違《たが》うことになり、情欲に駆られて自然の道から外《はず》れてしまう、ということになるわけである。

　河上公注の、九竅四関で十三になるという考え方は、『韓非子』「解老」篇に見える議論が、その淵源であると思われる。その詳細は省略するが、韓非は、四肢九竅という重要部位が動と静とほどよく調和すれば生き、死の場合は四肢九竅も死に、動ばかりで静がなければ死地に行く、と考えている。ただ、それらは民についての場合であり、聖人は、精神を大事にして安静である、としている。河上公は、この韓非の議論の上に情欲の問題を加えたのである。

6 精神という言葉

精神という言葉

第五十章の注では情欲と魂魄・精神が深く関係づけられていた。魂魄は古くからある言葉であるが、精神は戦国時代の後半くらいから使われるようになった言葉のようで、情欲と同じように、河上公がことさらに『老子』に加えた用語である。『老子』には見えないが、河上公注には、「精労神惑(精は労し神《しん》は惑《まど》う)」や「愛精養神(精を愛《お》しみ神を養う)」などの表現を含めて、情欲とおなじくらいの頻度で使われている。我々のよく知っている言葉でありながら、河上公注の言葉として重い意味を持っているので、ここでその意味を究明しておこう。

精神は『論語』や『孟子』には登場せず、『墨子』にも見えない。儒教経典にも、ほぼ見当たらず、わずかに『礼記《らいき》』の「聘義《へいぎ》」篇に、孔子の言葉として、「そもそも、むかしは君子の徳を玉《ぎょく》になぞらえたのだ。……(玉が)白い光のような気を放つのは天(を象徴するもの)である。精神が山川《さんせん》に耀くのは地(を象徴するもの)である(夫《そ》れ昔は、君子は徳を玉に比《ひ》す。……気の白虹《はくこう》の如《ごと》きは天なり。精神の山川に見ゆるは地なり)」という用例があるだけである。しかし、この「精神」は心の意味ではなく、玉が持つ霊妙な精気のことであって、玉が山や川のどこかにある場合、その精気が外部に現われてくることを言ったものである。それが神妙なものであるから精神と言ったのであろう。

『荀子』には「成相《せいそう》」篇に政治の要諦《ようてい》を述べて、「思慮が精細《せいさい》であれば、志《こころざし》も豊かになり、好きなままで気持ちを散らさないでいくと、神明の境地に達するであろう。精(精細)と神《しん》(神明)とに達して、ひたすらその道のみを進んでいけば、聖人ともなろう(思乃《すなわ》ち精ならば、志の栄えん。好みて之《これ》を壱《いつ》にせば、神以《もっ》て成らん。精神相《あ》い及び、一にして弐《に》ならざらば、聖人と為《な》らん)」と説いた言葉があるが、この「精神」は熟語というよりは「精(精細)」と「神(神明)」という別個の言葉を並べただけのものである。

おなじく「賦《ふ》」篇には、雲のありさまをさまざまな点から讃嘆《さんたん》し、「広大にして精神なり」という言葉が見える。しかし、この「精神」も、雲が精微にして神明なものであるとか、至精至神なものであると描写した言葉であって、心を表わす熟語とは言えない。

つまり、精神は儒家や墨家の思想に関係する言葉ではない、と言ってよいであろう。

では、『呂氏《りょし》春秋』はどうかと言うと、「季春紀」の「尽数《じんすう》」篇に、天は陰陽とか寒暑、乾湿などを生みだすが、それには利となる面と害となる面があり、聖人は陰陽のよいところを観察し、万物(万民)の利となる点を弁別して生活に便利なようにするので、精神は身体に安んじ、寿命も長くなる(聖人は陰陽の宜《ぎ》を察し、万物の利を弁じて以て生を便にするが故に、精神は形に安んじ、年寿は長きを得ん)、と論じている。「尽数」とは天年をまっとうする意味であって、これは養生家《ようせいか》の言説であろう。そこで、過度の喜び・怒り・憂い・恐れ・哀《かな》しみが神《しん》と接すると害が生じ、過度の寒さ・暑さ・乾燥・湿気・

風・長雨・霧が精を動かすと害が生ずる、としている。

「形(身体)に安んずる」点からいえば精神は心の意味とも考えられるが、過度の感情と「神《しん》」、苛酷な天候と「精」が関連づけられ、別々に論じられている点からみると、「神」は心の働き、「精」は身体の活力のような意味合いで、不可分にして一体となった完全な熟語とも言えないようだ。この点は、河上公注の「精神」もおなじような使われ方をしている例が多い。

『呂氏春秋』には、もう一カ所「精神」が出てくる。「仲秋紀」の「論威」篇に、戦車一万台を持つ万乗《ばんじょう》の大国が必勝を期して周到に準備したならば、敵対できるものなどなく、敵人は恐れおののいて精神も萎《な》えて尽きてしまう、という意味の記述がある。この精神も心の働きと身体の活力として理解できる。『素問《そもん》』や『霊枢《れいすう》』(第三章4参照)のような医書に見える精神も、ほぼ似たようなものである。

要するに、『荀子』や『呂氏春秋』などでは、精神は、まだ完全には熟語として成立していなかったようだ。だから、精の意味と神の意味とが、それぞれ別個に意識されるのであろう。ただ、熟語として成立した時代以降も、相当の期間にわたって、個別的に精と神の意味が意識される場合があったようである。河上公注にも、そうした事情が反映している。

元来、精《せい》とは米を搗《つ》いて純粋にしたものであって(文字どおり精米の精である)、上等な米のことであり、晴や清などと同じように「澄んでいる」というニュアンスがある。すぐれた米であるから活力の意味にもなり、また「清華(すぐれてうるわしい)」の意味にも発展し、精魂《たましい》は人の清華であるということから精神をも表わすようになった。

神《しん》は本来は雷神《らいじん》、すなわち天の神《かみ》のことで、示(ネ)は、それが神《かみ》であることを表わし、申は稲光をかたどったものである。神《しん》は、天神《てんしん》の意味から、玄妙なすぐれた働きをするもの、という意味に発展し、人の心も計り知れない玄妙な働きをするということから精神の意味にもなった。『荀子』や『呂氏春秋』などは、まさに精神という言葉の発展・展開のまっ最中の段階であった、と言えるようだ。

『荘子』に見える精神

こうした状況から「精神」を心や意識の方向へと押しすすめたものは『荘子』であったと思われる。外篇の「天道」篇には、つぎのような議論が見える。

　水が静かなときには、はっきりと鬚《ひげ》や眉が映り、その平らかさは水準器になり、大工の親方は、それを基準とする。水が静かなときでさえ、はっきりと物を映し出すのであるから、まして精神ならなおさらだ。聖人の心が静かなときには、天地の鑒《かがみ》となり、万物の鏡《かがみ》となり、なんでも映し出すのだ。

これは、いわゆる明鏡止水《めいきょうしすい》のことを述べたもので、この精神は、あきらかに心のことである。鏡《きょう》も鑒《かん》(鑑の別体字)もカガミのことで、どちらにも鑑《かんが》みるの意味もあり、意味上の区別はない。元来は、鏡は器物のカガミであり、鑒は水を入れる大鉢のようであるが、鑒は鏡に通じて使われるようになった。ここでは表現上の変化をつけただけである。

ただ、この文には別の読み方もある。「水が静かなときでさえ云々《うんぬん》」の原文は「水静猶明而況精神聖人之心静乎」であるが、これを「水静猶明、而況精神。聖人之心静乎(水の静かなることすら猶《な》お明らかなり、而《しか》るを況《いわん》や精神をや。聖人の心静かなるや)」と句切らずに、「水静猶明、而況精神聖人之心静乎(水の静かなることすら猶お明らかなり、而るを況や精神なる聖人の心静かなるをや)」と読んだり、精神を衍《えん》字《じ》として除去し、「水静猶明、而況聖人之心静乎(水の静かなることすら猶お明らかなり、而るを況や聖人の心静かなるをや)」と、読んだりするのである。

しかし、衍字とするのは注釈家の主観であって、『荘子』の諸版本《テキスト》には「精神」がある。「精神なる聖人」と読むのは成玄英《せいげんえい》の疏《そ》などである。筆者が読んだような読み方にも、じつは、やや落ち着かないところがあるが、成玄英の読み方には、それ以上の抵抗感がある。『荘子』に聖人という言葉は多数登場するが、「精神なる聖人」と読みうるのは、ここだけである。つまり、きわめて読みにくいのだ。それでも成玄英のように「精神なる聖人」と読んだ場合には、精神は心のことではなく、精妙にして神明な、という聖人を形容した意味となる。

「天道」篇には、もう一例、精神が出てくる。根本と末節について述べた議論で、つぎのようなものである。

(無為の道という)根本は上位にあり、(諸事万端という)末節は下位にある。主要なことは君主がにぎり、雑多なことは臣下が行なう。大軍隊を動かすことや、さまざまな兵器を使うのは、徳としては末節のことである。賞罰を行なったり利害を説いたり、法としてさまざまな刑罰を行なうのは、教えとしては末節のことである。……これら五つの末節は、(根本としての)精神の活動や心の働きがあってこそ、それに従って出てくるものである。

五種類の末節のうち、三例は省略した。これらの末節に対して、根本は「精神の活動や心の働き(精神の運、心術の動)」である。この精神は心のことであろう。しかし、心術と対《つい》になっている。心術とは心の働かせ方、つまり心もちや心だてのような意味であるから、精神の方は精妙な心の活動を意味するのであろう。「精神の運、心術の動」とは「精神心術の運動」を分けて言った修辞法であって、「運」と「動」の区別に意味はない。

老耼と孔子の問答

外篇の「知北遊《ちほくゆう》」篇にも、老耼《ろうたん》と孔子の問答のうちに精神という言葉が見える。ここでは、孔子は老耼の弟子ということになっている。問答は、つぎのようである。

孔子が老耼に言った。「今日は、ゆっくりしていますので、どうぞ最高の道について教えてください」と。老耼が言った。「そなたは、ものいみして心の汚《けが》れをさっぱりと洗いながし、そなたの精神を清潔にし、そなたの知恵を打ち棄てなさい。そもそも道とは深遠で、言葉では言い表わしにくいものだ。だが、そなたのために、そのあらましを話して聞かせることにしよう。そもそも、昭《あき》らかなものは冥《くら》いところから生まれ、形のあるものは形のないものから生まれるのだ。

精神は道から生まれ、形(身体)は本《もと》もと精妙なものから生まれるのだ。……

ここに言う精神は心のことである。だが、それは道から生まれるものとされているのであるから、ただの心や意識というより、世界の根元につながるものである。道の精微にして神妙なところが人の心として凝縮したものが精神なのであろう。「そなたの精神を清潔にせよ」と言った場合の精神は、ほとんど我々の言う精神と同じような意味であるが、それでも、その根底に道が考えられている分、やはり草創期の精神の持つ言葉としての迫力を感じさせる。

「列御寇」篇に見える精神

雑篇の「列御寇《れつぎょこう》」篇にも、つぎのような精神という言葉が見える。

俗人の知恵は贈り物や手紙(両方とも俗な交際の意味)から離れるものではなく、薄っぺらな俗事で精神を疲れさせている。それなのに、あまねく救って人々を導こうとし、形のあるものと形のないものとを根元的に一体化しようとしている。このような者は、広大な宇宙のなかで迷い惑《まど》い、その身は俗事に累《わずら》わされて、この世界の大いなる始まりのことは、まるでわからない。ところが、かの至人《しじん》なる者は、精神を始まりのない世界(無始)に帰着させ、何ものも存在しない無の世界(无何有《むかう》の郷《きょう》)で心ゆくまで眠り、形のない世界(无形《むけい》)で水のように流動し、大いなる清らかな世界(太清)で気持ちをのびのびと解放する。(それに比べると)悲しいことよ、お前の知恵ときたら。

細い毛のような小さなことしか知らず、大いなる安らぎを知らないのだ。

ここには俗人の精神と至人の精神が出てくるが、どちらの精神も心のことであろう。それなのに俗人と至人とでは心のあり方がまるで違っているのは、俗人の知恵が俗事に限定されているのに対し、至人の精神は無始、无何有の郷、无形、太清に解放されているからだ、という理屈である。至人が、何ごとにも縛られることなく精神を解放するありさまは『荘子』中にしばしば描かれている。

こうして『荘子』では、精神という言葉は、我々が使う言葉とほとんど同じような意味になっているが、しかしその根底には道の精微にして神妙な働きが考えられており、大いなる天地自然の世界につながっていく玄妙な迫力を秘めているようだ。

言葉の意味が展開した順序から言えば、もともとは精と神に由来する雄大で玄妙な意味から、現在、我々が普通に使う意味が形成されてきたわけである。

そこで、『荘子』にはまた、もっぱらそうした天地大の、精微にして神妙な意味の方向で使われる精神も見える。

天地大の精神

外篇の「刻意」篇には、つぎのような精神が出てくる。

いったい、呉や越の剣(名剣の代表)を持っている者は、箱に入れてしまい込み、軽々しくは使わない。宝物として、たいへん大事にしているのである。精神は(そうした宝物の剣どころの話ではなく)四方八方にあまねく行きわたり、とどこおることなく、上《かみ》は天のかなたをきわめ、下《しも》は大地をおおい、万物を変化させ育成しながら、形として示されることはない。それは天帝にもひとしいものとして同帝と呼ばれる。

これはまた、精神の働きを極端に雄大化、神秘化した記述である。思考の働きは、あらゆるところに及ぶということを比喩《ひゆ》したものであろう。こうした表現で、何を言いたいのかというと、天帝にもひとしい精神をしっかりと身につけた荘子的悟道者、すなわち真人《しんじん》のあり方である。天帝にもひとしい精神とは、到底、我々の心に納まるものではない。いかにも荘子的な誇張表現であるが、こうしたホラ話のような記述は、『荘子』の魅力の一つでもある。

もう一例、『荘子』最後の篇である雑篇の「天下」篇には、荘周の心構えについて、つぎのような記述がある。

荘周は、……当世の人々は名利にとっぷりと身を沈め、心持ちは濁ったままで、まともに話ができる相手ではないとし、……ただひとり天地の精微にして霊妙な活動に心を通わせながら、万人を見下《みくだ》したり理非曲直《りひきょくちょく》をきびしく詮議《せんぎ》だてたりはせず、世俗の人々にまじって暮らした。

訓読　荘周、……天下を以《もっ》て沈濁《ちんだく》にして与《とも》に荘語《そうご》す可《べ》からずと為《な》し、……独《ひと》り天地の精神と往来して、万物に敖倪《ごうげい》せず、是非《ぜひ》を譴《せ》めず、以て世俗と処《お》る。

荘子が往来したという天地の精神とは、むろん人の精神という意味ではなく、精微にして霊妙な天地自然の活動そのもののことである。これは『荀子』「賦」篇に見えた雲の叙述にも似て、精神という言葉の本来の意味とも言うべきもので、『荘子』中に登場する精神という言葉には、こうした原初の意味から我々が普通に使う意味まで、幅広く含まれているわけである。

精神という言葉が荘周自身の思想に比較的近いとされる内篇には登場せず、荘子の思想を発展させたり、他の思想と融合させたりした部分と考えられる外篇・雑篇にしか見えないことは、この語の成立という観点から眺めると、なかなか興味深い。

「天下」篇の記述は、いかにも荘周という人物の本領を的確に表わしている感じがあるが、それが本人よりも後の時代の言葉によって記述されているということは、後代の表現の方が、より的確に物事の本質を表わす場合がある、ということの一つの例証であろう。

『淮南子』「精神訓」

前漢のときには精神という言葉が熟語として立派に成立していたことは、『淮南子』(本章3参照)に「精神訓」という篇があることによってわかる。

「精神訓」は、天地の生成以前のことから説きはじめ、精神を乱さずに守ることを論じている。その要点を記せば、おおよそ、つぎのようである。

何の形もなく、茫々《ぼうぼう》とした気があるだけの状況に、陰陽の二神が生まれて天地を開き、営々《えいえい》と作業をして陰陽を分け、八方を定め、万物が形作られた。雑気は動物となり、精気は人となった。人の精神は天から授かったもの、形体は地から与えられたものである。

人は天地の精気から形成されるから、天地の内実に相当した内実を持つ。たとえば、天に四時・五行《ごぎょう》・九解《かい》(「八方と中央」などの解釈がある)・三百六十日があるように、人には四肢・五臓・九竅《きょう》・三百六十節がある。このように、人は天地と通じあいながら、心がこれらを主宰する。

日月の運行が狂うと日食が起こったり、風雨が時ならぬと災害が起こったり、五星の秩序が狂うと禍《わざわい》が起こったりする。天地の道は広大であるのに、それでも狂わぬように光や神明さを保持しようとするのだ。まして(天地より、はるかにちっぽけな)人ならなおさらだ。耳目や精神を労しすぎてはならぬ。血気と五臓は人の清華であり、血気が五臓に集まって、外に散らなければ、胸腹《きょうふく》は充実して嗜欲《しよく》は除かれ、耳目は澄んで働きが冴《さ》える。五臓がしっかり心に従っていれば、志《こころざし》も行ないも正しく、精神は盛んになって気が散ってしまうようなことはない。

耳目は精神の扉や窓であり、血気は五臓の従者である。耳目が声色《せいしょく》の楽しみに溺《おぼ》れると五臓は動揺して定まらない。すると、血気はのぼせて静まらず、精神は外に向かって馳《は》せて留守になる。そんな状態では、山ほどの禍福に見舞われても知るすべがない。だから、精神を外にこぼれさせないことが肝要だ。嗜欲は人の気を失わせ、好悪《こうお》は人の心を疲れさせる。ただちに棄てなければ、志気は日に衰えるのだ。

心《しん》(心臓、こころ)は形体の主宰者、神《しん》(精神)は心の宝である。形体を労して休まなければ倒れ、精を使いっぱなしだと尽きる。だから聖人は心神を貴んで大事にした。過度に疎《うと》んじたり過度に親しんだりすることなく、徳と和を抱《いだ》き、天に従った。禍福の端緒《たんしょ》をつくらず、魂魄《こんぱく》は居るべき場所におり、精神はその根源を守り、死生を同じことと見た。だから、至神といわれるのである。

「精神訓」は、かなり長大な篇で、さまざまな主張やその例証、故事などが多数引かれ、複雑にして豊富な内容となっており、右に記したことは、その思想としての要点である。

人は天地の精気から生まれたというが、精気とは、純粋にして混じりけのない気のことで、それが人となったということは、人の形体と心《こころ》は精気からできている、ということである。そのうちでも、とくに心の働きは霊妙なものであるから精なる神明、つまり精神と言ったのであろう。

人としては精神を散らさぬように守ることが大切で、そのためには嗜欲をなくす、ということが力説されている。河上公注は、この点をかなり忠実に継承している。「精神訓」中には、そうした境地を体得した聖人や真人が登場するが、おおむねは『荘子』に見られるような描き方である。そうした描写は道家としての定番なのであろう。

心身の関係については心が形体を統括することが、はっきり述べられている。神《しん》は心の宝だと言っているのは、心の活動のうち、もっとも重要で、霊妙でふしぎな認識・意識の活動を、天から受けた神《しん》の活動として受けとったからであろう。

聖人が心神を貴んだという文脈で、魂魄と精神がともに言及されているが、この組み合わせは『老子』第五十章の河上公注とおなじである。嗜欲をなくすという考え方を含め、河上公注は『淮南子』

に見られるような道家思想の伝統を受けついだのだ、と言ってよい。

7　河上公注の精神という言葉

『老子』第五十章河上公注は情欲と精神を関連させて捉えていた。精神も情欲も、河上公が『老子』を解釈する上でことさらに加えた言葉であり、これら二つの言葉には河上公のおもわくが凝縮して詰められている。そこで、第五十章注をきっかけとして、精神という言葉の来歴を見てきたわけであるが、その分析を踏まえて、河上公注に見られる精神という言葉について考えてみよう。

情欲を閉ざして精神を守る

精神と情欲を関連させて捉えている所は、第五十章注のほかにもある。第二十七章は「すぐれた行き方をする者は車の轍《わだち》や馬の足跡をのこさない（善《よ》く行く者は轍迹《てっせき》無し）」のような玄妙な警句がたくさん並んでいる章であるが、その中に「すぐれた閉じ方をする者は、かんぬきを使わないのに誰も開けられない（善く閉《と》ざす者は関楗《かんけん》無くして而《しか》も開《ひら》く可《べ》からず）」という句がある。「関楗」は、かんぬきのことであり、「関」は横に、「楗」は縦に使うもののようである。

河上公は、ここに、「道を守って情欲を閉ざし、精神を守る者は、かんぬきのある門戸が開けられる場合があるのとは、違うのだ（善く道を以て情欲を閉ざして精神を守る者は、門戸に関楗有りて開くを得可《うべ》きが如《ごと》きにあらず）」と注をつけた。門戸は、かんぬきの働きによって開いたり閉じたりするが、「道を以て情欲を閉ざして精神を守る者」には戸が開いて情欲が入ってくるようなことはない、ということである。

「道を以て」情欲を閉ざすというのは、ただ目先の情欲を我慢するという単純なことではなくて、情欲が精神をダメにするということを十分に認識し、いわば情欲の正体《しょうたい》をはっきり把握して、それを拒絶するということであり、その結果、情欲は胸中に入りこみようがなくなる。だから精神は絶対的に守られるのだ、というわけである。河上公が情欲の除去をしきりに言ってきたのは、精神を守るためであったのだ。

第二十八章の「大制は割《さ》かず」という文言にも、河上公は、

聖人が之《これ》(この前の文に出る百官の長のこと)を登用するならば、大道によって天下を制御するのであり、損なったり割ってしまったりすることがない。自分の身を治めるならば、大道によって情欲を制御し、精神を害することがない。

と注解している。第二十七章注とおなじように、情欲は道によって制御されてしまうから働きようがなく、精神が傷害を受けることはない、ということである。治国の問題と治身の問題を並べている点については、あとでまた言及しよう。

第四十三章の「無為の益」に「道に法《のっと》って無為であり、そのようにして身を治めれば精神を益するであろう」と注をつけたのも、第七十一章の「聖人に欠点がないのは、欠点を欠点とするからである」に「小人は道のことがわからず、妄《みだ》りな行ないをして精神を傷つけ、寿命を減らしてしまう」と

注をつけたのも、道を前面に打ち出した解釈である。これらの注は、いずれも、道を守ることによって情欲が制御されて精神は守られる、あるいは、道がわからずに妄りな行ないによって精神を傷つける、ということを言っている。河上公が、いかに情欲に振りまわされることを恐れていたかが、よくわかる注釈である。

精神は去る場合がある

精神は心に宿るものであるから、場合によっては心から去ってしまうこともある。精神を去らせないためには相当の苦心が必要なのであり、精神は大事な客人を遇するように鄭重《ていちょう》に接しなければならないのだ。

第十章の「精気を散らさないように集中させ、柔軟さを保ち、赤子のような状態のままでいられるか」に、河上公は「赤子のように、内面的には何も考えることなく、外面的には政事にわずらわされなければ、精神が去ってしまうことはない」と注釈した。心をわずらわす問題があったり、政事に振りまわされたりすれば精神は去ってしまう、ということである。

また、第十二章の「馬を走らせて狩猟することは人の心を狂わせる(馳騁田猟《ちていでんりょう》は人の心をして狂《きょう》を発《はっ》せしむ)」という文言に、河上公は「人の精神は安静を好むものだから、馬を走らせて呼吸すると、精神は散亡して(散りぢりになって無くなって)しまい、その結果、心が狂ってしまう」と注をつけた。

『老子』には「人の心」とあるだけなのに、わざわざ精神を持ち出して散亡するとしているのは、心は「狂う」ことはあっても「散亡する」ものではないからであろう。精神が散ってしまうと心が狂うというのは、『淮南子』「精神訓」にあったように、神(精神)こそが心にとってもっとも大事なもの、つまり心の宝だからである。心は精神が働いたり留《とど》まったりする場なのである。

ここでは、馬を走らせて呼吸することが精神の散亡と関連して述べられているが、次章で詳しく見るように、呼吸は養神ときわめて深い関係にある。

第五十二章の「知恵の光を働かせ、明の状態に立ちもどれば」には、河上公は「外面にむかう光明を内面にむけて内在的な知恵として活動させれば、精神を泄《も》らすようなことはない」と注釈した。精神は場合によっては「泄れる」ものだと認識されているわけであるが、「泄れる」も「去る」も「散亡する」も、意味するところは同じである。

精神が去るとどうなるか。第十二章注にあったように、心が狂うことも、その結果の一つである。しかし、もっと根本的には、第七十六章の「人は生きている時は柔らかくてしなやかであるが、死んだ時は堅くてこわばっている」に「人は生きているあいだは和気がはたらき、精神を抱《いだ》きもっているから、柔らかくてしなやかである。人が死んだ時には和気が尽きはて、精神が無くなってしまうから、堅くてこわばる」と注をつけたように、最終的には死が待っているのである。注は、精神が無くなったから亡くなった、とは言っていないが、『老子』の文言に即したからこうした表現になっただけで、精神の消失と死とは同じ事態として認識されているのである。

精神は安静を好む

第十二章の注には「人の精神は安静を好む」とあった。この点については第七十二章の注にも同じような考えが見られる。

第七十二章には「居《い》る所を狭めてはいけない、生きてゆく手だてを圧迫してはいけない」という文言があり、だいたいの注釈では、為政者が人民に対して生活区域を狭めたり、生業《なりわい》を圧迫してはいけないと解釈されている。ところが河上公は、

神（精神）は心に居《い》るのであるが、ゆったりとゆるやかに居られるようにすべきで、せかしたり狭めたりすべきではない、ということを言っている。人が生きていられるのは精神があるからだ。精神は空虚な所に居《お》って、清らかで静かであることを喜ぶのだ。もしも好きなように飲食し、道のことは疎《おろそ》かにして色のことばかり気にかけていると、悪いものが腹一杯になり、根本がだめになって神（精神）は圧迫されてしまう、という状況となる。

と注解した。河上公は「居る所」を神（精神）の居場所としているのである。為政者と人民という政治的・社会的な関係はどこかに引っこんで、心や精神、色（つまり情欲）という、もっぱらひとりの人間の心情を中心にして論じている。河上公の関心がどこにあったかを示すよい例である。

「空虚な所」とは心のことである。精神は「清らかで静かであることを喜ぶ」ものだというのは、第十二章の注とおなじことで、その清静が情欲によって乱されれば精神は圧迫され、やがてのことには去ってしまう、という筋書きであろう。

第七十二章の『老子』本文の続きには「いったい、圧迫さえしなければ、それならば、いやだとは

思わないのだ」とあり、河上公は、

いったい、ただひとり精神を圧迫しない人は、心の垢《あか》を洗い、恬淡《てんたん》（さっぱりとして淡泊）として無欲であるから、精神は心に居《お》って厭《いや》だとは思わないのだ。

と注をつけた。「心の垢」とは、つまり情欲のことであろう。情欲を洗い流し、無欲の状態であれば、精神は心にいて厭だとは思わない、ということで、圧迫されれば厭だと思うのは、あくまでも精神であり、人民ではないのである。

淫色を好めば精神を傷つける

第四十四章の「ひどく物惜しみすれば、かならず大いに散財するはめになり（はなはだ愛せば必ず大いに費《つい》え）、多量に蓄えれば、かならずひどく失うはめになる」に、河上公は、つぎのように注をつけた。

はなはだしく色《しょく》を愛していると（はなはだ色《しょく》を愛せば）精神を消費し、はなはだしく財を愛していると禍《わざわい》にあう。愛するものが少なければ消費するものが多くなる（愛する所のもの少なからば費やす所のもの多し）。それゆえ「大いに散財する」と言っているのだ。生きているときは蔵《くら》いっぱいに物を蓄え、死んだ場合には墓いっぱいに物を具《そな》える。生きているときは襲われる憂いがあり、死んだら墓を曝《あば》かれる煩《わずら》いがある。

「愛」には「愛惜」や「愛嗇《あいしょく》」などの物惜しみする方向と、「愛好」や「愛財」などの欲ばる方向があるが、『老子』の「愛」とはケチして惜しむ(失うまいとする)ことであろう。だから「費」と対になって、けちけちして惜しんでばかりいると、かえってひどく失ってしまう、という教訓となる。だが河上公の「愛」は、ここでは、蔵や墓に多量のものを蔵するという点から見れば、どうも、欲ばるという方向で使われているようだ。それに、もし「はなはだ色《しょく》を愛せば」が「色を惜しむ」ことであれば、色に対して節制の働きをして、「精神を消費」する方向には行かないのではないか、とも思われる。

「愛する所のもの少なからば費やす所のもの多し」は『老子』の「はなはだ愛せば必ず大いに費《つい》え」を説明したものであるが、「はなはだ愛せば」がどうして「愛する所のもの少なからば」と注解されるのか理解に苦しむ。何か文字の錯誤があるのかもしれない。

「愛」を惜しむと取るにせよ、欲ばると取るにせよ、ここで注目されるのは、はなはだしく色《しょく》を愛すると精神を消費するという点である。さきほどの第七十二章の注も色に言及していた。これらの色は、いわゆる男女の問題のようであり、まさに色は情欲の象徴とも言うべきものであった。『老子』には、このような「色」の問題は論じられていないにもかかわらず、河上公がことさらに色に言及したのは、情欲の象徴として色が精神と密接に関わるからであった。

前に引いた第十二章には、また「五色《ごしょく》は人の目をして盲《もう》せしめ」という文言があり、だいたいは

「きらびやかな色彩は人の目を見えなくさせ(心を惑わすという意味)」と解釈されている。ところが河上公は、ここにも「淫《いん》を貪《むさぼ》り色《しょく》を好めば則《すなわ》ち精を傷《やぶ》り明を失わせ」と注をつけた。「精を傷り明を失わせ」は「精明を傷失し」を分けて表現した修辞法であるが、明は神明のことであろうから、精明とは精神とおなじ意味合いであろう。淫色《いんしょく》に耽《ふけ》れば精明を傷つけ失わせるというのは、淫色への過度の欲望が精神に及ぼす結果を強調した解釈にほかならない。

第六十四章の「ことさらな事をする者は、それを壊してしまう(為《な》す者は之《これ》を敗《やぶ》り)」の注に「ことさらに色に拘泥《こうでい》する(こだわる)者は精神をだめにする(色に為すこと有るものは精神を廃《はい》す)」とあるのも、色に耽《ふけ》れば精神に害をあたえることを述べたものである。『老子』本文には「為《な》す者は之《これ》を敗《やぶ》り」とあるだけであるが、河上公は、いちおう「事(政事など)に拘泥する者は自然をだめにし、義(社会正義)に拘泥する者は仁慈をだめにする」と述べた後、そこに色の問題を持ちこみ、「敗《やぶ》」る対象として精神を前面に押しだしたのである。いかに精神と色との関係を重視していたかがわかる。

精神も情欲も、河上公が『老子』を解釈するに当たって、ことさらに加えた言葉であり、どちらも、個人の心という一点に収斂《しゅうれん》するような言葉である。本章では、それらの言葉を手がかりに、もっぱら養神の問題、つまりわが身を治める治身の問題をめぐって考察してきたわけであるが、もちろん、河上公注にも『老子』に見られる独特の統治思想に関連して治国の問題として注解しているところがある。そこで、つぎに治国の問題について考えてみよう。

第三章　河上公注の構造

1　治身と治国

治国の問題

治身と治国の問題は、河上公注の重層構造とも関係してくる微妙な問題であるが、まずは治国の問題について検討してみよう。

第五十三章には「もし、わたしに大いなる知恵があるならば、大いなる道を行き、ただ施政をこそ畏《おそ》れる(使《も》し我れに介然《かいぜん》たる知有らば、大道《たいどう》を行きて、唯《た》だ施《し》を是《こ》れ畏《おそ》る)」という文言がある。この文言について、河上公は、つぎのような注をつけた。

> 介とは大のことである。老子は当時の王者が大道を行かないことを批判して、このように言ったのである。もし、わたしに政事について大いなる知恵があるならば、わたしは大道を行き、みずから無為の教化(無為の化)を行なうのだ、と。唯とは独のことである。独《ただ》、施為《しい》することを畏

れるのは、道の理念(道意)を失うことを恐れるのだ。善なるものを賞《ほ》めようとすれば偽善が生じることを恐れ、忠なるものを信じようとすれば詐《いつわ》りの忠が起こることを恐れるのだ。

これは介や独の言葉の意味を規定したうえで、『老子』の文言を真正面から受けとめ、大道と無為の化とを結びつけた、いわば道家思想の正道を行く注解である。『老子』の「施」を「施為」と説明しているが、「施為」とは、まさに施政のことで、為政者の立場からの積極的な働きかけを表わした言葉である。それを畏れると言っているのは、施為を実行すれば道意を失う恐れがあるからである。もともと道家的な君主の道は「事なき」為政の道であり、積極的な施為とは進む方向が違っているのだ。そこで、この注解は『老子』に見える独特の統治思想を十分に理解したものと言えるであろう。このように為政の道に関心を寄せる注解も、河上公注には多く見られるのである。

治国と治身

第六十四章も、おおよその注釈家は、老子独特の為政の道を説いた章と解釈している。では河上公はどうであろうか。前章7で、精神と色との関係で「ことさらな事をする者は、それを壊してしまう(為《な》す者は之《これ》を敗《やぶ》り)」の部分を引いたが、ここで改めて、河上公が治国の問題として注解している箇所について考えてみよう。いま、必要部分を河上公の読み方にしたがって二段に分けて引くと、つぎのようである。

①安定していれば持続しやすく、兆《きざ》しがなければ手を打ちやすい。脆《もろ》ければ破りすてやすく、微《かす》かならば散らしやすい。ことが生じないうちに対処し、乱れないうちに治めておく。

訓読　其《そ》の安《やす》きは持《じ》し易《やす》く、其の未《いま》だ兆さざるは謀《はか》り易し。其の脆《もろ》きは破《は》し易く、其の微《び》なるは散《さん》じ易し。之《これ》を未だ有らざるに為《な》し、之を未だ乱れざるに治む。

②そういうわけで聖人は、欲を持たないということを欲とし、珍しい財宝を尊重しない。学ばないということを学びとし、人々がまちがえているところを修復する。

訓読　是《ここ》を以て聖人は、欲《ほっ》せざるを欲し、得難《えがた》きの貨《か》を貴《たっと》ばず。学ばざるを学び、衆人《しゅうじん》の過《あやま》つ所を復《ふく》す。

①と②の間には「合抱《ごうほう》の木も毫末《ごうまつ》より生じ」などの格言が三句あり、[1]それに続いて前章で引用した部分などがあり、②の後にも別な文章があるが、いずれも省略した。『老子』本文の下に河上公注をつけて示すと、①は、つぎのようになる。

「其の安きは持し易く」…治身も治国も安定して平静であれば、(身も国も)持続して守りやすい。

「其の未だ兆さざるは謀り易し」…情欲や禍患《わざわい》の兆しがないうちならば、(それらを)防止しやすい。

「其の脆きは破し易く」…朝廷では禍乱が起こっておらず、人の表情には情欲が現われていなければ、(もしもそれらがあったとしても)脆弱《ぜいじゃく》なようで、破りすてやすい。

「其の微なるは散じ易し」…事態がはっきりと現われておらず、微小なうちは散らしてしまいやすい。

「之を未だ有らざるに為し」…何かを為そうと思うならば、(わるいことの)萌芽もない時にすべきであって、あらかじめ(わるいことの)端緒を塞いでおくのである。

「之を未だ乱れざるに治む」…治身も治国も、まだ乱れてない時にすべきであって、あらかじめ(乱れが起こる)門を閉ざしておくのである。

さきほども述べたように、多くの注釈家は第六十四章を治国の問題を論じたものと見ている。「未だ兆さざるは謀り易し」とか「未だ乱れざるに治む」などを読めば、そう解釈するのが自然であろう。しかし、河上公は治身と治国の両面について述べたものと解した。『老子』本文をよく眺めてみると、とくに「其の脆きは破し易く」とか「其の微なるは散じ易し」などは健康管理の格言ともとれそうであり、これらの『老子』本文からは、治国の問題としてなら言うまでもなく、治身の問題としても具体例はいろいろと思いつくであろう。たしかに河上公のような解釈も成りたつようだ。

治身を先にして治国を後にしているのは、『老子』第一章の注で「常の道」を「無為によって神《しん》を養い、民を束縛する仕事を無くして民を安らかにする(無為にして養神し、無事にして安民す)」とした論法とぴたりと一致している(第一章3)。情欲を除去して中和を守るという養神(治身)を基本とし、そこに、束縛する仕事を無くして民を安らかにするという安民の為政(治国)を加え、両者を一連のこととして論じるのは、河上公注の核心点と言ってもよいであろう。治身から治国へという順序を記憶しておきたい。

②については、つぎのようである。

「是《ここ》を以て聖人は、欲せざるを欲し」…聖人は(世俗の)人が望まないことを望む。人は世の中に華々しく知られることを望むが、聖人は世の中に知られないことを望む。人は文飾《ぶんしょく》(華々しい飾り)を望むが、聖人は質朴《しつぼく》(質素で素朴なこと)を望む。人は色を望むが、聖人は徳を望む。

「得難きの貨を貴ばず」…聖人は目映《まばゆ》い服装はせず、石を賤《いや》しんで玉を貴ぶようなことはしない。

「学ばざるを学び」…聖人は人が学べないことを学ぶ。人は知恵や詐《いつわり》を学ぶが、聖人は自然を学ぶ。人は世を治めることを学ぶが、聖人は身を治め、道の真《まこと》を守ることを学ぶ。

「衆人の過つ所を復す」…衆人の学問は皆な(真実に)反しており、本《もと》(根本)をまちがえて末《すえ》(末梢)の為《ため》にし、実《み》をまちがえて華《はな》の為にしている。これを復するというのは、(その過ちを)本《もと》と実《み》に返すことである。

ここは世俗の人と聖人とを対比し、聖人を典型的な道家の聖人像として描いている。人は治世を学ぶが聖人は治身を学ぶと言っている点に、河上公の考え方がくっきりと表われている。治世とは、第一章注に述べられているような儒家的な為政のことであり、河上公の言う治国は、世の人々が言う治世とは、むろん違っているのだ。

最後の文で「実《み》をまちがえて華《はな》の為にしている」とあるのは、第三十八章の「りっぱな男子は……道に即して充実したところに身をおき、華やかなあだ花には身をおかない(大丈夫《だいじょうふ》は……其《そ》の実《じつ》に処《お》りて、其の華《か》に居らず)」を踏まえた表現である。

智による治国と智によらない治国

第六十五章には河上公注の核心点がよく示されており、『老子』本文には、わずかながら治国の方法が示されている。まず、その内容のおもな部分を示すと、つぎのようである。

むかしの、よく道を修めた者は、人民を聡明にしたのではなく、愚かにしようとしたのだ。人民が治めにくいのは、彼らに知恵があるからである。知恵によって国を治めれば国を害し、知恵によって国を治めるのでなければ国は豊かになる。この二つのことを弁《わきま》えることは、国を治める法則である。いつでもこの法則を弁えていることを玄徳《げんとく》というのだ。

訓読 古《いにしえ》の善《よ》く道を為《な》す者は、以《もっ》て民を明らかにするに非《あら》ず、将《まさ》に以て之《これ》を愚《ぐ》にせんとす。民の治め難《がた》きは、其《そ》の智多きを以てなり。智を以て国を治むるは、国の賊《ぞく》なり、智を以て国を治めざるは、国の福《ふく》なり。この両者を知るは亦《すなわ》ち稽式《けいしき》なり。常《つね》に稽式を知る、是《こ》れを玄徳《げんとく》と謂《い》う。

「稽式《けいしき》」の「稽」とは、ここでは「同」の意味で、「式」とは「法」、手本のことである。そこで「稽式」とは、むかしも今も変わらない法則の意味である。「玄徳」の「玄」は、うす暗くて、計り知れぬほど奥深いありさまのことであるが、河上公は、よく「天」のこととして訓釈している。では、河上公注を前とおなじ形で引用しよう。

「古の善く道を為す者は、以て民を明らかにするに非ず、将に以て之を愚にせんとす」…むかしの、きちんと道によって身を治め国を治めた者は、道によって民に明智《めいち》や巧詐《こうさ》（たくみな詐術）を教えたのではなく、道と徳によって民に教え、質朴で詐偽《さぎ》をしないようにさせたのだ、ということを説いている。

「民の治め難きは、其の智多きを以てなり」…〔民を治めるのがむずかしい理由は〕[2]たくさんの智があって狡賢《ずるがしこ》いからだ。

「智を以て国を治むるは、国の賊なり」…智恵のある人に国の政事を治めさせると、かならず道と徳をないがしろにし、みだりに威張りちらし、国を害する。

「智を以て国を治めざるは、国の福なり」…智恵のある人に国の政事を治めさせなければ、民は正直を守り、邪《よこしま》な飾《かざり》（見栄《みえ》）を為さず、上下は親しみあい、君臣は力を合わせるから、国は豊かになる。

「この両者を知るは亦《すなわ》ち稽式なり」…両者とは智と不智のことである。智者は国を害し、不智者は国を豊かにするということを常によく弁《わきま》えていること、これが治身と治国の法則である。

「常に稽式を知る、是れを玄徳と謂う」…玄とは天のことである。治身と治国の法則を常によく弁《わきま》えていること、そのことを徳が天の徳とおなじになった、と言うのである。

『老子』本文に見える「民を明らかにする」の「明」とは、知見が多く、物事をなすのに巧みなことで、それによって素朴さが覆われてしまうから、むかしの善く道を為《おさ》めた者は民を「愚」にしようとしたのだ、ということになる。「愚」とは老子得意の言葉で、明智《めいち》をはたらかせず、素朴な本性を守り、自《おの》ずから然《しか》る道に順応することを言う。

河上公は、『老子』本文に基づいて智者と不智者の治国を対比し、「賊」と「福」という結果の違いによって智者の治国を切りすてているが、評価された不智者の治国とは、つまり道による為政であり、無為の化にほかならない。そして、智者は国を害するが不智者は国を豊かにするということをしっかり弁えておくことが治身と治国の法則であると規定した。

『老子』本文は、一読して明らかなように、道を体得した者の治国について述べているのであるが、河上公は、それに治身を加え、治身を先にして治身と治国を並べている。つまり、河上公の考え方の核心点が、ここでも前面に押し出されているのである。

治身と治国――第十章注

治身を先にし治国を後にするという、表現上でも河上公注の核心点が示されている箇所は、ほかにもある。第十章は道家的君主の為政や心の持ちようについて述べている章であるが、そのなかに、つぎのような文言がある。

人民を愛し国を治めるのに、無為のままでいられる。天の門が開いたり閉じたりするのに、女性のように(静かなままで)いられる。

訓読　民を愛し国を治めて、能《よ》く為すこと無し。天門《てんもん》の開闔《かいこう》して、能《よ》く雌為《した》り。

何を言っているのか、後半はすこぶる難解であるが、まずは河上公の解釈を見よう。

「民を愛し国を治めて」…身を治める者は気を愛せば身は保全され、国を治める者は民を愛せば国は安寧である。

「能く為すこと無し（能く無為なり）」…身を治める者は精なる気を呼吸し、耳にその音が聞こえないようにする。国を治める者は恵みの徳を布《あまね》く施し、下々《しもじも》がそのことを知らないようにする。

「天門の開闔《かいこう》して」…天門は北極紫微宮《しびきゅう》（北極星が位置する場所）のことをいう。開闔は五際《ごさい》が終始することをいう。身を治めることでは、天門とは鼻孔《びこう》のことをいい、開とは喘息《ぜんそく》のこと、闔（閉の意味）とは呼吸のことをいう。

「能く雌為り」…身を治めるには、女性のように安らかで静かで、柔弱であるようにする。国を治めるには、変化に応じて順応し、自分から主張しないようにする。

これが河上公の注解であるが、『老子』本文とおなじく、まことに難解なところがある。ともあれ、河上公が治身を先にして治身と治国の両面から付注していることは分かる。「天門の」の句では、『老子』本文に即して、まず天界のこととして説明しているが、これは微妙に治国の問題とも関連している。そこで、その後で治身のことを述べ、治国のことは五際の終始で説明ずみとしたのであろう。

「民を愛し」の愛も「気を愛せば」の愛も、大事にして、みだりに消費しないという、惜しむ方向の意味である。民を惜しむとは、民を戦争や労役に駆りたてたり、その生産物を収奪したり、というようなことをしないことである。気を惜しむとは、次句に言うように精気を呼吸して、その力を体内に温存することであろう。

「能く為すこと無し」の注では呼吸法のことを述べているが、河上公は呼吸をきわめて重視した。そのことについては、また後で述べる(本章4)。耳に呼吸音が聞こえないようにするとは呼吸法の基本であるが、呼吸をしていないようにも見えるので、それがつまり身を治める者の「無為」である。また、下々が国を治める者の恩恵を知らなければ、下々にとって国を治める者は存在しないも同然であり、それがつまり国を治める者の「無為」である。

天門の開闔

「天門の開闔《かいこう》して」の句につけられた注の、治身の場合に見えるように、鼻孔を天門と表現するのも河上公注の特色で、鼻だけでなく、呼吸器官として鼻口と言う場合もある。「開闔」とは開閉の意味で、「闔《こう》」は「合《ごう》」とおなじである。しかし、鼻孔は閉じることはできないから、開闔が意味を持つのは口の場合である。したがって、ここも実質的には鼻口を指すと思われるが、大ざっぱに述べたのであろう。開が喘息、闔が呼吸というのは、口を少し開けて行なう息づかいが喘息、口を閉じて行なうのが呼吸であろう。どちらも有るか無きかの静かな息づかいと思われる。あるいは、後世の呼吸法を参考にすれば、開闔とは口を閉じて鼻から息を吸い、口を少し開けて口から息を吐くことかもしれない。その場合、闔は呼吸のうちの吸だけが意識されていることになる。いずれにせよ喘息は呼吸法のことであり、病気のことではない。

「天門」について河上公注は北極紫微宮と説明しているが、これは天の中心で、天帝の宮廷である。そこで、この注は、紫微宮にいる天帝が宮殿の門を開閉して五際を終始し、下界を統御しているという意味になるであろう。

五際とは何か

では「五際《ごさい》を終始する」とは何であろうか。五際とは、人々に対して儒教の経典が教える訓戒として、漢代の儒学者が考えだした理論の用語である。前漢の元帝(前四九年—前三三年在位)のころの儒者翼奉《よくほう》は、『易』には陰陽があり、『詩(詩経)』には五際があり、『春秋』には災異(災害異変)がある、と述べている。(3) 翼奉の説明によれば、経典に書かれた陰陽とか五際、災異などは、事の終始(事の顚《てん》末《まつ》)を列《つら》ね記し、その得失を推しはかり、天心(天の意志)を考察することによって、王道の安寧と危険について述べたものである。

一般論として、たとえば災異について説明すると、王者の為政が悪ければ天は災害を下すのであるが、どの点が悪かったかを災害に照らして反省して改めれば、王道は守られる。たとえば、宮中に女性を必要以上に増やすと、女性は陰なるものであるから、陰の象徴である水の害(洪水など)が起こるが、増えすぎた女性を民間に戻して減らせば安寧になる、というようなことであり、逆に言えば、どこかに大水の災害があると、為政のどこかで陰の要素が強くなるようなことをしている、と考えるわけである。いかにも漢代的な発想と言えるようだ。

五際については、「翼奉伝」に魏の孟康《もうこう》の注があり、「『詩内伝』に曰《い》う、五際は、卯《ぼう》、酉《ゆう》、午《ご》、戌《じゅつ》、亥《がい》である。陰陽終始際会の歳《とし》であり、この歳には政事に変動がある」と説明している。卯酉などは十二支のことで、歳を表わす。これが『詩』に関係するのは、詩を五種類に分けて卯酉などに配当したからで、たとえば「大明《だいめい》」という詩は大雅《たいが》・文王《ぶんのう》の一首であるが、亥と関係づけられた。おなじように、小雅《しょうが》・鹿鳴《ろくめい》の「天保《てんぽう》」は卯に、小雅・南有嘉魚《なんゆうかぎょ》の「采芑《さいき》」は午に、小雅・鴻鴈《こうがん》の「祈父《きふ》」は酉に関係づけられた。こうした配当には然《しか》るべき理由があったと思われるが、よくわからない。大雅や小雅は『詩』のジャンルであり、文王や鹿鳴などは、略さずにいえば「文王の什《じゅう》」や「鹿鳴の什」で、什は巻の意味である。それぞれの巻に、「文王」や「鹿鳴」以下、十首の詩が収められている。

「陰陽終始」とは、陰と陽とが終わっては始まり、始まっては終わるということで、つまり陰陽の経過とか回《めぐ》りの意味であり、はやく言えば年月の経過のことである。卯は陰陽交際の歳、つまり陰と陽がおなじ強さでたがいに作用する歳である。午は陽の強さがきわまり、陰が興《おこ》りだす歳、酉は陰が盛んになり陽が衰えだす歳、亥は十二支がきわまり、命《めい》が革《あらた》まる(革命の)歳である。戌の位置づけは分からない。

「際会」とは出くわすということであり、陰陽の終始《めぐり》において、これらの歳になることである。その歳には、政治上でかならず重大な変動が発生する、と想定されている。

『斉詩』の学

要するに、陰陽が終始して卯酉午戌亥に際会する五際の理論は、『詩』に陰陽終始の説を加えて作りだしたものである。翼奉は『斉詩《せいし》』を学んだ人であり、五際の理論は斉《せい》で行なわれた『詩』の学問、つまり『斉詩』の学問であろう。陰陽五行説の大成者鄒衍《すうえん》も斉の人であり、河上公の学問も斉に伝えられたものであり、河上公注に「開闔は五際を終始すること」とあるのも、偶然のことでは、なさそうだ。孟康の注に見える『詩内伝』とは『斉詩内伝』であろう、という説もある。[4]しかし、『斉詩』の学は漢魏の際に亡《ほろ》んでしまって、詳細は分からない。

翼奉は、また、自分は『斉詩』を学び、五際の要《かなめ》である「十月之交《じゅうげつしこう》」篇(についての『斉詩』の学の解釈)を聞いたので、日蝕《にっしょく》や地震の兆候がはっきりと明らかにできることを知っています、と述べている。

「十月之交」とは『詩』小雅・節南山《せつなんざん》の一首であり、その中に「十月の交《こう》、朔日辛卯《さくじつしんぼう》、日之《これ》を食する有り、亦《ま》た孔《はなは》だ之《こ》れ醜《みにく》し(十月の太陽と月が重なる日、朔日《ついたち》の辛卯《かのとう》、日蝕があった、また何ともおぞましいことよ)」とか、「百川《ひゃくせん》沸騰し、山冢崒崩《さんちょうしゅっぽう》す。高岸《こうがん》は谷《たに》と為《な》り、深谷《しんこく》は陵《おか》と為る(川という川は激しく沸きたち、山の頂《いただき》は崩れ落ちた。高い岸は谷になり、深い谷は丘となった)」などの文言があるので、『斉詩』の学では日蝕や地震の兆候を知る何らかの理論があったのであろう。

郎顗の意見

『斉詩』も、その学問も亡《ほろ》んでしまったため、五際の理論もよくわからないのであるが、後漢の順帝(一二五年—一四四年在位)のころの儒学者、郎顗《ろうぎ》も五際について記述している。郎顗は賢者を登用すべきことを上奏して、賢者を登用しなければ天の秩序に違反し、人望にも違《たが》うことになり、天の秩序に違反すれば災害が降りかかるし、人望に違《たが》えば化（徳による為政）は行なわれない、災害が降《くだ》れば人民は苦しみ、化が行なわれなければ王者としての道が欠けてしまう。「四始《しし》の欠、五際の厄《やく》、その咎《とが》、かくの如《ごと》し」だ、と述べている。(5)

五際は災厄をもたらすと認識されていることがわかるが、その理屈は、やはりよくわからない。「四始の欠」の四始とは、『詩』の四つのジャンルである国風《こくふう》・小雅・大雅・頌《しょう》の、それぞれの始めの詩、「関雎《かんしょ》」「鹿鳴《ろくめい》」「文王《ぶんのう》」「清廟《せいびょう》」のことで、これらには王者による感化の意味が寓《ぐう》されているとされる。それが欠けるとは王者の道が欠けることにほかならない。

郎顗は、また別の、癸酉《きゆう》の歳（一三三年）に書かれた上奏文で、来年以降良くないことが起こり、「天門を通過して災いは戊己《ぼき》に降りかかるであろう」と述べている。唐・李賢《りけん》の注に「戌亥《じゅつがい》の間を天門と為《な》す」とあり、癸酉のつぎの歳が甲戌《こうじゅつ》（一三四年）、そのつぎが乙亥《いつがい》（一三五年）であり、甲戌と乙亥の間が、つまり天門である。だから、この天門は紫微宮の天門という意味に重ねて、特定の時を示している。癸酉から数えて五年後が戊寅《ぼいん》（一三八年）、六年後が己卯《きぼう》（一三九年）である。郎顗は、甲戌・乙亥の天門の時期を通過して戊寅・己卯に災害が起こる、と予言したのである。

また、『詩』の緯書《いしょ》の一つ、『詩汜歴枢《しはんれきすう》』の「卯酉を革政（政治が革《あらた》まる歳）と為《な》し、午亥を革命（天命が革まる歳）と為し、神《かみ》は天門（戌亥の歳）に在って出入《しゅつにゅう》し候《うかが》い聴く」という文言を引用し、その意味を「神は戌亥の歳において、帝王が興隆の気運にあるか衰退の気運にあるか、為政が当を得ているか失っているかを観察し、善であれば栄えさせ、悪であれば亡《ほろ》びさせる（神は戌亥に在りて帝王の興衰得失を司候《しこう》し、厥《そ》れ善なれば則《すなわ》ち昌《さか》え、厥《そ》れ悪なれば則ち亡ぶ）」と解説している。神は天神のことであるが、天帝を指すのであろう。「天門に在って出入し」というのも、天門を出入することと天門(戊亥の歳)を通過しての意味があろう。

河上公注の「五際を終始する」という言葉の意味がわからないから、翼奉と郎顗の発言から探って見たのであるが、きわめて複雑な内容で、わからないことが多い。当面、河上公注には『斉詩』の学の影響がある、ということで満足するほかなさそうだ。

すこし余計なことを加えると、河上公注に漢魏の際に亡んだといわれる『斉詩』の学の影響があるということは、少なくともこの部分に関しては漢代に成立した可能性が大きい、ということである。亡んだら、すぐに人々の頭から『斉詩』が消えた、というわけではないから、これは、あくまでも可能性にすぎないけれども。

治身と治国——第四十一章注そのほか

第十章注の解釈にだいぶ手間取ったが、ほかの章について見てみよう。第四十一章は、道のことを聞くと、すぐれた士(上士)は力を尽くして実践し、中くらいの士(中士)は半信半疑で、くだらぬ士(下士)は大笑いする、と述べた章であるが、その中士《ちゅうし》について、河上公は、

　中士は道のことを聞くと、身を治めては長生きしようとし、国を治めては太平にしようとし、喜んで道のことを信じる。しかし家に帰って、財産や色香、繁栄や名誉などを見聞きすると、情欲に惑わされ、道などないと思ってしまう。

と注をつけた。この治身治国は君主のことではないが、治身治国の順序は同じである。

第四十三章は、不言の教え(言葉によらない教え)と無為の益について述べ、天下でそれに及ぶものはほとんどない、と論じた章であるが、これらについて河上公は、

「不言の教え」…道に法《のっと》って言葉は言わず、身をもって帥《みちび》いてゆく。
「無為の益」…道に法って為《な》すこと無く、身を治めては精神に益が有り、国を治めては万民に益が有り、煩《わずら》わしいことはしない。
「天下、之《これ》に及ぶもの希《まれ》なり」…天下とは人主のことである。道を実践して無為の治身と治国をする者は、ほとんどいない。

と注をつけた。無為の治のむずかしさを言ったものであるが、通常は「世の中」という一般的な意味である「天下」を人主(君主のこと)とした点には、具体性(ここでは具体的存在)を重んじる河上公の発想がよく出ている。「天下」を人主や修道の主などとした箇所は他にもあり、河上公注の具体性を示す特色の一つと言ってもいいであろう。

第四十四章は「淫色を好めば精神を傷つける」の項(前章7)で部分的に言及したが、その後文に「満足することを知っていれば辱《はずか》しめを受けず、止《とど》まることを知っていれば危険を免れられ、いつまでも長らえられる」という文句がある。その「いつまでも長らえられる」に、河上公は、

人が止《とど》まることを知り、満足することを知っているならば、福禄は己《おのれ》から離れず、身を治める者は神《しん》(心)が疲労することはないし、国を治める者は民が擾《さわ》ぐようなことはないから、いつまでも長らえられる。

と注をつけた。これもまた治身治国の順である。

第六十二章は「道は万物を包容する蔵《くら》であり、善人の宝《たから》であり、不善人が頼みとするものである[(6)]」以下、道の貴さを述べたものであるが、末尾に「世の中でもっとも貴いものとされる(故に天下の貴と為《な》る)」という文句がある。これに、河上公は、

道と徳は奥深いものであって、すべてを覆いつくし済《すく》わないものはない。身を全《まっと》うし国を治めて、恬然《てんぜん》として(安らかで静かで)無為であるから、天下でもっとも貴いものとなりうるのだ。

と注をつけた。ここでは治身ではなく全身と言っている。治身は経過、全身は結果に重点をおいた言葉であり、実質的な意味は変わらないと考えていいであろう。『老子』の「故に天下の貴と為《な》る」は、道について述べた言葉であるが、注の「天下でもっとも貴いものとなりうる」というのは、「身を全うし国を治めて、恬然として無為」なのは道に法《のっと》った君主の姿なのであるから、人主のことを述べているようである。

治身と治国の例文は、まだほかにもあるが、これまでとしておこう。道家的君主の道は、無為によって自分の精神を養う(治身)と同時に無為の統治(治国)をするものであった。『老子』本文が、通常は独特の統治法について述べていると解される場合でも、河上公は治身と治国をセットにして解釈した。その点から考えると、河上公は、為政全般に思索をめぐらすよりも、もっぱら為政者の治身や心情にいっそう多くの関心を寄せたように思われる。では、ここからどのような問題が起こりうるのか、節を改めて考えてみよう。

2　道教からの接近

治身治国から道教の修養法へ

前節で見たように、河上公は、独特の仕方で治国の問題を論じていると考えられる『老子』本文についても、治身の問題を加味し、治国とセットにして注釈したが、セットにしても、とくに不自然さは感じられなかった。河上公が治身と治国を一体にして解釈したのは、第一章の注に見られたように、道家的君主は無為によって神を養い、その養神を基本として、民を束縛することのない、事無き為政を行なう、という基本思想があったからである。それゆえ本書では、それを核心点として捉えた。

しかし河上公注には、また、道教的立場からの注解が見られるというのも事実である。では、道教的な修養法は、道家的思想に充《み》ちみちた世界に、どのようにして入りこんだのであろうか。これは、じつに微妙な問題であるが、その道《ルート》の一つが治身治国の考え方にあったようだ。そこでまず、そこに至る過程について考えてみよう。

第六十章は道によって大国を統治することについて述べた章で、その内容は「大国を治めるのは、小魚を煮るようなものである。道によって天下を治めれば、鬼《き》もその働きが霊妙でなくなる。鬼の働きが霊妙でなくなるのではなく、その霊妙な働きが人々を害さないのだ。その霊妙な働きが人々を害さないだけではなく、聖人もやはりまた人々を害さない。そもそも、鬼も聖人もどちらも人々を害さないから、それらの恩恵がそれぞれ人々に及ぶのだ」というものである。

「鬼(精霊)」という古代的な存在が出てきて、我々の常識では捉えにくい面もあるが、要するに、道によって、つまり無為によって統治すれば安穏だ、ということを言っている。聖人も人々を害さないという表現が出てきて、当たり前なことを述べた妙な記述であるが、そうした表現の前提には、古代中国の王侯(つまり聖人)は人民の立場などには、まず立たないのだ、という常識があるのだ。古代中国人にとっては、人々を害する「聖人」の方が経験的に言って多いのであり、『老子』に出てくるりっぱな聖人は、老子が、こうあって欲しいという願望を多分に込めた存在なのである。

冒頭の「大国を治めるのは、小魚を煮るようなものである(大国を治むるは、小鮮《しょうせん》を烹《に》るが若《ごと》し)」という文句に、河上公は、つぎのような注をつけた。

鮮《せん》は魚のことである。小魚を烹《に》るときは、腸《はらわた》を取りさったり、鱗《うろこ》を取りさったり、むやみにつつき回したりは、しない。形が崩れてしまうのを恐れるからだ。国を治めて煩雑ならば下々は乱れるし、身を治めて煩雑ならば精が散ってしまう。

訓読　鮮は魚なり。小魚を烹るに、腸を去らず、鱗《りん》を去らず、敢《あえ》て撓《どう》せず、其《そ》の糜《び》を恐るればなり。治国煩《はん》なれば則《すなわ》ち下《しも》乱れ、治身煩なれば則ち精散ず。

「大国を治むるは、小鮮を烹るが若《ごと》し」という文言の説明としては、「鮮は魚なり～其の糜を恐るればなり」で、必要にして十分である。後の文もあることであり、これだけで『老子』の意味もしっかり伝わる。

『老子』本文は治身のことなど、さらさら言っていないのに、注は、あえて治身のことを加えている。つまり、「治国煩なれば則ち下乱れ、治身煩なれば則ち精散ず」は、蛇足のような感じである。もちろん、それはただの感じであって、この文が後から付加されたものだという根拠にはならない。ただ、「精神」ではなく「精」だけが出る点は、道家思想よりも道教思想になじむようだ。治国治身の順序も、「大国を治むるは」の句が冒頭にあるので、それに従ったのであろうが、気になるところである。

治身云々は付加か

第三十五章は、聖人が大道を守れば万民が心をよせることと、道のありさまを述べた章である。必要部分を河上公の読みに従って記すと、

大象《たいしょう》（道のこと）をしっかり守れば、天下の万民が心をよせる。人々は心をよせ、傷害すること

がないから、国家は安らかで太平になる。……道は見えたり聞こえたりはせず、道に依《よ》って活動すれば尽き果てることがない。

訓読 大象を執らば、天下往《ゆ》かん。往きて而《しか》も害さず、安らかに平《たい》らかに太《おだ》やかなり。……道は……之《これ》を視《み》れども見るに足《た》らず、之を聴けども聞くに足らず、之を用《もち》うれども既《つ》くす可《べ》からず。

となるが、これらについて、河上公は、つぎのように注解した。

「大象を執らば、天下往かん」…執は守のことである。象は道のことである。聖人が大道を守れば、天下の万民は心を(聖人に)移し、頼っていく。身を治めれば天は神明を降《くだ》し、(その神明が)己《おのれ》と行き来する。

「往きて而も害さず、安らかに平らかに太《おだ》やかなり」…万人が頼っていって、傷害するようなことはないから、国も家も安寧であり、太平の世になる。身を治めれば神明を害さず、身体は安らかで長寿になる。

「之を用うれども既《つ》くす可からず」…既《き》は尽《じん》のことである。道に用《よ》って国を治めれば、国は豊かになり民は昌《さか》える。身を治めれば寿命が延び、尽きはてる時はない。

これら三句の注は、いずれも『老子』本文について過不足なく説明したうえで、治身のことをつけ加えている。第一句について言えば、治国のことは、「執は守のこと〜頼っていく」で、語釈から始めて、まことにぴったりとした説明になっている。しかし、それとセットになる治身については、道を守れば天から神明が降されて心に宿り、そうした神明の働きが「己《おのれ》と行き来する」ということになるのであろうが、「天下往《ゆ》かん」という本文はどう解釈されているのか、いまひとつ腑《ふ》に落ちない。二句目と三句目は、一句目よりもわかりやすい。けれども全体として、注釈として完成したものの上に、後から治身のことをつけ加えたという印象が残る。

国の利器は人に示すべからず

第三十六章は、相手を弱くしてやろうと思うなら、しばらくは強くしてやれ、というような権謀《けんぼう》術数《じゅつすう》の文句が並んでいるところで、末尾に「魚《うお》は淵《ふち》より脱《だっ》す可《べ》からず、国の利器《りき》は以《もっ》て人に示す可からず」という、『老子』中では、わりに有名な句がある。

通説では、これは、魚は深い淵にじっと身を潜めていてこそ安全であり、淵から出て身をさらすようなことをしてはいけない。おなじように、君主たるものは、統治の手の内はじっと自分の胸の奥深くにしまっておくべきで、人に見せてはいけない、ということを教えた格言である。利器は鋭利な武器のことであるが、国の利器とは、するどい切れ味の統治法のことを言ったものである。

河上公は「魚は淵より脱す可からず」について、通説とちょっと違った解釈をしている。『老子』には、この句の直前に「柔弱《じゅうじゃく》は剛強に勝つ」という文言があり、河上公は魚の句について「魚が淵から脱するというのは、剛を去って柔を得て、制御不可能になったということを言っている」としている。つまり、淵に閉じ込められていた魚が、淵から逃げて自由に泳ぎまわれるようになった、そうなると、もう捕まえられないのだ、という意味である。

河上公は、この格言全体に「聖人は」という主語を立てているようなもので、だとすれば聖人は、魚は淵から出してはいけないし、国の利器は胸の内から出してはいけない、ということになり、これはこれで成りたつ解釈である。これに対して通説は、前半は「聖人」ではなく「魚」を主語にした解釈である。

問題は「国の利器は以て人に示す可からず」である。河上公は、この句に、

> 利器とは、権と道のことを言っている。国を治める権は、事を担当する臣下に示してはいけない。身を治める道は、然《しか》るべき人でなければ示してはいけない。

と注をつけた。「権」は「仮《かり》」のことで、君主がその時々でとる統治術のことであろう。元来は重さの基準になるおもりのことで、君主は、ひそかに胸のうちに用意したおもりに照らして臣下の行動や成果を判定するのである。その基準を臣下に知らしてしまっては、臣下は、あらかじめその対策を立てるから、示してはいけない、というのが、この句の眼目である。これは法家的な権謀の統治術であるが、『老子』には、けっこう、そうした思想が認められる。

河上公は、「権」という言葉を出して、君主の持つべき権謀を示すと同時に、また、利器とは「道」であるとして、治身の際の戒めを加えた。しかし、『老子』本文は「国の」利器は、と明言しているのであるから、これに治身の問題を加えれば、かなりの違和感が生まれる。また、然るべき人でなけ

れば道を伝えてはいけないというのは、道士たちが師から厳しく言われることである。

ただ、河上公注には第十章注で見たように呼吸法の問題も出てきて、それは、いわば道術であるから、こうした訓戒があっても、そのこと自体は、おかしくはない。要するに、第三十六章注については、はっきりとは言えないにしても、治身の訓戒は後からつけ加えられたものではなかろうかという、もやもやとした違和感が残るのである。

重と軽、静と躁

第三十六章注について感じた違和感は、第二十六章注の場合にも当てはまる。これは重《じゅう》や静《せい》を尊重し、軽《けい》や躁《そう》を斥《しりぞ》けることを述べた章で、『韓非子』「喩《ゆ》老《ろう》」篇にも引用されており、そこでは「重」は権力の掌握、「静」は君主の地位の保持のこととされている。なお、「軽」は軽挙の意味で、軽はずみな行動をとること、「躁」は妄動の意味で、ばたばたとさまざまな行動をとることである。

第二十六章のうち、河上公が治身に関わるものとして注解している所は、「重いものは軽いものの根本となり、静かなものは躁《さわ》がしいものの君主となる。……軽はずみな行動をすれば臣下を失い、ばたばたと妄動すれば君主の位を失う（重きは軽きの根為《こんた》り、静かなるは躁がしきの君為《くんた》り。……軽《かろ》がろしからば則《すなわ》ち臣を失い、躁《さわ》がしからば則ち君を失う）」の部分である。これに河上公は、つぎのように注をつけた。

「重きは軽きの根為り」……人君は重々しくなければ尊厳はなく、身を治めて重々しくなければ神《しん》を失う。草や木の、花や葉は軽いからこそ零落し、根は重いからこそ長く存する。

「静かなるは躁がしきの君為り」…人君は静かでなければ威信を失い、身を治めて静かでなければ身は危うい。龍は静かであるからこそ変化ができ、虎は躁《さわ》がしいからこそ若死にする。

「軽がろしからば則ち臣を失い」…王者は軽々しく勝手なことをすればその臣下を失い、身を治めて軽々しく淫すればその精を失う。

「躁がしからば則ち君を失う」…王者は躁がしくせっかちに行動すればその君位を失い、身を治めて躁がしくせっかちにすればその精神を失う。

『老子』本文に従って、まず人君・王者は重・静をまもり、軽・躁を斥けるべきだということを言い、その後で治身のあり方をつけ加えている。これらの治身は、人君・王者について言ったことなのか、一般論として言ったことなのか、よくわからないが、治身も重くあるべきだと言っている点など、道家的君主の無為による治身とは微妙に違っているようだ。

王者の軽挙を戒めた句の注で、「軽々しく勝手なことをすれば」「軽々しく淫すれば」と訳した箇所の原文は、いずれも「軽淫」であり、淫とは、何かが過度になることを意味している。たとえば長雨を「淫雨《いんう》」と言うなど、かならずしも淫色のことを言うわけではない。王者の行動が「淫」だというのは、並はずれて自分勝手な行動をするというようなことである。

しかし、治身の場合の「軽淫」は、文字どおり軽々しく淫色にふけることであろう。淫することと精を失うこととが緊密に関連づけられているが、その点は道家的か道教的かで分ければ、道教的な考え方だと言うことができる。「精を失う」ことが身体的なことであることは、躁の場合の「精神を失う」ことと対比して見れば、いっそうはっきりする。

全体として、『老子』のこれらの句について治身のことも注記されるべきだという積極的な理由は感じられず、印象としては、「身を治めて」以下は、いずれも後から取ってつけたような感じがある。

以上に挙げた注は、河上公注の核心点から、すこし距離のあるような感じがするものである。治身の句が後からの付加だという、はっきりとした根拠があるわけではないが、微妙な違和感があるのは、あるいは、すでに道教側から何らかの操作が加えられた結果なのかもしれない。いずれも治国↓治身の順であることも気にかかる。

治身↓治国か、治国↓治身かは、どうでもいいような問題のように思われるが、少なくとも道家的君主の治国を重視するならば、前にも述べたように(第一章3)「その身を大事にしながら天下のためにする者ならば、その者に天下を託することができる」という『老子』第十三章の思想もあって、まずは君主の養神が前提となる。その結果、治身↓治国の順序となるのである。

しかし、そうした思想はどうでもいいことで、身体的な鍛練だけが重要だと考える立場に立てば、治身と治国がセットになっていさえすればいいのであり、治国↓治身でいっこうにさしつかえない。本節で見てきたような治国↓治身の諸例は、おそらく、そのような考え方が反映しているのではないか、と思われる。では次節で、道家的と道教的の重層構造があり、はっきりと道教的な影響が認められる例を見てみよう。

3　河上公注の重層構造

重層構造というのは、基本となる道家思想の上に道教の修養法が乗った構造のことである。河上公についての先学の研究を参考にしながら、(7) 筆者なりに考えていくことにしよう。ただ、これまでの分析もそうであったが、注釈の密林に足を踏みこむとなると、どうしても複雑な記述が多くなり、できるだけ平易に述べたつもりではあるが、部分的には、かなり込みいった記述となることを、あらかじめお断りしておきたい。

『老子』第三章河上公注

まず、多少、道教の影響があるように思える『老子』第三章注を読んでみよう。第三章は、無為の治について、比較的詳しく述べている章である。河上公の読み方に従い、その内容を①②の二段落にして示すと、つぎのようになる。

①人君が才能ある者を尊重しなければ、人民は争わないようになる。人君が珍しい財宝を尊重しなければ、人民は盗みをしないようになる。人君が欲望を示さなければ、人民は乱れなくなる。

訓読　賢《けん》を尚《たっと》ばざらば、民《たみ》をして争《あらそ》わざら使《し》む。得難《えがた》きの貨《か》を貴《たっと》ばざらば、民をして盗《とう》を為《な》さざら使む。欲《ほっ》す可《べ》きを見《しめ》さざらば、心《こころ》をして乱れざら使む。

②そういうわけで聖人の治は、心を虚《から》にして腹を満《み》たし、こころざしを弱めて筋骨を丈夫にさせ、いつでも人民を無知無欲の状態におき、あの智というものを働かさないようにする。無為によって事を処理していけば、治まらないことはないのだ。

訓読 是《ここ》を以《もっ》て聖人の治《ち》は、其《そ》の心を虚《むな》しくして其の腹を実《み》たし、其の志《こころざし》を弱くして其の骨を強くし、常に民をして無知無欲なら使《し》め、夫《か》の智者をして敢《あえ》て為《な》さざら使む。為す無《な》きを為さば則《すなわ》ち治まらざること無し。

このうち①は、とくに問題にはならない。②について河上公の解釈を示すと、つぎのようである。

「聖人の治は」…聖人の治国と治身を説いている。
「其の心を虚しくし」…欲望を除き、乱れて煩《わずら》わしい気持ちを除く。
「其の腹を実たし」…道を懐《いだ》き一を抱《いだ》き、五神を守るのである。
「其の志を弱くし」…和やかで柔軟な態度でへりくだり、権力的にはならない。
「其の骨を強くし」…精を愛《お》しんでめったに消費せず、髄は満ち骨は堅くなる。
「常に民をして無知無欲なら使め」…(民は)素朴な状態にかえり、淳朴《じゅんぼく》を守る。
「夫の智者をして敢て為さざら使む」…思慮は深く、軽々しく発言しない。
「為す無きを為さば」…ことさらな事はせず、しきたりのままに行動する。
「則ち治まらざること無し」…徳の感化は行きわたり、万民は安らかである。

ここでも治国→治身の順で説明しているが、『老子』本文は、すべて治国のことを言ったものだと思われる。なぜなら、①は誰が見ても治国そのものであり、注は省略したが、治身の問題には言及していない。②も「聖人の治は」と説き出しているのであるから。この文言で、治国と治身を同時に意味させることは、通常では、きわめてむずかしい。しかし注は、そこに治身の問題を持ちこんだのであり、その場合、「其の心を虚しくし」以下の四句の注が治身に相当する部分と思われる。それ以外は、①を含めて基本的には治国のこととして注解されている。

治身の思想は、もともと河上公注の重要な柱であるけれども、道教の治身とは違っている。「其の心を虚しくし」以下の四句の注のうち、とくに道教的と考えられるのは、「其の腹を実たし」と「其の骨を強くし」の両句の注で、他の二句の注は道家的である。「其の腹を実たし」の注の「道を懐き一を抱き」は道家思想に立つものだとしても、「五神を守る」ことは道教の立場にほかならない。五神とは五臓に宿る神《かみ》、つまり五臓神のことである。「精を愛《お》し」んだり「髄は満ち骨は堅くなる」ということもまた、すこぶる道教的な記述である。

これだけのことで重層構造とは大げさであるが、つぎの例は、どうであろうか。

『老子』第五十九章河上公注

『老子』第五十九章は吝嗇《りんしょく》(けち)の意味を説いた章である。その内容は、河上公注の読みに従って記すと、つぎのようである。

人々を治め、天の道《みち》に順応するには、吝嗇《ものおしみ》にまさるものはない。そもそも吝嗇《りんしょく》であることを、早くに(天の)道を得たというのである。早くに道を得たことを、くりかえして徳を積むというのである。くりかえして徳を積めば、勝てないものはない。勝てないものがなければ、その(徳の)極限は知りようがない。その極限が知られなければ、国を保つことができる。国を治める根本の道を保っていくならば、いつまでも長らえる。このことを、深く根をおろし、蔕《てい》を固くし、久しく生き長らえる道というのだ。

訓読 人を治《おさ》め天を事《もち》いるは、嗇《しょく》に若《し》くは莫《な》し。夫《そ》れ唯《た》だ嗇《しょく》なり、是《こ》れを早《はや》く服《ふく》すと謂《い》う。早く服する、之《これ》を重《かさ》ねて徳を積《つ》むと謂う。重ねて徳を積まば、則《すなわ》ち剋《か》たざる無し。剋たざる無からば、則ち其《そ》の極《きょく》を知る莫《な》し。其の極を知る莫からば、以《もっ》て国を有《たも》つ可《べ》し。国の母《はは》を有《たも》たば、以て長久《ちょうきゅう》なる可《べ》し。是れを根《こん》を深《ふか》くし蔕《てい》を固《かた》くし、長生久視《ちょうせいきゅうし》の道と謂う。

これについて河上公注には、便宜的に番号をつけて示すと、つぎのような注解がなされている。

①「人を治め」…人君が人民を治めようとすることを言っている。

②「天を事《もち》いる」…事は用《よう》(用《もち》いる)のことである。天の道を働かせ、四時《しいじ》(四季)に順《したが》うのである。

③「嗇に若《し》くは莫《な》し」…嗇は愛惜のことである。国を治める者は民の財を愛惜すべきであり、贅沢《ぜいたく》はしない。身を治める者は、精気を愛惜すべきであり、放逸(勝手気まま)にはしない。

④「夫れ唯だ嗇なり、是れを早く服すと謂う」…早は先のことである。服は得《とく》のことである。そもそも、自主的に人民の財を愛惜し、精気を愛惜すれば、先《さき》に天の道を得ることができるのである。

⑤「早く服する、之を重ねて徳を積むと謂う」…先に天の道を得ることを、自分自身に対して重ねて徳を積むというのである。

⑥「重ねて徳を積まば、則ち剋たざる無し」…剋《こく》は勝のことである。自分自身に対して重ねて徳を積むと、勝てないことはない。

⑦「剋たざる無からば、則ち其の極を知る莫し」…勝てないことがなければ、自分の徳に窮極があることを知ることはない（窮極は無いという意味）。

⑧「其の極を知る莫からば、以て国を有つ《たも》可し」…自分の徳に窮極があることを知ることがなければ、社稷《しゃしょく》（国家）を保有し、民に幸福をもたらすことができる。

⑨「国の母を有たば、以て長久なる可し」…国と身は、おなじことである。母は道のことである。人は、身中の道を保ち、精気を疲労させず、五神を苦しめるようなことをしなければ、長久（長寿）であることができる。

⑩「是れを根を深くし蒂を固くし」…人は、気を根《こん》とし精を蒂《てい》とするのであるが、もし樹の根《ね》が深くなければ抜けてしまうし、菓蒂《かてい》（果実のへた）が堅くなければ落ちてしまう。その気は深く蔵し、その精は固く守るべきで、漏らすようなことがないようにする、ということを言っている。

⑪「長生久視の道と謂う」…根《こん》を深くし蒂《てい》を固くすることは、つまり長生久視の道である。

道家的君主の為政

①と②をあわせた『老子』の原文「治人事天」は、通常は「人を治め天に事《つか》える」と読まれる。「天に事《つか》える」とは、天地山川風雨季節などの天の神々を、飲み物や食べ物を供えてしかるべく祀《まつ》ることである。祀らなければ神々の怒りをかい、災害や祟《たた》りを下《くだ》されると信じられていた。祀りのうち、もっとも重要なのは天帝を祀ることであり、天帝は祀りの見返りとして天命を下すのである。そこで、「事天」には天の権威を自分の支配の根拠とする意味があり、王者にとって、きわめて重要な行為であった。王弼は、「人を治め天に事《つか》える」とは「上《かみ》は天命を承《う》け、下《しも》は百姓《ひゃくせい》を綏《やす》んずる」ことだと注解している。

ところが河上公は、事を用《よう》の意味とし、天の道を用《もち》い、四季に順《したが》うことだとした。天の道とは自然の秩序のことであり、その秩序を用《もち》いるとは、たとえば春なら春にふさわしい政事(人民に農耕を始めさせるなど)を行ない、四季のめぐりに調和するような為政をする、という意味である。とすれば、「事天」は「治人」の方法をのべた言葉ということになり、「治人事天」は、すべて「治人」の方向にまとめられることになる。

そもそも祀りの対象である天は、おおむかしの殷周革命当時は天帝として濃厚に人格神のイメージがあったが、時代がくだるに従って自然の秩序といった趣《おもむき》を増してきた。『老子』の思想では、ことにその傾向がつよく、そこで「事天」の成りゆきとして、道つまり自然にしたがうという考え方が出てくるのであろう。だとすれば、河上公注の思想は道家的君主による無為の政治により適合した解釈となっている、と考えられる。

③④に見える「嗇《しょく》」は、河上公は「愛惜のこと」と説明しているが、元来は穀物をとり入れるという意味で、収穫したものを大切にすることから、消費することを惜しむという意味になった。吝嗇《りんしょく》(けち)の意味であるが、そこには贅沢を戒める老子の思想が込められている。ちなみに「吝」は、口を開けて後悔の言葉を述べているという会意の字で、惜しむとか棄てがたいの意味に展開したという(8)。

③の「嗇」以下、⑧までの注は、道家的君主の統治のあり方について述べたものである。したがって、③に「身を治める者云々」とあったり、④に「精気を愛惜すれば」とあるのは、文章の流れから言うと、不協和音を出しているということになる。

④の「先に天の道を得ることができる」の「先」とは、民の財を惜しめば、何よりも先に天の道が得られる(自然のめぐりに調和できる)ということを言ったものと思われるが、その理屈は、いまひとつ明瞭でない。

⑤の「自分自身に対して重ねて徳を積む」とは、天の道に従って、そこから、はみ出さないということであり、相当な自己規制力が働いていることになる。

①から⑧までを通観すると、河上公注は、ほぼ『老子』の文に即して注解しており、天の道に調和し、道と合致して強く自己規制し、そのようにして民を治めるという道家的君主の統治について述べたものと言うことができる。

道に従うことの到達点は、⑨の「国の母を有《たも》つ」ことである。『老子』では、大事なことは、よく「母」によって喩《たと》えられる。「国の母」とは国を治める根本の「道」のことである。『老子』では、「国の母を有つ」ことが「長生久視の道」である、とされているので、「長久」とか「長生久視」というのは国として長らえることを言ったことになる。すなわち、第五十九章は、一貫して老子独特の統治思想、つまり道家的君主の統治のあり方について述べたものと考えられる。

道教的な修養法

しかし、⑨以下の注は道教的な修養について述べている。道教的立場から河上公注に手を加えようとした人々は、まず「国と身は、おなじことである」と述べ、国身同一を主張した。「治国」は「治身」とおなじことである、と。

もともと道家的君主の道は、第一章の注に「無為を以て神《しん》を養い、事無くして民を安んず」とあったように、無為によって自分の精神を養うと同時に無為の統治をするものである。つまり、無為の養神は無為の治国の根底となる。この考え方を引きのばしていくと、『老子』に治国という言葉が出てくれば、それは同時に、その根底には治身のことがある、という考え方になる。それは道家的君主の為政にも貫徹している考え方であるが、道教的立場に立つ人々は、そこから一足飛《いっそく》びに治国イコール治身としたのだ。第五十九章の冒頭には治人とあり、治国ではないが、実質的には治国とおなじ意味である。だから、この章は治国について述べているが、それは同時に治身のことも述べているのだ、と解釈したのである。⑨の注で言っていることは、まさに道教的立場の宣言にほかならない。

道教的立場に立つ人々は、この国身同一という、あからさまな言い訳を前提として、全面的に治身の立場から説明を加えた。国が身とおなじであり、母が道のことであれば、「国の母を有《たも》たば」は「身の道を有たば」に置きかえられ、容易に「身中の道を保」てばの意味となる。ついで「精気を疲労させず」とあるが、「精気」とは、抽象的で精神的なものではなく、身体をめぐるとされる、目にも見える体液(精)や、大気や食物のエッセンスを身体に取りこむことによって生まれる活力(気)のことと思われる。だから⑩では「人は、気を根《こん》とし精を蒂《てい》とする」ものだから、気は深く蔵し、精は固く守り、漏らしてはいけない、と述べているのであり、これらは、まさに道教的な養身の思想を表わしている。

さらに、五神を苦しめてはいけない、と言っているが、五神とは五臓神のことで、道教色の濃い言葉である。これについては、また次節で述べよう。こうして、国の命運が長く続くという意味であった「以て長久なる可し」の句も、人の長寿の意味に転化させたのである。

⑩に見える「根《こん》・蒂《てい》」は「根・柢《てい》」とするテキストがあり、「根」は四方にのびた旁根《ぼうこん》、「柢」は下方にのびた主根《しゅこん》のことである。「蒂」は注の言葉に「菓蒂《かてい》」とあるように、果実のへたのことである。深く蔵すべき気と、漏れる(つまり、亡くす・落とす)可能性もある精の比喩としては、たしかに、どちらも根っこの意味である「根・柢」よりも「根・蒂」の方がふさわしい。

気を深く蔵し、精を固く守ることは、⑪の「長生久視の道」につながってくる。もともと「久視」とは、いつまでも目が衰えないという意味であり、「長生久視」は養生に関する言葉なのである。秦代(前三世紀)に編纂された『呂氏春秋《りょししゅんじゅう》』には「世の人主・貴人(王侯・貴族)は、誰も彼も長生久視を望まない者はいない。しかし毎日、生命の天性に反する生き方をしながら長生久視を望んでも何の益があろうか」[9]と言われており、「長生久視」は、通常は「延年益寿《えんねんえきじゅ》(年齢を延ばし寿命を増す)」の意味で使われる。それゆえ、「長生久視の道」を、国の命運が長く続くという『老子』本文での意味の流れから、道教の修養法の方に引きこむことは、道教の立場に立つ人々にとっては、たやすいことであったと思われる。

⑨以下の解釈を前提として考えると、③の「身を治める者は、精気を愛惜すべきであり、放逸にはしない」と、④の「精気を愛惜すれば」の句は、道教的立場からつけ加えたものであろうと考えられる。

こうして、国身同一という前提のもとに、道教的修養という方向に軌道修正することが、道教側が行なった操作であった。『老子』に見られる独特の統治論は、かりに注の文言上に明記されなくても、師から弟子への口伝《くでん》を通して、すべて治身の問題と並べられ、あるいは置きかえられて、『老子』は道教的な修養法を教える経典となったのである。

4 重層構造と五臓神

五臓神

すでに五神として何回か言及したが、河上公注と道教との関わりを考えた場合、もっとも注目すべきは五臓神《ごぞうしん》の問題であろう。河上公注における五臓神の問題とは、五臓を空虚にすれば、そこに神が宿るとする道家の伝統的な考え方に、道教の側から接近し、五臓をただの「胸のうち」のこととするのではなく、五臓それぞれを意識し、それぞれに神《かみ》が宿ること、すなわち、五臓には体内神が宿るとする解釈のことである。

前漢の末(前一世紀末)ごろには、五臓には、それぞれ神《かみ》がいて、それを観想することによって、つまり観念の中でそれらの神々に向かいあうことによって、不死を得るという術があった。後漢末(二世紀末)に黄巾《こうきん》の乱をおこし、結果的に後漢を滅亡へと追いやった道教的な教団、太平道の経典である『太平経』にも、五臓神は、たくさん出てくる。河上公注の、五臓に五臓神を読み込んだのは、そうした思想の流れを汲む者たちであろう。

ずっと後世のことになるが、たとえば五臓神の一つ、肺に宿る神《かみ》について言えば、その名は皓華《こうか》といい、字《あざな》は虚成《きょせい》で、大きさは八寸で白い絹の着物に黄色の帯を締めている、というように、道教ではきわめて具体的に考える(10)。河上公注では、そこまで具体的ではないけれども、五臓と情欲が関連づけられ、五臓神について述べられている箇所は、かなり多い。

『老子』第六章王弼注

河上公注のなかでも五臓と五臓神との問題についてもっとも詳しく述べているのは第六章注である。そこで、第六章河上公注を見ていくことにするが、その前に『老子』本文を訓読で示し、その王弼注を見ておこう。第六章は、

谷神《こくしん》は死せず、是《こ》れを玄牝《げんぴん》と謂《い》う。
玄牝の門、是れを天地の根《こん》と謂う。
綿綿《めんめん》として存するが若《ごと》く、之《これ》を用いて勤《つ》きず。

というものである。王弼の注(IIの第四章1参照)には、

「谷神」は、谷の中央の空虚なるものである。形もなく影もなく、逆《さか》らうこともなく違《たが》うこともなく、卑《ひく》いところに処《お》って動かず、静を守って衰えず、物はこれによってできあがるが、その形は見えず、此《こ》れは窮極のものである。卑《ひく》いところに処《お》って静を守っているから名づけることができない。だからこれを「玄牝」と謂う。

「門」は、玄牝が通るところである。通るところに本《もと》づけば(根拠として言えば)、太極《たいきょく》と同じものである。だから「天地の根」と言うのである。

(谷神は)存在すると言おうとすれば、その形が見えない。存在しないと言おうとすれば、万物はこれによって生まれてくる。だから「綿綿として存するが若《ごと》く」なのである。いかなる物もできあがらせないことはないのに、疲れることはない。だから「之を用いて勤《つ》きず」と言うのである。

とある。

王弼は谷を山谷の谷とし、虚無の意味にとった。「谷神」は、つまり虚無の霊妙な働きのことであろう。「玄牝」そのものについては解釈していないので、王弼にとっての通常の意味、すなわち「玄」は奥深い、ものの極みのことであり、「牝」は雌性、母性のことと思われる。つまり「玄牝」は、万

物を生み育てる原初の存在であり、道や無などと同じようなもので、比喩的な言葉として考えているのであろう。

名づけられないと言いながら、「これを玄牝と謂う」と言っているわけは、谷神は形は見えず窮極のものだから「玄」であり、卑《ひく》いところで静を守っているから(これは『老子』においては女性の特性)「牝」であるが、これらは「名」ではなく、状況を述べた言葉だ、と考えたからであろう。

「玄牝の門」とは「玄牝が通るところ(原文は「所由」)」だと言ったのは、奥深い根源から万物が生まれてくることを述べたものと思われる。だから母性を示す「牝」という言葉も使われているのだ、ということも暗々裏に論じているようだ。「太極」という言葉が突然出てきてゴタゴタした印象を与えるが、意味としては、やはり虚無の意味で使っている。「根《こん》」とは根源、始めのことであり、天地もまた「玄牝」から生まれたのである。

『老子』第六章河上公注

では河上公は、これにどのような注をつけたのであろうか。第六章河上公注の構成は、はなはだ複雑に入りくんでおり、それを読み解くことは容易ではない。まず全体を見通すために、『老子』本文の下に河上公注を掲げよう。必要な部分には訓読も記した。「是れを玄牝と謂う」の注は長いので、便宜上、番号をつけた。

「谷神《こくしん》は死せず」…谷は養である。人が神《しん》をよく養えば、死なないのである。神とは五臓神のことを謂《い》っている。肝《かん》は魂《こん》を蔵し、肺《はい》は魄《はく》を蔵し、心《しん》は神《しん》を蔵し、腎《じん》は精《せい》を蔵し、脾《ひ》は志《し》を蔵する。五臓が尽《ことごと》く傷つけば、五神は去ってしまうのだ。

「是れを玄牝と謂う」…①不死の道は玄牝にあるということを言っている。玄は天である。人では鼻が天である。牝は地である。人では口が地である。

②天は人に五行の気を摂取させ、(五気は)鼻から入って心《しん》に蔵される。五気は清らかで微細なものであり、腎や心《しん》、耳や目の働きとなり、音声(言葉)や五性を造りだす。その神霊を魂《こん》と言う。魂とは雄《ゆう》なるものである。(魂は)人の鼻から(五気が)出入《しゅつにゅう》することを主《つかさど》り、天と通じている。だから鼻を玄とするのである。

訓読 天は人に食《は》ますに五気を以てし、鼻従《よ》り入《い》りて心《しん》に蔵せらる。五気は清微にして、精神聡明、音声五性を為《な》す。其《そ》の鬼《き》を魂《こん》と曰《い》う。魂とは雄《ゆう》なり。人の鼻より出入するを主《つかさど》り、天と通ず、故に鼻を玄と為すなり。

③地は人に五行の味を摂取させ、(五味は)口から入って胃に蔵される。五味は濁って汚《よご》れたものであり、形骸や骨肉、血脈や六情を造りだす。その神霊を魄《はく》と言う。魄とは雌《し》なるものである。(魄は)人の口から(五味が)出入することを主《つかさど》り、地と通じている。だから口を牝とするのである。

訓読 地は人に食《は》ますに五味を以てし、口従《よ》り入《い》りて胃に蔵せらる。五味は濁辱《だくじょく》にして、形骸骨肉、血脈六情を為《な》す。其《そ》の鬼《き》を魄《はく》と曰《い》う。魄とは雌《し》なり。人の口より出入するを主《つかさど》り、地と通ず、故に口を牝と為すなり。

「玄牝の門、是れを天地の根《こん》と謂う」…根は元である。鼻口の門は、つまり天地の元気がそこを通って往ったり来たりする所だということを言っている。

「綿綿として存するが若《ごと》く」…鼻口で息を静かに吐いたり吸ったりし、絶えずに、かすかに続いて、息をしているようでもあり、していないようでもある。

訓読　鼻口は呼噏喘息《こきゅうぜんそく》し、当《まさ》に綿綿と微妙にして、存す可《べ》きが若《ごと》く、復《ま》た有ること無きが若《ごと》し。

「之を用いて勤《つ》きず」…呼吸は、ゆったりと、ゆるやかに行なうべきであって、急いで忙《せわ》しく、疲れるほどにしてはならない。

訓読　気を用いるは当《まさ》に寛舒《かんじょ》にすべく、当《まさ》に急疾懃労《きゅうしつきんろう》すべからざるなり。

谷神について

右が、第六章につけられた河上公注のすべてである。

河上公注では、「谷神」は谷の神ではなく、「谷」を養うという意味の動詞として、神《しん》を養うことだとし、さらに、その神とは五臓神のことだとしている。

なぜ「谷」を「養」と解釈したかというと、谷《こく》の音《おん》が穀《こく》と通じるからである。穀物は、むろん人を生かし養うものである。

儒教経典の字句を解説した古い辞書に『爾雅《じが》』というのがあるが、その「釈天」篇に「東風を谷風《こくふう》と謂う」という文言が見え、『爾雅』の「疏《そ》」を作った北宋の邢昺《けいへい》は、魏の孫炎《そんえん》の「谷《こく》という言葉は穀《こく》のことである。穀は、生の意味である。谷風とは、生長(生みだし成長させる)の風である」という説を引いている。

『詩経』「邶風《はいふう》・谷風」や「小雅《しょうが》・谷風」に「習習《しゅうしゅう》たる谷風(和《なご》やかな東の風)」という句があり、『爾雅』は、これを解説したのである。河上公は知識人の教養として、孫炎と同じように「谷」には「穀」を仲介として「養」の意味があることを知っていたのだ。

注文《ちゅうぶん》に戻って、「神《しん》」について考えると、初めの「養神」の神は心《こころ》のことであろう。『老子』第一章の河上公注には、「常《つね》の道」は「自然長生の道」であり、「無為《むい》を以て神《しん》を養い、事無くして民を安ん」ずることだとあった。その神は、どこから見ても心のことである。第六章の「養神」の神も、それと同じ意味であろう。ところが河上公は、後の文でそれを五臓神と読みかえたわけで、その間には断絶があるということになる。

もし、この注文《ちゅうぶん》をすべて河上公自身が書いたものだとするならば、神は養うべき神《しん》(心《こころ》)であると同時に、他の五臓に蔵される魂・魄や精・志と同じ資格で心《しん》(心臓)に蔵される神《かみ》(神《しん》という神《かみ》)でもある、ということになる。おなじく神《しん》と言いながら意味が違うわけで、一人物の注の書き方としては、あり得ないことである。

そこで、この箇所は、「人が神をよく養えば、死なないのである」という本来の注に、後から「神とは五臓神のことを謂っている」とつけ加えた付加の注である、とする楠山説が的《まと》を射ているように思われる。(11)

五臓神の配当

五臓神は「肝―魂、肺―魄、心―神、腎―精、脾―志」の配当になっている。この配当が何に由来するのかというと、どうやら医書に拠《よ》っているようだ。

『黄帝内経素問《こうていだいけいそもん》』（略称『素問』）という古い医書がある。これは中国医書の古典であり、『黄帝内経霊《れい》枢《すう》』（略称『霊枢』）とともに、現存する中国最古の医書と言われている。唐の王冰《おうひょう》が注をつけたものが伝わっており、王冰の手も加わっているようであるが、基層は戦国末から漢代にかけて形成されたもののようである。

その「宣明五気篇《せんめいごきへん》」第二十三に「心は神を蔵し、肺は魄を蔵し、肝は魂を蔵し、脾は意を蔵し、腎は志を蔵し、これらを五臓が蔵するものと謂《い》うのである」という文言が見える。

この配当は、脾は意を、腎は志を蔵するとする点で河上公注と違っている。しかし、隋・蕭吉《しょうきつ》の『五行大義《ごぎょうたいぎ》』に「河上公、老子に注して云《い》う、肝は魂を蔵し、肺は魄を蔵し、心は神《しん》を蔵し、腎は精を蔵し、脾は志を蔵す。五臓尽《ことごと》く傷つかば、則《すなわ》ち五神は去る、と」とあり、続けて「道経義に云う、魂は肝に居り、魄は肺に在り、神《しん》は心に処《お》り、精は腎に蔵され、志は脾に託す、と」とあって、「此《こ》れ素問と同じ」というコメントがついている。これに拠れば、蕭吉の見た『素問』は河上公注と同じ配当であった。河上公（付加）注は『素問』を拠り所としたと考えて、まず大過《たいか》ないであろう。

『道経義』の義とは意味のことである。道経とある以上、道家・道教の書籍であると思われるが、具体的なことは分からない。あるいは『老子』の「道経」すなわち「上篇」のことかもしれない。

『五行大義』は戦国時代あたりから隋までの五行説を集めて整理し、体系的に分類した書物である。しかし中国ではあまり流伝《るでん》せず、宋代には亡《ほろ》んでしまった。日本には晩《おそ》くとも奈良時代には将来されており、それ以降ずっと、陰陽道《おんみょうどう》をはじめ、いろいろな方面に深い影響を与え、江戸時代には庶民の日常生活に関する実用の書物としても親しまれたという。

かくて、河上公(付加)注は医書に拠りながら五臓神の議論を展開した、と考えられる。その前の、「神をよく養えば死なない」という(本来の)注は、「無為を以て神を養う」(第一章注)のような伝統的な道家の思想に沿《そ》ったもので、精神の修養を言ったものと考えられるから、方向転換があったことは、まちがいない。

その転換をもたらしたものは、おそらく「不死」という文言であった。王弼のように谷神を谷の中央の虚無として捉え、形は見えないが万物を生成する窮極的な存在と認識するならば、「不死」は、いわば道の永遠性を表わした象徴的な表現ということになるが、河上公は文字どおり「死なない」ことして捉えたから、後世の者がそこに五臓神の理論を加えることができたのであろう。「不死」は、つまり「不老不死」のことで、これは神仙説の要《かなめ》であり、医書および道教の思想とも深い関係がある。

玄牝の問題

「是れを玄牝と謂う」の注に移ろう。長大な注であるから便宜的に番号をつけたが、ここだけが過度に長くて、いかにもバランスが悪く、それだけでも後世の増補を疑わせる。

①は玄牝を解釈したものである。玄牝は、一般的には王弼注のように「玄なる牝」の意味に理解される。ところが河上公は、「谷神」について「神を谷《やしな》う」という独特の解釈をしたように、ここでも「天地」という独特の解釈をした。しかも単純な天地ではなく、天地に人の鼻口を重ねた。

玄を天とすること自体は奇抜な発想ではなく、『千字文《せんじもん》』も「天地玄黄《げんこう》、宇宙洪荒《こうこう》」から始まるように、天の色は玄(すこし赤みがかった黒)であり、玄は天に結びつく。第一章の注にも「玄は天である」とあった。(12) 牝《ひん》は女性性として『周易』の「坤《こん》」卦《か》と通じ、坤は大地の表象でもあるから、牝は地に結びつく。

玄・天・鼻がひとまとまり、牝・地・口がひとまとまりであるが、後の方の注では「玄牝の門」を「鼻口の門」と説明し、「綿綿として」の注では鼻口をひとまとめにして呼吸する部位としている。つまり、天・鼻と地・口を分けて、それぞれの働きを個別に追究するのではなく、一括して呼吸器官と考えている。

だとすれば、ここは五臓神とは関係ないことになり、五臓神の思想を展開した付加注ではなく、本来の注であるということになろう。後で述べるように、五臓神の考え方は、鼻と口とを別々に考えるものである。また、前の注で付加注と考えた「神《しん》とは五臓神のことを謂っている〜五神は去ってしまうのだ」の部分を取り除くと、ここの「不死の道は玄牝にあるということを言っている」という注は、「谷は養である。人が神をよく養えば、死なないのである」に、まったく違和感なく繫《つな》がる。そのこともまた、「谷は養である云々《うんぬん》」と、この①が本来の注であったことの証拠の一つと考えられている。

注釈の注釈

②は、「玄は天である。人では鼻が天である」という①の注文《ちゅうぶん》を説明したものである。つまり、注釈の注釈であり、前の注で「神をよく養えば死なない」という本来の注釈に「神とは五臓神のこと」という付加の注釈がついたことと同じ関係である。

「天は人に食《は》ますに五気を以てし」という句は、後で述べるように『素問』「六節蔵象論《りくせつぞうしょうろん》」第九に見える句である。「五気」には、いろいろな意味があるが、ここでは天をめぐる五行《ごぎょう》の気、すなわち木《もっ》火《か》土《ど》金水《ごんすい》の気であろう。具体的に言えば、四季および土用の気とか、東南西北と中央の気というように、この世界のすべての空間的・時間的な気のことであろう。

人は、その気を鼻から取りこみ、心《しん》に蔵するのだ、と言う。これが呼吸のことだとすれば、常識的には蔵するのは心ではなく肺である。では心は胸全体を指すのかというと、③で、②の「心」に対応する言葉は「胃」であるから、この心は胸全体のことではなく、個別的な心《しん》(心臓)である。五気はその心に蔵されるのであるから、たんなる空気のことではなく、天から与えられる霊妙なエネルギー、当時の言葉で言えば元気、ということなのであろう。いったん心に蔵され、そこから各臓器に活力が伝達されるということだと思われる。

「精神聡明」の精神は心の働きなのか腎神と心神の活動なのか紛《まぎ》らわしい。だが、この精神は③の形骸と対比された言葉であるから、心のことであろう。聡明は耳と目のすばらしい働きを言っているようだ。

「音声五性」の音声とは言葉のことであり、言葉は気にのって伝達されるから、「五気」の説明の延長として言及されたのであろう。言葉が話せるのも五気のお蔭だということになる。五性とは、③の六情に対置された言葉であるから、「仁・義・礼・智・信」の五徳を意味するものであろう。

「鬼」は一種の神霊のことで(原義は死者のこと)、ここでは「魂」が霊妙な活動をするので、それを鬼と表現したのであろう。霊妙な活動とは、天から五気を受けとり、それを鼻を通して心《しん》に落ちつけ、精神聡明、音声五性の活動に仕立てあげることである。その活動が、人が生きていく上できわめて重要であるから、「雄」と述べたのであろう。

③は、①の「牝とは地であり、人では口である」という部分を説明したものである。やはり注釈の注釈であり、②と同じような構文となっている。

地の「五味」は天の「五気」に対応するもので、酸《さん》(すい)・辛《しん》(ピリからい)・苦《く》(にがい)・鹹《かん》(しおからい)・甘《かん》(あまい)という五種の味のことであるが、物としては、むろん五種の味を持つ食材のことである。これらの食物から得られたエネルギーによって形骸骨肉、血脈六情ができるという。「六情」とは喜・怒・哀・楽・愛・悪《お》(憎む)のことであろう。五性は守るべきものであるのに対し、六情は去るべきものであり、そのことは、五気が清微なものとして認識されているのに対し、五味が濁辱《だくじょく》なものとして捉えられていることからもわかる。しかし、形骸骨肉や血脈は「去る」わけにはいかない。おそらく、形ある具体物は別として、五味に由来する精神的なもの(六情など)を濁辱なものとして去るべきだ、ということなのであろう。

玄牝天地の魂魄と五臓神の魂魄

②や③には魂魄が出てきた。これにも複雑な問題が伏在しているので、検討しておこう。

玄・天・鼻の鬼《き》(神霊)が魂・雄であるのに対し、牝・地・口の鬼は魄・雌だとされている。雌雄は上下や強弱の関係を表わしただけであろうが、天地を魂魄と結びつけた点は、五臓神に含まれる魂魄

(肝神と肺神)とどう関わるのであろうか、と言えば、じつは何の関係もない。

魂魄と天地が結びつくのは古くからの伝統的な思想である。『礼記《らいき》』「檀弓《だんぐう》・下」篇には、呉の季子《きし》(季札《きさつ》)が旅の途中、斉《せい》で長男を亡くし、その葬式をするというので、孔子がわざわざ見に行った、という話が見える。季子は葬ったあと、ちょっと儀式をしてから「骨肉が土に帰るのは命《さだめ》である。しかし魂となると之《い》かないことはないのだ(魂は故郷に帰って行く、という意味)、之《い》かないことはないのだ」と言って、そのまま立ち去った。孔子は、それを見て、「季子の行為は礼にかなっている」と感心した、という。

このことを「理論」として述べているのは、『礼記』「郊特牲《こうとくせい》」篇の「魂気《こんき》は天に帰り、形魄《けいはく》は地に帰る」という文言である。

「魂」字は「鬼《き》」と「云《うん》」で成り立つが、鬼(神霊)とは死者のことであり、云《うん》は雲《うん》とおなじで、もやもやした捉えどころのないもの、つまり「気」である。だから魂気という。魂気とは、人が死ぬ(鬼になる)と魂となり、雲《くも》のようになって天に帰るという思想を表わしている。

「魄」字は「鬼」と「白」で成り立つが、白とは白骨のことである。つまり魄は手で触《さわ》れる物体であり、だから形魄という。古代は土葬であるから、「形魄は地に帰る」という思想となった。

河上公(付加)注で、魂魄について「鬼」が引きあいに出されているのは、こうした古くからの考え方がその根底にあったからである。この天地・魂魄の思想は、医書と近い関係にある五臓神の考え方とは明らかに違う思想であった。

天地と五気と五味

『素問』「六節蔵象論《りくせつぞうしょうろん》」第九は、天体の運行と大地の地理状況などを組み合わせ、それら外界の環境に人体の臓腑の活動を関連させて説明した、壮大で体系的な篇である。そこに五気と五味についての記述がある。要所については訓読しながら、必要部分の大意を示すと、次のようである。

草木は五色(青赤黄白黒)を生じるが、その五色の複雑な変化は、とうてい見きわめられない。また、草木は五味(酸苦甘辛鹹《さんくかんしんかん》)を生じるが、その五味の複雑な味は、とうてい味わい尽くせない。(五色を愛《め》でたり五味を味わったりする)人の嗜《し》欲《よく》は同じではないが、(人体の働きとしては)共通する点がある。

天は人に食《は》ますに五気を以てし、地は人に食《は》ますに五味を以てす。五気は鼻に入《い》りて心肺《しんぱい》に蔵せらる。上《のぼ》りて(頭の方に上っていって、目には)五色を脩明《しゅうめい》ならしめ(鮮やかに認識させ)、(耳には)音声を能《よ》く彰《あきら》かなら使《し》む(五音をはっきり聴き取らせる)。五味は口に入《い》りて腸胃に蔵せらる。味に蔵する所あり、以て五気(五臓の気)を養い、気は和して(調和して、活動を)生じ、津液相《しんえきあ》い成り、神乃《すなわ》ち自《おの》ずから生ず。

右の文は、天の五気と地の五味が人に摂取されて活動源《エネルギー》となる、ということを述べており、「天は人に」以下、違っている点はあるけれども、総じて河上公(付加)注と重なっている。付加注は、これに拠ったのだと思われる。

「心肺」は河上公注では「心」だけであるが、天の気が入りこむ臓器としては肺がある方が説得力がある。「上りて云々」は河上公注の「精神聡明、音声五性を為す」に相当する。

五味が腸胃に蔵されることについては、腸は衍字《えんじ》だという説もある。『素問』の体例からすると胃だけの方が良いようであるが、腸があっても意味上の違いはない。「味に蔵する所あり」というのは、五味には活動の源になるもの、つまり栄養が含まれているということであろう。「以て五気を養い」とあわせて考えると、五味(食物)が胃に入って消化され、エネルギーとなって五臓に入り、五臓の気を養うということを言ったものと思われる。

「津液《しんえき》相《あ》い成り」とは、五臓の気の活動によってさまざまな体液が形成されること、「神乃《すなわ》ち自《おの》ずから生ず」とは、その結果として五臓神がおのずと生まれ、神秘的な生命活動がなされるということであろう。

かくて、『素問』のここの箇所は人が天の五気と地の五味を摂取して生命活動を行なうことを論じているのであるが、河上公(付加)注は、そこに天地に結びつく魂魄を加えた。『老子』本文に「是れを玄牝と謂う」とあり、河上公(本来の注)が「玄牝」を天地・鼻口としたから、付加注の作者としては、どうしても鼻をとおして天と通じる「魂(気の一種)」と、口を通じて地に関わる「魄(形骸骨肉の終着点)」とに言及したくなったのであろう。

しかし、この天魂地魄を加えたことによって、注全体の構成は、付加した部分に限っても過度に複雑になった。

五臓の形態

『素問』「六節蔵象論」は、引用部分に続いて、さらに次のような蔵象論(五臓の活動形態論)を展開している。

心とは生命活動の根本であり、神《しん》の在処《ありか》である。その表面の活動は顔面に表われ、その内部の活動は血脈を充実させる。陽の中でもはなはだしい陽で、夏の気と通じあう。

肺とは気(呼吸)の根本であり、魄の在処である。その表面の活動は体毛に表われ、その内部の活動は皮膚を充実させる。陽の中でも少し陰で、秋の気と通じあう。

腎とはエネルギーを貯蔵する活動の根本で、精の在処である。その表面の活動は頭髪に表われ、その内部の活動は骨髄を充実させる。陰の中でもはなはだしい陰で、冬の気と通じあう。

肝とは四肢の活動の根本で、魂の在処である。その表面の活動は爪に表われ、その内部の活動は筋力を充実させる。陰の中でも少し陽で、春の気と通じあう。

脾とは飲食物(が生みだす活力)を蓄える活動の根本であり、営(栄養)の在処である。飲食物のカスを排泄《はいせつ》し、五味を変化させて吸収したり排泄したりする。その表面の活動は唇端《しんたん》の周《まわ》りに表われ、その内部の活動は肌肉《きにく》を充実させる。もっとも陰なるもので、土《ど》(四季の合間の期間)の気と通じあう。

これが蔵象論の主要部分である。原文はかなり乱れており、いま、諸版本・諸資料によって正しながら読んだ。なかなか難解な内容なので、このように読んでも、理解しにくい点がかなり残る。

一読してわかるように、五行思想の大きな枠組みの中に臓器の特質や活動が位置づけられているが、方法論としては『素問』全体がそうなっている。だから『素問』の医学理論は、その根底に五行思想があるかぎり、基本的には壮大な観念論の体系であり、そこに、もろもろの症状や、経験に基づく実証やらが、現象論として組みこまれているのである。『素問』系統の医学は、やはり中国医書の古典である『傷寒論《しょうかんろん》』(13)系統の徹底した現象論の医学とは本質的に別ものなのである。

ここの内容は、前の文の、五味が胃で消化され、エネルギーとなって五臓の気を養うことに関連して、五臓それぞれの活動のあり方を述べたものである。

ここでも心と神、肺と魄、腎と精、肝と魂の対応が示されているが、脾が営と対応している点が前に述べた五臓神の配当と違っている。しかし、脾に配当された志あるいは意という捉えどころのないものよりも、営(栄養)は臓器の活動に関わるものとしては具体性がある。脾臓に関する部分は、ことにテキストの乱れが多いところで、あるいは文字上の何らかの錯誤があるのかもしれないが、いずれにせよ「六節蔵象論」により、第六章についての河上公(付加)注が五臓神を引き合いに出し、天の五気、地の五味に言及したのは、『素問』に拠ったのだということが、さらにはっきりした。

道家的君主の養神を説く本来の注に、『素問』に拠って、天の五気と地の五味を摂取することや五臓神の思想などを取りこんだ付加の注は、身体そのものへの関心がきわめて大きい。というよりも、精神的な修養よりも身体的な修養に関心があったからこそ、その欲求を満たすべく、医書を拠り所として本来の注にその方面の記述を付加した、というのが実情であったろう。では、第六章注の先の部分は、どうであろうか。

「玄牝の門」以下の河上公注

河上公(本来の)注では玄牝を人の鼻と口としていたが、「玄牝の門」以下の注では、鼻と口を通って天地の元気が往来すると解し、すでに述べたように鼻口をひとまとめにして考えている。「綿綿として存するが若《ごと》く」の注に見える呼噏《こきゅう》は、呼吸と同じである。喘息《ぜんそく》は、前にも出たが(14)、病気のことではなく、口を少し開いて息を出すことであろう。呼吸も喘息も静かに呼吸をするさまを述べているのであって、鼻口はひとまとめにして呼吸の出入口とされている。したがって、鼻からは天の五気を取りこみ、口からは地の五味を取りこむという、先ほど述べた河上公(付加)注、および、その根拠と思われる『素問』「六節蔵象論」の考え方とは、あきらかに別ものである。

「之《これ》を用いて勤《つ》きず」の注も呼吸法を論じている。呼吸は、つねにゆったりと、ゆるやかに行なうべきであって、せわしくしたり、激しく、疲れるほどにしてはならない、ということである。河上公は「不勤」を「つきず」ではなく、「つとめず」と読んでいる。

というわけで、「玄牝の門」以下は一貫して呼吸法と解釈しており、冒頭からの本来の注に違和感なく繋《つな》がる。

そこで、付加注と考えた部分を除いて、第六章の本来の河上公注をまとめて示せば、つぎのようになる。

「谷神不死」…谷は養である。人は能《よ》く神を養えば死なないのだ。

「是れを玄牝と謂う」…不死の道は玄牝に在ることを言っている。玄は天であり、人では鼻である。牝は地であり、人では口である。

「玄牝の門、是れを天地の根と謂う」…根は元である。鼻口という門のことを言っている。天地の元気が往来する所である。

「綿綿として存するが若《ごと》く」…鼻口で息を静かに吐いたり吸ったりし、絶えずに、かすかに続いて、息をしているようでもあり、していないようでもある。

「之《これ》を用いて勤《つと》めず」…呼吸は、つねにゆったりと、ゆるやかに行ない、せわしくしたり、激しく疲れるほどにしてはならない。


あきらかに、本来の注は呼吸法とその効用を述べたものであった。神を養うことの具体的な方法は、ゆったりとした静かな呼吸法なのであり、そのようにして精神を落ちつけることが不死につながる、とされたわけである。これが、道家的君主にとって、無為の立場で自分の神を養うということの方法であり、その養神の窮極は、情欲を除去して中和を守る自然長生の生き方であった、と言ってよいであろう。

河上公注の到達点

こうした呼吸法による道家的な養神の思想の上に、身体そのものに重きを置き、天の五気と地の五味を摂取して活動する五臓神の思想を加えたものが、道教的な付加注であった。その結果、現在、我々の見る河上公注には重層構造ができ、なんとも複雑な内容となった。しかも付加の注には五臓神の魂魄と天地の魂魄があったように、一時期に書かれたものではなく、何層にも重なっているようである。

いつごろ、どのような道士たちが、そのような操作を行なったかについての研究もあり、南北朝ころの茅山派《ぼうざんは》道士たちと推定されているが、まだ定論とは言えないようだ。

ともあれ、国身同一の思想のもとに五臓神の思想を加え、道教の立場から複数の道士たちが長期にわたって本来の河上公注に手を加えた結果、河上公注は、たんに道家思想に立って君主の養神法を中心に『老子』を解釈したものとしてではなく、道士たちが依拠できる思想を盛ったバイブルになったのであり、その意味では注釈としての幅も大いに広げたわけである。

注

Ⅰ　第一章

（1）司馬遷の「老子伝」については、武内義雄『老子原始』や『老子の研究』などに詳しい研究があるが(『武内義雄全集』第五巻「老子篇」角川書店、一九七八年三月)、本書では、あまり詳細な専門的研究には立ち入らず、『史記』に即して記述するにとどめたい。
（2）矢に紐《ひも》などをつけて、当たると絡まるようにしたもの。
（3）『列仙伝』は前漢の劉向《りゅうきょう》の作と伝えられる。じつは劉向の『列女伝』に見える記述。
（4）沢田瑞穂訳『列仙伝』(平凡社、中国古典文学大系8、一九六九年九月)には、湖北省荊門《けいもん》県西の象山、一名硤石山《こうせきざん》か、と注記がある。
（5）唐・司馬貞《てい》『史記索隠《さくいん》』。
（6）『論語』「衛霊公」篇に見える孔子の言葉。
（7）名実問題とは、ここでは官吏の職名と、官吏がその職掌を果たしているかどうかの実態との関係について考察すること。
（8）『孟子』「離婁《りろう》・上」。
（9）訓読すれば、「水火は百姓《ひゃくせい》の飲食を求むる所なり。金木は百姓の興作《こうさく》する所なり。土は万物の資《と》りて生ずる所なり。是《こ》れ人の用と為《な》る」である。
（10）訓読すれば、「行と言えるは、天の気を行《めぐ》らすの義を言わんと欲するなり」である。

(11) 訓読すれば、「之《これ》を行と謂《い》うは、天に在りては則《すなわ》ち五気流行し、地に在りては世の行用する所の若《ごと》くなればなり」である。

(12) 『武内義雄全集』第七巻「諸子篇二」角川書店、一九七九年六月。

(13) 陰陽の観点から見た天地自然の変化。

(14) 「怪迂の変」は、書物の篇名で、ものごとの神秘的な変化を述べたもの。『漢書』「芸文志」の「諸子略・陰陽家」には『鄒子《すうし》』四十九篇が収録されている。

(15) 「終始大聖」は、書物の篇名で、大いなる聖人の始めから終わりまで(つまり歴史)を述べたもの。『漢書』「芸文志」の「諸子略・陰陽家」には『鄒子終始』五十六篇が収録されている。

(16) 五徳の転移とは、五行の徳の移り変わりのことで、つまり王朝興亡の歴史。

(17) 六親について、『史記正義』は「父母・兄弟・妻子」という王弼《おうひつ》の説を引いている。「君臣上下六親の施《し》」とは、これらの間で実施すべきことの意味であり、施は施政や施為の施であり、具体的には仁義・節倹の実践である。

(18) 原文は「始也濫耳」であるが、『史記索隠』や『史記正義』の解釈によって、「濫《らん》」を「濫觴《らんしょう》」の意味にとった。瀧川亀太郎『史記会注考証』によれば、後代になると、たとえば清《しん》初の顧炎武《こえんぶ》は「濫とは汎《はん》にして節無きの謂《いい》」のように、「濫」をとりとめないという意味に取っている。

(19) 『史記索隠』によれば、劉向《りゅうきょう》の『別録』に「鄒子の書に主運篇あり」とある。「主運」もまた「怪迂の変」や「終始大聖」などと同じく、書物の篇名である。

(20) 『史記』「封禅書」、『漢書』「郊祀志・上」。

(21) 『史記』「秦始皇本紀」。

(22)『塩鉄論』「論鄒《ろんすう》」。
(23)『塩鉄論』「論儒《ろんじゅ》」。
(24)『文選《もんぜん》』「魏都賦《ぎとのふ》」李善《りぜん》注引『七略』。
(25)『淮南子《えなんじ》』「斉俗訓」高誘《こうゆう》注。
(26)『文選』「魏都賦」李善注引『七略』。
(27)『文選』「斉故安陸昭王碑文」李善注。
(28)『春秋左氏伝』昭公二十年。
(29)『史記』「暦書」。
(30)『史記』「封禅書」。
(31)『史記』「封禅書」の劉宋・裴駰《はいいん》『史記集解《しっかい》』に引く魏・如淳《じょじゅん》の注。

I 第二章

(1) 十二音階の一つで、下から二番目の低音。陰律の始めである。
(2)『史記』「周本紀」や、「封禅書」の「索隠」など。
(3)『史記』「秦本紀」。
(4)『史記』「封禅書」瓚《さん》注。
(5)『論語』「為政」。
(6)『論語』「子罕《しかん》」。
(7) 周谷城『中国通史』上冊、上海人民出版社、一九八一年版。

(8)『漢書』「武帝紀」。

(9)『史記』「孝武本紀」。

(10) 林剣鳴『秦漢史』上下、上海人民出版社、一九八九年十月、上冊一三七頁〜一三八頁。

(11) 宦官は去勢された官吏で、皇帝のそば近くに仕える。

(12)『史記』「陳渉世家」。

(13)『論語』「顔淵」。

(14) 路遇・滕沢之『中国人口通史』上下、山東人民出版社、二〇〇〇年一月。

(15)『史記』「五帝本紀」。その五帝とは、黄帝、顓頊《せんぎょく》、帝嚳《こく》、帝尭《ぎょう》、帝舜《しゅん》である。

(16)『論語』「述而」。

(17) 胡とは文明度の低い外国人の意味であり、化は教化の意味である。

(18) 梁《りょう》・僧祐《そうゆう》『出三蔵記集《しゅつさんぞうきしゅう》』巻十五「法祖法師伝」など。

(19) 略とは境界、分けること。

(20) 清《しん》・厳可均《げんかきん》『全上古三代文』所収の文を引いたが、その典拠は南宋・羅泌《らひつ》の『路史《ろし》』だと注記されている。

(21) 澤田多喜男訳註『黄帝四経　馬王堆漢墓帛書老子乙本巻前古佚書』知泉書館、二〇〇六年八月。

(22) 斉は今の山東省にあった国。

(23) 赤松子は神農の時の仙人。

(24)『史記』「留侯世家」。

(25) 劉邦の妻、高后。

(26) 諸侯王は皇子《おうじ》で王に封じられた者。
(27) 列侯は群臣で国君に封じられた者。
(28) 『漢書』「武帝紀」。

I 第三章

(1) 『後漢書』「楚王英伝」。
(2) 『後漢書』「桓帝紀」。
(3) 陳相とは陳国の大臣の意味。『後漢書』「桓帝紀」の唐・李賢《りけん》注には「苦県は陳国に属す」とある。
(4) 南宋・洪适《こうかつ》『隷釈《れいしゃく》』巻三。
(5) 九は極限の数。ここは、太陽とともに千変万化したことを意味していると思われる。
(6) 両者は中国の神話時代の帝王。
(7) 後に尊崇されて張道陵という。
(8) 『史記』「老子伝」に言う老子の出生地。
(9) 類書というのは、天や地、山や川、帝王や行政組織、器物や動植物その他、さまざまな類目《ジャンル》について、多くの書物から関連する文章を抜き出して集成したもので、資料の宝庫と言うべきものである。失われた資料が類書に引用されて残っていることも多く、王阜の老子聖母碑もその一つで、『太平御覧』巻一「太初」の項に見える。
(10) 楠山春樹『老子伝説の研究』創文社東洋学叢書、一九七九年二月、三二四頁。
(11) 夷狄とは文化程度の低い外国人という蔑称。

(12)『史記』「晋世家」によると前四五八年。

(13) 杜光庭《とこうてい》『歴代崇道記』。杜光庭は唐末五代《ごだい》の道士。

(14) 趙翼『二十二史剳記《さっき》』巻十九「唐諸帝多餌丹薬」。

(15) 朱謙之『老子校釈』中華書局、一九八四年十一月、の「所拠版本書目」に拠る。

(16) 法籙とは修行の段階を示した免許証のようなもの。

(17) 南宋・慶元・黄善夫刊本に拠った。

(18)『龍角山記』(『中華道蔵』第四十八冊)「唐明皇再詔下太上老君観」。

(19)『老子』第二十五章については、Ⅰの第二章2やⅢの第一章2参照。

(20) Ⅰの第四章4など。

(21) 第六十四章についてはⅡの第一章3も参照。

Ⅰ 第四章

(1) 六甲法とは道教の法術の一つであり、六甲とは甲子《かっし》、甲寅《こういん》、甲辰《こうしん》、甲午《こうご》、甲申《こうしん》、甲戌《こうじゅつ》という六柱《はしら》の陽神のことである。『宋史』「律暦志」第二十四(律暦四)の仁宗『景祐楽髄新経《けいゆうらくずいしんきょう》』によれば、六甲は天の使いであり、風雹《ふうはく》を起こし、鬼神を使役できるという。

(2) 宋代の茅山派道士。九七六—一〇二九。

(3) 本来は論の方をリンと読むべきであるようだ。今は現在の読み方に従っておく。

(4) 筆者は、かつて自然と因果について一文を草した。「自然と因果」『岩波講座東洋思想 第十四巻 中国宗教思想2』岩波書店、一九九〇年一月、所収。あわせて参照していただければ幸いである。

(5) 高道とは仏教の高僧に相当する道士の呼び方。

(6) 「道を好む者」と老子が「世《よよ》聖者の為《ため》に師と作《な》」ったことについては、『武内義雄全集』第五巻「老子篇」の「老子の研究」(上)、第一章、二 辺韶の老子銘、三 神仙伝中の老子、などに詳細な研究がある。

(7) 王充『論衡』「道虚」。

Ⅱ 第一章

(1) Ⅰの第二章5参照。

(2) 順序は朱謙之『老子校釈』の「所拠版本書目」に拠る。

(3) 店は集鎮(村)のこと。非農業人口が主体の、城市よりも小さな居住区(『現代漢語詞典』)。

(4) 『漢書』「王貢両龔鮑伝《おうこうりょうきょうほうでん》」第四十二。

(5) 北京大学出土文献研究所編『北京大学蔵西漢竹書 弐』上海古籍出版社、二〇一二年十二月。

(6) 王中江「北大蔵漢簡『老子』的某些特徴」、陳鼓應主編『道家文化研究』第二十七輯、二〇一三年十二月。

(7) 楚簡には「為」字は無いので、訓読は「学《がく》を為《な》す者《もの》は」ではなく、「学ぶ者は」である。

(8) 高明『帛書老子研究』中華書局、一九九六年五月、三一五頁〜三一六頁。

(9) 今、伝統的な訓読によった。

(10) 武内義雄『老子の研究』改造社、一九二七年六月。のち、『武内義雄全集』第五巻所収。Ⅰの第四章注(6)参照。

Ⅱ　第二章

(1)『後漢書』「楊震伝」。

(2) 州は王莽の時から、むかしの制度に倣《なら》って置かれたもので、郡の上位となる広域の行政単位。

(3)『後漢書』「陳蕃伝《ちんばんでん》」。

(4)『後漢書』「許荊伝《きょけいでん》」。

(5) 辟雍は天子のための大学で、大射礼《たいしゃれい》などの儀礼を行なう。

(6) 図は元来は河図《かと》のことで、伏羲の時代に、黄河に現われた龍馬(大きな馬)の背中に描かれていたという図。瑞祥の象徴である。ここでは劉秀が皇帝となることを予言する何らかの図であり、讖は予言である。

(7)『後漢書』「光武帝紀」。

(8)『後漢書』「桓譚伝」。

(9) 宦官とは去勢された官吏で、皇帝のそば近くに仕える。

(10)『後漢書』「宦者伝」(侯覧伝)。

(11)『後漢書』「皇甫嵩伝《こうほすうでん》」。

(12) 刺史は郡国をまわる督察官。

(13)『三国志』蜀志「諸葛亮伝」、「前出師の表《ぜんすいしのひょう》」。

(14)『後漢書』「党錮伝」。

(15)『芸文類聚《げいもんるいじゅう》』巻二十二「人部・公平」の「論」。

(16) 稗史は世間の噂などを歴史書風に書いたもの。

(17) ただし、南北を併せて、三国両晋南北朝時代を簡便に六朝時代と呼ぶこともある。
(18) 『三国志』「武帝紀」。
(19) 『三国志』「武帝紀」注引の『魏書』。
(20) 済南は郡であるが、国に準じて相と言ったのだと思われる。すなわち、郡の長官、郡太守のことであろう。厳耕望《げんこうぼう》『中国地方行政制度史』上編・巻上「秦漢地方行政制度」、中央研究院歴史語言研究所専刊之四十五、一九七四年十二月、第二章「郡府組織」に「郡府の行政組織には長官があり、郡主と国相がそれである」とあり、以下、守相の職掌について詳論されている。
(21) 『三国志』「武帝紀」注引の『魏書』。
(22) 方士は仙道の修行などを行なう術士のこと。
(23) ただし、呉の孫権が皇帝を称したのは二二九年、黄龍元年のことである。
(24) 九つの品《ランク》によって人を官僚とする法制。九品官人の法については、宮崎市定『九品官人法の研究　科挙前史』同朋社、一九五六年三月、がある。

II　第三章

(1) 『晋書』巻四十三「王衍伝」。
(2) 『世説新語』は魏晋時代の貴族たちの言行録。
(3) 『魏略』に曰《いわ》く、晏は性として自ら喜び、動静に粉帛手より去らず、行歩に影を顧《かえり》みる。
(4) 『老子』自体は、「道」は人が到達できない絶対的原理とは言っていない。
(5) 『論語』「衛霊公」。

(6)『論語』「為政」。

(7)テキストは楊伯峻《ようはくしゅん》『列子集釈《しゅうしゃく》』新編諸子集成、中華書局、一九七九年十月、に拠る。

(8)大蔟は『後漢書』「律暦志」などでは「太蔟」と表記されている。

(9)葭莩《かふ》の灰とは、葭《あし》の茎中の非常に薄い膜である莩《ふ》を燃してつくった灰のこと。

(10)龍が現われると雲が湧く、というように、雲と龍、風と虎は一連のものであると考えられていた。

(11)老子は、しばしば老氏と表記される。

(12)『論語』「泰伯」。

(13)『三国志』「曹爽伝」。

(14)『三国志』「曹爽伝」。

(15)弱とは二十歳のこと。二十歳で冠礼、つまり成人式を行なうから弱冠という。

(16)台郎は尚書郎のこと。公文書の起草などを行なう役職。

(17)『荘子』「徳充符」。

(18)「静」は、一時《いっとき》の現象である「動」と違って根本的なあり方である、ということ。

(19)「黙」は、一時《いっとき》の行動である「語」と違って根本的なあり方である、ということ。

(20)『老君指帰《しき》略例』、『老子微旨《びし》略例』とも呼ばれる。

(21)原文は「以無為本」であり、無を根本の原理・存在とする、ということ。

(22)「至寡《しか》なる者」とは、窮極の孤独者、つまり一を得た王侯のこと。

Ⅱ 第四章

（1）揚州は都の建康を含む州。従事は刺史《しし》の属官。

（2）王導（二六七―三三〇）のこと。揚州刺史を兼ねていた。

（3）『世説新語』「言語」。

（4）范行准『中国医学史略』中医古籍出版社、一九八六年一月。

（5）巣元方『諸病源候論』巻六「解散病諸候」。

（6）山濤《さんとう》、阮籍《げんせき》、嵆康《けいこう》、向秀《しょうしゅう》、劉伶《りゅうれい》、阮咸《げんかん》、王戎《おうじゅう》。

（7）『世説新語』「傷逝」篇注に引く戴逵《たいき》『竹林七賢論』。

（8）人が学問をするのは、習慣であったり、やむを得ないからであって、何もせずに飯が食えるなら、ぶらぶら遊んで、学問などはしない、という論。

（9）とくに礼に力点を置いて儒教のことを呼ぶ言い方。

（10）革命とは天命が革《あらた》まり、王朝が交替すること。

（11）『世説新語』「雅量」篇注に引く晋・張隠『文士伝』。

（12）武帝・蕭衍《しょうえん》には『老子講疏』六巻、簡文帝・蕭綱《しょうこう》には『老子私記』十巻がある。

（13）釈恵琳には『老子道徳経注』二巻、釈恵厳には『老子道徳経注』二巻、釈恵観には『老子義疏《ぎしょ》』一巻がある。

（14）顧歓には『老子義疏《ぎそ》』一巻がある。

（15）これについてはⅢの第三章4で詳しく触れる。

（16）芸術とはアートの意味ではなく、芸や術を持った人物の意味。

(17) 梁・釈慧皎《えこう》『高僧伝』第九、神異上「晋鄴中竺仏図澄道進」。
(18) 梁・蕭繹《しょうえき》『金楼子《きんろうし》』「捷対篇《しょうたいへん》」。
(19) 梁・釈僧祐《そうゆう》『出三蔵記集《しゅつさんぞうきしゅう》』巻六。
(20)『大正新脩大蔵経』第十五巻。
(21) 宇井伯寿『釈道安研究』岩波書店、一九五六年五月。
(22) 中嶋隆藏編『出三蔵記集　序巻訳注』平楽寺書店、一九九七年二月。
(23)『論語』「顔淵」。原文は「為仁由己而由人乎哉」であり、「仁を行なうのは自分次第だ。どうして人頼みにできようか」の意味である。
(24)『孟子』「万章・上」。意味は「秦の宰相となって主君の名を天下に轟《とどろ》かし、後世に伝えられるようにしたのは、賢者でなければどうしてできたことであろうか」ということ。
(25)『大正新脩大蔵経』第十五巻。

Ⅲ　第一章

(1) 侍郎は天子の侍従官で、郎官の一つ。
(2) 藤井教公『法華経』下、大蔵出版仏典講座7、一九九二年九月。振り仮名などの体例は藤井訳に従った。『法華経』の漢訳本としては、二八六年に竺法護《じくほうご》訳『正法華経』十巻二十七品、四〇六年に鳩摩羅什《くまらじゅう》訳『妙法蓮華経』七巻二十七品などがある。
(3) 張淑琴《ちょうしゅくきん》・高艶《こうえん》注訳『神仙伝』、『列仙伝神仙伝注訳』百花文芸出版社、一九九六年十一月、所収。拠ったテキストは清の四庫全書本《しこぜんしょ》であるという。

（4）侍中は皇帝の左右に侍して、ときに顧問となる。
（5）貞は正の意味で、万民の長のこと。
（6）テキストは、王卡《おうか》点校『老子道徳経河上公章句』中華書局、一九九三年八月、に拠る。以下の引用も同じ。
（7）我々の内側つまり生命体としてのあり方も自然と言われるが、そうした問題は、いまは措《お》いておく。
（8）楚簡、王弼本などは「天下の母」、帛書、南宋・范応元《はんおうげん》本などは「天地の母」。

Ⅲ 第二章

（1）謝光輝主編『漢語字源字典（図解本）』北京大学出版社、二〇〇〇年八月。谷衍奎編『漢字源流字典』華夏出版社、二〇〇三年一月。顧建平『漢字図解字典』東方出版中心、二〇〇八年十月、など。
（2）『孝経』「開宗明義章」。訓読すれば「身体髪膚《しんたいはっぷ》之《これ》を父母に受く。敢《あ》えて毀傷《きしょう》せざるは孝の始めなり」である。
（3）坐馳とは、身体は坐っているのに心は駆けまわる状態のこと。
（4）俶は始、真は実《まこと》の意味。篇名は、天地万物の始原についての真実を教えたもの、の意。
（5）『管子』の注が房玄齢の撰述であるということに関しては、南宋・晁公武《ちょうこうぶ》『郡斎読書志《ぐんさいとくしょし》』巻十一法家類に「注、すこぶる浅陋《せんろう》にして、恐らく玄齢に非《あら》ず、或《ある》いは尹知章《いんちしょう》と云う」とある。
（6）黎翔鳳『管子校注』中華書局、二〇〇四年六月。
（7）ここの意味は、「無という道は有という一を生みだし、一は天地という二を生みだし、二は陰陽の気が加わって三を生みだし、三は万物を生みだす。万物は陰の気と陽の気を内に抱《いだ》き持ち、それらの気を交流させることによって調和を保っている」ということ。

（8）兕《じ》とは犀《さい》の一種とも水牛の一種とも言われる。

Ⅲ　第三章

（1）それについては、Ⅰの第三章3、Ⅱの第一章3参照。

（2）〔　〕内は脱文で、いま、敦煌《とんこう》本などで補った。

（3）『漢書』「翼奉伝」第四十五。

（4）陳直『漢書新証』天津人民出版社、一九七九年三月版(第二版)、三八八頁に「直　按《あん》ずるに、孟注引く所、蓋《けだ》し斉詩内伝為《な》り」とある。

（5）『後漢書』「郎顗《ろうぎ》伝《でん》」。

（6）訓読すれば「道は万物の奥《おう》、善人の宝《ほう》、不善人の保《ほう》する所」であり、奥・宝・保が押韻《おういん》する。

（7）『武内義雄全集』第五巻「老子篇」角川書店、一九七八年三月、には、『老子原始』東京弘文堂、一九二六年十月、および、『老子の研究』改造社、一九二七年六月、の両書が収められている。河上公注の問題ばかりでなく、老子学全般にわたって、いまなお参照すべき基本的研究書である。河上公注およびその重層構造については、楠山春樹『老子伝説の研究』創文社東洋学叢書、一九七九年二月、がある。

（8）顧建平『漢字図解字典』東方出版中心、二〇〇八年十月。

（9）『呂氏春秋』孟春紀「重己《じゅうき》」。

(10) 北宋・張君房編『雲笈七籤《うんきゅうしちせん》』巻十二に引く『推誦黄庭内景経法』。

(11) 注(7)所引 楠山春樹『老子伝説の研究』。

(12) 第一章のほかにも、第十五章、第五十六章、第六十五章などに「玄は天である」とした注が見える。

(13)『傷寒論』は後漢末の張仲景《ちょうちゅうけい》の著。急性の熱性疾患についての病態生理学。

(14) 本章1の『老子』第十章注。

扉挿絵説明

Ⅰ　太上老君像

茅山元符宮《ぼうざんげんふきゅう》の太上老君像。江蘇《こうそ》省句容《こうよう》市道教協会から筆者に贈られた二〇〇七年カレンダーより。

太上老君像は一九九七年初めに着工、二十一カ月を要して一九九八年十月竣工。五メートルの台座部分を含めて高さ三十三メートル。一枚の厚さ四・五センチの、二二六枚の紫銅板《しどうばん》(紫銅は赤銅《しゃくどう》のこと。黄銅(真鍮《しんちゅう》)に対して純度の高い銅)を溶接してできているという。

Ⅱ　前漢の竹簡老子

『北京大学蔵西漢竹書　弐』の付録写真資料、老子下経より。本書一五三頁～一七三頁参照。

一本目は「老子下経」と記された簡。本文第二本目の簡の裏側に書かれたもの。

二本目からの十二本は今本老子上篇道経の第一章から第四章まで。各章の始めに「●」印がある。

次の五本は今本第十七章から第十九章までが一つの章となっているもの。

Ⅲ　老子河上公章句

縮印版正統道蔵(芸文印書館、一九七七年一月初版)より。『道徳真経註』巻之一、河上公章句の冒頭部分。

本書二九七頁～三一三頁参照。今本河上公章句には「體(体)道第一」「養身第二」のように(おそらく宋代以降に)章題がつけられている。

あとがき

本書は二〇一四年九月号から二〇一八年八月号まで、四十八回にわたって雑誌『大法輪』に連載した「老子随想」が基本になっている。その前、二〇一二年七月号から二〇一四年八月号まで、「荘子の人生と思想」という表題で連載させていただいたので、『大法輪』には、あわせて六年ものあいだ、お世話になった。編集部の小山弘利氏には一方ならぬご配慮をたまわり、老子については四年にわたって自由に執筆する機会を与えてくださった上、このたびは、一書にまとめて他社で出版することも快諾してくださった。筆者にとって実にありがたいことであり、まずは大法輪閣の小山弘利氏と関係諸氏に、心から感謝の気持ちを表したい。

雑誌に連載したものは文字どおり「随想」であって、それをそのまま纏《まと》めても、一つの構造を持った書物にはならない。そこで、書物にするに当たって、全体の構成を三部とし、大幅に修正した。ただし、「はじめに」でも述べたが、三部の境界は厳密なものではなく、必要に応じて自由に往復した部分もある。三部構成は一書にするに当たっての窮余の策にすぎなかったからである。

さらに、雑誌掲載時には無かった章を立て、番号だけではあるが節も立て、内容の順序も根本的に改め、本文も抜本的に改稿した。新知見や資料を補って多くの部分を増補し、重複《ちょうふく》をはぶき、不必要な部分は削除し、各種の誤りを正し、解釈を加え、出典名を補足した。

本書の形になるまで、雑誌掲載時から数えると、ほぼ七年になるが、連載終了後は、ずっと改稿を続けた。できるだけ書物としての体裁を整えたのであるが、もともとが気ままな随想ゆえ、繁簡深浅《はんかんしんせん》のバランスがうまく取れていない部分も多い。

連載開始以来、当然のことながら、日中の先学や、この分野の多くの研究者たちによる無数の研究成果を参照した。しかし、本書の性質上、少数の例外を除いて一々明記はしていない。礼を失した点はご寛恕願いたい。

筆者は以前、岩波文庫の『老子』を出させていただいた。本書の『老子』の引用は、原則としてそれに拠っているが、本書の文脈に合わせて多少の違いが生じた。また、河上公注によって解釈した箇所では、当然ながら文庫『老子』とは違った訳文になった。

表記については、訓読文の表記と、地の文および訳文の表記とで違う点がある。たとえば、訓読文では「彼《か》のとき」などのように「彼」を「か」と読む場合があるので、地の文や訳文の「彼《かれ》」は訓読文では「彼れ」とした。そうした表記上の不統一が、いくつかの言葉について生じた。また、訓読文では原文の漢字をなるべく残すようにしたので漢字が多くなり、読みにくい印象があるので、振り仮名を多めにつけた。地の文でも、すこしでも見慣れない文字には何度でも振り仮名をつけた。

訓読についてもう一つ言えば、文庫『老子』の凡例にも書いたことであるが、漢文訓読は文語文法に基づいて行なうのが原則である。だが、仮定を表わす場合、現代口語の仮定形に近い独特の言い方をすることが多い。しかし本書では、文庫の場合とおなじように、文語文法の未然形によって仮定を、已然形によって既定を表わし、活用形は『岩波古語辞典』に拠った。そのため、伝統的な訓読と少し異なる読み方になったところがあり、正直に言えば筆者自身にもかなりの違和感がある。しかし、意味を明確に伝えるためには、これはやむを得ない措置であった。ただ、伝統的な読み方が盤石のように定着している成句については、伝統的な読み方をした場合もある。

岩波書店で出版するに当たっては、長年、岩波書店の編集部長であった鈴木稔氏にたいへんお世話になった。原稿を丹念に読んで的確な指摘をしていただき、それによって改めた箇所も少なくない。鈴木氏の指摘によって三部の順序を定めたり、不要部分を削除したりしたほか、不明瞭な行文なども改めたところがある。さらに、本書の書名、『老子探究　生きつづける思想』も鈴木氏の命名である。筆者には思いつかない、本書にふさわしい書名をつけてもらって、たいへん喜んでいる次第であり、厚く御礼申し上げる。

岩波書店との橋渡しも全面的に鈴木氏に依った。出版の運びまでには、編集部の伊藤耕太郎氏をはじめ、多くの方のお力添えがあったと聞いている。こころから御礼申し上げる。出版決定後、編集作業には鈴木康之氏が、校正作業には鈴木玲子氏が当たられた。面倒な作業を引きうけていただいたことに対して、両氏に厚く御礼申し上げる。鈴木玲子氏の校正は丹念をきわめ、随所で有益なご指摘をいただいた。筆者の不用意な表記や行文の誤りが正されたところも少なくない。

以上のように、本書は多くの方の持続的な支えがあって形になったものである。その一つでも無かったならば、本書は、この形では存在し得なかった。その意味では、いくら感謝しても感謝し足りないくらいである。

ともあれ本書は、老子の人物や書物を歴史の大きな流れのなかで多方面から捉えなおそうと試みたものである。「はじめに」では、それをあえて大河をくだる船旅に譬えたが、はたして首尾はいかがであったろうか。もとより明快を心がけたつもりではあるが、論点が多岐にわたり、ときに複雑難解な記述もあるので、読者にとって、この旅は必ずしも快適なばかりではなかったかもしれない。ただ、執筆を終了したこの時点で、永くこの人物と向きあってきた者として言えば、老子は中国という大地の大きさにふさわしい大きな包容力と大きな思想をもちつづける存在であると、あらためて深く感じている次第である。

二〇二一年十二月

蜂屋邦夫記

蜂屋邦夫
1938年生まれ．東京大学教養学部卒業．東京大学大学院人文科学研究科博士課程終了，中国思想史専攻，文学博士．東京大学東洋文化研究所教授などを務め，東京大学名誉教授．著書に『中国的思考　儒教・仏教・老荘の世界』『老荘を読む』『荘子＝超俗の境へ』(以上，講談社)，『中国思想とは何だろうか』(河出書房新社)，『図解雑学　老子』(ナツメ社)，『金代道教の研究　王重陽と馬丹陽』『金元時代の道教　七眞研究』(以上，汲古書院)，『「老子」「荘子」をよむ・上下』『100分de名著　老子』(以上，NHK出版)など，訳注書に『老子』(岩波文庫)など，編著書に『中国道教の現状――道士・道協・道観』『中国の道教――その活動と道観の現状』(以上，汲古書院)など．

老子探究――生きつづける思想

2021年12月16日　第1刷発行

著　者　蜂屋邦夫《はちやくにお》

発行者　坂本政謙

発行所　株式会社 岩波書店
〒101-8002 東京都千代田区一ツ橋2-5-5
電話案内 03-5210-4000
https://www.iwanami.co.jp/

印刷・理想社　カバー・半七印刷　製本・松岳社

ISBN 978-4-00-002607-9　　Printed in Japan